VOL. 2

FGV IBRE

ILAS CASS

FGV EDITORA

Armadilha da renda média

Visões do Brasil e da China

Lia Valls Pereira, Fernando Veloso e Zheng Bingwen (Org.)

INSTITUTO BRASILEIRO DE ECONOMIA

Direitos desta edição reservados à
EDITORA FGV
Rua Jornalista Orlando Dantas, 37
22231-010 | Rio de Janeiro, RJ | Brasil
Tels.: 0800-021-7777 | 21-3799-4427
Fax: 21-3799-4430
editora@fgv.br | pedidoseditora@fgv.br
www.fgv.br/editora

Impresso no Brasil | *Printed in Brazil*

1ª edição — 2013

Coordenação editorial: Ronald Polito
Copidesque: Clarisse Cintra
Revisão: Marco Antonio Corrêa e Tathyana de Cassia Silva Viana
Coordenadora da revisão técnica: Luiza Niemeyer
Equipe de apoio: Solange Monteiro, Cláudio Accioli, Cláudio Conceição, Maria Christina Carvalho
Projeto gráfico e diagramação: Luciana Inhan e Hamilton Ferreira
Capa: Luciana Inhan

Imagem da capa: Victor Arruda, "Homem no espelho" (Acrílica sobre tela, 46 × 55 cm, 1975; coleção do artista). Fotografia de Vicente de Mello.

O IBRE e a Editora FGV agradecem a Victor Arruda, que generosamente cedeu o uso de sua obra para a capa deste livro.

Ficha catalográfica elaborada pela Biblioteca Mario Henrique Simonsen/FGV

Armadilha da renda média : visões do Brasil e da China, v.2 / Lia Valls Pereira, Fernando Veloso e Zheng Bingwen (Org.). - Rio de Janeiro : Editora FGV : IBRE, 2013.
392 p.

Inclui bibliografia.
ISBN: 978-85-225-1427-4

1. China – Política econômica. 2. Renda – Distribuição – China. 3. Educação e Estado – China. 4. Finanças – China. 5. Seguro social – China. 6. Investimentos estrangeiros – China. 7. China – Relações econômicas exteriores – Brasil. 8. Brasil – Relações econômicas exteriores – China. I. Pereira, Lia Valls, 1952- . II. Veloso, Fernando A. (Fernando Augusto). III. Bingwen, Zheng. IV. Fundação Getulio Vargas. V. Instituto Brasileiro de Economia.

CDD – 338.951

Sumário

目录

Prefácio*

Nos últimos anos, muitos acadêmicos chineses passaram a estudar o fenômeno da "armadilha da renda média". Tal conceito, formulado pelo Banco Mundial, tornou-se uma influente área de pesquisa no Instituto de Estudos da América Latina da Academia de Ciências Sociais da China (ILAS/CASS). A "armadilha da renda média" ganhou relevância sobretudo dentro do Projeto de Inovação executado pela CASS, com estudos de reconhecida importância. Este livro, dedicado aos leitores brasileiros, é uma dessas obras voltadas para a "armadilha da renda média".

O projeto que originou este estudo é fruto de uma parceria entre o ILAS/CASS e o Instituto Brasileiro de Economia da Fundação Getulio Vargas (FGV/IBRE). O acordo de cooperação para a pesquisa conjunta foi firmado após a realização do seminário internacional "A armadilha da renda média: análise de casos da América Latina", em 29 de junho de 2012, no qual o IBRE foi representado pelo economista Fernando Veloso. Posteriormente, em novembro de 2012, fui ao Rio de Janeiro conhecer o IBRE, onde tive a oportunidade de me reunir com o diretor da instituição, Luiz Guilherme Schymura, e a pesquisadora Lia Valls Pereira.

Nosso projeto teve a duração de um ano e gerou dois produtos. O primeiro foi um livro lançado em chinês, do qual constam 12 capítulos elaborados por especialistas do IBRE e sete capítulos fornecidos pelo nosso Instituto. Essa obra — *Superando a "armadilha da renda média": principais temas para o Brasil* (*Surmounting the middle income trap: the main issues for Brazil*) — foi lançada oficialmente em Pequim, no dia 6 de maio de 2013, no seminário "Superar a armadilha da renda média: a tarefa comum da China e do Brasil", coorganizado pelo ILAS/CASS e pelo FGV/IBRE.

O seminário foi presidido por Chen Duqing, ex-embaixador da China no Brasil e atual diretor do Centro de Estudos Brasileiros do ILAS/CASS, e contou com a participação de Fernando Veloso e Lia Valls Pereira, editores do livro, Tatiana Rosito, ministra conselheira para Assuntos Econômico-Comerciais da Embaixada do Brasil na China, e o professor Eduardo Marques,

* Tradução: He Luyang.

gerente de Relações Internacionais da FGV. Também estiveram presentes Liu Kegu, ex-vice-governador do Banco de Desenvolvimento da China, bem como os autores chineses do livro. O evento contou com mais de 130 participantes, entre embaixadores e diplomatas da América Latina e do Caribe, funcionários do Ministério das Relações Exteriores, do Ministério do Comércio e do Departamento Internacional do Comitê Central do Partido Comunista da China, professores, pesquisadores, e jornalistas da Agência Nova China, entre outros meios de comunicação, que garantiram ampla cobertura do seminário.

O segundo trabalho, como já mencionado, é este livro em português, voltado a explorar o milagre do crescimento econômico chinês e formas de superação da armadilha da renda média no país. Os autores são todos acadêmicos e pesquisadores renomados. O capítulo 11, "'Armadilha' ou 'muralha': os desafios enfrentados pela economia chinesa e suas escolhas estratégicas", é uma contribuição do Centro de Pesquisa do Desenvolvimento do Conselho de Estado (DRC, na sigla em inglês), reconhecido *think tank* oficial liderado pelos célebres economistas, vice-diretores do Centro, Liu Shijin e Zhang Junkuo.

Engrossam essa lista o economista Chen Dongqi, vice-presidente da Academia de Estudos Macroeconômicos da Comissão Estatal de Desenvolvimento e Reforma, o professor Li Shi, catedrático e diretor do Instituto de Distribuição da Renda da Universidade Normal de Pequim, e o sr. Li Xiaosi, professor catedrático e diretor do Instituto de Gestão de Economia e Recursos da mesma universidade, que contribuíram, respectivamente, com os capítulos 2, 5 e 8. Embora sejam meus amigos, não posso deixar de expressar minha gratidão. Essa reunião de pensadores de primeira linha tornou este trabalho um dos excelentes estudos da Academia Chinesa de Ciências Sociais sobre a questão da armadilha da renda média na China. Minha participação, além de editor, foi contribuir com o primeiro capítulo, intitulado "A 'armadilha da renda média' e as quatro fases do crescimento econômico da China", além de ser coautor do capítulo 6, sobre a evolução do sistema de seguridade social da China.

Fang Lianquan, vice-diretor do Departamento de Assuntos Sociais e Culturais do ILAS/CASS, colaborou com a organização da obra, juntamente com a pós-doutorada Tian Qing. Ambos trabalharam com afinco no último ano, e a eles quero expressar meus sinceros agradecimentos. Também agradeço aos autores e tradutores que muito contribuíram para a publicação bem-sucedida desta obra. Quero ainda fazer uma menção especial ao embaixador Chen Duqing. Como diretor do Centro de Estudos Brasileiros do ILAS, o embaixador Chen tem se envolvido com muita dedicação nos estudos sobre o Brasil, entre outros trabalhos do Centro. Ele se empenhou não apenas na coordenação do projeto, como se responsabilizou pela pesada tarefa de revisão preliminar deste trabalho. Sem o grande esforço do embaixador Chen, seria quase impossível concluir a versão em português do livro no prazo combinado. Aqui, quero reiterar meu agradecimento. Também contamos com o IBRE para a revisão e edição final da obra, ao qual quero antecipar minha sincera gratidão.

Para nós, este trabalho entre o ILAS/CASS e o FGV/IBRE é apenas o começo. A economia chinesa encontra-se em franca expansão. Nos próximos 10 anos, a China entrará na lista de países de alta renda. A economia brasileira também se encontra em um momento crucial, e dentro de três a cinco anos certamente se converterá no terceiro país de alta renda da América do Sul, seguindo o caminho do Chile e do Uruguai. Portanto, essa parceria tem uma ampla perspectiva em estudos comparativos entre a China e a América Latina.

Zheng Bingwen
Diretor do Instituto de Estudos da América Latina e
diretor do Centro Mundial de Estudos Previdenciários da CASS

前言

近几年来，中国很多学者开始研究“中等收入陷阱”现象。这是世界银行近几年来提出的一个新概念。我们中国社科院拉美研究所也将“中等收入陷阱”问题作为一个重要研究领域，尤其是在中国社科院进行的创新工程的框架下，“中等收入陷阱”问题研究作为一个重要子项目，几个研究成果已经有产生了较大影响。

呈现在巴西读者面前的这本研究“中等收入陷阱”的专著就是其中之一。

这是中国社科院拉美所和巴西瓦加斯基金会经济研究所（IBRE）举办的一个联合研究项目。双方自2012年初，即开始探讨合作研究事宜。6月29日，经济研究所的研究员Fernando Augusto Adeodato Veloso先生来京，参加了中国社科院拉美所举办的“巴西经济与中等收入陷阱”国际研讨会，并做了主旨演讲，会后，双方一拍即合，签署了联合研究“中等收入陷阱”项目的协议书。

根据协议书的规定，我于2012年11月初访问了位于巴西里约的瓦加斯基金会经济研究所，并会见所长Luiz Guilherme Schymura博士和研究员Lia Valls Pereira女士。在会见中再次确认了这项重要的联合研究事宜。

这个联合研究项目为时一年，它包括两项内容。一项内容是由瓦加斯基金会经济研究所提供一个关于巴西与中等收入陷阱的研究成果，这个成果将由我们中国社科院拉美所负责翻译成中文在北京正式出版，并决定于2013年5月6日正式召开发布式。这部书稿的标题暂定为《中等收入陷阱：巴西的经验教训》。届时，瓦加斯基金会经济所将派员参会。

另一个成果就是这本书。这是一部专门研究探索中国经济增长奇迹和克服“中等收入陷阱”的专著，作者均为这个研究领域一流的中青年学者，由我们拉美所出面组织，在中国学术机构里寻找作者，由我主编并提供两章内容。这部书稿将由瓦加斯基金会经济研究所负责在巴西翻译成葡萄牙文正式出版。

一年来，在形成这部书稿的过程中，中国社科院拉美所的社会文化室副主任房连泉博士具体负责组织工作，田青博士后具体负责联络工作以及中文书稿的编辑校对，他们付出很多精力；吴白乙研究员、周志伟博士和何露杨女士给予了大力支持，这里表示衷心感谢。重要的是，还要十分感谢这部重要著作的作者们，他们做出了巨大贡献，各章的作者情况分别为：

第1章　导论："中等收入陷阱"与中国经济增长的四个阶段　作者是郑秉文，博士，研究员，中国社会科学院拉美所所长，中国社会科学院世界社保研究中心主任，主要研究领域是福利国家、社会保障制度比较。

第2章　经济增长与劳动生产率　作者是陈东琪，国家发改委宏观经济研究院，副院长，主要研究方向为宏观经济理论与政策。

第3章　中国的技术创新与技术引进研究　作者是李光泗，南京财经大学，副教授，主要研究方向为技术经济、农业经济、粮食经济理论与政策等。

第4章　中国的教育与经济增长研究　作者是梁军，山东曲阜师范大学经济学院，副教授，主要研究方向为教育经济学、世界经济学等。

第5章　我国居民收入差距的短期变动与长期趋势　作者是李实，北京师范大学经济与工商管理学院，教授，主要研究方向为发展经济学、劳动经济学、收入分配、公共政策、贫困与劳动力市场等。罗楚亮，北京师范大学经济与工商管理学院，教授，主要研究方向为收入分配与劳动力市场。

第6章　中国社会保障制度变迁与历程　作者是郑秉文，博士，研究员，中国社会科学院拉美所所长，中国社会科学院世界社保研究中心主任；高庆波，中国社会科学院拉丁美洲研究所，主要研究领域为社会保障、劳动与收入分配；于环，中国人民大学劳动人事学院，博士，主要研究领域为社会保障。

第7章　中国的对外贸易与外国直接投资　作者是胡朝霞，厦门大学国际经济与贸易系，教授，主要研究方向为国际贸易与国际投资、国际金融、应用计量经济学等。

第8章　改革开放三十年中国市场化发展　作者是李晓西，北京师范大学经济与资源管理学院，院长、教授，主要研究方向为宏观经济、对外开放理论、经济体制改革、区域经济等。此外，课题参与人还包括曾学文、赵少钦、杨旭、张明明。

第9章　金融市场与企业投融资行为　作者是张瑜，天津财经大公信用管理学院，讲师，主要研究方向为金融发展、公司金融等。

第10章　中国绿色经济增长　作者是杨万平，西安交通大学经济与金融学院，副教授，主要研究方向为区域可持续发展、能源经济学。

第11章　"陷阱"还是"高墙"：中国经济面临的真实挑战与战略选择　作者是刘世锦，国务院发展研究中心副主任，研究员；张军扩，国务院发展研究中心党组成员、办公厅主任，研究员；侯永志，国务院发展研究中心发展战略与区域经济研究部部长，研究员；刘培林，国务院发展研究中心发展战略与区域经济研究部研究室主任，研究员。本文为国务院发展研究中心"中等收入陷阱问题研究"课题成果之一。高世楫、杨建龙、陈昌盛、宣晓伟、许伟、卓贤、何建武、刘云中、张丽平、王晓明、袁东明、方晋、陈建鹏、许召元、吴振宇、陈波等提供了初期研究成果，参加讨论并提出了富有启发性的观点。

2012年11月5日，郑秉文所长访问巴西里约的瓦加斯基金会经济研究所，与经济研究所所长Luiz Guilherme Schymura博士和研究员Lia Valls Pereira女士会见。

根据双方签署的合作协议书的规定，中国社科院拉美所将组织一些学者参加2013年底在巴西里约召开的这部葡萄牙文著作的发布式和国际研讨会。

我们相信，这个合作只是一个开始。中国经济增长正处于积极上升期，发展执着方兴未艾，在未来大约10年里，将进入高收入国家行列。巴西同样处于十分关键的爬坡时期，在未来的3-5年里，巴西必定成为继智利和乌拉圭之后南美大陆的第三个高收入国家。为此，在中国拉美比较研究领域，双方之间的合作前景将是十分广阔的。

中国社科院拉美所所长
中国社科院世界社保研究中心主任
郑秉文
2013年2月25日

Capítulo 1

A "armadilha da renda média" e as quatro fases do crescimento econômico da China*

Zheng Bingwen**

Resumo

Em 2010, o PIB (Produto Interno Bruto) *per capita* da China ultrapassou US$ 4.200, marcando oficialmente a entrada da China ao grupo de países de "renda média superior". Foi o segundo salto histórico conquistado pela China; em 2001, o país havia migrado da condição de "baixa renda" para "renda média inferior". Este capítulo divide em quatro fases a evolução econômica da China, a partir da reforma e abertura em 1978. O período entre 1978 e 2001 é a fase de "baixa renda" (PIB *per capita* inferior a US$ 1.000), podendo ser chamado de fase "motivada pelo mercado"; 2002-10 é a fase da "renda média inferior" (PIB *per capita* entre US$ 1.000 e US$ 4.200), ou fase "motivada pelos fatores"; de 2011 até o 14º Plano Quinquenal (entre 2020 e 2024) é a fase de "renda média superior" (PIB *per capita* entre US$ 4.200 e US$ 12.300 dólares americanos), ou "motivada pela eficiência"; após o 14º Plano Quinquenal será a fase de "alta renda" (*per capita* acima de US$ 12.300), intitulada "motivada pela inovação". Atualmente, a China acabou de entrar na fase de "renda média superior", momento em que o país deveria focar em enfrentar "10 desafios importantes". Tendo superado e evitado os 10 riscos da "armadilha da renda média", a China poderá, daqui a 10 anos, aderir ao grupo dos países de "alta renda".

---

* Tradução: Zhang Fangfang.

** Diretor do ILAS/CASS e diretor do Centro Mundial de Estudos Previdenciários da CASS.

1. Análise das experiências de "armadilha da renda média": comparação internacional

1.1 Definindo o conceito de "armadilha da renda média"

O Banco Mundial classifica, segundo o Produto Nacional Bruto (PNB) *per capita*, as economias do mundo em quatro níveis: baixa renda, renda média inferior, renda média superior e alta renda, e publica anualmente um novo padrão reajustado. De acordo com a última publicação, em julho de 2011,[1] o nível de baixa renda compreende um PNB *per capita* inferior a US$ 1.005; a renda média inferior encaixa-se entre US$ 1.006 e US$ 3.975; a renda média superior situa-se na faixa entre US$ 3.976 e US$ 12.275, e a alta renda engloba países com PNB *per capita* acima de US$ 12.276. Os níveis "renda média inferior" e "renda média superior" são chamados, conjuntamente, de "renda média".

O conceito "armadilha da renda média" (*middle-income trap*) foi formulado e utilizado pelo Banco Mundial pela primeira vez em 2006. Indica que "a estratégia adotada pelas economias ao migrar da baixa renda para a renda média não pode ser repetida para colocar o país entre as economias de alta renda. A continuação do crescimento econômico é bloqueada pelo modelo de desenvolvimento ultrapassado e o país não consegue elevar seu PNB *per capita* além dos US$ 10.000. Na transição, o país passa a viver um período de crescimento econômico estagnado e volátil".[2]

Em abril de 2007, o Banco Mundial fez um relatório completo sobre a situação econômica nos 10 anos depois da crise financeira da Ásia.[3] De acordo com o relatório, nesse período o Leste Asiático ficou mais rico em geral e ganhou relevância no âmbito global. Impulsionada principalmente pelo crescimento vigoroso da China, a produção total dessa região emergente atingiu US$ 5 trilhões, duplicando de volume em relação ao período pré-crise financeira (1997-98). A renda real *per capita* aumentou 75%, e a

1. Dados do Banco Mundial. Disponível em: <http://data.worldbank.org/about/country-classifications>.
2. Citado de: Yan, Ma, Challenge of middle-income trap in China and the countermeasures, in *Economics Dynamics*, n. 7, p. 42, 2009.
3. Ver World Bank, 10 years after the crisis-special focus: sustainable development in East Asia's urban fringe, in *East Asia & Pacific Update*, East Asia and Pacific Region, The World Bank, p. 3, Apr. 2007.

taxa de pobreza (definida como renda diária inferior a US$ 2) caiu de 50% para 29%. O relatório também apontou que o Leste Asiático enfrentaria os riscos de uma armadilha da renda média: "quando o Vietnã chegar à renda média, o que deverá acontecer em 2010, nove dos 10 países da região também já terão alcançado a renda média. Entretanto, enquanto o Leste Asiático estiver celebrando, novos desafios já estarão à sua frente, demandando um tratamento adequado, sob pena de redução do crescimento econômico. Nesse momento, essas economias descobrirão que estão frente à armadilha da renda média, lutando para alcançar a alta renda. A história revela que muitas economias podem alcançar o *status* de renda média até rapidamente, mas poucas conseguem sair dele porque as mudanças políticas e institucionais necessárias para tanto são ainda mais complexas e mais impactantes em temos tecnológicos, políticos e sociais".

Depois da crise financeira global, em novembro de 2010, o Banco Mundial reforçou a urgência de reformas estruturais no Leste Asiático na publicação *Recuperação robusta e riscos ascendentes*.[4] Segundo o documento, "desta vez, a crise financeira global deixou um cenário mais claro: os países de renda média do Leste Asiático precisam fazer reformas estruturais, acelerar a transformação e desvencilhar-se do universo congestionado das economias de desenvolvimento industrial médio, emergindo como economias de alta renda. Mas isso não é fácil". O documento também detalhou o conceito da "armadilha da renda média": "muitas economias da América Latina e do Oriente Médio se viram presas na armadilha da renda média por décadas, e lutam para recuperar sua competitividade, com ganhos de escala e redução de custos. Entretanto, ainda não foram capazes de aumentar sua cadeia de valor e avançar em mercados com produtos e serviços de base tecnológica".

Resumindo, a "armadilha da renda média" envolve países que saíram da "armadilha da pobreza" (que geralmente se refere a economias com PIB *per capita* inferior a US$ 1.000) e atingiram a classificação de renda média. Desse grupo, entretanto, poucos conseguem migrar ao grupo de alta renda, ficando reféns de ciclos econômicos, ou naufragando em crescimento muito lento até a estagnação.

4. The World Bank, Robust recovery, rising risks, in *East Asia and Pacific Economic Update 2010*, Washington, D.C., v. 2, p. 27, Nov. 2010.

1.2 Comparação dos casos de "armadilha da renda média"

Pela classificação do Banco Mundial, há 70 economias no mundo que se enquadram no grupo de alta renda.[5] Entre estas, as não pertencentes à Organização para a Cooperação e Desenvolvimento Econômico (OCDE) registraram PIB *per capita* médio de US$ 24.452 em 2010, enquanto o dos países-membros da OCDE nessa categoria foi de US$ 39.521. No grupo da renda média, o PIB *per capita* em 2010 foi de US$ 3.992; em 1960 era de apenas US$ 159. O PIB *per capita* no grupo da renda média inferior saltou de US$ 96, em 1960, para US$ 1.750, em 2010; e o do grupo de renda média superior foi de US$ 340, em 1960, para US$ 6.245, em 2010. No grupo da baixa renda, o PIB *per capita* foi de US$ 523 em 2010, e de US$ 105 em 1960.

Em suma, das 215 economias classificadas pelo Banco Mundial, 35 são de baixa renda, 56 de renda média inferior, 54 de renda média superior e 70 de alta renda. Pode-se observar que os países de renda média (soma do grupo de renda média inferior com o de renda média superior) respondem por 51% do total. Nos últimos anos, alguns países em desenvolvimento que estavam na faixa de baixa renda ingressaram no grupo de renda média inferior. Por exemplo, em 2007 o continente africano alcançou PIB *per capita* de US$ 1.113, cruzando o nível de renda média inferior. Já na Ásia Meridional, o tradicionalmente baixo PIB *per capita* atingiu US$ 1.091 em 2009, e US$ 1.323 em 2010, e essa região também entrou no grupo de renda média inferior.

Sem dúvida, a América Latina é a região que mais concentra países de renda média. Entre as 33 economias latino-americanas e caribenhas, só um país pertence ao grupo de baixa renda, o Haiti, com PIB *per capita* de US$ 671 em 2011. Dos restantes, 27 são do nível de renda média, entre os quais oito de renda média inferior e 19 de renda média superior. O Caribe possui três países de alta renda: Bahamas (US$ 21.985 em 2010), Barbados (US$ 15.035, no mesmo ano) e Trinidad e Tobago (US$ 15.359, em 2010). Na lista de países latino-americanos de renda alta, entram também Chile e Uruguai. O Chile chegou a esse grupo em 2010, ano que marca a saída do primeiro país sul-americano da "armadilha da renda média". Nesse ano, o Chile registrou PIB *per capita* de US$ 12.431. Em 2011, este valor subiu para US$ 13.970. Já

5. Salvo se especificado diferentemente, todos os dados neste capítulo foram obtidos de: <http://data.worldbank.org/indicator/>.

o Uruguai entrou para o grupo de países ricos em 2011, com uma evolução do PIB *per capita* de US$ 11.995 em 2010 para US$ 14.671 em 2011.[6]

Quando o tema é "armadilha da renda média", a América Latina é frequentemente mencionada e apontada como o principal caso, já que os países de renda média representam 82% da região, além do fato de boa parte destes terem atingido o nível de renda média inferior no fim da década de 1960 e início da década de 1970. Alguns ficaram estagnados na faixa de renda média inferior, e outros migraram para a renda média superior. Chile e Uruguai são bons exemplos: o PIB *per capita* do Chile em 1971 era de US$ 1.097; o do Uruguai, em 1973, foi de US$ 1.405. Ambos demoraram, respectivamente, 40 e 38 anos na faixa de renda média. O México e o Brasil alcançaram o nível médio, respectivamente, em 1974 (US$ 1.255) e 1975 (US$ 1.144); em 2010, o PIB *per capita* desses países subiu para US$ 9.123 e US$ 10.710. Quanto à Colômbia, a variação foi de um PIB *per capita* de US$ 1.063 em 1979 para US$ 6.225 em 2010. A Argentina é o país mais antigo da região dentro da faixa de renda média. Em 1962, o PIB *per capita* da Argentina chegou a US$ 1.145; em 2010, foi de apenas US$ 9.124. De acordo com a previsão do Fundo Monetário Internacional (FMI) em 2011, a Argentina poderá atingir o nível de alta renda em 2015,[7] o que significaria mais de meio século (53 anos) atado ao grupo de renda média.

Até 2012, o período médio de estagnação dos países latino-americanos anteriormente mencionados foi de 38 anos, entre os quais o México somava 38 anos preso à armadilha; o Brasil, 37 anos; a Colômbia, 33 anos, e a Argentina, outrora país mais rico do continente, 51 anos, quase um recorde mundial.

Durante os 250 anos compreendidos entre a primeira Revolução Industrial em meados do século XIX até hoje, apenas 70 países entre as mais de 200 economias do mundo conseguiram chegar à alta renda. Vale destacar que alguns países que hoje são ricos registravam, meio século atrás, um nível econômico inferior ao de outros países que hoje ainda são considerados em desenvolvimento. Por exemplo, em 1962, a Argentina, ex-colônia da Espa-

---

6. Até o momento de finalizar este artigo, o Banco Mundial não tinha publicado os dados de 2011. Os dados usados aqui são citados das estatísticas previstas do FMI. Veja IMF, *World economic outlook database,* Sept. 2011. Quanto à argumentação sobre o Chile, veja Zheng Bingwen e Qi Chuanjun: Chile: o primeiro país da América do Sul que sairá da "armadilha da renda média" — 20 anos de retorno do poder para o povo e as inspirações, no *Livro amarelo da América Latina: relatório de desenvolvimento da América Latina e do Caribe 2010-11* (Relatório Especial), Editora Literatura de Ciências Sociais, publicado no dia 20 de abril de 2011, p. 1-41.
7. Ver IMF, *World economic outlook database*, Sept. 2011.

nha, tinha PIB *per capita* de US$ 1.145, mais que o dobro do espanhol (US$ 519) e maior que o da Itália (US$ 990), principal origem dos imigrantes da Argentina.[8] Entretanto, a economia da Espanha entrou para a renda média em 1969, e chegou ao grupo de alta renda em 1978; em 2010, seu PIB *per capita* alcançou US$ 30.542. Já o ritmo de crescimento da Itália foi ainda mais acelerado, chegando ao nível médio em 1963 e ao nível alto em 1975, com o PIB *per capita* de US$ 33.917 em 2010. Portugal, por sua vez, tinha PIB *per capita* de US$ 804 em 1960, fazendo parte, junto com o Brasil, do grupo de baixa renda. Chegou à renda média em 1971, e tornou-se país de alta renda em 1987. Em 2010, registrou PIB *per capita* de US$ 21.505. A figura 1 ilustra a evolução do crescimento desses países.

Figura 1

Comparação do crescimento do PIB entre Brasil, Argentina, Itália, Portugal e Espanha (preço corrente, US$ 100 milhões)

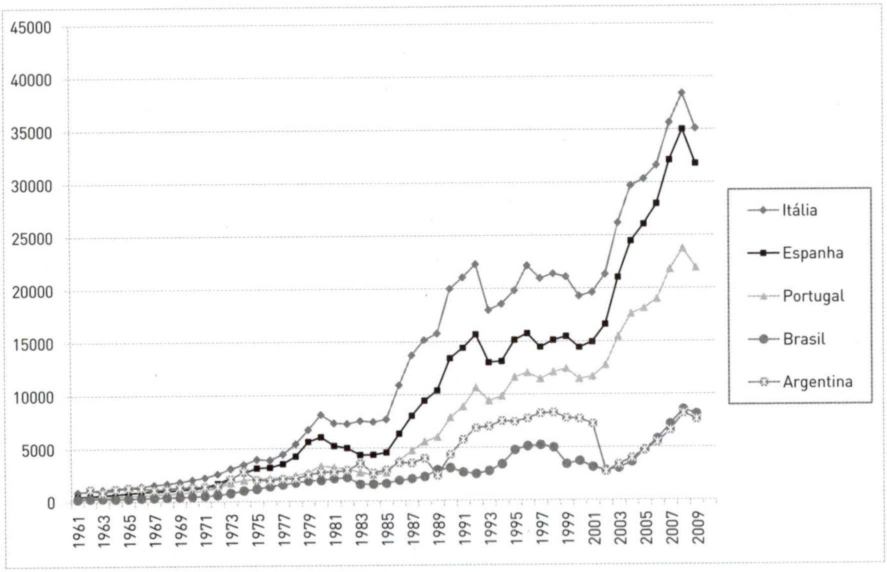

Fonte: <http://data.worldbank.org/indicator/>.

8. A razão para incluir a Itália é que metade dos imigrantes da Argentina veio desse país. Ver Song Xiaoping (Ed.), *Argentina*, Beijing: Social Sciences Press, p. 19-26, 2005.

2. Os três avanços históricos no desenvolvimento econômico da China: comparações com a América Latina e o Leste Asiático

Em 2010, o PIB da China cresceu 10,3%, e o volume total da economia foi de RMB ¥ 39,8 trilhões.[9] Já o PIB *per capita* foi de US$ 4.580.[10] Esses números mostram que em 2010 a China entrou oficialmente para o grupo de renda média superior, o que faz deste o ano mais significativo para a China após a reforma e a abertura, em 1978. Trata-se de uma linha divisória importante em sua história, simbolizando uma nova fase em seu processo de modernização, com um novo patamar de desenvolvimento econômico e de progresso social. Ao mesmo tempo, isso significa que, nos próximos 10 anos, a China poderá enfrentar importantes desafios em seu caminho rumo à "alta renda".[11]

Desde a reforma e a abertura, a China levou 23 anos para chegar à renda média inferior, partindo de um PIB *per capita* de US$ 155 em 1978 até registrar US$ 1.042 em 2001 (ver figura 2). Depois desse primeiro avanço, o país levou outros nove anos para aderir ao grupo de renda média superior, ultrapassando o patamar de US$ 4.200 *per capita*. Esses avanços históricos mostram que, se tratarmos a renda média inferior e a renda média superior como duas fases da "armadilha da renda média", a China já superou a fase inicial (de "renda média inferior")[12] em velocidade similar à dos países do Leste Asiático,[13] o Japão levou sete anos (1966-73), Hong Kong, sete anos (1971-78), Cingapura, oito anos (1971-79) e a Coreia do Sul, 11 anos (1977-88).

9. Instituto Nacional de Estatísticas da República Popular da China: *Relatório da economia nacional e do desenvolvimento social da República Popular da China em 2010*, 28 de fevereiro de 2011.
10. Baseado na população total da China de 1,37 bilhão (Instituto Nacional de Estatísticas da República Popular da China: Relatório do 6º Censo Nacional em 2010, n. 1, 28 de abril de 2011).
11. Em 2011, o PIB chinês cresceu 9,2%, atingindo RMB ¥ 47,2 trilhões, com PIB *per capita* de US$ 5.427. Em 2012, a taxa de crescimento do PIB foi de 7,8%; o PIB *per capita* somou US$ 6.100, e o volume total da economia, RMB ¥ 51,9 trilhões.
12. Algumas publicações na China consideram equivocadamente a "armadilha da renda média" como a fase após a entrada na faixa de renda média superior. Veja, por exemplo, o artigo intitulado A China vai cair na armadilha da renda média? da revista *People's Tribune*, 19º, 2010. Na verdade, o Banco Mundial, que foi o primeiro a usar esse conceito, trata-a como a fase após a entrada na faixa de "renda média", incluindo a fase de "renda média inferior". Ver World Bank, Robust recovery, rising risks, *East Asia and Pacific Economic Update 2010*, Washington, D.C., v. 2, Nov. 2010.
13. Taiwan não foi mencionada devido à falta de dados.

Figura 2

PIB *per capita* da China e sua taxa de crescimento entre 1978 e 2012 (US$, %)

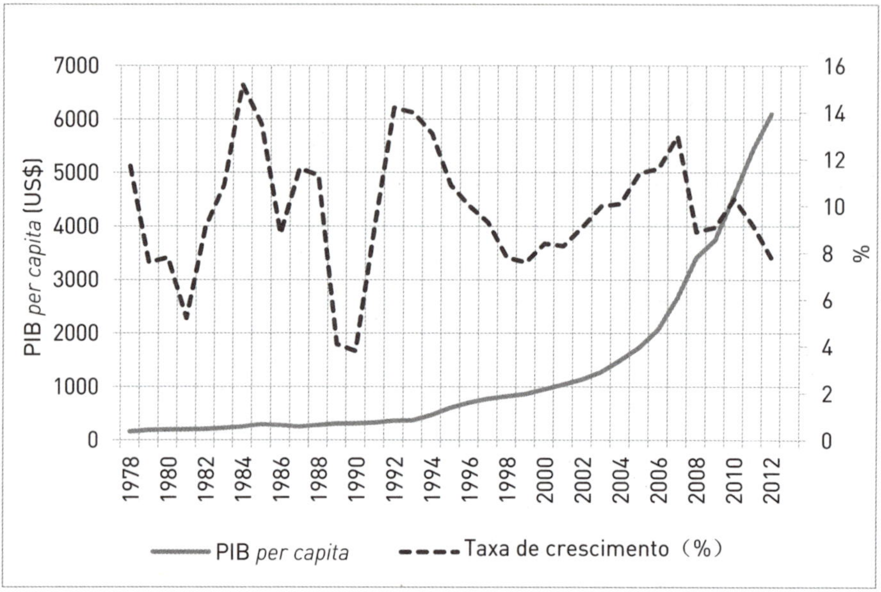

Fonte: *Anuário de estatísticas da China 2011*, versão digital, 2-4.
Nota: Os dados de 2012 são citados do site da Administração Nacional de Estatísticas da China: <www.stats.gov.cn/>.

Continuando a comparação, a Malásia precisou de 18 anos (1977-95) para alcançar um PIB *per capita* superior a US$ 1.000 e a Tailândia, 20 anos. Os países latino-americanos gastaram, em média, 22 anos (em 1974, o PIB *per capita* da América Latina era de US$ 1.188 e, em 1996, US$ 4.042), entre os quais, o México levou 18 anos (1974-92), o Uruguai, 19 anos (1973-92), o Brasil, 20 anos (1975-95); o Chile, 23 anos (1971-94); a Argentina, 26 anos (1962-88); a Colômbia, 28 anos (1979-2007). Já Espanha e Portugal levaram, respectivamente, nove (1969-78) e 15 anos (1971-86), e a Itália, 14 anos (1963-77). A comparação entre o PIB *per capita* da China e de outras economias e os momentos de avanço podem ser encontrados nas tabelas 1 e 2.

Tendo entrado na fase de renda média superior, a China agora visa à realização do terceiro avanço histórico, ou seja, afiliar-se ao clube de países de alta renda. Mantendo o ritmo atual de crescimento, e tudo o mais constante, prevê-se que isso acontecerá durante o período do 14º Plano Quinquenal, entre 2020 e 2024.[14] Se essa previsão se confirmar, o terceiro avanço da China registrará, mais uma vez, uma "velocidade de Leste Asiático": o Japão levou 12 anos (1973-85) para chegar à alta renda; Cingapura, 11 anos (1979-90); Hong Kong, 11 anos (1978-89); e a Coreia do Sul, apenas sete anos (1988-95).

Tabela 1

Comparação do PIB *per capita* de algumas economias da América Latina e do Leste Asiático entre 1960 e 2010 (preço atual, US$)

1960	2010	1960	2010	1960	2010	1960	2010	1960	2010	1960	2010	1960	2010
Japão		Cingapura		Hong Kong		Coreia do Sul		Chile		Uruguai		México	
470	42.831	394	41.122	429	31.757	155	20.757	550	12.431	490	11.996	353	9.123
Brasil		Argentina		Colômbia		Malásia		Síria		Filipinas		Tailândia	
208	10.710	1.145	9.124	252	6.225	299	8.373	185	2.893	247	2.140	100	4.608

Fonte: <http://data.worldbank.org/indicator/>.
Nota: O dado US$ 1.145 da Argentina foi do ano 1962.

O "milagre do Leste Asiático" revela que o número de anos necessários para que o Japão e três dos Tigres Asiáticos ultrapassassem a fase de renda média (inferior e superior) foi de 19 anos para Japão (1966-85) e Cingapura (1971-90) e 18 anos para Coreia do Sul (1977-95) e Hong Kong (1971-89), períodos equivalentes ao tempo gasto pelos países latino-americanos e outros do Leste Asiático para saírem apenas da faixa de renda média inferior.

3. As quatro fases do crescimento econômico chinês segundo os principais motores do crescimento

Observando o crescimento econômico da China durante os 35 anos após a reforma e a abertura, e focando nas metas futuras, podemos distinguir, a partir dos principais motores da expansão, quatro fases em sua evolução. Elas incluem os períodos de baixa renda e o de renda média inferior, que já foram superados, o de renda média superior e o de alta renda, que ainda serão percorridos pela China. São elas: fase "motivada pelo mercado", "motivada

14. Levando em consideração o crescimento da população, o reajuste do patamar de alta renda, mudanças cambiais e outros fatores. O autor estima que o PIB da China terá alcançado RMB ¥ 120 trilhões ao fim deste período e o PIB *per capita* será de US$ 12.500, ou seja, RMB ¥ 85.000.

Tabela 2
Comparação do momento em que algumas economias ultrapassaram a "armadilha da renda média"

Três momentos de avanço	Momento do 1º avanço (PIB *per capita* de US$ 995)	"Armadilha da renda média" Momento do 2º avanço (PIB *per capita* de US$ 3.946)	Momento do 3º avanço (PIB *per capita* de US$ 12.196)	PIB *per capita* em 2011 (US$)	PNB *per capita* em 2011 (US$)
Japão	Ano 1966	Ano 1973	Ano 1985	45.903	44.900
Coreia do Sul	1977	1988	1995	22.424	20.870
Cingapura	1971	1979	1990	46.241	42.930
Hong kong	1971	1978	1989	35.156	36.010
Itália	1963	1977	1987	36.103	35.290
Espanha	1969	1971	1978	31.943	30.890
Portugal	1971	1987	2002	22.316	21.210
Malásia	1977	1995	-	9.977	8.770
Tailândia	1988	2008	-	4.972	4.440
Argentina	1962	1988	-	10.942	9.740
Chile	1971	1994	-	14.394	12.280
México	1974	1992	-	10.047	9.420
Brasil	1975	1995	-	12.594	10.720
Colômbia	1979	2007	-	7.104	6.070
Uruguai	1973	1992	-	13.966	11.860
Valor médio da América Latina	1974	1996	-	9.747	8.681
China	2001	2010	previsto para 2022-2024	5.445	4.940

Fonte: Elaborado pelo autor com os dados no site do Banco Mundial: <http://data.worldbank.org/about/>.

pelos fatores", "motivada pela eficiência" e "motivada pela inovação". Os "três avanços históricos" da economia chinesa correspondem aos três momentos de transformação e incluem as "quatro fases de evolução". Ver tabela 3.

3.1 Primeira fase (1978-2000): "motivada pelo mercado" ou de "baixa renda"

A primeira fase da evolução econômica da China pode ser caracterizada como "motivada pelo mercado". Também é a fase de baixa renda, com PIB *per capita* menor que US$ 1.000. As razões pelas quais a China conseguiu manter o crescimento e ultrapassar com sucesso a "armadilha da pobreza" em 2001

Tabela 3
As quatro fases de crescimento econômico da China (preço atual, US$)

Fases de crescimento	1ª fase	2ª fase	3ª fase	4ª fase
		"Armadilha da renda média"		
PIB *per capita*	Baixa renda	Renda média inferior	Renda média superior	Alta renda
	inferior a US$ 1.050	US$ 1.050-4.200	US$ 4.200-12.500	superior a US$ 12.500
Força motriz	Motivada pelo mercado	Motivada pelos fatores	Motivada pela eficiência	Motivada pela inovação
	(1978-2000)	(2001-09)	(2010-14º Plano Quinquenal)	(após 14º Plano Quinquenal)

Fonte: Elaborado pelo autor.
Nota: O padrão do PIB *per capita* aplicado nas quatro fases tem como base o padrão publicado em agosto de 2011 pelo Banco Mundial (baixa renda, renda média e alta renda). Usam-se números arredondados para facilitar a memorização e por seu significado simbólico.

são, entre outras, a reforma da zona rural (contrato de responsabilidade familiar em relação à produtividade) e a reorganização das empresas estatais nas zonas urbana e rural. A regulação dos direitos à propriedade e a introdução do valor de troca estabelecido pelo mercado incrementaram esse estímulo. As forças produtivas, que no passado tinham sido coibidas pelo sistema de planejamento rigoroso, foram finalmente liberadas, particularmente depois do estabelecimento do sistema de economia socialista de mercado em 1992, que aperfeiçoou o modelo.

Nesta fase, o sistema de economia de mercado passou por uma dinâmica de tentativa e erro, com vários testes. As reformas em todos os domínios foram concluídas em prol do estabelecimento de uma economia de mercado, e desde então os governos têm se esforçado em estimular o mercado e motivar o crescimento. Portanto, nesse período, a expansão econômica teve o mercado como principal força motriz do crescimento. Depois que o controle visível do governo sob o sistema de planejamento foi substituído pela mão invisível do mercado, os resultados passaram a conter, implicitamente, considerável espontaneidade, certa cegueira e até locura. Foram exatamente essas forças explosivas do mercado que levaram a China a sair da baixa renda.

Outro fator que ajudou a China a se livrar da "armadilha da pobreza" foi a estabilidade social. A China administrou a incerteza provocada pelas manifestações sociais de 1989, bem como a desaceleração econômica dos dois anos seguintes (as taxas de crescimento do PIB em 1989 e em 1990 foram, respectivamente, de 4,1% e 3,8%, sendo as mais baixas nos 35 anos após a reforma e a abertura). Dessa forma, deixou para trás a "armadilha da pobreza" com uma taxa média de crescimento anual de 9,8%.

3.2 Segunda fase (2001-2009): "motivada pelos fatores" ou "de renda média inferior"

O período entre 2001 e 2009 constitui a fase "motivada pelos fatores". Marca uma etapa importante, em que o país entrou para a faixa de renda média inferior. Segundo as teorias modernas de crescimento, o crescimento econômico depende da acumulação de trabalho, capital, recursos naturais e do avanço teconológico. Na fase de renda média inferior, os países em desenvolvimento aproveitam as vantagens comparativas e estimulam o crescimento com investimento na acumulação de fatores. Especialmente para as economias que possuem recursos naturais abundantes, como petróleo, gás natural, minérios e produtos agrícolas, a motivação pelos fatores é muito óbvia, no sentido de desenvolver o país pela exploração de recursos naturais. Tanto que até se formulou o conceito da "maldição dos recursos", ou seja, da dependência total dos recursos naturais.[15] Sem fazer exceção, a China também apresentava, nessa fase, um crescimento motivado pelos fatores visíveis: trabalho, recursos, capital e até pela terra.

Em primeiro lugar, sobre o fator trabalho, esse período marca o auge do bônus demográfico na China, com mão de obra rica e barata, que se tornou uma vantagem comparativa para o crescimento econômico. O comércio exterior, tendo como principal pilar a exportação de produtos intensivos em trabalho, transformou-se em um motor importante para o crescimento. Pode-se ver, por meio das curvas de crescimento das reservas cambiais, a pressão para preservá-las e valorizá-las nesses nove anos: em 2001, elas somavam US$ 212,2 bilhões; no fim de dezembro de 2012, alcançaram US$ 3,31 trilhões, registrando um aumento significativo (figura 3). De acordo com estudos,[16] a

15. Zhao Lihong. *Resource curse and primary products export-oriented development model in Latin American countries*. Beijing: Contemporary Press, 2010.
16. Usando dados citados em Li Mingfeng, Contributions of land to China's economic growth, in *Journal of China Geography University* (edition of social sciences), n. 1, p. 60-4, 2010.

contribuição do trabalho para o crescimento pode ser dividida em dois períodos: antes de 2003, com contribuição baixa e, depois de 2003, mais elevada, atingindo gradual estabilização.

Figura 3
Variação de crescimento das reservas cambiais da China entre 1978 e 2012 (US$ 100 milhões)

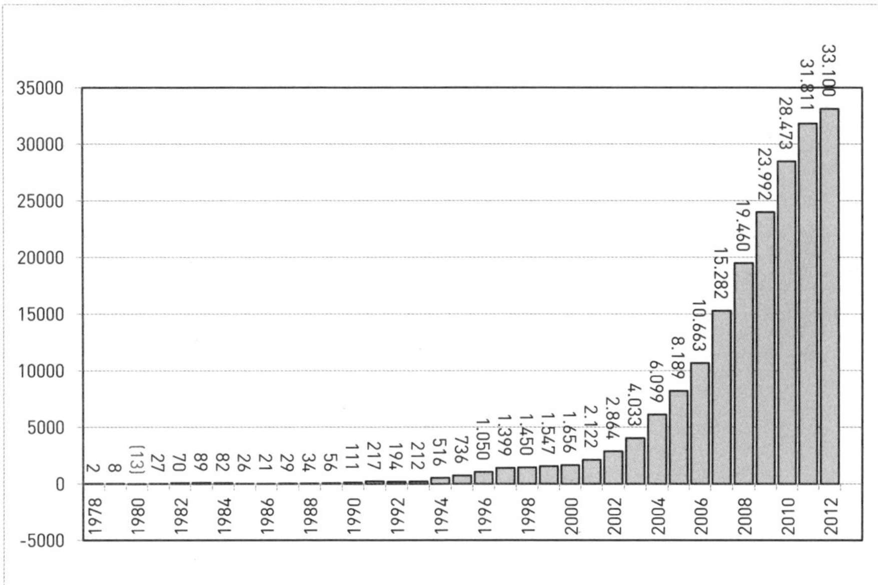

Fonte: Site da Administração de Reservas Cambiais da República Popular da China: <www.safe.gov.cn/>.

Segundo, sobre o fator recursos naturais, a contribuição do fator terra para o crescimento econômico tornou-se cada vez maior, e em alguns anos chegou a ultrapassar a contribuição do trabalho, variando entre 20% e 30% de 1997 a 2008. A participação do consumo dos recursos minerais para o crescimento industrial foi mais alta: segundo os estudos, chegou a 37%;[17] já as taxas de contribuição dos recursos ambientais e energéticos foram, respectivamente, de 18% e 16%.

Por fim, sobre o capital, como é do conhecimento geral, o alto e contínuo investimento da China foi um motor importante para o crescimento econômi-

17. Usando dados citados em Zhang Qizai, Three criteria required to be an engine, in *People's Forum*, n. 4, p. A, 2009.

co. Por exemplo, a taxa de investimento evoluiu de 35% em 2000 para mais de 40% em 2009, enquanto a taxa de consumo caiu de 60% em 2002 para 50% em 2006.

3.3 Terceira fase (2010 até o 14º Plano Quinquenal): "motivada pela eficiência" ou "de renda média superior"

O período entre 2010 e o 14º Plano Quinquenal é a fase de renda média superior, em que a China registra PIB *per capita* entre US$ 4.200 e US$ 12.500. É uma etapa importante para a transformação do crescimento econômico chinês de "motivado pelos fatores" para "motivado pela eficiência". Na estrutura do comércio internacional estabelecida conforme os princípios de vantagens comparativas, as economias baseadas na exportação de produtos intensivos em trabalho ficam em posição relativamente desfavorável. Isso faz com que alguns países caiam na "armadilha da vantagem comparativa", que os deixa estacionados na faixa de renda média inferior. A China, entretanto, aproveitou a mão de obra barata como vantagem comparativa e utilizou como motor a exportação de produtos intensivos em trabalho enquanto mantinha alta a taxa de investimento de capital. Com isso, conseguiu migrar da faixa de renda média inferior — cuja principal ameaça era a "armadilha da vantagem comparativa" —, para a fase de renda média superior. Para isso, entretanto, o país pagou um alto preço, já que o alto consumo energético e de recursos naturais resultaram em alta emissão de poluentes.

Na verdade, a transformação de um crescimento "motivado pelos fatores" para o "motivado pela eficiência" tem dois significados: primeiro, transformar o modelo de dependência da exportação e do investimento em capital no modelo de dependência do estímulo coordenado entre consumo, investimento e exportação. Segundo, transformar o modelo de crescimento extensivo em um modelo de crescimento intensivo, elevando o nível das forças produtivas e da competitividade, que é o único caminho de acesso à faixa de alta renda, ou seja, a quarta fase. A transformação do modelo de crescimento se tornou consenso desde a crise financeira. A urgência e a necessidade dessa transformação, porém, exigem novas ações da China. A chave reside na transformação do modelo extensivo para o intensivo, que é a essência da fase do crescimento "motivado pela eficiência": isso significa melhorar a relação de insumo-produto, elevar a taxa de rendimento do investimento e aumentar a competitividade econômica para obter um crescimento sustentado.

Comparada com a fase motivada pelos fatores, a fase motivada pela eficiência enfatiza um ciclo virtuoso de crescimento: a taxa de rendimento do investimento é a força motriz para o crescimento. A melhoria da relação entre insumo e produto traz a elevação das forças produtivas, que por sua vez resulta no aumento da taxa de rendimento do investimento, incluindo de materiais, recursos humanos e tecnologias. Da mesma forma, a sustentação da renda nacional depende das forças produtivas, bem como a taxa de rendimento de investimento, enquanto o potencial de crescimento depende do investimento.

3.4 Quarta fase (após o 14º Plano Quinquenal): "motivada pela inovação" ou "de alta renda"

Após o 14º Plano Quinquenal, a China deverá ingressar na fase de alta renda, em que o crescimento é motivado pela inovação tecnológica. Como se sabe, embora a melhora do sistema, a redução da instabilidade macroeconômica, o aumento do capital humano e a construção de infraestrutura possam trazer rendimento e crescimento, estes não escaparão da regra de rendimentos decrescentes. No longo prazo, o crescimento e o aumento da competitividade econômica dependem da inovação tecnológica. Nos países desenvolvidos de alta renda, a inovação tecnológica é a fonte primordial do crescimento. Na expansão econômica dos países desenvolvidos, a contribuição da inovação tecnológica é de 70% enquanto a da China atualmente não chega a 40%.[18] Elevar a capacidade de inovação tecnológica e construir um país modelo em inovação constitui o núcleo da atual estratégia de desenvolvimento da China para ultrapassar a "armadilha da renda média", além de ser o canal fundamental que dá acesso direto ao nível de alta renda.

Resumindo as quatro fases do crescimento econômico da China, a essência da fase motivada pelo mercado é a transição para o sistema de economia de livre mercado, marco na história econômica da China; a fase motivada pelos fatores é um período inevitável de aproveitamento da vantagem comparativa,

18. Han Baojiang, The opportunity of big country's 'latecomer advantage' to China, in *Outlook Newsweek*, n. 42, 2010.

enfatizando a consolidação da economia de mercado; a fase motivada pela eficiência é o caminho inevitável para evitar a "armadilha da renda média", salientando a elevação do conteúdo produzido e a transformação social; já a fase motivada pela inovação tecnológica é a etapa de desenvolvimento convergente com o atual estágio das economias de alta renda, destacando a tranformação social e política.

4. A China encontra-se na faixa de "renda média superior", na fase "motivada pela eficiência": como elevar os três fatores da produtividade?

A China entrou recentemente na terceira fase de seu crescimento econômico, a fase de renda média superior. Nesse estágio, é necessário construir uma combinação de motores composta por três elementos — o "sistema", as "políticas" e a "infraestrutura" —, a fim de realizar a tranformação de um sistema de crescimento "motivado pelos fatores" para o "motivado pela eficiência".

4.1 O "sistema": elemento-chave para a eficiência

"Sistema" aqui se refere ao quadro legal e administrativo em que os indivíduos, as empresas e o governo interagem para produzir rendimento e riqueza. Embora o sistema não produza sozinho a expansão econômica, sua qualidade exerce grande influência sobre o cresimento, ao afetar as decisões de investimento, a organização da produção, a distribuição dos benefícios e a elaboração da estratégia de desenvolvimento, entre outros. A qualidade do sistema tem dois significados. O primeiro é a atitude do governo em relação ao mercado, promovendo justiça, equidade e eficiência. Diferentes atitudes resultam em diferentes políticas, e diferentes políticas resultam em diferentes estruturas produtivas. O segundo é a eficiência do governo. A prevalência de burocracia, corrupção, baixa eficiência do trabalho e falta de transparência nas decisões influenciam o crescimento econômico de forma negativa.

O ambiente gerado pelo sistema tem impacto direto nas políticas macro e microeconômicas, bem como nas políticas sociais e públicas. Em geral, partimos do presuposto de que as políticas sejam adequadas; porém, se o "sistema" perder credibilidade e sucumbir ao interesse de pequenos grupos, as "políticas" serão nulas. Logo, se o "sistema" tiver problemas, não poderá produzir "políticas" adequadas. A Argentina possui recursos abundantes, com escala de mercado e educação básica e superior entre as melhores da América Latina, situando-se entre a parte intermediária e alta do *ranking* mundial. Entretanto, tudo isso não pode compensar ou substituir a eficiência que seu "sistema" deveria ter desempenhado. Nesse sentido, a principal razão pela qual países como a Argentina (cujo caso será discutido mais adiante) ficaram presos na "armadilha da renda média" por meio século reside na falta da função adequada do "sistema".

No contexto da globalização e das competições renhidas entre os países de renda média, o fator essencial para vencer é, em certo sentido, o "sistema". A essência da competição é o "sistema". A influência exercida pelo "sistema" sobre o crescimento econômico é cada vez maior, pois este afeta o mecanismo de crescimento. De certa forma, o "sistema" pode ser visto como força produtiva, e sua qualidade representa o nível das forças produtivas; a mudança do sistema impulsiona o crescimento econômico, e o crescimento econômico acompanha a mudança do sistema.

Nas últimas décadas, a construção do "sistema" chinês registrou grande progresso, tendo a construção do sistema jurídico como indicador principal. A construção e transformação de um governo orientado a serviços teve bastante êxito, criando um ambiente favorável para o crescimento sustentado. Mas, de modo geral, a tarefa de construir o "sistema" é dura e de longo prazo. Essa construção inclui ciência, justiça, transparência e viabilidade da decisão governamental, eficiência operacional do governo e construção de sistemas anticorrupção, capacidade de gestão e fiscalização, credibilidade e força mobilizadora do governo, entre outros fatores. Em resumo, nos próximos 10 anos, o vigor da organização do governo e a vantagem do "sistema" serão fatores decisivos para manter o crescimento sustentado, a competitividade internacional, bem como para a China superar a "armadilha da renda média".

4.2 "Políticas": garantia para o alcance da eficiência

O elemento "políticas" engloba quatro conceitos. Primeiro, o de política macroeconômica. Se a política macroeconômica não for estável, será difícil proporcionar uma perspectiva sustentável de crescimento, podendo haver estagnação e retrocesso. Por exemplo, um contexto de mau controle da inflação com perda de credibilidade provoca expectativas de inflação alta e causa distúrbios no ciclo comercial, ampliando a volatilidade econômica. No caso da Grécia, um erro da política financeira provocou a crise da dívida soberana. Com isso, a competitividade da Grécia caiu do 61º lugar em 2006-07 para o 83º em 2010-11. Foi um golpe fatal para a economia grega: o PIB *per capita* caiu de US$ 30.363 em 2008, para US$ 28.520 em 2009, e US$ 26.600 em 2010.

O segundo conceito é o de política microeconômica. Mecanismos antitruste e anticoncorrência desleal, de eficiência do mercado, política de tributação das empresas, proteção ambiental, tudo isso constitui a microbase para a operação macroeconômica. Sem uma boa política microeconômica, a meta da política macroeconômica não pode ser atingida. Boas políticas microeconômicas induzem a um efeito favorável na elevação da eficiência, na produção de bens e no comércio de serviços, incluindo a qualidade e a quantidade das atividades microeconômicas. Já uma política microeconômica inadequada causa impactos diretos na eficiência do mercado de produtos e no financeiro, com influência negativa para o crescimento econômico.

O terceiro conceito é o de política social. Uma política social inadequada que permitisse, por exemplo, uma distribuição injusta, provocaria descrédito na continuidade dessa distribuição. Dessa forma, seria difícil controlar a tendência à polarização, e a influência negativa desta no trabalho prejudicaria o crescimento econômico. Além disso, a eficiência e a elasticidade do mercado de mão de obra influenciam diretamente na eficiência de mobilidade laboral e no estímulo à produção, provocando um impacto indireto no crescimento econômico. Quando o custo da mudança de mão de obra de uma atividade econômica para a outra é relativamente alto, ou seja, o nível salarial é pouco flexível, significa que há rigidez do mercado de mão de obra, o que influencia a eficiência do mercado e o crescimento.

O quarto conceito é o de política pública. Após a entrada de um país na fase de renda média superior, as políticas de assuntos públicos, inclusive saúde, educação, gestão de terras e construção urbana, devem ser refletidas. É preciso realizar um balanço das experiências domésticas, bem como absorver exemplos e lições de outros países, para adequar as políticas às necessidades do crescimento econômico e do desenvolvimento social, em vez de permitir que estas restrinjam o crescimento.

Em resumo, na fase de renda média inferior, a política macroeconômica da China fez contribuições importantes para o crescimento; porém, ainda faltou coordenação entre política microeconômica, social e pública, e algumas políticas mostraram sinais de defasagem. Após a entrada da China na fase de renda média superior, surgirão mudanças no ambiente econômico e social, bem como nas aspirações do povo. Portanto, deve-se tomar cuidado para que estas não gerem um impacto negativo no crescimento econômico. Vários países em desenvolvimento que caíram na "armadilha da renda média" já deram lições sobre isso.

4.3 "Infraestrutura": apoio para a eficiência

O conceito de "infraestrutura" tem dois sentidos. O primeiro indica a oferta de bens públicos, tais como estradas, aeroportos, ferrovias, eletricidade e telecomunicações. Na fase de renda média inferior, período de "decolagem econômica", sobretudo durante o 11º Plano Quinquenal, o investimento nessas infraestruturas de *hardware* era relativamente alto e registrou rápida melhoria; após a crise financeira, o pacote de incentivos econômicos impulsionou ainda mais o investimento em infraestrutura, inclusive na zona rural, criando uma boa base para a entrada do país na fase de renda média superior.

O segundo sentido refere-se à infraestututa social, à oferta de serviços públicos, tais como saúde, previdência social, educação, serviços financeiros etc. De acordo com as estatísticas, a melhora da infraestrutura pode reduzir o custo logístico, aumentar o comércio regional e internacional, além de promover o crescimento e reduzir a pobreza. Nesse sentido, a Coreia do Sul registra uma importante experiência. A melhoria da infraestrutura incrementou o crescimento anual de seu PIB entre 1,4% e 1,8%,[19] e reduziu a volatilidade entre 10% e 20%. Entre os países que caíram na "armadilha da renda média", metade registrou investimento público insuficiente em infraestrutura, resultando em perda de vigor no crescimento. Por exemplo, nas décadas de 1980 e 1990, o investimento público da América Latina em infraestrutura manteve tendência decrescente. Em 1988, a participação do investimento no PIB da região foi de 3%, caindo para 1% em 1998. Nesse mesmo período, a América

19. Esses dados foram extraídos de: Klaus Schwab, The global competitiveness report 2010-11, World Economic Forum, Geneva, Switzerland, p. 33-5, 2010.

Latina encontrava-se em recessão. O governo brasileiro notou o problema e elevou o investimento em infraestrutura. Entre 2007 e 2010, o volume de investimento destinado à infraestrutura chegou a US$ 504 bilhões. A taxa média de crescimento econômico durante os oito anos de administração do presidente Lula (2003 e 2010), foi de 3,9%,[20] atingindo 6,9% e 5,1% em 2007 e 2008, respectivamente — um contraste marcante em relação à do período de 1990 a 2002, de apenas 1,9%.

No *ranking* global da competitividade em 2010, a China ocupa o 27º lugar, mas a competitividade da infraestrutura fica apenas no 50º lugar (ver tabela 4). Isso significa que, embora durante o 11º Plano Quinquenal a China tenha conseguido grande melhoria na quantidade e na qualidade dos serviços públicos, os serviços ainda são relativamente atrasados, não podendo atender à necessidade do desenvolvimento social e do crescimento econômico após a entrada na fase motivada pela eficiência. Ao mesmo tempo, devemos observar que nos países de renda média a pontuação da China é mais alta do que a média dos Brics e do nível médio da América Latina, além de ser melhor do que de vários países em desenvolvimento, o que lançou os alicerces para a transformação no crescimento "motivado pela eficiência" e o crescimento sustentado durante a fase de renda média.

Tabela 4

***Ranking* e pontuação em relação à competitividade da infraestrutura de algumas economias entre 2010 e 2011**

Economias	Posição e pontuação da competitividade da infraestrutura		*Ranking* da competitividade global
	Posição e pontuação da competitividade da infraestrutura	Pontuação	
Hong kong	1	6,77	11
Cingapura	5	6,22	3
Taiwan	16	5,63	13
Coreia do Sul	18	5,59	22
Malásia	30	4,97	26
Chile	40	4,69	30
China	50	4,44	27

(continua)

20. Usando dados do Banco Mundial: <http://data.worldbank.org/indicator/>.

(continuação)

Economias	Posição e pontuação da competitividade da infraestrutura		*Ranking* da competitividade global
	Posição e pontuação da competitividade da infraestrutura	Pontuação	
Brasil	62	4,02	58
América Latina	-	3,75	-
México	75	3,74	66
Argentina	77	3,63	87
Indonésia	82	3,56	44
Índia	86	3,49	51
Filipinas	104	2,92	85

Fonte: Elaborado com base nos dados de Klaus Schwab, The global competitiveness report 2010-2011, World Economic Forum, Geneva, Switzerland, p. 16-7, 18-9, 33, 2010.
Nota: A nota mais alta para infraestrutura é de 7 pontos.

5. A China enfrenta ativamente os 10 riscos da "armadilha da renda média"

O processo de reforma e abertura da China liberou as forças produtivas que eram seriamente reprimidas no sistema planificado, melhorando consideravelmente a renda nacional. Por outro lado, rompeu o equilíbrio peculiar da era de economia altamente planejada, provocando contradições sociais e do sistema que são difíceis de resolver no curto prazo. Por isso, o processo de reforma é uma faca de dois gumes, sendo inevitavelmente acompanhado de riscos.

O crescimento econômico também é uma "faca de dois gumes", e traz consigo o risco do "efeito negativo do crescimento econômico": por um lado, leva benefícios sem precedentes para a população, podendo encobrir, temporariamente, algumas disputas novas e potenciais; por outro, com o rápido crescimento econômico, a configuração de interesses vigente é quebrada e pode ser radicalmente alterada. Antes do surgimento dos novos *trade-off*, podem surgir problemas inesperados entre o povo, o homem e a sociedade, o homem e a natureza, o homem e a riqueza, entre outros. Se os problemas não puderem ser adequadamente solucionados, comprometerão a continuação do processo de crescimento econômico.

A China saiu com sucesso da fase de renda média inferior, etapa com contradições bem definidas, e entrou há pouco tempo na fase de renda média superior, que conta com armadilhas mais dispersas. O período do 12º Plano Quinquenal será crítico para a China evitar a queda na "armadilha da renda média" e ingressar na fase de alta renda. Comparados com a fase de renda média inferior, os desafios da fase de renda média superior são totalmente novos e complexos. Em artigo publicado em setembro de 2010, marcando os 30 anos da cooperação entre a China e o Banco Mundial, Robert Zoellick, ex-presidente da instituição, destacou que a China "deve esforçar-se em evitar a 'armadilha da renda média', que poderia ameaçar sua prosperidade".[21]

Comparados com os de outros países que caíram na "armadilha da renda média", os problemas enfrentados pela China nessa fase são mais complexos. Qualquer erro poderia levar o país ao colapso. Sendo a segunda maior economia do mundo, a China tem atraído a atenção de todos e é considerada um motor do crescimento mundial. Qualquer oscilação poderia representar um forte impacto para a economia regional e global. Levando em conta as experiências de países vizinhos e de outros países em desenvolvimento, bem como os problemas enfrentados pela China na fase de renda média inferior e os prováveis desafios dessa fase de renda média superior, o autor propõe, então, as medidas apresentadas a seguir.

5.1 Evitar a "armadilha da transformação" e aproveitar a oportunidade histórica para alterar o modelo de crescimento

O 12º Plano Quinquenal destaca como prioridade a tranformação do modelo de crescimento, elevando a importância da aceleração dessa transformação a um nível sem precedentes. Essa diretriz indica explicitamente que o reajuste estratégico da estrutura econômica é, portanto, o principal foco de atuação e que se deve construir, com a maior brevidade possível, um mecanismo de longo prazo para ampliar a demanda nacional, fazendo com que o crescimento econômico se baseie no impulso coordenado entre consumo, investimento e exportação. Entretanto, no desenvolvimento social e econômico da China, os problemas de desequilíbrio, falta de coordenação e de sustentabilidade ainda são destacados. Como se afirma no 12º Plano Quinquenal, essa situação "é consequência das condições básicas da China e dos novos desafios do desenvolvimento".

21. Robert Bruce Zoellick, An example of 30 years' successive cooperation, in *People's Daily*, p. 3, Sep. 13, 2010.

Na fase de renda média superior, os riscos que poderiam levar a China a cair na "armadilha da renda média" são: dificuldades na alteração do desequilíbrio entre investimento e consumo; restrições crescentes dos recursos naturais e do meio ambiente ao crescimento econômico; irracionalidade da estrutura industrial; aumento da assimetria de desenvolvimento entre a zona urbana e a rural; precariedade da inovação tecnológica, ampliação da desigualdade de renda; base agrícola fraca; pressão sobressalente e contradição estrutural no volume total de emprego; problemas diversos no sistema que impeçam o crescimento sustentável; aumento de contradições sociais, entre outros.

Todos esses "novos desafios" devem ser encarados gradualmente durante a transformação do modelo de crescimento do país. É necessário aproveitar a oportunidade histórica, e as condições favoráveis, para seguir corretamente a tendência de evolução, e retomar a "velocidade do Leste Asiático", recriando o "milagre do Leste Asiático", com consequente superação da "armadilha da renda média". Em linhas gerais, a China ainda se situa em um período de oportunidade estratégica, diante de uma rara chance histórica, mas que também inclui grandes desafios estratégicos. Portanto, é preciso avaliar a situação, abraçar a oportunidade e evitar uma "armadilha da transformação".

Na história da economia mundial, não foram poucos os países que não conseguiram aproveitar sua oportunidade histórica por postergarem reformas, entrando em colapso. Os países latino-americanos, por exemplo, lideraram o caminho de modernização na segunda metade do século XIX, mas, nos cem anos seguintes, a região percorreu um trilho ziguezagueante na transformação de seu modelo de crescimento. Isto é, experimentou três fases, passando por duas transformações: produtos primários orientados à exportação, industrialização por substituição de importação, exportação de modelo novo. No entanto, por várias razões, a economia latino-americana agiu lentamente e perdeu o trem rumo ao crescimento acelerado.

5.2 Evitar a "armadilha da América Latina" e realizar o "crescimento inclusivo"

Podemos identificar quatro fenômenos interessantes no coeficiente de Gini dos países do mundo: países com baixo nível de desenvolvimento econômico possuem coeficiente de Gini alto; países desenvolvidos de alta renda (excluindo alguns cuja economia está concentrada na exploração de recursos naturais) possuem coeficiente de Gini relativamente baixo, normalmente inferior a 0,40; o coeficiente de Gini dos países de renda média situa-se em um nível relativamente alto; a América Latina é uma das regiões com o coeficiente de Gini mais alto do mundo. Esses fenômenos demonstram que a renda equitativa e o desenvolvimento econômico são altamente inter-relacionados.

Figura 4

Comparação do coeficiente de Gini entre a China e outros países

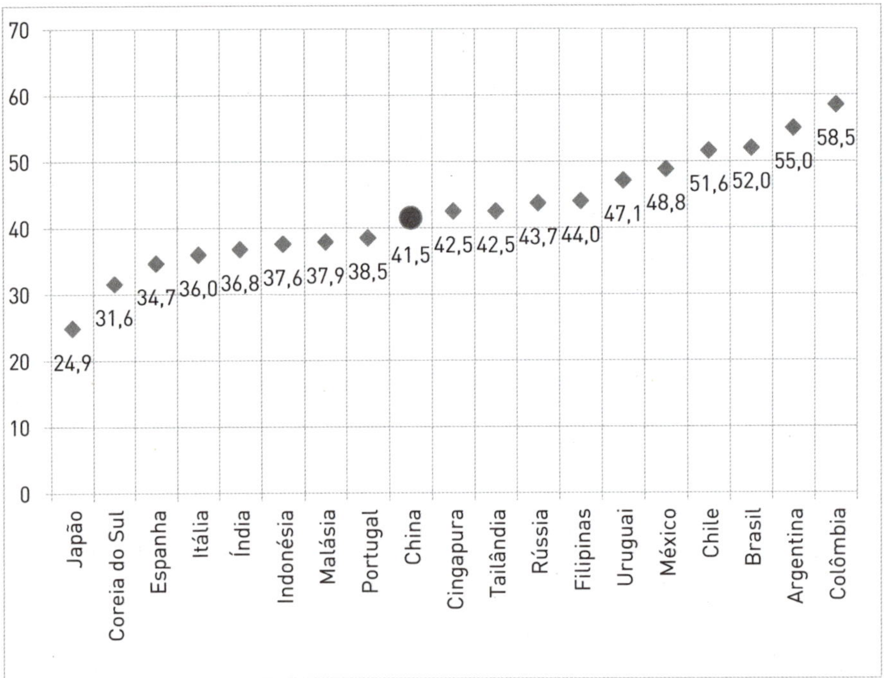

Fonte: World Bank, World Development Indicators 2010, Washington DC, p.97-107.

Embora o coeficiente de Gini da China seja menor que o dos países latino-americanos de renda média, é maior que o de vários países em desenvolvimento asiáticos, e mantém uma tendência de subida. A partir da reforma e abertura, a China tem registrado notável sucesso na redução e alívio da pobreza, com reconhecimento mundial. Entretanto, a desigualdade de renda tem sido criticada pela sociedade, pois amplia-se cada vez mais entre a zona urbana e a rural, entre a zona litorârea e a interior, entre os diversos setores industriais, e no meio urbano.

Nos próximos anos, quando a China chegar ao final da fase de renda média superior, o volume total da economia *per capita* será mais ou menos o triplo do valor atual. Se não tomar medidas eficientes, a distância entre ricos e pobres se ampliará, acumulando contradições sociais e ameaçando a estabilidade social. Por isso, as seguintes iniciativas são importantes para garantir uma suave superação da "armadilha da renda média": empenhar-se o mais cedo possível na reforma do sistema de distribuição de renda; acelerar a alteração do sistema de registro de residência (*hukou*); promover ativamente o processo de urbanização; reduzir as disparidades entre a zona urbana e a rural; e evitar a polarização. Os quatro Tigres Asiáticos que entraram no grupo de alta renda há 10 ou 20 anos têm experiências benéficas: mantiveram o crescimento econômico em alta velocidade com uma melhora constante na distribuição de renda.

5.3 Superar a "armadilha da previdência" e manter o desenvolvimento simultâneo do sistema de previdência social e da economia

Assim como com a economia, também há bastante entusiasmo com o sistema de previdência social da China neste momento. Entretanto, a construção de tal sistema está muito atrasada e não acompanha o ritmo do crescimento econômico, revelando-se incapaz de incentivar o consumo e ampliar a demanda doméstica. Nos próximos anos, a urbanização rápida, o desenvolvimento da atividade não agrícola de grande escala e a elevação do nível de vida farão com que a atual situação do sistema previdenciário pareça ainda mais atrasada, especialmente se levarmos em conta que a perspectiva de crescimento econômico torna a população mais exigente quanto a esse serviço, gerando mais pressão.

Logo, é importante preparar-se para encarar essas dificuldades, buscando lições nas experiências dos países desenvolvidos europeus que viveram sua fase de renda média, bem como dos países latino-americanos. Deve-se manter a sincronia entre o desenvolvimento do sistema da previdência social e da economia, sem atrasos nem adiantamentos, pois o atraso desfavorece a expansão do consumo e o crescimento econômico, enquanto o adiantamento pode afetar a manutenção do crescimento, resultando em uma queda na "armadilha da renda média". Em outras palavras, na construção desse sistema, deve-se evitar a tendência aos extremos.

5.4 Contornar a "armadilha da urbanização" e manter o desenvolvimento simultâneo da urbanização e da economia

Desde a reforma e a abertura, a China mantém um crescimento econômico em alta velocidade. A taxa de urbanização cresce 1% em média por ano, e recentemente superou os 50%.[22] Entretanto, trata-se de uma "urbanização superficial". O rigoroso sistema de *hukou* (de registro de residência) faz com que os trabalhadores migrantes do campo e seus filhos não recebam os mesmos benefícios dos moradores das cidades. Por exemplo, eles não têm acesso a serviços públicos, tais como ensino básico, assistência médica, pensão e subsídios, garantia social e passe livre de transporte público para os idosos. Ou seja, eles são urbanos, mas também rurais, possuindo características "anfíbias".

Por isso, a taxa "real" de urbanização é de apenas 33%. Os restantes 17%, ou seja, 233 milhões de pessoas, são população "flutuante", em vez de população urbana verdadeira. De fato, mesmo que se incluísse essa população flutuante na taxa de urbanização, o nível da urbanização ainda estaria atrasado em relação ao nível de desenvolvimento econômico, correspondendo mais ou menos ao da Inglaterra ou da França nas décadas de 1930 ou 1940. Descontando a população flutuante e levando em conta, como numerador, apenas a população com *hukou* urbano que recebe os serviços públicos e a garantia social da zona urbana, esse percentual é, portanto, ainda mais baixo, incompatível com o atual nível econômico da China.

O processo de aceleração da urbanização deve ser acompanhado de medidas eficazes que evitem a queda na "armadilha da urbanização", refletida sobretudo na explosão da população urbana, na existência generalizada de favelas e na degradação da segurança social. É preciso manter a sincronia entre urbanização e industrialização, evitando a "urbanização excessiva" registrada na América Latina e corrigindo a "urbanização superficial" da China, para garantir o avanço da economia chinesa.

22. Ver o Relatório do 6º Censo Nacional em 2010, site do Instituto Nacional de Estatísticas da República Popular da China: <www.stats.gov.cn/>.

5.5 Prestar atenção à "armadilha da bolha econômica" e manter o desenvolvimento econômico estável, sem grandes oscilações

"Bolha imobiliária" é a forma mais comum de bolhas econômicas. A mercadização do sistema habitacional chinês tem apenas 15 anos — a reforma habitacional é de 1998 —, mas já provocou fortes abalos. Particularmente, do primeiro semestre de 2008 ao primeiro semestre de 2011, quando o mercado e a política imobiliária sofreram fortes oscilações, afetando a economia. Em geral, essa situação é diagnosticada como sintoma de uma bolha de ativos.

De acordo com os últimos dados publicados no fim de 2010, a "taxa de propriedade de domicílios permanentes" da zona urbana chinesa chegou a 87,8%,[23] colocando-a entre os primeiros lugares no *ranking* mundial e ultrapassando um bom número de países desenvolvidos:[24] a "taxa de propriedade de domicílios permanentes" da Holanda é de 54%, com o arrendamento público respondendo por 35% (e o aluguel privado, 11%); na Áustria, atinge 55%, e o arrendamento público, 25% (o restante é aluguel privado); na Dinamarca, a "taxa de propriedade de domicílios permanentes" chega a 52%, e o arrendamento público, a 21%; na Suécia, essas participações são, respectivamente, de 59% e 20%; na Inglaterra, de 70% e 18%; e, na França, de 56% e 17%.

Essas comparações mostram que o sistema de habitação dos países desenvolvidos é de abastecimento misto: pelo mercado privado (percentual de propriedade da habitação), e pela oferta pública (percentual de arrendamento público). Comparado com esses países, o sistema chinês é irracional: a participação da propriedade privada, ou seja, a "taxa de propriedade da habitação" é alta, enquanto a da habitação pública (habitação popular, em sua maioria) é muito baixa.

Para realizar o ajuste no sistema habitacional, garantir a propriedade pública da habitação para arrendamento público e sua capacidade de intervenção no mercado, e possibilitar o andamento da segunda reforma de habitação, deve-se, durante o período do 12º Plano Quinquenal, reformular o modelo atual de financiamento para arrendamento público, isto é, alterar o modelo "com apoio governamental e operação comercial". É necessário resolver a demanda

23. Chinese Science Centre of International Eurasian Academy, etc. (Eds.), *China's cities report 2010/2011*, Beijing: Foreign Languages Press, p. 22, Sep. 2010.
24. Christine Whitehead, Kathleen Scanlon (Eds.), *Social housing in Europe*, publicado por London School of Economics (LSE), London, p. 9, table 1, July 2007.

por financiamento para arrendamento público por meio da renda de concessão de terreno público e aplicar a transferência gratuita do terreno para baixar o custo de construção para arrendamento público.

5.6 Superar a "armadilha do envelhecimento" e manter a estabilidade do crescimento econômico

O envelhecimento da população é uma variável importante para o crescimento econômico. De acordo com as últimas estatísticas e previsões da ONU, nos próximos 10 anos a população chinesa vai se deparar com duas mudanças históricas: primeiro, a população em idade ativa (entre 15 e 64 anos) chegará em seu nível máximo em 2015, com 995 milhões de pessoas, e passará a se reduzir gradualmente; segundo, a tendência ao envelhecimento da população se agravará cada vez mais. A população acima de 65 anos ultrapassará os 10% em 2015 (em 2010, esse grupo somava 109 milhões, representando 8,2% da população), e em 2020 chegará a 166 milhões, ou 12% da população total.

As duas mudanças da estrutura demográfica nos próximos 10 anos significam que, com a redução da mão de obra, o produto será menor; por outro lado, o forte aumento da população em idade avançada implicará um aumento da quantidade de pessoas que precisam ser sustentadas. Essas tendências nos indicam a necessidade de continuar melhorando o sistema da previdência social e aprofundar sua reforma para resolver o problema das pensões. Deve-se aperfeiçoar o serviço aos idosos e solucionar problemas sociais como casais sem filhos; incentivar o "envelhecimento ativo", elevando de forma apropriada a idade para aposentadoria e aumentando o abastecimento laboral para atender à redução esperada da mão de obra; e elevar a produtividade, bem como estimular a inovação tecnológica, para aumentar a taxa de emprego e a produção. Resumindo, nos próximos 10 anos, a mudança demográfica da China trará desafios para o crescimento econômico e o desenvolvimento social. É preciso tomar precauções e agir ativamente, evitando problemas sociais e econômicos estimulados pelas mudanças da estrutura demográfica.

Figura 5

Evolução da população chinesa de 15-64 anos (1970-2040)

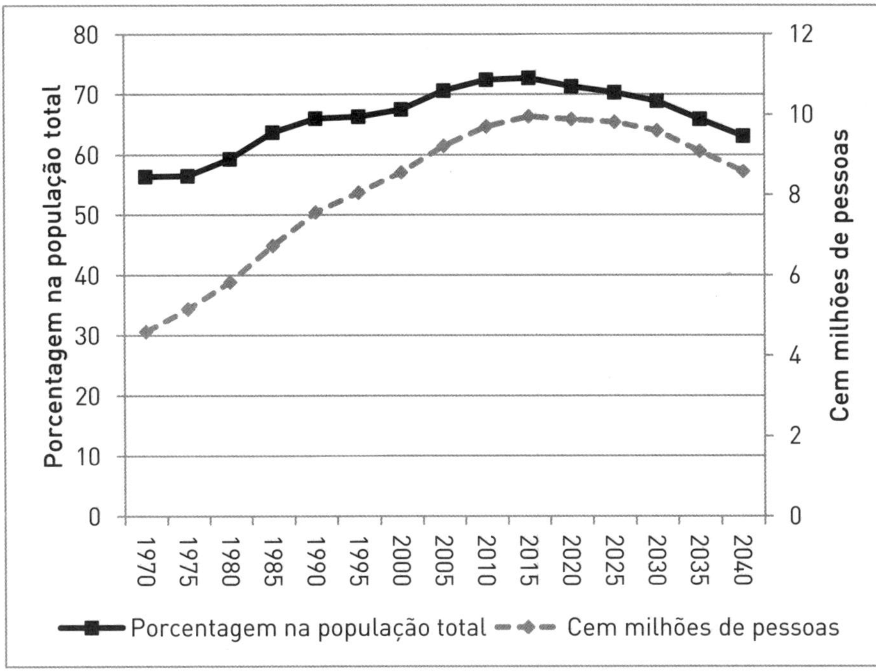

Fonte: Site da ONU, <http://esa.un.org/>.

5.7 Evitar a "armadilha financeira" e fazer a reforma financeira com prudência

O setor financeiro da China resistiu à severa prova da crise financeira global em 2008, quando as atividades da economia real foram afetadas. Em certo sentido, isso aconteceu porque o sistema financeiro da China não está completamente aberto e integrado ao sistema financeiro mundial. Mesmo assim, seu resultado foi aprovado e reconhecido pelo setor internacional. Por exemplo, no *ranking* Maturidade do mercado financeiro, publicado anualmente pelo *Relatório da competitividade global*, a China avançou do 109º lugar em 2008 para 81º em 2009, e 57º em 2010.

A China agora deve persistir na reforma e ampliar a abertura do setor financeiro: "não é hora de deixar de comer por medo de engasgar". Ao mesmo tempo, esse avanço deve ser feito de forma gradual e prudente, porque a conversibilidade do RMB na conta de capital e a abertura do sistema financeiro dependem das condições gerais da China. Além disso, deve-se continuar a consolidação do sistema regulatório, aperfeiçoar a fiscalização e construir um setor financeiro e bancário saudável. Caso contrário, assim que surja algum problema no sistema financeiro, a economia real será obstruída e o crescimento, afetado. Dessa forma, o país poderia cair em uma "armadilha financeira".

5.8 Tomar cuidado com a "armadilha do dólar" e garantir a segurança da economia nacional

As reservas cambiais da China alcançaram os US$ 3,3 trilhões em 2011, representando um terço do volume mundial. Como parte considerável das divisas constitui-se de ativos em dólar americano, a questão da segurança que esse aspecto incita desperta cada vez mais a atenção de toda a sociedade.

Elevadas reservas cambiais certamente irão acompanhar a China em toda a sua fase de país de renda média, ou seja, pelo menos nos próximos 10 anos. Eis uma questão estratégica da maior importância, que diz respeito à segurança geral da economia nacional. Aparentemente, trata-se de uma questão de economia doméstica, e por isso a China deve formular respostas políticas, tais como reduzir o "duplo superávit", destinar os recursos ao consumo nacional e ao investimento, focar o trabalho econômico na reanimação da demanda doméstica, acelerar a transformação do modelo de crescimento e da estrutura econômica. No entanto, essa é uma questão essencialmente associada aos assuntos e relações internacionais. Por isso, é preciso acompanhar de perto a tendência da conjuntura política e da economia internacional, e participar ativamente da divisão internacional do trabalho e dos assuntos internacionais. Sendo a maior economia emergente, a China deve desempenhar bem o papel de *stakeholder* (parte interessada) da maior economia desenvolvida no cenário mundial.

5.9 Ter cuidado com a "armadilha do louvor" e manter o low-profile

Apesar de ter subido ao 2º lugar no *ranking* mundial pelo volume total de sua economia em 2010, a China ainda registra um baixo PIB *per capita*. Como um país em desenvolvimento, o PIB *per capita* da China ocupa apenas o 95º lugar no *ranking* mundial.[25] Na verdade, a China já está assumindo responsabilidades e deveres correspondentes à sua capacidade. Diante dos diferentes ambientes internacionais, e da opinião pública, a China deve manter uma mente lúcida, estar preparada para eventuais perigos em tempos de paz e preocupar-se com o inesperado. É preciso evitar cair na "armadilha do louvor" maquinada pelo Ocidente, assumindo deveres além do próprio alcance, ou aceitando responsabilidades prejudiciais aos interesses vitais da China.

A fase da renda média é um período importante, em que a China se depara com uma transformação da economia doméstica e da sociedade, bem como com a transformação de seu próprio papel em assuntos internacionais. Partindo das relações internacionais e da segurança regional, é possível que a China, de forma voluntária ou não, consciente ou não, seja solicitada a assumir certa responsabilidade pela segurança global ou regional. Entretanto, como bem disse Deng Xiaoping, no contexto global, cujo tema principal é a paz e o desenvolvimento, deve-se manter o *low-profile*, não aspirar lideranças nem buscar a hegemonia, e aproveitar a oportunidade histórica para se desenvolver, tratar bem dos próprios assuntos e fazer a lição de casa de superar a "armadilha da renda média". Esse é o papel internacional que a China deve desempenhar.

5.10 Superar a "armadilha do populismo" e manter a estabilidade política e social

Tanto hoje quanto no longo prazo, é necessário prestar atenção ao populismo extremado. Em um país que experimentou o sistema rigoroso de economia planejada, a terra fértil do populismo e a perspectiva de crescimento econômico resultam facilmente no retorno de certos fatores do sistema de distribuição *big pot*. Sobretudo sob o contexto da construção de uma sociedade harmoniosa, e após a crise financeira global, existe sempre um forte ímpeto no sentido de exagerar os benefícios de bem-estar. Quanto ao sistema de bem-estar, a China não pode seguir o exemplo dos países ocidentais de bem-estar elevado. Essa é uma questão que a China deverá observar com cuidado estando na fase de renda média. Alguns países que caíram na "armadilha da renda média" já tiveram profundas lições sobre isso.

25. IMF, *World economic outlook database*, 2010.

De acordo com os indicadores de governança mundiais (*worldwide governance indicators*), elaborados pelo Banco Mundial, a Ásia Meridional e a África Subsaariana registram os piores índices de estabilidade social, seguidas por América Latina, Oriente Médio e Norte da África, onde se concentram os países que caíram na "armadilha da renda média". Já entre os 10 primeiros países no *ranking* mundial do PIB, o Japão possui a melhor estabilidade social, seguido da Alemanha; os piores são a Índia e a Rússia; a China fica à frente dos dois. Mesmo que o *ranking* não possa representar tudo, pelo menos alerta sobre a importância de se manter a estabilidade social.

Figura 6

Indicadores de estabilidade social e política dos 10 primeiros países no *ranking* mundial do PIB

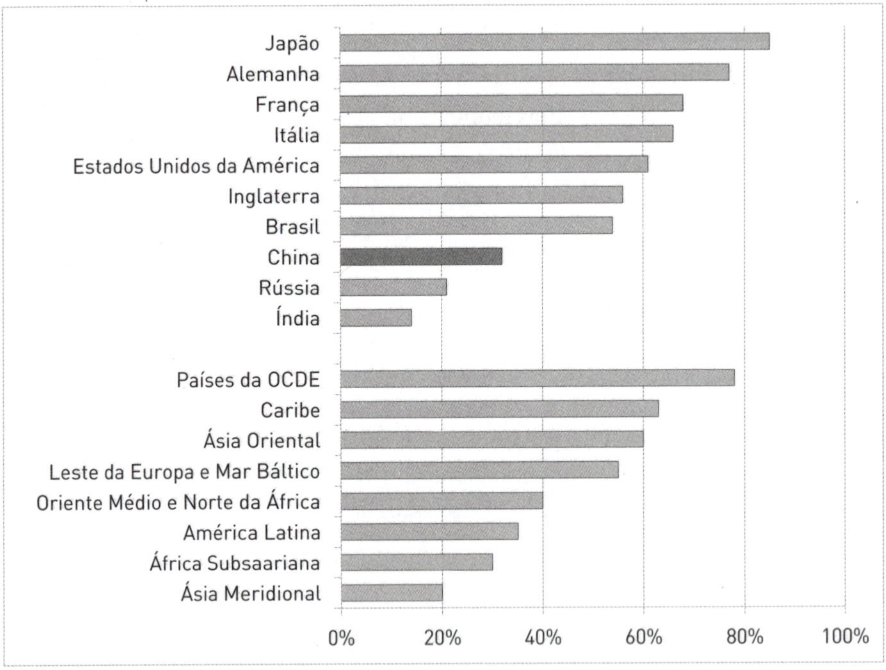

Fonte: <http://info.worldbank.org/governance/wgi/mc_countries.asp>.
Nota: "0%" indica a pior estabilidade, e "100%", a melhor. Usa-se a porcentagem nos indicadores da estabilidade para apresentar a situação da estabilidade dos países. Por exemplo, em relação ao Leste Asiático, a estabilidade de cerca de 60% dos países do mundo é pior, enquanto a dos restantes 40% é melhor.

6. Conclusão

Sem dúvida, a fase de renda média é um período estratégico para a China. Além de oportunidades históricas, essa fase também traz armadilhas, como o aumento de várias contradições sociais. Destacamos 10 riscos: "armadilha da transformação", "armadilha da América Latina", "armadilha da previdência", "armadilha da urbanização", "armadilha do envelhecimento", "armadilha da bolha econômica", "armadilha financeira", "armadilha do dólar americano", "armadilha do louvor" e "armadilha do populismo". Essa lista de armadilhas representa o novo contexto em que a China inseriu-se depois de entrar para o grupo de países de renda média, e ilustra os desafios sem precedentes que o país precisará enfrentar para evitar uma "armadilha da renda média" adaptados à sua realidade.

Apesar disso, os 35 anos de reforma e abertura resultaram em um acúmulo de ricas experiências que poderão ajudar o país a superar a "armadilha da renda média", lançando alicerces para o desenvolvimento econômico sustentável da China. A aposta é de que a China continue seu caminho rumo às novas etapas de crescimento, e que em alguns anos a "armadilha da renda média" se converta em fantasma do passado.

Referências

BAOJIANG, Han. The opportunity of big country's 'latecomer advantage' to China. *Outlook Newsweek*, n. 42, 2010.

BINGWEN, Zheng. Growth poverty in Latin America and the role of social security in poverty reduction-from the perspective of international comparison. *Journal of Latin American Studies*, Supp, p. 3-29, Feb. 2009.

____; CHUANJUN, Qi. Chile: o primeiro país da América do Sul que sairá da "armadilha da renda média" — 20 anos de retorno do poder para o povo e as inspirações. In: *Livro amarelo da América Latina: relatório de desenvolvimento da América Latina e do Caribe 2010-11* (Relatório Especial). Editora Literatura de Ciências Sociais, publicado no dia 20 de abril de 2011, p. 1-41.

BULMER-THOMAS, Victor et al. *The Cambridge economic history of Latin America*. v. II, The long Twentieth Century. New York: Cambridge University Press, 2008.

GILBOY, George J.; HEGINBOTHAM, Eric. The Latin Americanization of China? *Current History,* v. 103, n. 674, Sept. 2004.

IMF. *World economic outlook database*. Oct. 2010.

IMF. *World economic outlook database*. Sep. 2011.

INSTITUTO NACIONAL DE ESTATÍSTICAS DA REPÚBLICA POPULAR DA CHINA. *Relatório da economia nacional e do desenvolvimento social da República Popular da China em 2010*, 28 de fevereiro de 2011.

LIHONG, Zhao. *Resource curse and primary products export-oriented development model in Latin American countries*. Beijing: Contemporary Press, 2010.

LOAYZA, Noman et al. (Eds.). *Economic growth in Latin America and the Caribbean: stylized facts, explanations, and forecasts*. Central Bank of Chile, Working Papers n. 265.

MINGFENG, Li. Contributions of land to China's economic growth. *Journal of China Geography University* (edition of social sciences), n. 1, p. 60-4, 2010.

MONAN, Zhang. Guarding against the trap of Western countries' hands to kill. *Shanghai Financial News*, Feb. 1, 2011.

QIZAI, Zhang. Three criteria required to be an engine. *People's Forum*, n. 4, p. A, 2009.

SCHWAB, Klaus. The global competitiveness report 2010-2011. World Economic Forum, Geneva, Switzerland, 2010. p. 33-5.

WHITEHEAD, Christine; SCANLON, Kathleen (Eds.). *Social housing in Europe.* London School of Economics (LSE), London, p. 9, table 1, July 2007.

WORLD BANK. Africa's future and the World Bank's role in it. p. 8. Disponível em: <http://siteresources.worldbank.org/INTAFRICA/Resources/Africa_s_Future_and_the_World_Bank_s_Role_in_it.pdf>.

____. 10 years after the crisis-special focus: sustainable development in East Asia's urban fringe. *East Asia & Pacific Economic Update*, p. 3, Apr. 2007.

____. Robust recovery, rising risks. *East Asia and Pacific Economic Update 2010*, v. 2, p. 27, Nov. 2010.

____. *World development indicators 2010.* Washington, D.C.

XIAOPING, Song (Ed.). *Argentina*. Beijing: Social Sciences Press, p. 19-26, 2005.

YAN, Ma. Challenges of middle-income trap in China and the countermeasures. *Economics Dynamics*, n. 7, p. 42, 2009.

YONGDING, Yu. How to avoid dollar trap. *Journal of Finance and Economics*, n. 8, 2009.

____. *Witness the imbalances*. Beijing: Joint Publishing, 2010.

ZOELLICK, Robert Bruce. An example of 30 years' successive cooperation. *People's Daily*, p. 3, Sep. 13, 2010.

Capítulo 2

Os determinantes do crescimento econômico chinês*

Chen Dongqi**

Resumo

Este capítulo aborda os principais determinantes do rápido crescimento econômico da China desde a adoção da política de reforma e abertura do país, em 1978. O texto conclui que fatores como perfil da população, emprego e capital não explicam isoladamente o rápido crescimento econômico chinês, que persistiu mesmo durante a desaceleração da economia mundial. Os dados indicam que elementos como inovação institucional, inovação tecnológica e acúmulo de capital humano têm promovido o aumento da produtividade do trabalho e o ritmo de expansão econômica.

1. Introdução

Desde o início da política de reforma e abertura da China, em 1978, a economia chinesa tem mantido um ritmo acelerado de crescimento. De 1978 a 2011, o PIB do país passou de RMB ¥ 364,52 bilhões para RMB ¥ 47,28 trilhões, e o PIB *per capita*, ao fim desse período, era 92 vezes mais elevado que no período inicial.[1] A China resistiu à crise financeira asiática em 1997 e à crise financeira internacional em 2008, contribuindo significativamente para a manutenção do desenvolvimento econômico mundial. Como indicado na

---

* Tradução: Sun Yanfeng.

** Vice-presidente da Academia de Estudos Macroeconômicos da Comissão Estatal de Desenvolvimento e Reforma.

1. Instituto Nacional de Estatísticas da República Popular da China: *Anuário de estatísticas da China do ano 2012*, Editoria de Estatísticas da China, versão 2012.

tabela 1, desde 1978 a China registra uma taxa média de crescimento de 10% ao ano. É um desenvolvimento surpreendente, com mudanças aceleradas. Há apenas três décadas, o retrato do país era de escassez. Embora a presença de bolsões de pobreza, concentrados no meio rural, ainda coloque a China longe dos padrões de uma nação forte e rica, em linhas gerais a situação do país em relação à de 30 anos atrás é incomparável. Nesse período observado, a China produziu um verdadeiro milagre, cujo segredo será explorado neste capítulo a partir da perspectiva da produtividade do trabalhador.

Tabela 1
Taxa anual de crescimento econômico chinês após 1978 (%)

Ano	**1978**	**1979**	**1980**	**1981**	**1982**	**1983**	**1984**	**1985**	**1986**	**1987**	**1988**	**1989**
Taxa de crescimento econômico	11,7	7,6	7,8	5,2	9,1	10,9	15,2	13,5	8,8	11,6	11,3	4,1
Ano	**1990**	**1991**	**1992**	**1993**	**1994**	**1995**	**1996**	**1997**	**1998**	**1999**	**2000**	**2001**
Taxa de crescimento econômico	3,8	9,2	14,2	14,0	13,1	10,9	10,0	9,3	7,8	7,6	8,4	8,3
Ano	**2002**	**2003**	**2004**	**2005**	**2006**	**2007**	**2008**	**2009**	**2010**	**2011**	**Médio Anual**	
Taxa de crescimento econômico	9,1	10,0	10,1	11,3	12,7	14,2	9,6	9,2	10,4	9,3	10,0	

Fonte: Instituto Nacional de Estatísticas da República Popular da China: *Anuário de estatísticas da China do ano 2012*, Editora de Estatísticas da China, edição 2012.

2. Breve retrospectiva do crescimento econômico da China desde a reforma e a abertura[***]

No decorrer do período de reforma e abertura, a China tomou uma série de medidas visando à mudança do sistema econômico para a transição à economia de mercado. Este capítulo faz uma breve retrospectiva histórica, destacando as principais medidas tomadas nos diferentes estágios de desenvolvimento que acompanharam a trajetória de crescimento econômico na China.

[***] Uma parte do conteúdo desta seção foi fornecida por Tian Qing, pós-doutorada do Instituto de Estudos Latino-Americanos (ILAS) da Academia de Ciências Sociais da China (CASS).

2.1 O rápido crescimento econômico da China entre 1978 e 1991

No período de 1978 a 1991, a economia chinesa registrou uma rápida expansão. A tabela 1 demonstra claramente que, nesses 16 anos — com exceção de dois intervalos, 1979-81 e 1989-90, quando registrou baixo crescimento econômico —, a taxa de expansão média da economia chinesa foi de 10%, com pico de 15,2% em 1984. Essa fase de acelerado crescimento esteve estreitamente ligada às medidas tomadas com a reforma econômica da China. Entre 18 e 22 de dezembro de 1978, na Terceira Sessão Plenária do Comitê Central do 11º Congresso do Partido Comunista da China (PCC), decidiu-se mudar o foco de ação para a modernização socialista e a realização de uma política de reforma e abertura econômica, marcando o início de uma nova fase para a China. Esse é o caminho que o país tem traçado desde então, com progressos que atraem a atenção do mundo. As principais direções dessa reforma se basearam na exploração espontânea de microentidades como primeira força impulsionadora, além da promoção gradual de uma reestruturação orientada para a economia de mercado fora do regime de propriedade pública. Nesse período, as medidas de reforma da China podem ser resumidas nos aspectos a seguir.

Primeiro, a reforma do sistema de contrato de responsabilidade familiar em função da produtividade nas zonas rurais da China. A reforma agrícola iniciada no final de 1970 tinha como principais medidas a mudança do sistema produtivo no meio rural com base no "contrato de produção familiar" e no "contrato de trabalho por família", além de outras formas de contratação familiar. Dessa maneira, formou-se gradualmente o sistema de contrato de responsabilidade familiar em função da produtividade, o que gerou avanços significativos. Esse sistema espalhou-se rapidamente pelo país. No final de 1983, foi estabelecido o sistema de gerenciamento duplo nas zonas rurais, que combinava a gestão coletiva e a familiar, com base na contratação familiar. Sua aplicação generalizada derrubou a base do sistema da comuna popular, provocando mudanças essenciais na base organizacional da microeconomia rural. As famílias agrícolas tornaram-se os principais atores em atividades da produção mercantil e de gerenciamento.

O entusiasmo e iniciativa dessas famílias promoveram um considerável crescimento econômico agrícola. Entre 1978 e 1984, a taxa média anual de aumento da produção de grãos foi de 4,95%, constituindo-se o período de mais rápida expansão do setor desde a fundação da Nova China. Durante essa época, a taxa média anual de aumento do valor agrícola foi de 7,3%, sendo a mais alta da história. A taxa anual de crescimento da renda líquida das famílias rurais foi de 14,85%, outro recorde da época.[2] Ao mesmo tempo, a reforma institucional de gerenciamento melhorou a produtividade do trabalho, liberando mão de obra para indústrias recém-criadas no meio rural e promovendo o desenvolvimento vigoroso de empresas rurais com gestão flexível. O desenvolvimento de empresas rurais em povoados ou aldeias contribuiu para o crescimento econômico da China desde o início da reforma. A industrialização em zonas rurais, especialmente o forte desenvolvimento de empresas rurais fundadas em povoados ou aldeias, contribuiu não só para criar grande valor produtivo no meio rural, como também para gerar empregos não agrícolas para essa mão de obra do campo, tornando-se parte indispensável da economia chinesa.

Segundo, a criação de zonas econômicas especiais para promover a integração de algumas regiões com o mercado internacional. Ao definir a política de "abertura ao exterior", a China desenvolveu relações de cooperação econômica de benefício mútuo com os demais países do mundo. Em 1979, o governo chinês decidiu que duas províncias, Guangdong e Fujian, implementariam "políticas especiais e medidas flexíveis", a fim de aproveitar sua proximidade com Hong Kong e Macau. Em 1980, estabeleceu quatro zonas econômicas especiais — Shenzhen, Zhuhai, Shantou e Xiamen — e, em 1985, definiu a abertura de 14 cidades portuárias do litoral chinês. Desde essa época, de forma gradual, o país tem criado zonas de abertura ao longo do litoral, dos rios e de algumas fronteiras.

A abertura ao exterior tem impulsionado a reforma econômica doméstica, criando oportunidades para empresas nacionais participarem do mercado internacional, incentivando a entrada de capital estrangeiro e as exportações. A atração de capital estrangeiro tem contribuído para a expansão econômica da China, complementando o investimento nacional e melhorando o nível da concorrência no mercado interno. Ao mesmo tempo, a pressão da concorrência no mercado internacional fez com que as empresas chinesas despertassem o senso de urgência em melhorar a eficiência da produção, reduzindo custos, bem como aprimorando a qualidade do produto. Para sobreviver e se desenvol-

2. Department of Comprehensive Statistics at China National Bureau of Statistics. *Collection of statistical data of New China's sixty years*. Beijing: China Statistics Press, 2010.

ver no mercado internacional, empresas domésticas passaram a buscar maior autonomia de gestão e decisão, e a abertura tem promovido as exportações. A China tem mão de obra abundante, especialmente de trabalhadores saídos do campo após a reforma do sistema agrário. Essa oferta elevada de recursos humanos destacou a vantagem comparativa da China, favorecendo as exportações e o crescimento econômico.

Terceiro, e por fim, a plena execução da reforma institucional da economia urbana. A partir da experiência bem-sucedida tanto da reforma rural quanto de um projeto-piloto na área urbana, que envolveu quatro cidades: Guangzhou, Jiangmen, Foshan e Zhanjiang, da Província de Guangdong, em 1985 o governo chinês passou a estender a reforma institucional econômica urbana para todo o país. Essa reforma institucional urbana previa a propriedade estatal como estrutura principal, com a coexistência e o desenvolvimento conjunto de múltiplas formas de propriedade, alterando o sistema de gestão anterior, altamente centralizado, e estabelecendo o sistema de gestão de mercado com controle macroeconômico do governo. Essa reforma institucional criou, então, um bom ambiente para o desenvolvimento da economia não estatal e seu crescimento. As mudanças promovidas que marcaram o período 1978-91 também estimularam a produção por parte de microempresas, melhorando sua eficiência e colaborando para o rápido crescimento econômico da China.

2.2 Queda da taxa de crescimento econômico da China entre 1992 e 2000

Entre 1992 e 2000, a taxa de crescimento econômico da China registrou tendência decrescente, caindo de 14,2% em 1992 para 7,6% em 1999 (tabela 1). Embora a reforma de 1978 tenha contribuído em vários aspectos para o crescimento econômico, a permanência residual do regime de economia pública e do sistema de economia planejada criou obstáculos para a continuidade das reformas.

As principais áreas da economia — como energia, petróleo, telecomunicações, finanças e outras indústrias de monopólio — foram resistentes a um aprofundamento da reforma. A predominância da economia estatal comprometia a competitividade da economia privada, que mal iniciava seu desenvolvimento, e dificultava a entrada desta nos setores econômicos monopolizados pelas estatais. Como as contradições econômicas e sociais estão interligadas, a reforma institucional do sistema econômico passou a ser crítica.

Em discurso proferido no início de 1992, durante uma viagem de inspeção ao sul da China, Deng Xiaoping defendeu a intensificação da reforma. Suas palavras tiveram grande repercussão. Uma onda de entusiasmo tomou conta dos chineses, e a economia começou a reagir, registrando um crescimento de 14,2% (tabela 1) no mesmo ano. A Terceira Sessão Plenária do Comitê Central do 14º Congresso do PCC, realizada em novembro de 1993, aprovou a "Decisão sobre Várias Questões de Criação do Sistema Econômico Socialista de Mercado", propondo prioridades. O documento apresentou a nova estratégia da reforma "Avanço Integral e Destaque dos Pontos-Chave", que enfatizou a necessidade de reforma dos setores estatais, definindo o estabelecimento preliminar de um sistema econômico socialista de mercado até o final do século XX.

A decisão da Terceira Sessão Plenária do Comitê Central do 14º Congresso do PCC também incluiu metas e planos para a reforma de sistemas importantes como o fiscal e tributário, financeiro, de gestão de divisas, o regime empresarial e o sistema de seguridade social, que passaram a ser executados pelo governo chinês a partir do início de 1994. Ao mesmo tempo, o Conselho de Estado exigiu o cumprimento da Lei de Companhias, estabelecendo uma experiência-piloto do sistema empresarial moderno, a fim de estendê-lo posteriormente por todo o país. Desse grupo de reformas, a de divisas foi a mais bem-sucedida, antecipando a meta definida de realização do "regime de câmbio flutuante com controle". Os sistemas fiscal e tributário também seguiram o caminho predeterminado. Durante o processo de implementação plena da reforma de economia de mercado, a economia da China deparou-se com a crise financeira do Sudeste asiático, que provocou uma redução do crescimento, para 9,3%, 7,8% e 7,6%, em 1997, 1998 e 1999, respectivamente. Nessa fase, a reforma institucional da economia de mercado contribuiu significativamente para realizar com sucesso um pouso suave.

2.3 A partir de 2001, o rápido crescimento tende à estabilidade

Depois de vários anos de declínio da taxa de crescimento, a partir de 2001 a economia da China voltou a recuperar sua dinâmica, em um ambiente mais estável, com uma taxa de expansão anual média de 10,4%.[3] A crise financeira de 2008 não afetou fortemente o país, que se tornou uma força importante para a recuperação da economia mundial, graças à importância adquirida ao longo desse período.

Em 11 de dezembro de 2001, a China tornou-se o 143º país-membro de pleno direito da Organização Mundial do Comércio (OMC), após 15 anos de negociações. A entrada da China na OMC tem gerado impactos significativos para o crescimento econômico do país. Desde então, a reforma e a abertura da China aprofundaram-se cada vez mais. O país tem sido bem-sucedido em suas atividades de importação e exportação, bem como na atração de investimento estrangeiro. No *ranking* de participação no comércio mundial, a China subiu da sexta posição em 2001 para a segunda em 2010. A quantidade e a qualidade do investimento estrangeiro que chegou à China também registraram um amplo salto. Desde a adesão à OMC até 2011, o investimento estrangeiro direto (IED) acumulado na China totalizou US$ 816,0 bilhões, com uma taxa de crescimento médio anual de 9,8%.

O capital estrangeiro colaborou para o fortalecimento da economia chinesa, com um aumento substancial no setor terciário. Entre 2001 e 2011, a participação de IED nesse setor subiu de 23,9% a 50,21%, enquanto a proporção de IED no setor secundário reduziu-se de 74,2% em 2001 para 48,1% em 2011. Outro fator positivo desde a adesão à OMC foi o aumento da influência internacional da China. A tendência de aprofundamento da divisão industrial em cadeias produtivas globais de acordo com vantagens comparativas resultou na atração de atividades industriais estrangeiras ao país, visando à exportação. Isso elevou consideravelmente a força nacional, contribuindo para o aumento da influência da China dentro da comunidade internacional. A contribuição da China para a taxa de crescimento econômico mundial saltou de 4,5% em 2003 para 12,6% em 2009, o que a colocou no posto de segunda maior economia do mundo e maior contribuinte para o crescimento econômico internacional.[4]

3. Resultado de cálculo de acordo com os dados da tabela 1.
4. Zhang Yuyan, Lu Feng, Zhang Liqing, 10th anniversary of China's WTO accession: review and outlook, in *Journal of International Economic Review*, n. 9, 2011.

3. Caraterísticas do rápido crescimento econômico da China em 30 anos

Nesses 30 anos de reforma, a China manteve uma taxa do crescimento econômico médio anual em torno de 10%, 2 pontos percentuais acima do registrado nos 28 anos antes da reforma. Ao longo desse período, esse rápido crescimento foi relativamente estável. Nos 28 anos anteriores à reforma, a economia chinesa tinha sofrido maior volatilidade. Nesse período, ocorreram sete momentos de grande oscilação no nível de atividade, com a maior queda entre o pico e o vale tendo sido de 5,96 pontos percentuais. Dessas sete, três experiências correspondiam a uma "recessão clássica", ou seja, a atividade econômica e a renda *per capita* apresentaram crescimento negativo. O primeiro período de crescimento negativo durou três anos (entre 1960 e 1962); o segundo, dois anos (1967-68), e o terceiro, um ano (1976). Diferentemente do período pré-1978, o balanço dos 30 anos pós-reforma indica a eliminação da recessão clássica, com aumento da média de duração do ciclo de crescimento e expansão contínua da atividade econômica. Não obstante a presença de períodos de reajuste, não houve crescimento negativo.

O rápido crescimento da China após as reformas tampouco tem sido acompanhado de longos períodos de inflação alta. O Índice de Preços ao Consumidor (IPC) subiu em média 5,68% ao ano nesse período. Parte desse valor, cerca de 2 pontos percentuais, pode ser considerada uma "elevação compensatória" da inflação oculta nos preços fixos de antes da reforma. Assim, durante o período de reforma, a "inflação inerente" gerada pelo crescimento econômico flutuaria entre 3% e 3,5%. Com melhoria na estabilidade de longo prazo e uma inflação praticamente neutra, o desempenho macroeconômico chinês desde o início da reforma pode ser considerado pouco comum na história do crescimento econômico mundial.

Mas o que impulsionou o crescimento econômico acelerado da China? De onde vêm as forças motrizes para essa expansão de longo prazo?

4. A "teoria do bônus demográfico" não explica, sozinha, o crescimento chinês de longo prazo

Atualmente, a teoria mais popular que explica a expansão chinesa é a do "dividendo demográfico", segundo a qual o rápido crescimento econômico é impulsionado especialmente pelo crescimento da parcela da população em idade economicamente ativa e pelo aumento de empregos. No livro *The next great bubble boom* (A próxima grande bolha), o economista americano Harry S. Dent aborda o ciclo demográfico e o ciclo tecnológico para prever o ciclo econômico, destacando a influência do ciclo demográfico sobre o ciclo econômico. Segundo Dent, "o pico da taxa de natalidade na China mantém-se por mais de 10 anos do que os Estados Unidos, o que garantirá a prosperidade da economia chinesa até 2020".[5]

Quando se trata de um país que representa um quinto da população mundial, é fácil aceitar a tese de que o crescimento econômico da China é mais veloz que o da média dos países, especialmente os desenvolvidos, devido ao tamanho e expansão de sua população. O uso da diferença de crescimento da população para explicar a diferença de crescimento econômico entre os países desenvolvidos também se justifica. Por exemplo, a economia dos Estados Unidos cresceu mais rapidamente do que a da Europa e a do Reino Unido, e o ritmo de expansão da economia irlandesa foi mais acelerado que o da Inglaterra, demonstrando a pertinência da tese de aumento populacional, que nos Estados Unidos foi mais acelerada do que na Europa e no Reino Unido, e, na Irlanda, mais rápida que na Inglaterra.

No entanto, a "teoria do bônus demográfico" não pode explicar o crescimento da Rússia durante o governo de Putin. Nesse período, o país registrou crescimento demográfico negativo, com expansão econômica acelerada. Tampouco pode explicar que, mesmo com a queda contínua do crescimento demográfico chinês desde a reforma — especialmente a partir da década de 1990 —, que resultou em queda do crescimento da população economicamente ativa e da criação de emprego, a economia chinesa continue mantendo taxas de crescimento de 8% a 12%.

Na primeira década da reforma, entre 1978 e 1987, a taxa anual de crescimento natural da população na China aumentou de 12,1% para 16,6% (gráfico 1). A partir daí, porém, apresentou uma significativa tendência de desaceleração, caindo para 4,8% em 2011. O número absoluto do aumento da população chegou a 17,9 milhões em 1987, com redução gradual para 6,8 milhões em 2011, o que equivale a cerca de 38% do número de 1987. Entretanto, apesar dessa desaceleração demográfica, a expansão econômica se manteve. A taxa de crescimen-

5. Harry S. Dent, *The next great bubble boom*, versão em chinês, Beijing: Social Sciences Press, jan. 2008.

to econômico entre 1988 e 2011 foi de 9,9%, ligeiramente menor que a média entre 1978 e 1987, de 10,1%. Nesse período, portanto, o crescimento econômico da China não acompanhou a desaceleração do aumento populacional.

Naturalmente, a discussão sobre a relação entre demografia e crescimento econômico deve considerar a população em idade economicamente ativa, de faixa etária entre 15 e 64 anos. Em geral, quanto maior é a proporção da população em idade ativa, menor é a taxa de dependência total de crianças e idosos, e maior a força motriz para o crescimento econômico. Nesses mais de 30 anos de reforma, a proporção de pessoas em idade ativa no total da população chinesa continua a aumentar, com uma taxa decrescente de dependência total. De 1982 a 2011, a proporção da população em idade ativa subiu de 61,5% para 74,4%, enquanto o índice de dependência total caiu de 62,6% para 34,4%. De acordo com essa tendência das duas proporções, poderia-se concluir que o rápido crescimento econômico da China é o resultado do aumento da população em idade ativa e de redução do índice de dependência total.

Deve-se observar, entretanto, que durante esse período a taxa de aumento da população em idade ativa tem apresentado uma clara tendência de desaceleração. Entre 1991 e 2000, o crescimento médio anual da população em idade ativa era de 2,75%, caindo para 1,65% entre 2001 e 2006, e 1,08% em 2011. Se fossem deduzidos estudantes universitários e pós-graduados nas faculdades de ensino superior, depois de 1991 a taxa média de aumento de população em idade ativa seria ainda mais baixa, de apenas 0,46% entre 1991 e 2000, e de apenas 0,65% em 2011. Ou seja, desde os anos 1990, o crescimento real da população em idade ativa na China desacelerou significativamente. Nesse período, a correlação entre crescimento da população em idade ativa e crescimento econômico foi negativa.

Observemos agora as tendências de emprego real. Estatísticas mostram que o emprego total entre 1979 e 1984 estava em crescimento acelerado, subindo de 2,17% para 3,78%. Nesse período, a taxa de crescimento médio anual do PIB era de 9,3%. Em contraste, o crescimento do emprego caiu de 3,48% em 1985 para 1,15% em 1991, e para 0,77% em 2007. Nesses 30 anos, entretanto, a taxa de expansão do PIB se manteve em 9,54%, na média. Ou seja, a rápida aceleração do crescimento da economia chinesa no período aconteceu sob um cenário de desaceleração do emprego. Assim, não há como sustentar que o emprego tenha sido o principal fator da rápida aceleração do crescimento da economia chinesa após a reforma.

Gráfico 1

Evolução do crescimento demográfico, de empregos e do PIB na China

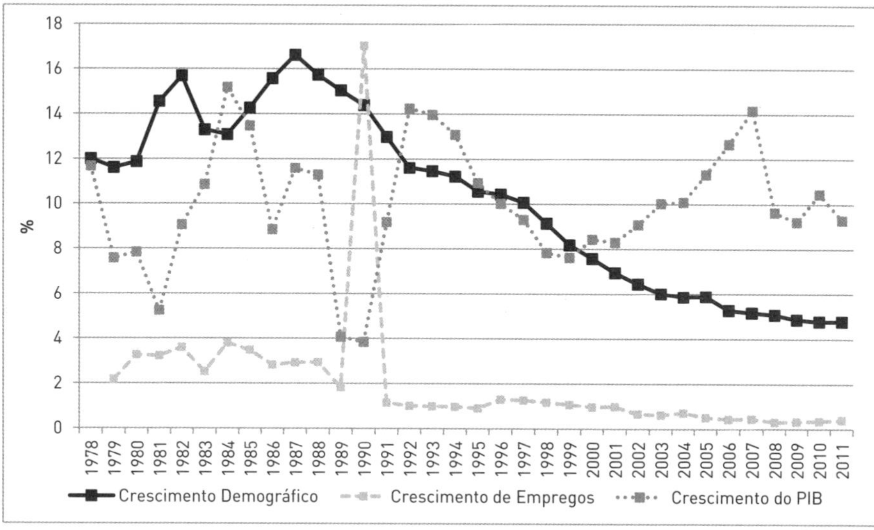

Fonte: Instituto Nacional de Estatísticas da República Popular da China: *Anuário de estatísticas da China de 2012*, Editora de Estatísticas da China, edição 2012.

Os números citados mostram que o crescimento populacional e do emprego não pode explicar completamente a tendência do rápido crescimento econômico da China no longo prazo, e tampouco suas tendências de curto prazo. Observando os 10 anos seguintes à adesão da China à OMC, em 2001, as taxas de crescimento demográfico e de emprego estavam decrescendo a cada ano, enquanto o crescimento econômico acelerava. De 2001 a 2011, a taxa de crescimento da população caiu de 6,95% para 4,79%; o crescimento do emprego diminuiu de 0,99% para 0,41%; enquanto o PIB registrou aumento de 8,3% para 9,3%. A partir desses dados, não é possível concluir que o crescimento econômico acelerado da China dependeu do aumento da população e do emprego.

Seja no longo ou no curto prazo, a principal explicação para o crescimento econômico acelerado da China desde a reforma de 1978 não se concentra no aumento da população, da população em idade ativa ou do crescimento do emprego. Pelo menos desde a década de 1990, a principal origem da força da expansão econômica acelerada e sustentada não é o "fator quantitativo humano".

5. O crescimento acelerado foi acompanhado de redução do tempo total de trabalho

Do ponto de vista meramente teórico, tudo o mais constante, um aumento da intensidade de trabalho com prolongamento da jornada, mesmo mantendo o mesmo número de trabalhadores empregados, poderia resultar em um crescimento acelerado. Isso porque, de acordo com a teoria do valor de trabalho, o crescimento econômico de um país é criado e determinado pelo tempo total de trabalho de toda a sociedade. Sendo assim, caberia avaliar como foi a tendência do tempo total de trabalho na China nesses mais de 30 anos da reforma.

De acordo com os últimos resultados das pesquisas do autor deste artigo, durante esse período o tempo de trabalho na China apresentou tendência decrescente. Os feriados aumentaram gradualmente, os dias úteis da semana também foram reduzidos,[6] e a média anual do total de tempo de trabalho registrou queda (tabela 2). De 1990 a 2008, os dias reais de trabalho de empregados urbanos foram reduzidos de 306 para 250 dias por ano, com queda da carga horária anual de 18,3%, passando de 2.448 para 2 mil horas. A proporção das horas reais de trabalho por ano no tempo natural (24 horas por dia) diminuiu de 28,32% para 22,77%.[7]

A redução dos dias e horas reais de trabalho significa aumento do tempo de lazer, com o qual o ponto de equilíbrio na curva de trabalho e folga (trabalho no eixo vertical e folga no eixo horizontal) desloca-se da esquerda para a direita (gráfico 2).

---

6. Antes de 1999, os feriados nacionais oficiais na China somavam 7 dias; desde o fim de 1999, foram expandidos para 10 dias, e para até 11 dias depois de 2008. Até o fim de 1994, os empregados e funcionários de repartições e instituições públicas, bem como empresas, trabalhavam 6 dias por semana, ou 48 horas de trabalho. A partir de 1º de janeiro de 1995, essa regra foi alterada para 5,5 dias (5 e 6 dias por semana, alternadamente), somando 44 horas por semana. De acordo com a Lei de Trabalho da República Popular da China aprovada na 8ª Sessão do Comitê Permanente da 8ª Assembleia Popular Nacional em 5 de julho de 1994, "O país implementa o tempo de trabalho não superior a 8 horas por dia e não superior a 44 horas por semana". Essa norma entrou em vigor em 1º de janeiro de 1995. A partir de 1º de maio de 1995, os funcionários do Estado passaram a trabalhar 5 dias, ou 40 horas por semana; instituições públicas e empresas tiveram de implementar essa norma até maio de 1997.

7. Antes de 1994, a jornada média de cada empregado era de 306 dias de trabalho anuais, somando 2.448 horas de trabalho por ano. Entre 1994 e 1995, as jornadas de trabalho foram reduzidas para 280 dias por ano, representando 2.240 horas. Entre 1995 e 1999, as jornadas de trabalho foram novamente reduzidas para 254 dias, ou 2.032 horas por ano. Entre 1999 e 2007, as jornadas de trabalho passaram para 251 dias, ou 2.008 horas por ano. Após 2008, as jornadas de trabalho chegaram a 250 dias, totalizando 2.000 horas por ano.

Tabela 2

Variação da média de dias e horas de trabalho *per capita* do trabalhador chinês

	Folga por semana (dia)	Feriados oficiais (dia)	Dias úteis de trabalho no ano (dia)	Jornadas de trabalho (hora)
Antes de 1994	1 (48 horas/semana)	7	306	2.448
1994-95	1,5 (44 horas/semana)	7	280	2.240
1995-99	2 (40 horas/semana)	7	254	2.032
1999-2007	2	10	251	2.008
Após 2008	2	11	250	2.000

Fonte: Instituto Nacional de Estatísticas da República Popular da China: *Resumo das estatísticas da China do ano 2008*, Editora de Estatísticas da China, edição 2008. Os dados na tabela foram calculados de acordo com a Lei de Trabalho da República Popular da China promulgada em 5 de julho de 1994, a Lei de Contrato de Trabalho da República Popular da China promulgada em 29 de junho de 2007 e outras leis e regulamentos.

Gráfico 2

Tendência de variação de horas de trabalho e folga na China

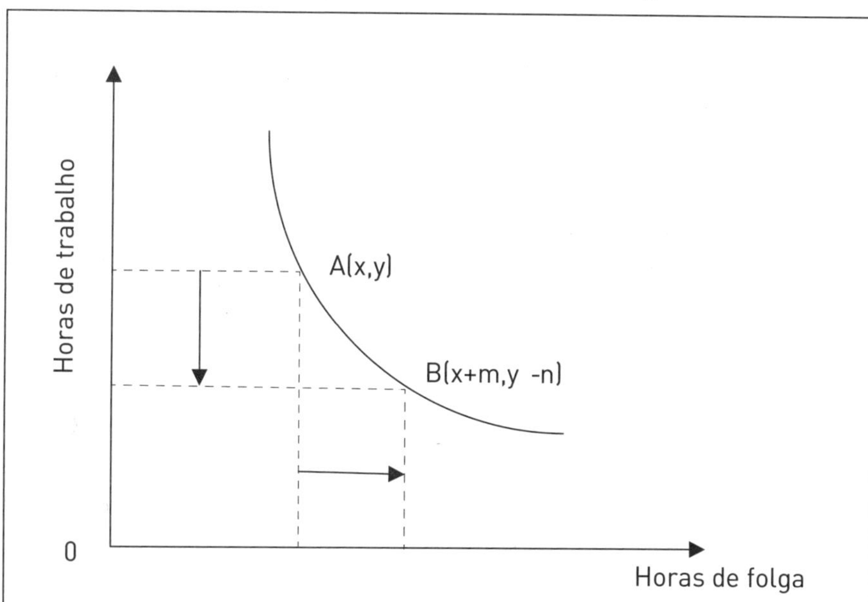

Embora a jornada diária, semanal e anual de trabalhadores rurais seja sensivelmente maior do que a de trabalhadores urbanos, inclusive funcionários públicos, o tempo de trabalho usado na lavoura também registrou tendência decrescente no período, graças à utilização generalizada de novos métodos de cultivo e adoção tecnológica, como o uso de herbicida nas culturas do sul e de semeadeiras e colheitadeiras no norte do país. Dessa forma, a razão entre trabalho e folga de agricultores registrou uma queda maior do que no período pré-reforma.

A combinação de uma queda no crescimento de empregos com uma queda na jornada de trabalho implica, portanto, que o total anual das horas de trabalho em todo o país também está em queda. Em 1990, eram 158,5 milhões pessoas/hora; em 1993, 163,6 milhões pessoas/hora. Em 1998, registrou-se uma queda para 143,5 milhões pessoas/hora. A tendência de alta foi recuperada, e 2007 fechou com 155,2 milhões pessoas/hora sem, entretanto, superar o nível de 1993 (tabela 3).

Tabela 3

Variação das horas de trabalho na China entre 1990 e 2008

	Empregados (10 mil pessoas)		Média do tempo de trabalho *per capita* (horas)		Total de tempo de trabalho	
Ano	Número de pessoas	Aumento em relação ao ano anterior	Tempo de trabalho por ano	Aumento em relação ao ano anterior	10 mil pessoas/ hora	Aumento em relação ao ano anterior
1990	64.749	-	2.448	-	15.851	-
1991	65.491	742	2.448	-	16.032	182
1992	66.152	661	2.448	-	16.194	162
1993	66.808	656	2.448	-	16.355	161
1994	67.455	647	2.240	-208	15.110	-1.245
1995	68.065	610	2.032	-208	13.831	-1.279
1996	68.950	885	2.032	-	14.011	180
1997	69.820	870	2.032	-	14.187	177
1998	70.637	817	2.032	-	14.353	166
1999	71.394	757	2.032	-	14.507	154
2000	72.085	691	2.008	-24	14.475	-33
2001	73.025	940	2.008	-	14.663	189
2002	73.740	715	2.008	-	14.807	144
2003	74.432	692	2.008	-	14.946	139
2004	7.520	768	2.008	-	15.100	154
2005	75.825	625	2.008	-	15.226	126
2006	76.400	575	2.008	-	15.341	115
2007	76.590	590	2.008	-	15.460	118
2008	77.590	600	2.000	-8	15.518	58

Fonte: Instituto Nacional de Estatísticas da República Popular da China: *Resumo das estatísticas da China do ano 2008*, Editora de Estatísticas da China, edição 2008. Os dados na tabela foram calculados de acordo com a Lei do Trabalho da República Popular da China, promulgada em 5 de julho de 1994, a Lei de Contrato de Trabalho da República Popular da China, promulgada em 29 de junho de 2007, e outras leis e regulamentos.

Se tomássemos como base o nível máximo de tempo total de trabalho realizado em 1993, nos anos seguintes, apesar de ter aumentado a quantidade absoluta de empregados, o total das horas de trabalho da sociedade ainda estaria em redução (tabela 4).

Tabela 4
Variação de quantidade de empregos e horas de trabalho na China (base = ano 1993)

Comparação com 1993	Aumento de empregos (10 mil pessoas)	Variação do total das horas de trabalho (10 mil horas)
1994	647	-1.245
1995	1.257	-2.524
1996	2.142	-2.344
1997	3.012	-2.167
1998	3.829	-2.001
1999	4.586	-1.847
2000	5.277	-1.880
2001	6.217	-1.691
2002	6.932	-1.548
2003	7.624	-1.409
2004	8.392	-1.254
2005	9.017	-1.129
2006	9.592	-1.013
2007	10.182	-895
2008	10.782	-837

Fonte: Instituto Nacional de Estatísticas da República Popular da China: *Resumo das estatísticas da China do ano 2008*, Editora de Estatísticas da China, edição 2008. Os dados na tabela foram calculados de acordo com a Lei do Trabalho da República Popular da China, promulgada em 5 de julho de 1994, a Lei de Contrato de Trabalho da República Popular da China, promulgada em 29 de junho de 2007, e outras leis e regulamentos.

A análise anterior mostra que, nos 30 anos da reforma, especialmente após a redução da jornada de trabalho semanal em 1995 e o aumento de feriados oficiais em 1999, o total da população, a população em idade ativa, o emprego e as horas de trabalho não podem ser considerados os motivos principais para explicar o rápido crescimento da economia chinesa.

6. A importância da melhora da produtividade agrícola na China

Então, quais são os fatores responsáveis pelo crescimento econômico rápido e sustentado da China? Para este autor, eles são, entre outros, a eficiência (ou produtividade) do trabalho, com principal destaque para a produtividade do trabalho agrícola.

Embora a proporção do setor primário no PIB tenha se reduzido de 28,2% em 1978 para 10,04% em 2011, o valor agregado desse setor continuou se expandindo cerca de 5% ao ano.[8] Essa expansão se deu mesmo com a desaceleração do crescimento e a posterior redução da quantidade absoluta de mão de obra agrícola. Entre 1978 e 1991, o número de trabalhadores do setor primário cresceu de 283,2 milhões para 391 milhões, com um aumento médio anual de 8,3 milhões de trabalhadores. Nos 16 anos seguintes, porém, o número de trabalhadores do setor registrou redução média de 6,1 milhões de pessoas por ano. De 2003 a 2007, a média da perda anual foi de 10,7 milhões de trabalhadores; em 2011, de 13,4 milhões. O valor agregado no setor primário durante esse período, entretanto, foi maior do que a taxa média de crescimento de longo prazo. Isso demonstra que o valor agregado por trabalhador nesse setor estava crescendo, com aumento de produtividade. Na China, a produção média de grãos por trabalhador aumentou de 1.089 kg em 1980 para 1.598 kg em 2005, com um aumento médio anual de 1,9%. Somente a produção de algodão subiu de 93 kg para 189 kg no período, com crescimento médio anual de 4,1%. Já a produção de produtos oleaginosos evoluiu de 265 kg para 1.016 kg, com aumento médio anual de 11,3%. Para a produção de leite, a média por trabalhador subiu de 81 kg em 1985 para 909 kg em 2005, com aumento médio anual de 51,1%. A produção média de carne bovina, suína e caprina por trabalhador cresceu de 1.473 kg em 2000 para 2.033 kg em 2005, com expansão média anual de 7,6%. Sob o contexto de redução da quantidade absoluta de mão de obra agrícola, a produção agrícola e de derivados manteve a tendência de crescimento, demonstrando claramente que a média da produção agrícola por trabalhador foi elevada (tabela 5).

---

8. O setor primário ao qual nos referimos inclui agricultura, silvicultura, pecuária e pesca.

Tabela 5
Produção agrícola média por trabalhador rural na China (em Kg)

Ano	1980	1985	1990	1995	2000	2005
Grãos	1089	1222	1357	1435	1407	1598
Algodão	9,3	13,4	13,4	14,7	13,4	18,9
Produto oleaginoso	26,5	50,8	47,9	69,2	89,9	101,6
Açúcar	98,89	194,9	219,4	244,2	232,4	312,1
Carne bovina, suína e caprina	-	-	-	-	147,3	203,3
Produto aquático	15,5	22,7	36,7	77,4	130,2	168,6
Leite	8,1	12,6	17,7	25,2	90,9	
Fruta	23,1	37,5	57	129,6	189,5	532,3

Fonte: Instituto Nacional de Estatísticas da República Popular da China: *Resumo das estatísticas da China do ano 2008*, Editora de Estatísticas da China, edição 2008.

Em 1978, 283 milhões de agricultores alimentavam 963 milhões de habitantes. Ou seja, cada agricultor alimentava 3,4 habitantes. Em 1991, 390 milhões de agricultores alimentavam 1,15 bilhão de pessoas, numa relação de 2,96 habitantes alimentados por agricultor. Em 2007, 325 milhões de agricultores alimentavam 1,32 bilhão de pessoas, numa relação de 4,06 habitantes por agricultor. Ou seja, um número cada vez menor de agricultores passou a alimentar um número cada vez maior de habitantes, graças à melhoria da produtividade do trabalho agrícola.

Para a economia chinesa, que ainda está na fase de transformação de sua estrutura de dualidade urbana-rural, a melhoria da produtividade do trabalho agrícola tem um significado muito importante na medida em que contribui para acelerar a urbanização, a industrialização, a expansão de serviços e o crescimento econômico elevado. Sem o aumento da produtividade do trabalho agrícola, não há oferta suficiente de produtos para atender à necessidade crescente da indústria e do setor de serviços, bem como à demanda cada vez maior da população urbana por comida. Nesse cenário, uma escassez de alimentos poderia resultar em inflação, interrompendo a transferência do excesso de mão de obra agrícola para a indústria e para o setor de serviços, bem como a transferência do excedente de população rural para a cidade. Isso poderia provocar um movimento inverso, de habitantes e mão de obra do meio urbano, da indústria e do setor de serviços voltando à agricultura e ao campo, o que paralisaria ou ao menos desaceleraria o processo da industrialização, urbanização e expansão da oferta de serviços, causando um processo recessivo nos setores industrial e de serviços, resultando finalmente na recessão da economia urbana e nacional.

Antes da reforma, a ineficiência econômica era evidente, sobretudo na baixa produtividade do trabalho agrícola. O sistema de produção agrícola caracterizado por latifúndios e alto grau de estatização, bem como o regime de distribuição igualitária agrícola reprimiram severamente o entusiasmo dos agricultores, restringindo a melhoria da produtividade do trabalho agrícola. Com a reforma dos regimes de produção, troca, distribuição e consumo iniciada em 1978, a força produtiva agrícola ganhou um maior grau de liberdade de ação, aumentando, consequentemente, a produção agrícola. Com a elevação constante da produtividade no campo, a mão de obra necessária para produzir a mesma quantidade de produtos agrícolas era cada vez menor. Ou seja, um número menor de trabalhadores poderia fornecer a mesma quantidade de produtos agrícolas necessários para atender à demanda alimentar da população de trabalhadores industriais e habitantes urbanos, que estava em crescimento. Com isso, evitava-se a pressão inflacionária por escassez de produtos agrícolas, criando assim precondições favoráveis para promover a transferência do excedente de mão de obra e de população rural para os setores não agrícolas e as cidades, promovendo uma urbanização contínua e o crescimento sustentável da indústria, dos serviços, do investimento e do consumo, bem como o crescimento estável e contínuo da economia nacional.

7. A urbanização promove a melhoria da produtividade total da sociedade

Recentemente, um acadêmico americano destacou que estão ocorrendo dois grandes eventos no século XXI: a informatização nos Estados Unidos e a urbanização na China. Neste trabalho, consideramos que, na China, a informatização também está em curso, embora seu processo tenha começado posteriormente ao de urbanização. Os Estados Unidos aceleraram a informatização a partir de meados da década de 1990. Nessa época, a China passou a impulsionar a urbanização, e somente neste século deu início ao processo de informatização.

A urbanização da China desde a reforma de 1978 é marcada por duas etapas: uma gradual e outra veloz. O período entre 1978 e 1995 foi definido pelo progresso gradual da urbanização, com taxa média de crescimento de 0,65% ao ano. Já entre 1996 e 2007, essa taxa subiu para 1,32%, o dobro de crescimento da primeira fase. Consequentemente, a participação do setor não agrícola no PIB também cresceu com maior rapidez. Nos primeiros 18 anos da reforma, essa evolução foi de 8,5%, com média anual de 0,47%; já nos 11 anos seguintes, tal participação cresceu 8,3%, com média anual de 0,76%, 62% maior do que a taxa média dos primeiros 18 anos. A segunda etapa foi marcada por um grande aumento absoluto de empregos urbanos e pela absorção de trabalhadores do setor rural. Como o PIB dos setores secundário e terciário nas zonas urbanas aumentou ainda mais rapidamente, houve elevação da produtividade do trabalho urbano.

Essa análise sugere, portanto, que a melhoria crescente da produtividade agrícola é a principal impulsionadora da rápida urbanização da China. Como a urbanização exige não só a disponibilidade de mão de obra excedente na agricultura, mas também que um número cada vez menor de agricultores produza mais produtos agrícolas e derivados para um número crescente de moradores das cidades, o aumento da produtividade agrícola é essencial para o avanço da urbanização. O resultado da urbanização em termos de eficiência é a promoção da melhoria da produtividade do trabalho não agrícola, composta pela indústria e pelos serviços, elevando a produtividade total do trabalho da sociedade. Desde que se acelere a urbanização, haverá o desenvolvimento rápido dos setores não agrícolas.

Este artigo aproveita o conceito de "vantagem comparativa" e formula o conceito de "eficiência comparativa da mão de obra", o qual aponta que um trabalhador não agrícola dos setores industrial e de serviços pode criar mais PIB do que um trabalhador agrícola. De acordo com os preços relativos atuais, o valor produzido por um criador de porcos é claramente menor do que aquele produzido por um trabalhador que administra cem computadores em um centro de controle. Assim, a aceleração da urbanização[9] promoveria a elevação do PIB unitário por trabalhador na sociedade e aumentaria a produtividade total da sociedade.

Por questões estatísticas, é difícil calcular precisamente a "eficiência comparativa do trabalhador" dos setores agrícola e não agrícola.[10] Entretanto,

---

9. De 1992 a 2007, a massa de trabalhadores do país cresceu de 654,91 milhões para 769,9 milhões. Isso significou um aumento total de 115 milhões em 16 anos, uma média de 71,9 milhões ao ano. O número de trabalhadores rurais caiu de 391 milhões para 314,4 milhões, acumulando uma redução de 76,5 milhões no período, com queda anual de 47,9 milhões. Nesses 16 anos, o número de trabalhadores não agrícolas subiu de 264 milhões para 453 milhões, com aumento acumulado de 188 milhões, e média de 11,8 milhões ao ano. (Fonte: Instituto Nacional de Estatísticas da República Popular da China: *Resumo das estatísticas da China do ano 2008*, Editora de Estatísticas da China, edição 2008.)

10. Mede-se em tonelada para aço e ferro, carvão, cimento e petróleo; em kWh para

podemos calcular, de acordo com dados de consumo *per capita* de famílias urbanas e rurais fornecidos pelo Instituto Nacional de Estatísticas, a diferença entre o nível de gastos de consumo dessas famílias, tendo-a como referência para refletir sobre a eficiência comparativa do trabalhador entre os diferentes setores. O resultado dos cálculos apresentados neste artigo indica que, durante o período de amostragem, a razão sobre gastos de consumo entre famílias urbanas e rurais tendia a crescer gradualmente. Houve oscilação da taxa entre 1978 e 1998, mas esta foi mantida basicamente ao nível de 2-2,7, e em 2007 chegou a 3,1. Ou seja, antes de 1998, as despesas de consumo anual *per capita* de um habitante urbano eram praticamente equivalentes às de 2-2,7 agricultores, chegando a 3,1 em 2007 (gráfico 3).

Gráfico 3

Razão entre consumo *per capita* de habitante urbano e rural na China

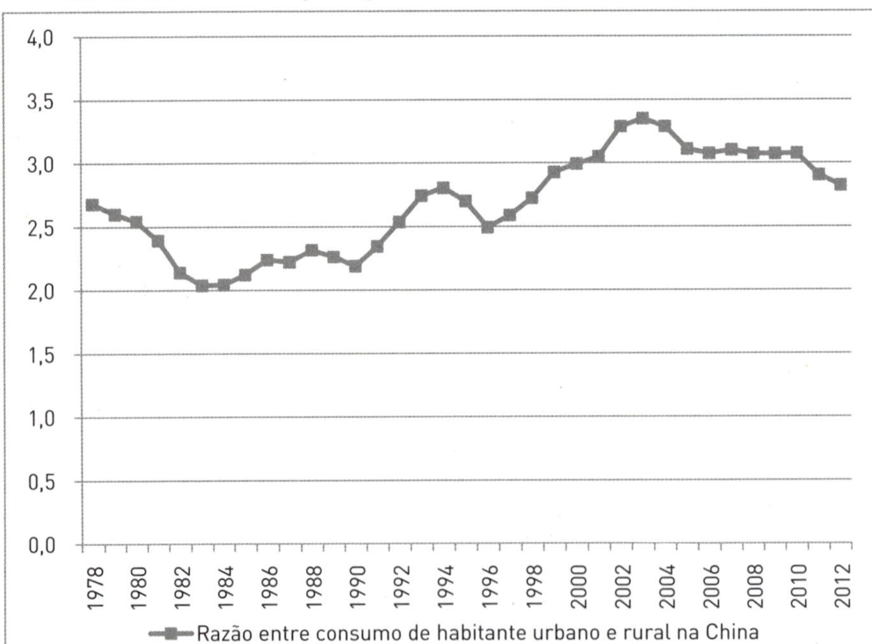

Fonte: Instituto Nacional de Estatísticas da República Popular da China: *Anuário de estatísticas da China do ano 2012*, publicado pela Editora de Estatísticas da China, edição 2012. Os dados no gráfico têm como a base = 1 as despesas de consumo *per capita* de família camponesa.

---

eletricidade, em unidade para celular, computador e carro. A unidade unificada para fazer a medição de valor é a moeda chinesa, como yuan (RMB ¥) ou RMB ¥ 100 milhões, o que dificulta o cálculo unificado de eficiência produtiva dos setores.

A partir desses dados, pode-se estimar que a "eficiência comparativa do trabalhador" entre os setores não agrícolas e a agricultura é possivelmente mais alta do que a razão entre o consumo *per capita* de famílias urbanas e o consumo *per capita* de famílias rurais. Por um lado, parte do consumo é classificado como de sobrevivência, no qual não há diferença entre um camponês e um morador da cidade; por outro, o avanço tecnológico na indústria e nos serviços é geralmente mais adiantado, e o crescimento do valor agregado na indústria e no setor de serviços também é mais rápido do que na agricultura. Se a hipótese da "eficiência comparativa do trabalhador" entre os setores não agrícolas e a agricultura corresponder à realidade, a urbanização poderia tanto melhorar a produtividade de um trabalhador individual como elevar a produtividade total da sociedade.

O volume total da indústria e dos serviços não pode ser calculado em uma única unidade física (p. ex., kg) como a agricultura, mas somente pela magnitude do valor, facilmente afetado por variações de preço. Por isso, não podemos medir diretamente a produtividade de trabalho total da indústria e dos serviços. No entanto, levando em conta que a acumulação de recursos humanos e o avanço de tecnologias nos setores industrial e de serviços é mais avançada do que a do setor agrícola, a melhoria da produtividade do trabalho industrial e de serviços seria, na verdade, mais óbvia do que a elevação da produtividade agrícola, liderando, por isso, a tendência de melhoria sustentada da produtividade de trabalho total da sociedade.

Com o uso da produtividade do trabalho total da sociedade como indicador-chave, podemos julgar de forma mais abrangente a eficiência da economia agregada e a direção de sua tendência. Para eliminar o impacto do fator preço, podemos utilizar o total de empregos de cada ano, dividido pelo PIB real ajustado, com eliminação do fator preço entre a média dos índices, obtendo o volume total do PIB criado por certo número de trabalhadores de cada ano, ou seja, a produtividade de trabalho total da sociedade. Aqui, com base no preço constante de 1990, usa-se o método de multiplicação contínua dos índices deflatores, calculando o valor real do PIB de cada ano sem impacto do fator preço entre 1978 e 2007, e, em seguida, o PIB real calculado é dividido pela quantidade de novos empregos em cada ano. O resultado mostra que nos 30 anos da reforma a produtividade de trabalho total da sociedade apresentou tendência de crescimento gradual. Em 1978, o PIB por 10 mil trabalhadores era de RMB ¥ 16,5 milhões; em 2007, subiu para RMB ¥ 128,48 milhões.

Com exceção de alguns períodos, a tendência de melhoria da produtividade do trabalho total da sociedade durante os anos da reforma tem sido evidente (gráfico 4).

Gráfico 4

Evolução da produtividade total do trabalho na China (RMB ¥ milhões)

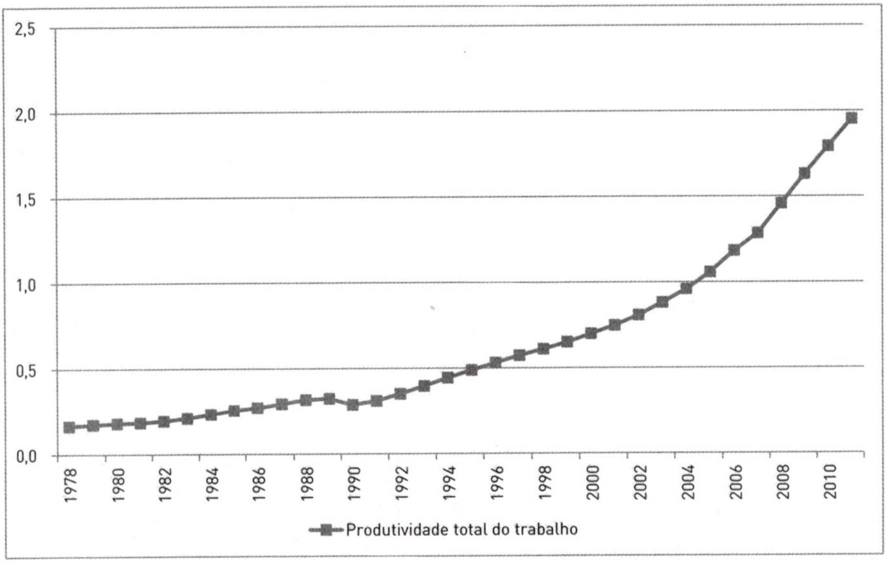

Fonte: Instituto Nacional de Estatísticas da República Popular da China: *Anuário de estatísticas da China do ano 2012*, publicado pela Editora de Estatísticas da China, edição 2012. Os dados do gráfico são calculados com base nos preços constantes de 1978.

8. A contribuição do capital para a produtividade tende a decrescer

Atualmente, estudos sobre a melhoria da produtividade do trabalho consideram predominantemente que o fator de capital contribui muito para o aumento da produtividade do trabalho na China. A base fundamental que explica essa teoria é que a taxa de formação de capital (taxa de investimento) está aumentando. As estatísticas indicam que isso vem de fato ocorrendo. Entre 1978 e 2002, a taxa de investimento variou entre 32% e 38%. De 2003 a 2007, subiu para 41% a 43%. Com essa tendência de variação da taxa de investimento, pode-se concluir que "a melhoria da produtividade de trabalho depende principalmente do capital". No entanto, os pesquisadores que chegaram a essa conclusão deveriam observar que a taxa de investimento entre 2003 e 2007 era muito alta em parte devido ao baixo consumo doméstico, ou seja, à demanda insuficiente da população.

Também se deveria notar que o crescimento do investimento apresentava tendência de desaceleração. Tomando como base a década de 1990, quando o governo central chinês formulou claramente a "construção de uma economia socialista de mercado", a taxa de crescimento do investimento nos 13 anos que se seguiram foi notavelmente mais baixa do que havia sido nos 13 anos anteriores. No primeiro período (entre 1982 e 1994), a taxa era de 27,4%; nos 13 anos seguintes (1995 a 2007), a taxa média anual baixou para 17,6%, uma diferença de 10 pontos percentuais. Podia-se ver que, do ponto de vista de crescimento equilibrado de longo prazo, a contribuição do capital para a melhoria da produtividade trabalho tendia a decrescer.

O capital pode explicar parcialmente o rápido crescimento da economia e da produtividade do trabalho na China antes da década de 1990, mas não justifica completamente o crescimento robusto da economia e da produtividade do trabalho depois da década de 1990, e especialmente no século XIX. Da mesma forma que o aumento da população e do emprego não pode explicar sozinho o crescimento econômico, o crescimento do capital tampouco pode explicar isoladamente o rápido crescimento, já que este se manteve mesmo no período de desaceleração do capital. Devido à desaceleração do crescimento quantitativo de população, emprego e capital, devemos prestar atenção ao "fator não quantitativo", que se trata da eficiência no uso dos fatores de produção.

9. O modelo de múltiplos fatores de eficiência e a inovação institucional

Os "fatores não quantitativos" que influenciaram a melhoria da produtividade do trabalho durante os anos da reforma são vários. Em resumo, destacam-se três tipos: a inovação institucional, o avanço tecnológico e o capital humano. Quando os três fatores coexistem no espaço, a curva de melhoria da produtividade de trabalho sobe bruscamente; quando os três fatores crescem sucessivamente ao longo do tempo, a curva de melhoria da produtividade de trabalho fica estável. Quando os três fatores desaparecem simultaneamente no espaço, a curva de melhoria da produtividade de trabalho cai rapidamente. Assim, podemos estabelecer um modelo de variação de fatores de eficiência de três elementos.

Após apontar os motivos de melhoria da produtividade de trabalho nos 30 anos da reforma, cabe especificar mais detalhadamente o significado de inovação institucional. Esse tipo de inovação abrange, entre outros, a promoção do regime de contrato de responsabilidade familiar em função de produtividade; a reforma de preços de mercadoria e serviços, incluindo produtos agrícolas; a refoma dos regimes de distribuição, gerenciamento produtivo e propriedade de empresas estatais; o desenvolvimento do mercado acionário; flexibilização das restrições sobre o desenvolvimento da economia não pública; desenvolvimento do mercado de mão de obra; liberalização do comércio exterior autônomo; e estabelecimento de diversos mecanismos de responsabilidade e incentivos. Esses, entre outros fatores, têm estimulado os trabalhadores, melhorando sua conduta e elevando sua eficiência.

Entretanto, a transformação e inovação de um sistema, que podem melhorar significativamente a produtividade do trabalho dentro de um período de tempo, e até aumentar explosivamente a eficiência, não garantem os mesmos resultados indefinidamente. O ganho de eficiência graças à inovação institucional tende a apresentar uma tendência decrescente marginal com o tempo, reduzindo gradualmente a eficiência marginal. Embora a inovação institucional possa ocorrer em diferentes momentos, se essas inovações não garantirem a melhoria contínua da eficiência por meio de conectividade sustentada, surgirá um "vácuo de inovação institucional", acompanhado pela redução da eficiência institucional marginal. Teoricamente, podemos argumentar, portanto, que a melhoria da produtividade do trabalho e o crescimento econômico promovidos somente pela inovação institucional não poderiam ser sustentados, e chegariam ao seu limite depois de certo tempo. Por isso, quando explicamos o fenômeno do crescimento sustentável de alta velocidade no longo prazo, além de considerar a contribuição da inovação institucional, levamos em conta "fatores não institucionais", como a importância do progresso tecnológico e do capital humano.

10. Contribuição da informatização sobre a eficiência e o crescimento

Como mencionado na seção anterior, entre os "fatores não institucionais", destaca-se o progresso tecnológico. No século XXI, os avanços tecnológicos na China e no mundo refletem-se principalmente na aplicação plena das tecnologias da informatização nos processos de produção. Essas tecnologias têm penetrado nos ciclos de produção direta, na circulação, distribuição e no consumo. A informatização, por sua vez, pode acelerar os avanços tecnológicos dos sistemas de produção e troca e, dessa forma, elevar a produtividade do trabalho e o crescimento econômico.

Segundo a tendência de variação do consumo de produtos duráveis nas famílias urbanas e rurais chinesas entre 2001 e 2011, os dois itens que apresentaram maior crescimento foram o telefone e o computador. De 2001 a 2011, a penetração do telefone celular nas zonas urbanas cresceu de 34% para 205,25%; a de telefone fixo caiu de 92% para 69,58%; e a taxa de penetração de computadores aumentou de 13,3% para 81,88%. Ao mesmo tempo, nas zonas rurais, a taxa de penetração do telefone celular subiu de 8,1% para 179,74%; a de telefonia fixa aumentou de 34,1% para 43,11%, e a taxa de penetração de computadores cresceu de 0,7% para 17,96%. No final do primeiro trimestre de 2008, o número total de usuários de internet no país atingiu 221 milhões de famílias, ultrapassando os Estados Unidos, que registravam 212 milhões de famílias. Embora o nível geral de informatização dos Estados Unidos seja mais alto do que o da China, a velocidade de expansão e o avanço da cobertura na China são maiores do que nos Estados Unidos. Assim, no século XXI, os eventos revolucionários na China incluem tanto a urbanização quanto a informatização.

A importância da informatização para o crescimento econômico tem se tornado cada vez mais relevante. Apesar da queda da eficiência pela inovação institucional marginal, da desaceleração do crescimento da população e da população em idade economicamente ativa, bem como dos empregos, a China do século XXI ainda tem mantido um crescimento econômico médio de 10,2% ao ano, principalmente devido à elevação do nível de informatização de toda a população, o que tem melhorado a produtividade do trabalho da sociedade.

Embora os computadores e telefones celulares sejam, tal como os eletrodomésticos duráveis, incluídos nas estatísticas familiares, os dois produtos não são considerados apenas bens de consumo. De fato, são considerados mais como instrumento de criação de riqueza. Por exemplo: um exportador em Pequim faz um negócio com um parceiro comercial em Nova York através do celular, e um investidor que trabalha em casa usa seu computador para negociar ações na Bolsa de Valores em Xangai. As duas atividades citadas não são, evidentemente, atos de consumo, mas sim de produção, pois geram riqueza. Supondo que a compra de passagens aéreas da Air China de Pequim para Nova York, a hospedagem em hotel, e o pagamento de transporte e alimentação somassem aproximadamente RMB ¥ 10.000; o exportador do nosso exemplo ainda teria que gastar ao menos três dias para fechar o mesmo negócio. Logo, o uso direto de celular e o acesso à internet reduziram o custo e o tempo dessa transação, resultando em melhoria da produtividade do trabalho. Para obter esse ganho, entretanto, são necessários dois requisitos: progresso tecnológico e capital humano. No século XXI, os celulares e computadores já se popularizaram na China, permitindo a aplicação do progresso da informática e, ao mesmo tempo, a elevação da eficiência dos trabalhadores.

Um dos exemplos que melhor ilustra a promoção da informatização, o progresso tecnológico e a produtividade do trabalho é o desenho de engenharia. Obviamente, o tempo gasto em um desenho à mão ou com o uso de computadores para produzir um projeto de engenharia é muito diferente. Para um profissional especializado em *design* eletrônico automático, completar um projeto de desenho leva apenas um dia com computador, e ao menos um mês à mão. O uso do computador pode aumentar a eficiência de trabalho em pelo menos 25 vezes.

A revolução da informática, acelerada desde a segunda metade da década de 1990, não apenas resultou em riqueza ao americano Bill Gates, promotor desse processo revolucionário, como em novas formas de criação de riqueza para trabalhadores intelectuais chineses, cujo número é o maior do mundo. A informatização liberta esses intelectuais de trabalhos mentais pesados, ao mesmo tempo que aumenta em grande medida a produção de conhecimento.

A aplicação e generalização de tecnologias de informática — tais como celular, computador e rede eletrônica — no processo de produção e troca da sociedade liberta tanto trabalhos mentais como físicos. Anteriormente, cada trabalhador podia operar apenas uma máquina; com o uso da informática, agora ele pode controlar dezenas, ou até centenas de máquinas desde um centro de operação, elevando a eficiência do trabalho de forma exponencial. Trata-se de um dos motivos importantes para manter o crescimento acelerado do PIB sob as circunstâncias de redução notável de empregos na China.

O avanço da tecnologia de informática, bem como sua aplicação e generalização, tanto para a China como para o mundo, não só libertou a produtividade do trabalho individual e melhorou a eficiência do tempo unitário de trabalho, como promoveu a grande revolução de todo o processo produtivo e de troca da sociedade, com a elevação de produtividade total de trabalho. O uso de satélites para telecomunicações, da tecnologia de sensoriamento remoto da digitalização da gestão urbana; a regulação e controle dos transportes públicos; o guia eletrônico de navegação aérea, aeroespacial e marítima; a padronização do processo de tecnologia industrial; a transação on-line; a prospecção geológica e a observação sismográfica; a previsão do tempo; a operação do sistema financeiro; a gestão das ciências, da educação, cultura e saúde; e o funcionamento governamental têm aumentado, enormemente e de forma integrada, a produtividade total do trabalho na sociedade.

Para uma potência manufatureira, seja os Estados Unidos no passado, seja a China na atualidade, a chave para realizar a maximização da riqueza não reside em como aumentar a capacidade de produção, nem em fornecer mais bens manufaturados, mas sim em resolver o problema da "assimetria de informação", tema pesquisado por ganhadores do Prêmio Nobel de Economia por muitos anos. Sob as circunstâncias de fornecimento quase ilimitado de produtos industrializados pela indústria moderna, o problema mais grave a ser resolvido é como fazer com que os compradores obtenham de maneira fácil e rápida os produtos desejados, e que vendedores consigam vender, de forma mais fácil, produtos a clientes que os necessitem.

A internet, com base na rede de banda larga, facilita a busca por soluções. Podemos aproveitar a plataforma da internet, cada vez mais generalizada, para acessar dados, encontrar ou trocar informações; realizar a interação entre oferta e demanda sem limites de tempo e espaço, fazer transações e pagamentos on-line; bem como fechar diversos negócios eletrônicos, tais como *BTB* (empresa para empresa), *BTC* (empresa para consumidor). A informatização, tendo a internet como principal plataforma, facilita cada vez mais o processo de produção e intercâmbio, e sua gestão encurta cada vez mais o tempo de busca da informação necessária, barateando as transações e alongando cada vez mais a cadeia de valor entre setores. Tudo isso pode elevar significativamente a produtividade do trabalho individual e da sociedade, com base no efeito de transbordamento da enorme riqueza criada.

11. Conclusão — contribuição do capital humano: realidade e futuro

O avanço da tecnologia da informação e da informatização, por sua vez, demanda capital humano para se concretizar. Sem a elevação do nível de capacitação do capital humano, não há um avanço real nesses setores. Para a China, país populoso e com grande oferta de mão de obra, o objetivo estratégico do aumento da eficiência e da promoção do crescimento econômico tem como foco o gradual aprimoramento do capital humano, já que a educação ocupa um importante papel na promoção dessa eficiência e do crescimento econômico. Nesses mais de 30 anos da reforma, a fonte do crescimento econômico da China tem migrado cada vez mais para a contribuição do capital humano, de seu conhecimento, de suas habilidades e da qualificação profissional.

Desde 1978, a qualidade do capital humano na China tem aumentado gradualmente. Entre os trabalhadores empregados, há cada vez mais "novos trabalhadores" altamente qualificados, com educação superior, e cada vez menos "velhos trabalhadores", analfabetos ou somente com a educação secundária. A saída maciça de "velhos trabalhadores" e a entrada de "novos trabalhadores" têm representado uma melhora contínua e estrutural da mão de obra, elevando o nível geral de habilidades de trabalho e, consequentemente, a produtividade total na sociedade.

De 1978 a 2011, o número de graduados no ensino superior subiu de 165 mil para 6,08 milhões de pessoas. A participação de trabalhadores com grau universitário como proporção do total de trabalhadores cresceu de 0,04% para 0,8% no período, representando um aumento acumulado de 20 vezes, e um crescimento médio anual de 60,6%. Somente entre 2002 e 2011, a taxa de aumento médio anual da participação de universitários no total de trabalhadores foi de 49,4% (gráfico 5).

O número de estudantes graduados no exterior que voltaram ao país subiu de 248 em 1978 para 186.200 em 2011. Se comparada ao total de estudantes chineses no exterior, essa participação subiu de 28,8% para 54,81% no período. O número de técnicos profissionais em cada 10 mil empregados em instituições públicas e empresas estatais cresceu de 2.416 em 1990 para 4.234 em 2010. Os gastos em pesquisa e desenvolvimento como proporção do PIB subiram de 0,57% em 1995 e 0,9% em 2000 para 1,84% em 2011. A correlação entre esses números, de um lado, e a variação

Gráfico 5

Proporção dos graduados universitários no total de trabalhadores (%)

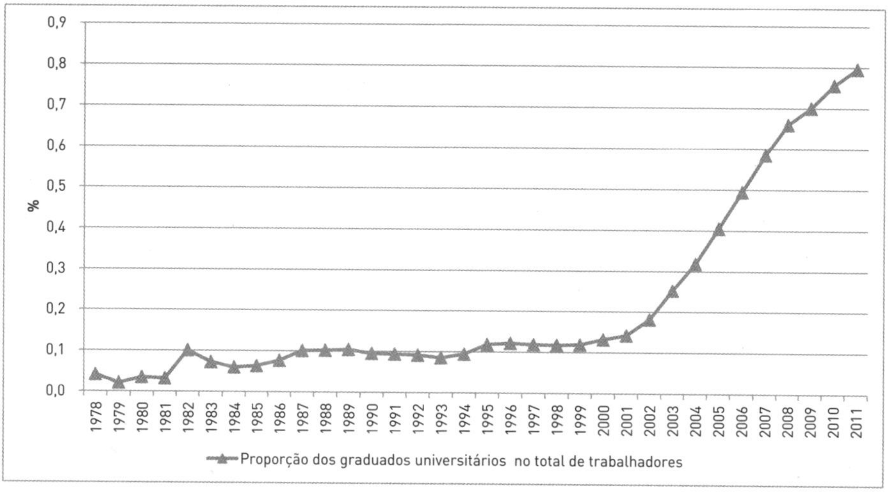

Fonte: Instituto Nacional de Estatísticas da República Popular da China: *Anuário de estatísticas da China do ano 2012*, publicado pela Editora de Estatísticas da China, edição 2012.

da produtividade do trabalho e o crescimento econômico chinês, de outro, é muito significativa.

Analisando esses dados, a conclusão a que se chega é que população, emprego e capital influenciaram em uma determinada etapa de rápido crescimento nos 30 anos da reforma da China, mas não compõem as variáveis de longo prazo do rápido crescimento de todo o período. A variável básica de longo prazo, capaz de explicar o crescimento econômico da China, é a produtividade de trabalho. E os três fatores que promovem a melhoria contínua da produtividade do trabalho são a inovação institucional, o progresso tecnológico e o capital humano.

No futuro, o potencial da economia chinesa em manter ou não o nível de crescimento elevado não só dependerá do "dividendo demográfico". O mais importante será a elevação da produtividade de trabalho por meio da inovação institucional, do progresso tecnológico e do capital humano. Ou seja, mesmo que em 2015 o "dividendo demográfico" se transforme em "dívida demográfica", a produtividade do trabalho manterá a tendência de elevação e a China poderá manter o crescimento a taxas elevadas, desde que continue a inovação institucional, a contribuição do progresso tecnológico e que o capital humano mantenha a tendência crescente.

Após o desaparecimento do "dividendo demográfico", o excesso de oferta de trabalhadores se converterá em escassez, o que não deveria ser motivo de grande preocupação. Mas devemos continuar a impulsionar a inovação institucional, o avanço tecnológico e o capital humano. O foco da estratégia de desenvolvimento e das políticas de investimento e de comércio deveria ser a melhoria constante da produtividade de trabalho. A elevação da eficiência é a essência do desenvolvimento, e também representa o caminho que a economia chinesa deveria seguir no futuro.

Referências

CHANGCUN, Gao; SHUXIA, Li. Economic growth: theory of endogenous growth and capital investment in China. *Journal of Learning and Exploration*, n. 2, 2001.

CHINA NATIONAL BUREAU OF STATISTICS. *China statistical digest 2008*. Beijing: China Statistics Press, 2008.

______. *China statistics yearbook 2012*. Beijing: China Statistics Press, 2012.

DENT, Harry S. *The next great bubble boom*. Versão em chinês, Beijing: Social Sciences Press, jan. 2008.

DEPARTMENT OF COMPREHENSIVE STATISTICS AT CHINA NATIONAL BUREAU OF STATISTICS. *Collection of statistical data of New China's sixty years*. Beijing: China Statistics Press, 2010.

FANG, Cai; DEWEN, Wang. The sustainability of Chinese economic growth and labor contributions. *Journal of Economic Studies*, n. 10, 1999.

HUI, Ye (Ed.). *Researches on investment growth rate*. Beijing: China Statistics Press, 2007.

JUN, Zhang. Capital formation, industrialization and economic growth: Chinese transitional characteristics. *Journal of Economic Studies*, n. 6, 2002.

LIPING, He. *Integration into the world economy — development experiences from both domestic and international community*. Beijing: Social Sciences Documentation Publishing House, 2007.

NALI, Qian et al. *Comparative study of industrialization and economic growth*. Xangai: Joint Publishing, 1989.

PING, Zhang; XIAHUI, Liu (Eds.). *Forefront of China's economic growth*. Beijing: Social Sciences Press, 2007.

XIAHUI, Liu. On the long-term growth of China's economy. *Journal of Economic Studies*, n. 5, 2003.

XIANXIANG, Xu; YUAN, Shu. Effect of labor structure on China's economic growth. *Journal of World Economy*, n. 5, 2001.

XIAOLU, Wang. The sustainability of Chinese economic growth and institutional evolution. *Journal of Economic Studies*, n. 7, 2000.

______; GANG, Fan (Eds.). *The sustainability of China economic growth*: problems and prospects of the next century. Beijing: Economic Sciences Press, 2002.

YIFU, Lin Justin. *No ready mode to interpret China's economy*. Beijing: Social Sciences Documentation Publishing House, 2007.

YONGTAI, Hu. Total factor productivity in China: primary role of labor reallocation from agricultural sector. *Journal of Economic Studies*, n. 3, 1998.

YUYAN, Zhang; FENG, Lu; LIQING, Zhang. 10th anniversary of China's WTO accession: review and outlook. *Journal of International Economic Review*, n. 9, 2011.

Capítulo 3

Inovação tecnológica na China*

Li Guangsi**

Resumo

Este artigo descreve o desenvolvimento da inovação na China e apresenta, de forma abrangente, as principais políticas que envolvem o tema. A partir dessa apresentação, o trabalho analisa as diferentes formas de obtenção da tecnologia e seus impactos na capacidade de inovação tecnológica. Primeiramente, revela que os distintos meios de absorção de tecnologia influem de diferentes formas na capacidade de inovação tecnológica. Em segundo lugar, demonstra que a introdução de tecnologia estrangeira, a iniciativa independente de pesquisa e desenvolvimento (P&D) e a compra de tecnologia doméstica têm efeitos positivos sobre a inovação, mas bem variados. Finalmente, pela análise do modelo de crescimento econômico, incluindo a inovação tecnológica, o artigo indica que a habilidade da inovação tecnológica influi significativamente no desenvolvimento e é fator-chave para uma rápida expansão econômica.

1. Desenvolvimento e políticas de inovação na China***

Desde os anos 1960, com o desenvolvimento contínuo da ciência e da tecnologia e o acirramento da concorrência internacional, a inovação tecnológica

* Tradução: Nie Quan.

** Professor associado da Universidade de Finanças e Economia de Nanquim.

*** Esta seção foi elaborada em conjunto com Tian Qing, pós-doutorando do Instituto de América Latina da Academia Chinesa de Ciências Sociais (ILAS/CASS).

tem ganhado importância como força motriz de crescimento econômico. A inovação tecnológica não é natural, não é um processo inevitável e inerente ao desenvolvimento, e por isso demanda uma ação externa propulsora. Apesar de ser um poderoso agente, não é fácil levar a inovação a seu melhor nível, considerando que a inovação tecnológica também é uma atividade que demanda certo contexto institucional, organizacional e cultural.

A inovação tecnológica precisa de um bom ambiente e de certo grau de apoio externo. Para gerar esse ambiente é necessária a criação de políticas de governo e de um apoio que, até certo ponto, também depende do governo. Além disso, como o processo de inovação envolve alto grau de incerteza, de risco, de complementaridade entre bens públicos e privados, entre outras características, os mecanismos de mercado estão longe de ser suficientes para ajustar automaticamente os recursos sociais inovadores para o seu melhor nível. Logo são demandadas políticas governamentais de correção das falhas de mercado. Com base nessas constatações, Estados Unidos, Japão, União Europeia, bem como outros grandes países industrializados, adotaram uma série de políticas de inovação que abrangem da pesquisa à comercialização de tecnologia, incluindo finanças, design, produção, gestão e marketing para promover a inovação industrial em todos os aspectos.

De acordo com suas características e seu conteúdo, e a correlação com outras políticas, a política de inovação pode ser definida como a soma, pelo governo, de várias políticas socioeconômicas para incentivar o desenvolvimento e a comercialização de tecnologia a fim de elevar a produtividade, em que a política de tecnologia e a política industrial relativa à promoção de inovação constituem o núcleo da política de inovação.

1.1 A China obteve progressos relativamente grandes no desenvolvimento da inovação

O sistema de inovação tecnológica da China registrou um desenvolvimento lento na era da economia planejada. Nesse período, o investimento em inovação tecnológica dependia principalmente da alocação fiscal do governo. Por isso, a capacidade e a motivação para inovar eram limitadas. Após as reformas e a abertura comercial que levaram à integração gradual da economia chinesa à economia mundial, o governo, as empresas do governo e todos os setores da sociedade passaram a apostar em inovação, resultando no rápido desenvolvimento do sistema nacional de inovação tecnológica.

Graças à oportunidade aberta com o Plano Tocha, de 1988, infraestruturas tecnológicas começaram a surgir, tais como parques industriais de ciência e tecnologia, parques de ciência e tecnologia das universidades e incubadoras de indústria tecnológica, promovendo, em grande medida, o intercâmbio entre o setor industrial e o acadêmico. A ampliação das funções das instituições públicas passou a cobrir as falhas do sistema de inovação. Com a maior abertura da China ao exterior a partir da década de 1990 o aperfeiçoamento gradual das condições essenciais e básicas para a gestão empresarial e dos serviços da inovação (como o estabelecimento do sistema de proteção à propriedade intelectual), bem como o aprofundamento da reforma das universidades e instituições públicas de pesquisa, o processo de inovação na China acelerou-se. O país entrou no século XXI consolidando um verdadeiro sistema nacional de inovação, com a promoção de uma série de políticas nacionais de inovação nas primeiras Zonas Econômicas Especiais. Além da inovação de baixo para cima, apoiada pelos governos locais e regionais, e a reforma estrutural de cima para baixo que registraram progressos significativos. Institutos de pesquisa, universidades, empresas e agências intermediárias de ciência e tecnologia, entre outros, tornaram-se os principais atores da inovação, com suas vantagens e características próprias. A estrutura do sistema de inovação passou a ser melhorada (tabela 1).

Em 2010, o investimento da China em pesquisa e desenvolvimento (P&D) foi de RMB ¥ 706,3 bilhões, o terceiro maior do mundo nesse ano. Empresas, institutos de pesquisa do governo e universidades responderam, respectivamente, por 73,4%, 16,8% e 8,5% do investimento total do país no setor. O número de pesquisadores em P&D foi de 2,55 milhões, colocando o país na segunda posição mundial. Desse total, 73,4% estavam nas empresas, 11,5% nos institutos de pesquisa e 11,3% nas universidades. Atualmente, os diversos tipos de instituições intermediárias de serviço à ciência e tecnologia somam quase 70 mil, dos quais quase mil são incubadoras de empresas de tecnologia, dois mil centros de promoção à produtividade e 76 parques universitários nacionais de ciência. O restante são empresas voltadas para o comércio de tecnologia e/ou que operam somente com a produção de tecnologia.

Contratos de tecnologia já são um instrumento legal relevante para a transferência de tecnologia e para a cooperação entre agentes de produção, estudo e pesquisa. O volume de transações em contratos de tecnologia cresceu de RMB ¥ 2,3 bilhões em 1985 para RMB ¥ 390,7 bilhões em 2010. A capacidade de inovação científica e tecnológica da China tem aumentado constantemente, reduzindo sua defasagem em relação aos países mais avançados. De 2000 a 2010, a colocação do país quanto à produção de teses científicas internacionais subiu do 8º lugar para o 2º, e em número de citações, de 19º para o 7º. De 2000 a 2010, em número de concessão de patentes, o país saltou do 13º lugar para o 4º, e em número de concessão para patentes domésticas, do 8º para o 3º lugar.

A reforma dos institutos de pesquisa científica avançou significativamente (*breakthrough*), aumentando o dinamismo institucional e a capacidade de inovação do país. Com a reforma, o contingente de pesquisa ficou mais enxuto e qualificado, graças à redução significativa do número de institutos de pesquisa, de cerca de 5 mil antes da reforma para pouco mais de 3 mil. Além disso, mais de 1,3 mil institutos de desenvolvimento converteram-se em empresas ou foram absorvidos por estas, solucionando o problema institucional — a baixa associação entre os institutos de pesquisa e as empresas de tecnologia.

A construção do sistema regional de inovação demonstrou-se positiva, com o florescimento de zonas de alta tecnologia que se constituíram em bases importantes para o desenvolvimento da indústria de alta e nova tecnologia, bem como da inovação tecnológica. A Zona Nacional de Alta e Nova Tecnologia desempenha um papel crucial na construção da inovação regional, tornando-se área-piloto para a nova industrialização do país, demonstrando a importância da reforma e abertura para as indústrias de alta tecnologia e inovação tecnológica. Com o apoio de universidades, instituições de pesquisa, centros de P&D empresariais, centros de engenharia e tecnologia, incubadoras de empresas, centros de promoção à produtividade e parques de ciência e tecnologia universitários, a Zona Nacional de Alta e Nova Tecnologia converteu-se em uma força importante para o desenvolvimento regional econômico e social, por meio do progresso científico-tecnológico e da inovação. Em 2010, as 55 mil empresas localizadas nas 83 Zonas Nacionais de Alta e Nova Tecnologia somaram uma receita total de RMB ¥ 1,06 bilhão, e o valor agregado da indústria atingiu RMB ¥ 2,14 trilhões.

Tabela 1

Indicadores de inovação da China 2000-10

Ano	Pesquisa em P & D por tempo inteiro equivalente (mil pessoas-ano)	Despesas em P& D (100 milhões RMB)	Despesa em P& D como proporção do PIB (%)	Número de artigos científicos incluídos pelos sistemas SCI,EI,ISTP (10 mil)	Nº de pedidos de patentes aceitos	Nº de patentes concedidas	Valor dos produtos importados e exportados de alta tecnologia (US$ 100 milhões)	Volume comercializado no Mercado Tecnológico (100 milhões RMB)
2000	92,2	895,7	1,00	5	170.682	105.345	896	651
2001	95,7	1.042,5	1,07	6,5	203.573	114.251	111	783
2002	103,5	1.287,6	1,07	7,7	252.631	132.399	1.507	884
2003	109,5	1.539,6	1,13	9,3	308.487	182.226	2.296	1.085
2004	115,3	1.966,3	1,23	11,1	353.807	190.238	3.267	1.334
2005	136,5	2.450,0	1,33	15,3	476.264	214.003	4.160	1.551
2006	150,2	3.003,1	1,42	17,2	573.178	268.002	5.288	1.818
2007	173,6	3.710,2	1,40	20,8	693.917	351.782	6.348	2.227
2008	196,5	4.616,0	1,47	25	828.328	411.982	7.574	2.665
2009	229,1	5.802,1	1,70	26,5	976.686	581.992	6.868	3.039
2010	255,4	7.062,6	1,76	27,2	1.222.286	814.825	9.050	3.907

Fonte: Compilado pelo autor com dados do Anuário de ciência e tecnologia da China dos anos mencionados; elaborado conjuntamente com o Instituto Nacional de Estatística e o Ministério da Ciência.

1.2 Resumo das políticas de inovação da China

De acordo com suas características, as políticas de inovação tecnológica da China estabelecidas desde a política de reforma e abertura podem ser divididas em três etapas. De 1985 a 1995, há dois marcos divisórios, definidos por dois importantes documentos. Em 1985, o Comitê Central do Partido Comunista da China (CCPCC) promulgou a *Decisão sobre a reforma da estrutura da ciência e tecnologia*. Em conformidade com esse documento, foram efetuadas reformas no regime de financiamento tecnológico do sistema de gestão de ciência e tecnologia, na gestão dos projetos-chave nacionais, na estrutura organizacional das instituições de pesquisa científica, e no sistema de pessoal. Já em maio de 1995, o Comitê Central do PCC e o Conselho de Estado promulgaram a *Decisão sobre a aceleração do progresso científico e tecnológico*, que definiu a orientação estratégica de "desenvolver o país através da ciência e da educação" e enfatizou a promoção do desenvolvimento econômico através da ciência, da tecnologia e da educação.

1.2.1 O lançamento da política de inovação: 1980-84

Na Conferência Nacional de Ciência realizada em 1978, Deng Xiaoping defendeu que "ciência e tecnologia são as principais forças produtivas". Suas palavras se converteram na base teórica fundamental para a elaboração da estratégia de desenvolvimento da ciência e tecnologia na nova era. Desde então, o desenvolvimento científico e tecnológico da China e as atividades de inovação registraram novos avanços, e a revitalização da economia nacional por meio da inovação, ciência e tecnologia tornou-se consenso.

Nesse período, conforme o *Plano nacional sobre o desenvolvimento de ciência e tecnologia entre 1978 e 1985*, o governo executou uma série de programas importantes de ciência e tecnologia e industriais tais como o plano nacional de transformação tecnológica, o plano nacional para resolver problemas-chave de ciência e tecnologia, o plano nacional para projetos-chave do desenvolvimento tecnológico, o plano para a construção de laboratórios-chave nacionais, o plano nacional para experimentações-chave industriais, e o plano para pesquisa e fabricação de importantes equipamentos tecnológicos.

Durante a Revolução Cultural de 10 anos, a construção econômica da China e o desenvolvimento da ciência e tecnologia foram severamente prejudicados; o papel da ciência e da tecnologia foi questionado, e institutos de pesquisa, bases experimentais, equipamentos tecnológicos e materiais sofreram sérios danos. A implementação dos planos de política científico-tecnológica e industrial recuperou, em certa medida, a causa da ciência e tecnologia e da inovação tecnológica industrial no país. Nesse período, o número de políticas de inovação era menor, e o de políticas científico-tecnológicas e industriais, maior. As políticas tributárias e financeiras eram relativamente poucas, e não existiam políticas fiscais.

1.2.2 O desenvolvimento das políticas de inovação: 1985-94

Com a preparação do ambiente de desenvolvimento científico e tecnológico no período anterior, a China acumulou certa base para P&D. Mas o desenvolvimento de ciência e tecnologia da época ainda era insuficiente para atender à demanda gerada pelo rápido desenvolvimento industrial e pela transformação tecnológica. Para aumentar a capacidade de inovação do país, o governo continuou a executar planos de promoção da ciência e tecnologia, bem como a reforma dos direitos de propriedade das instituições de pesquisa. Também ampliou a importação, digestão e absorção de tecnologia, atendendo às necessidades de transformação tecnológica e promoção do desenvolvimento industrial.

Em resumo, três características principais definem as políticas de inovação desse período. Em primeiro lugar, a publicação da *Decisão sobre algumas questões relativas ao aprofundamento das reformas estruturais em instituições de pesquisa* e das *Disposições provisórias sobre a ampliação da autonomia das instituições de pesquisa de ciência e tecnologia*, entre outros documentos de política, colaborando com a implementação de grandes e importantes programas de ciência e tecnologia. O segundo fator de destaque foi a atenção que a política industrial passou a dedicar à promoção do progresso tecnológico, pela introdução de tecnologia estrangeira com a publicação, sucessivamente, do *Regulamento de trabalho sobre introdução, digestão e absorção de tecnologia*, do *Regulamento para incentivar contratos de introdução à tecnologia*, e das *Medidas sobre a redução e isenção de imposto de renda das empresas importadoras de tecnologia,* entre outras políticas. Além disso, a ex-Comissão Nacional de Economia e Comércio teve que fazer duas edições da publicação *Índice diretório sobre a importação de tecnologias-chave para atender à transformação tecnológica.*

Já a terceira característica foi a construção de um ambiente favorável à inovação e o estabelecimento em nível nacional das leis básicas, como a Lei sobre o Progresso da Ciência e da Tecnologia da República Popular da China e a Lei de Patentes da República Popular da China. Ao mesmo tempo, foram intensificadas medidas institucionais para acelerar a reforma estrutural, e emitidos documentos como *Pareceres para promover ainda mais a reforma estrutural de ciência e tecnologia*, *Decisão sobre questões de aprofundar a reforma estrutural de ciência e tecnologia* e *Decisão do Comitê Central do PCC sobre questões para o estabelecimento do sistema econômico socialista de mercado*. Assim foi promovida a reforma estrutural do macroambiente para a inovação, que incentivou o desenvolvimento tecnológico na China.

1.2.3 De 1995 até agora, o progresso da política de inovação

O conceito de inovação tecnológica foi aceito pelo país e projetos de inovação tecnológica passaram a ser executados. No final de agosto de 1999, uma reunião de trabalho sobre o tema levou o conceito de inovação tecnológica ao auge. As políticas de inovação registraram pleno desenvolvimento, principalmente as científico-tecnológicas e financeiras. Embora tenham sofrido redução em termos de volume, as políticas industriais continuaram a desempenhar um papel importante. As políticas fiscais e tributárias registraram o início de uma fase de rápido desenvolvimento. Nesse período, três características se destacaram entre as políticas de inovação.

Em primeiro lugar, a introdução de políticas para promover a comercialização dos avanços científico-tecnológicos. Entre as principais estão a elaboração da Lei para Promover a Comercialização dos Avanços Científicos e Tecnológicos da República Popular da China, e a promulgação da *Decisão para reforçar a inovação tecnológica, desenvolver a alta tecnologia e alcançar a industrialização*; do Plano de Ação para Desenvolver o Comércio através da Ciência e Tecnologia; além dos *Regulamentos sobre a industrialização dos avanços científicos e tecnológicos*, dos *Pareceres para criar ainda mais e desenvolver o mercado de tecnologia*, dos *Regulamentos para acelerar a comercialização dos avanços tecnológicos e otimizar a estrutura dos produtos exportados*, da Lei para Fomentar a Comercialização dos Avanços Científicos e Tecnológicos, do *Regulamento nacional sobre premiações para ciência e tecnologia.* Também se sobressaem as políticas preferenciais tributárias para promover a comercialização dos avanços científicos e tecnológicos.

Em segundo lugar, a construção de políticas setoriais focou-se no apoio às empresas privadas e de tecnologia. Para promover o desenvolvimento das novas entidades de inovação, os diversos departamentos governamentais emitiram vários documentos, entre eles: *Pareceres para acelerar o progresso científico e tecnológico das empresas de vila e comarca*; *Pareceres para desenvolver com grande esforço as empresas privadas de ciência e tecnologia*; *Pareceres para a promoção do desenvolvimento de tecnologia nas empresas privadas*, *Pareceres para a aceleração do desenvolvimento das Zonas Nacionais de Indústria de Alta e Nova Tecnologia*, *Decisão para promover ainda mais o desenvolvimento das Zonas Nacionais de Industriais de Alta e Nova Tecnologia*, além de outras políticas científico-tecnológicas e industriais.

Em terceiro lugar, as políticas fiscais e financeiras para promover a inovação tecnológica registraram rápido desenvolvimento, principalmente graças ao fornecimento de garantias institucionais de *input* de recursos financeiros em prol da inovação tecnológica. Quanto à política fiscal, os esforços foram concentrados na elaboração dos *Regulamentos sobre a gestão dos três fundos de ciência e tecnologia* e da Lei de Compras Governamentais. Quanto à política financeira, também foi elaborada uma série de leis básicas importantes, incluindo Lei de Bancos Comerciais, Lei de Corporações, Lei de Garantias, Lei de Valores, Lei de Truste, Lei de Seguros, Lei de Títulos e Lei de Fundos de Investimento de Valores. Em 2007, 13 ministérios e comissões emitiram, conjuntamente, as *Políticas para apoiar a inovação das empresas de pequeno e médio porte.* Nesse documento, foram apresentadas políticas e medidas exclusivamente relacionadas ao apoio à inovação de empresas de pequeno e médio porte, incluindo medidas nas áreas fiscal, tributária e financeira.

Na Conferência Nacional de Ciência e Tecnologia de 2006, o aperfeiçoamento da capacidade de inovação independente foi definido como estratégia nacional e emitiu-se o Plano Nacional de Médio e Longo Prazo para o Desenvolvimento de Ciência e Tecnologia (2006-20). Além de definir linhas gerais, o plano estabeleceu áreas-chave e temas prioritários, grandes projetos específicos e tecnologias avançadas para o desenvolvimento nacional de ciência e tecnologia no médio e longo prazo. Em primeiro lugar, com base nas condições nacionais da China e suas necessidades, foram identificadas áreas-chave, tecnologias importantes que demandavam *breakthrough*, a fim de aumentar plenamente a capacidade de suporte científico e tecnológico do país. Foram 11 áreas selecionadas, a saber: energia, recursos de água e minerais, meio ambiente, agricultura, indústria manufatureira, transporte, indústria informática e indústria de serviços modernos, população e saúde, urbanização e desenvolvimento urbano, segurança pública e defesa nacional. Dessas áreas-chave derivaram 68 temas prioritários, com a fixação de tarefas bem definidas; a meta de alcançar *breakthrough* tecnológico em até 2020 foi objeto de arranjo especial.

Em segundo lugar, visando à meta nacional e em busca de um salto de desenvolvimento, foram selecionados 16 grandes projetos específicos, tais como: dispositivos essenciais eletrônicos, chips avançados universais e softwares básicos, tecnologia para fabricação de circuitos integrados eletrônicos em escala gigantesca e processos completos, nova geração de comunicação móvel sem fio e de banda larga, máquinas/ferramentas avançadas de controle digital e tecnologia básica de fabricação, exploração de grandes campos de petróleo e gás e de gás entre camadas de carvão, usinas nucleares avançadas em grande escala com reator de água pressurizada e de água resfriada (HTR, redução/reator de alta temperatura), controle de poluição de corpo de água e seu tratamento, cultivo de novas variedades transgênicas, invenção e fabricação de novos e relevantes medicamentos, prevenção e tratamento de graves doenças infecciosas, como aids e hepatites virais, aeronaves de grande porte, sistema de observação da Terra de alta resolução, projetos de voo espacial tripulado e de exploração da Lua.

Em terceiro lugar, com o objetivo de enfrentar os desafios futuros, foram destacadas 27 tecnologias de ponta em oito áreas, como biotecnologia, tecnologias de informática, de novos materiais, de fabricação avançada, de energia avançada, de laser, e tecnologia marinha e aeroespacial. O plano ainda contou com 18 temas de ciência básica, e com a proposta de estudo em quatro grandes e importantes programas: de proteínas, de controle quântico, de nanotecnologia e de desenvolvimento e reprodução. Programar pesquisas e estudos básicos nessas áreas avançadas visa elevar a capacidade de inovação contínua e conduzir o desenvolvimento econômico e social.

2. Efeitos da importação de tecnologia na capacidade de inovação tecnológica

Desde o início da reforma e abertura, a China tem colhido grandes êxitos em termos de desenvolvimento da inovação, e a introdução à tecnologia desempenhou um papel importante nesse processo. Conquistar avanços significativos partindo de uma base defasada tanto do ponto de vista econômico quanto tecnológico é o grande desafio enfrentado por todas as economias atrasadas. Economistas e formuladores de políticas econômicas de todo o mundo são atraídos à formulação de respostas e alternativas de superar essa condição. No caso das economias em desenvolvimento, a importação da tecnologia é, sem dúvida, o meio menos oneroso para se obter novas tecnologias, num primeiro momento.

Desde a adoção da política de reforma e abertura ao exterior, a China tem tomado uma série de medidas importantes, especialmente a implementação vigorosa da estratégia de importação de tecnologia, que tem promovido o rápido crescimento econômico. De 1978 a 2008, o Produto Interno Bruto (PIB) em termos nominais cresceu de forma contínua, de RMB ¥ 364,5 bilhões para RMB ¥ 30.067 bilhões.[1] O PIB *per capita* cresceu de RMB ¥ 381 para RMB ¥ 22.698.[2] O desenvolvimento econômico da China nos últimos 30 anos foi caracterizado por um "crescimento quantitativo", focado na expansão de números.

Com o rápido aumento do volume total da economia e, especialmente, o alto grau de dependência chinesa do comércio exterior e da internacionalização, as contradições entre o crescimento econômico e o bem-estar da população e entre exploração de recursos e meio ambiente são cada vez mais evidentes. O modelo de dependência exclusiva das vantagens comparativas dos recursos naturais e da mão de obra barata para a acumulação de capital, em troca de tecnologia e desenvolvimento econômico, já demonstra esgotamento. Os problemas presentes no campo do progresso tecnológico e da inovação tecnológica ganham destaque — particularmente os de *path dependence* do progresso tecnológico e de capacidade de inovação tecnológica essencial relativamente baixa.

Embora o volume de tecnologia incorporada pela China tenha chegado a um nível sem precedentes, fenômenos como "absorção → redução temporária da diferença tecnológica → estagnação do nível tecnológico → diferença novamente ampliada → nova absorção" ainda são relativamente comuns. A implementação da estratégia de "mercado em troca de tecnologia" fez com que, num certo período, as empresas domésticas ignorassem a acumulação de sua

1. Em termos reais na moeda local, o PIB chinês aumentou no período cerca de 15 vezes, segundo o Fundo Monetário Internacional. (*N. da R.T.*)
2. Em termos reais na moeda local, aumentou cerca de 11 vezes, segundo o Fundo Monetário Internacional. (*N. da R.T.*)

capacidade própria de gerar tecnologia e inovação, o que resultou na limitação relativa da capacidade das empresas domésticas de gerar inovação independente. A pressão provocada pela competição econômica acirrada no contexto da globalização frente a uma capacidade de inovação tecnológica doméstica relativamente limitada tem trazido sérios desafios ao crescimento sustentável da economia chinesa e imposto novas exigências no caminho do progresso tecnológico da China.

Com o contínuo aumento do volume total da economia da China, as exigências para reajustar o modelo de crescimento econômico e melhorar sua qualidade são cada vez maiores. Desde o 11º Plano Quinquenal, essas exigências tornaram-se o foco de atenção de diversas políticas. O XVII Congresso do PCC definiu explicitamente a tarefa estratégica de acelerar a transformação do modelo de desenvolvimento econômico. A transformação desse modelo e o melhoramento da qualidade da expansão econômica chinesa residem fundamentalmente em aumentar a eficiência das empresas, a competitividade industrial e a remuneração dos diversos fatores. Esse aumento depende crucialmente da elevação da capacidade de inovação tecnológica e da produtividade, ou seja, da elevação das contribuições do progresso tecnológico ao crescimento econômico. A transformação do modelo de crescimento econômico também traz novas exigências ao modelo de progresso tecnológico. Por isso, o estudo sobre a introdução da tecnologia e seus efeitos à inovação tecnológica contribui para compreender melhor os diversos fenômenos ocorridos no desenvolvimento econômico da China, as regras gerais da mudança tecnológica e explorar formas de concretizar o progresso tecnológico a partir de uma base atrasada, passando de um modelo em saltos (*leapfrog*) para uma mudança gradual.

O objetivo final da importação de tecnologia estrangeira é melhorar a capacidade de inovação independente. Distintas tecnologias variam quanto a seu potencial de gerar inovação. Isso significa que existe certa diferença entre os efeitos de transbordamento tecnológico (aqueles que implicam ganhos de produtividade). Especialmente em um contexto restritivo à capacidade de absorção, é notável o efeito que os meios de absorção tecnológica exercem na capacidade de inovação. Embora alguns estudos já revelem que as formas como a tecnologia é introduzida têm efeitos importantes sobre a capacidade de inovação, estudos em profundidade sobre a diferença de meios de absorção em relação ao desempenho da capacidade de inovação ainda são escassos. Do ponto de vista da capacidade de absorção, este artigo enfatiza o efeito exercido pelos meios de absorção tecnológica sobre a capacidade de inovação tecnológica, a fim de explorar formas e vias de aprimorar esses meios. Com o crescimento contínuo do volume total da economia chinesa, as exigências para reajustar o modelo de crescimento econômico e melhorar sua qualidade são cada vez maiores. A transformação do modelo de crescimento econômico requer reajustes correspondentes ao modelo de progresso tecnológico; em outras palavras, a transformação do modelo de crescimento econômico traz novas exigências ao modelo de progresso tecnológico. Quanto à escolha da importação de tecnologia, o reajuste dos meios da introdução requer a melhora constante desses meios, a contribuição cada vez maior da absorção para a capacidade de inovação e, finalmente, para a realização da inovação tecnológica independente. Portanto, o estudo em profundidade do efeito da introdução tecnológica sobre a capacidade de inovação tecnológica reveste-se de importante significado, assim como a definição da rota e das formas de aperfeiçoamento dos meios de absorção de tecnologia.

2.1 Evolução da capacidade de inovação tecnológica

Desde a reforma e abertura ao exterior, especialmente a partir dos anos 1990, o ritmo acelerado de absorção tecnológica resultou em uma célere evolução do nível tecnológico da China. A escala de inovação tecnológica tem-se ampliado, bem como a capacidade de inovação tecnológica. Desde 1991, as tecnologias patenteadas pela China têm mantido um relevante ritmo de crescimento, e a capacidade de inovação tem sido significativamente aprimorada (tabela 2). De 1991 a 2009, o número de pedidos dos três tipos de patentes no país e no exterior subiu de 24.616 em 1991 para 581.992 em 2009, ou seja, mais de 23 vezes. O número de patentes de invenção cresceu de 4.122 em 1991 para 128.489 em 2009, ou mais de 30 vezes. Já o de patentes de modelo de utilidade subiu de 17.327 em 1991 para 203.802 em 2009, quase 10 vezes mais; e o número de patentes de design (que protegem a aparência do produto) cresceu de 3.167 em 1991 para 249.701 em 2009, um aumento de quase 80 vezes.

Observando esses dados, podemos constatar que, de 1991 a 2008, a introdução contínua de tecnologia estrangeira permitiu que as patentes de modelo de utilidade e de design registrassem tendências de crescimento sustentado. Já o número de patentes de invenção sofreu uma queda inicial — o número total de 1994 a 1996 foi significativamente menor do que o de

1991 — para depois voltar a crescer. Geralmente, na fase inicial, um grande número de tecnologias introduzidas do exterior podem implicar novos conhecimentos e ideias, refletindo-se em um impulso à inovação independente. Em um primeiro momento, esse contexto pode resultar em mais inovação imitativa e menos invenção independente. Mas a inovação imitativa, por sua vez, também pode promover a capacidade de inovação em pesquisa básica, resultando em um crescimento acelerado do número de invenções e inovações.

Tabela 2
Importação de tecnologia e inovação tecnológica de 1991 a 2009

Ano	Patentes, permissão de *know-how* / Transferência	Consulta tecnológica / Serviço tecnológico	Produção de *joint-venture* / Coprodução	Equipamento em conjunto / Completo e equipamento-chave	Número das três modalidades de patentes			
	(%)	(%)	(%)	(%)	Total	Invenção	Modelo de utilidade	Design
1991	13,8	0,5	85,5	83,9	24.616	4.122	17.327	3.167
1992	9,2	2,3	88,1	71,3	31.475	3.966	24.060	3.449
1993	7,3	1,6	91,0	88,0	62.127	6.528	46.717	8.882
1994	9,5	2,2	88,4	88,3	43.297	3.883	32.819	6.595
1995	11,3	2,4	86,3	86,3	45.064	3.393	30.471	11.200
1996	11,0	3,7	84,0	81,5	43.780	2.976	27.171	13.058
1997	10,8	2,4	86,2	85,9	50.992	3.494	27.338	19.924
1998	22,6	5,4	70,9	68,6	67.889	4.733	33.902	28.494
1999	27,7	17,5	51,4	40,3	100.156	7.637	56.371	36.158
2000	23,5	20,5	29,1	38,6	105.345	12.683	54.743	37.919
2001	19,4	23,5	6,9	36,9	114.251	16.296	54.359	43.596
2002	61,8	15,8	3,0	10,7	132.399	21.473	57.484	53.442
2003	42,8	26,4	1,0	22,1	182.226	37.154	68.906	76.166
2004	37,2	25,0	0,8	27,3	190.238	49.360	70.623	70.255
2005	33,5	24,8	9,1	28,0	214.003	53.305	79.349	81.349
2006	39,4	23,5	19,5	13,0	268.002	57.786	107.655	102.561
2007	40,4	25,6	3,4	26,1	351.782	67.948	150.036	133.798
2008	53,1	29,3	3,5	7,8	411.982	93.706	176.675	141.601
2009	52,8	30,6	2,9	7,0	581.992	128.489	203.802	249.701

Fonte: Compilado pelo autor com dados do *Anuário de ciência e tecnologia da China* dos anos referentes; elaborado conjuntamente pelo Instituto Nacional de Estatística e o Ministério da Ciência.

2.2 Análise do modelo de importação de tecnologia e a capacidade de inovação tecnológica

Para refletir de forma mais abrangente sobre os efeitos exercidos pela introdução de tecnologia estrangeira e pela capacidade de absorção da inovação, este artigo analisou de forma sistemática as relações entres os diferentes modelos de importação de tecnologia e o número de aplicações domésticas, estrangeiras e aplicações tanto na China como no exterior. Observou-se especialmente como o número das aplicações estrangeiras pode influenciar de forma mais objetiva a real situação da capacidade de inovação tecnológica do país.

Pela análise de coeficientes de correlação entre os métodos de absorção tecnológica e a inovação tecnológica, podemos descobrir que existem diferenças significativas entre os efeitos produzidos pelos diferentes modelos de introdução tecnológica sobre a capacidade de inovação tecnológica. Existe uma significativa correlação entre inovação tecnológica e a introdução de patentes e *know-how* e os serviços tecnológicos. Por outro lado, registra-se uma correlação ligeiramente negativa entre a inovação tecnológica e a absorção tecnológica produzida por *joint venture*, coprodução e importação tecnológica de hardware (tabela 3).

Pela análise do coeficiente de correlação parcial entre os meios de introdução de tecnologia do exterior e a inovação tecnológica (tabela 4), podemos perceber que, controlando-se as variáveis de capacidade de absorção, os graus de efeito e a significância dos diversos meios de introdução tecnológica, a capacidade de inovação tecnológica sofre mudanças significativas. O coeficiente de correlação parcial entre a inovação tecnológica e a "introdução de patente e *know-how*", bem como a "consulta e serviços tecnológicos" caiu significativamente. Além disso, o nível de significância sofreu uma queda notável. Mas ainda se registra certo grau de correlação positiva entre a inovação tecnológica e a "introdução de patente e *know-how*", e "consulta e serviços tecnológicos". No entanto, o coeficiente de correlação parcial aumenta entre inovação tecnológica e introdução tecnológica com produção de *joint venture* e coprodução, bem como introdução tecnológica de hardware, e o nível de significância teve uma subida notável.

Podemos tirar duas conclusões importantes dos resultados. Em primeiro lugar, os diversos meios de introdução de tecnologia estrangeira têm efeitos diferentes e importantes na capacidade de inovação tecnológica. O licencia-

Tabela 3

Coeficiente de correlação e teste entre os meios de importação de tecnologia e capacidade de inovação tecnológica

Indicadores		Licenciamento e transferência de patente/*know-how*		Consulta e serviços tecnológicos		Produção de *joint-venture* e coprodução		Equipamento completo, equipamento-chave etc.	
		Coeficiente de correlação	Nível de significância	Coeficiente de correlação	Nível de significância	Coeficiente de correlação	Nível de significância	Coeficiente de correlação	Nível de significância
Três patentes	Número de aplicações de patentes domésticas	0,90	0	0,98	0	-0,55	0,019	-0,39	0,107
	Número de aplicações de patentes estrangeiras	0,86	0	0,95	0	-0,63	0,005	-0,45	0,061
	Número de aplicações de patentes no país e no exterior	0,90	0	0,98	0	-0,57	0,015	-0,41	0,095
Patente de invenção	Número de aplicações de patentes domésticas	0,85	0	0,94	0	-0,53	0,024	-0,39	0,108
	Número de aplicações de patentes estrangeiras	0,85	0	0,94	0	-0,66	0,003	-0,49	0,041
	Número de aplicações de patentes no país e no exterior	0,86	0	0,95	0	-0,61	0,008	-0,45	0,063
Patente de modelo de utilidade	Número de aplicações de patentes domésticas	0,88	0	0,96	0	-0,53	0,025	-0,39	0,109
	Número de aplicações de patentes estrangeiras	0,82	0	0,93	0	-0,50	0,033	-0,33	0,177
	Número de aplicações de patentes no país e no exterior	0,88	0	0,96	0	-0,53	0,025	-0,39	0,109
Patente de design	Número de aplicações de patentes domésticas	0,91	0	0,98	0	-0,56	0,015	-0,39	0,114
	Número de aplicações de patentes estrangeiras	0,86	0	0,96	0	-0,54	0,022	-0,34	0,172
	Número de aplicações de patentes no país e no exterior	0,91	0	0,98	0	-0,56	0,015	-0,38	0,118

Fonte: Cálculo do autor.

Tabela 4

Coeficiente de correlação parcial e teste entre os meios de introdução tecnológica e a capacidade de inovação tecnológica

Indicadores		Licenciamento e transferência de patente/ *know-how*		Consulta e serviços tecnológicos		Produção de *joint-venture* e coprodução		Equipamento completo, equipamento-chave etc.	
		Coeficiente de correlação	**Nível de significância**	**Coeficiente de correlação**	**Nível de significância**	**Coeficiente de correlação**	**Nível de significância**	**Coeficiente de correlação**	**Nível de significância**
Três patentes	Número de aplicações de patentes domésticas	0,19	0,476	0,48	0,062	-0,18	0,514	-0,18	0,501
	Número de apliações de patentes estrangeiras	0,12	0,671	0,13	0,642	-0,57	0,022	-0,38	0,146
	Número de aplicações de patentes no país e no exterior	0,15	0,571	0,52	0,04	-0,37	0,163	-0,31	0,245
Patente de invenção	Número de aplicações de patentes domésticas	-0,46	0,07	-0,43	0,101	-0,02	0,933	-0,13	0,624
	Número de apliações de patentes estrangeiras	-0,10	0,72	0,08	0,778	-0,64	0,008	-0,48	0,057
	Número de aplicações de patentes no país e no exterior	-0,30	0,256	-0,13	0,63	-0,57	0,021	-0,49	0,055
Patente de modelo de utilidade	Número de aplicações de patentes domésticas	0,09	0,727	0,25	0,348	-0,04	0,873	-0,14	0,61
	Número de apliações de patentes estrangeiras	0,38	0,15	-0,05	0,848	0,03	0,909	0,08	0,763
	Número de aplicações de patentes no país e no exterior	0,09	0,741	0,25	0,349	-0,04	0,874	-0,14	0,612
Patente de design	Número de aplicações de patentes domésticas	0,35	0,185	0,63	0,008	-0,25	0,351	-0,10	0,718
	Número de apliações de patentes estrangeiras	-0,09	0,728	0,33	0,213	-0,10	0,715	0,12	0,662
	Número de aplicações de patentes no país e no exterior	0,31	0,242	0,62	0,01	-0,24	0,368	-0,08	0,779

Fonte: Cálculo do autor.

mento e transferência de patente e *know-how* e os serviços tecnológicos exercem efeitos cada vez mais relevantes sobre a capacidade de inovação tecnológica. Tudo isso tem uma relação estreita com a necessidade de desenvolvimento econômico da China. Como a China basicamente já ultrapassou a fase inicial de industrialização, a demanda por inovação de tecnologia de base (pesquisa básica) está cada vez maior, tornando os conhecimentos de patente e *know-how* mais importantes e mais evidentes do transbordamento tecnológico. Em segundo lugar, os resultados demonstram que a capacidade de absorção de uma empresa influencia o êxito da introdução de tecnologia estrangeira e pode aumentar seu efeito de transbordamento. A capacidade de absorção também é um elo crucial para a formação da capacidade de inovação independente, principalmente para a formação da capacidade de inovação a partir de pesquisa básica, resultando em um efeito importante no desempenho da inovação.

3. Introdução tecnológica, avanços e capacidade de inovação

O progresso tecnológico é a força motriz do crescimento econômico de longo prazo. A escolha do caminho pelo qual guiar esse progresso traz consequências importantes à expansão econômica, especialmente em seu potencial de crescimento sustentado. Em nível regional, o progresso tecnológico normalmente se divide em três formas: P&D independente, introdução de tecnologia estrangeira e compra de tecnologia de províncias ou cidades do país. A importação de tecnologia é, sem dúvida, um elemento importante para se avaliar a influência da tecnologia internacional no contexto local, já que seu sucesso está sujeito, entre outros fatores, à capacidade de absorção e à capacidade de P&D das empresas nacionais.

A chave para que a introdução tecnológica aumente a capacidade de inovação e permita o salto tecnológico reside principalmente em aproveitar plenamente o efeito de transbordamento de tecnologia, evitar o efeito de dependência da trajetória (*path dependence*) e reajustar racionalmente o efeito de destruição criativa (*creative destruction*). Se a tecnologia importada não for efetivamente absorvida e internalizada, corre-se o risco de expor as regiões economicamente atrasadas à "armadilha do desenvolvimento tecnológico". Somente eliminando as restrições de capacidade tecnológica é que se pode aumentar investimentos em inovação independente e corrigir a rota do progresso tecnológico.

A introdução de tecnologia estrangeira pode provocar dois efeitos principais no crescimento econômico e na inovação tecnológica. O primeiro é o aumento da oferta de produtos intermediários, que demonstra o aumento efetivo do estoque de conhecimento, que por sua vez depende da capacidade efetiva de integração e absorção. O segundo é o efeito de transbordamento, que depende da absorção efetiva da tecnologia introduzida e suas características para implicar ganhos de produtividade. Quanto mais investimento em P&D, maior a probabilidade de inovação tecnológica. Quanto mais capital humano, mais mão de obra demandada para a produção final e para o setor de P&D. Dessa forma, o efeito de produção do capital humano eleva o nível da produtividade.

Ademais, os trabalhadores envolvidos em P&D geralmente são mais qualificados. Assim, regiões com mais profissionais especializados podem conquistar um nível de inovação tecnológica mais alto. Casos de constrangimento de capacidade tecnológica poderão provocar um fortalecimento da estratégia de importação de tecnologia presente no caminho de desenvolvimento econômico. Se a tecnologia introduzida não for efetivamente absorvida e internalizada, essas regiões enfrentarão o risco de cair na "armadilha do desenvolvimento tecnológico".

Considerando que a inovação tecnológica implica "fabricar ferramentas" para o crescimento econômico, podemos concluir que a inovação tecnológica tem dois efeitos na economia. Um é o efeito de substituição. Esse indica que, mantida certa taxa de crescimento econômico, quanto maior o grau de inovação tecnológica, maior o nível salarial do setor de P&D, enquanto o de trabalhadores dedicados à fabricação do produto final se mantém relativamente estável. Isso pode provocar um aumento no fluxo de capital humano para o setor de P&D e redução do capital humano dedicado ao segmento de produtos finais. Essa mudança poderá implicar uma queda do nível de crescimento econômico. Assim, a atual estrutura de capital humano é fruto da mudança dos salários comparativos da mão de obra nos dois setores, causada pelo efeito de transbordamento da inovação tecnológica. Claro está que, com a atual oferta relativamente abundante de recursos humanos na China, constrangimentos suaves nesse segmento provavelmente não resultarão em impactos relevantes.

Um segundo efeito, de renda e/ou escala, significa que, mantida uma determinada taxa de crescimento econômico, quanto maior o grau de inovação tecnológica, maior será a rentabilidade prospectiva da inovação, promovendo a eficiência dessa inovação e o rápido aumento do número de bens intermediários, contribuindo para o crescimento do volume total da economia.

Em geral, os principais caminhos de progresso tecnológico para alcançar a inovação tecnológica e o desenvolvimento são: P&D independente; importação de tecnologia; e compra de tecnologia doméstica. O caminho do progresso tecnológico é o resultado de uma evolução dinâmica, com algumas restrições de capacidade, impactando a inovação tecnológica e o desenvolvimento econômico. Com base na análise feita anteriormente, o nível de inovação tecnológica é determinado por caminhos de progresso tecnológico (incluindo a introdução de tecnologia estrangeira e o *input* em P&D), o estoque de conhecimentos tecnológicos, a quantidade de capital humano e outras variáveis. As diferenças registradas entre as regiões do país quanto a sua capacidade tecnológica, estrutura de dotação de recursos e estrutura de mercado, entre outros fatores, têm um efeito importante na força motriz da inovação tecnológica.

O resultado da regressão do modelo de inovação tecnológica mostra que importação de tecnologia, P&D independente e compra de tecnologia doméstica exercem efeito positivo no desempenho da inovação, mas que seu efeito na inovação tecnológica em si pode ser bastante variado. O *input* em P&D independente registra o maior efeito e o mais alto nível de significância sobre a inovação tecnológica. Já a introdução de tecnologia estrangeira exerce um efeito positivo sobre a inovação tecnológica, mas registra grande diferença no grau de efeito e no nível de significância. P&D domésticos têm um efeito positivo em todos os níveis de inovação, e seu grau de efeito é obviamente maior do que o das outras variáveis tecnológicas. Entretanto, tanto o grau de efeito quanto o nível de significância desse meio apresentam uma característica de decréscimo gradual.

A introdução de tecnologia estrangeira tem um efeito positivo e significativo na quantidade de produtos novos e nos três tipos de patente, mas um efeito insignificante quanto à quantidade de patentes de inovação. A compra de tecnologia doméstica tem efeito positivo em todos os níveis de inovação tecnológica, mas o efeito é insignificante em todos os casos. Logo, do ponto de vista da inovação tecnológica de empresas, a imitação de inovação de produtos com base nas tecnologias anteriores é geralmente mais fácil de alcançar, mas a capacidade de criar novas tecnologias de base depende, principalmente, das atividades de inovação proativa das empresas independentes, especialmente de inovação.

A capacidade tecnológica exerce efeito positivo e significativo para a inovação voltada a novos produtos e à quantidade das três patentes, especialmente da patente de invenção. As variáveis das condições da inovação tecnológica têm um efeito positivo, mas pouco significativo, na inovação de produtos, nas três patentes e nas patentes de invenção. Do ponto de vista do transbordamento da tecnologia, existe um transbordamento intertemporal bastante forte na inovação tecnológica da China. No entanto, as diferenças na base de conhecimento tecnológico entre as regiões do país podem resultar no aumento de disparidades na capacidade de inovação tecnológica.

As variáveis de características tecnológicas têm efeito positivo e significativo na inovação de produtos, na inovação tecnológica das três patentes e de invenção. Isso pode ter dois motivos. Primeiro, o progresso tecnológico conta com uma forte característica de capitalização. Com o rápido desenvolvimento tecnológico e o *upgrade* da indústria, a inovação tecnológica necessita de mais instrumentos e equipamentos avançados, o que leva empresas a acelerar o *input* de capital em P&D de tecnologia. O segundo é o efeito de "aprender enquanto se faz" (*learning by doing*) do progresso tecnológico. Quanto maior o *input* de capital, maior será o efeito de transbordamento e maior a capacidade de inovação tecnológica. O volume total de recursos humanos gera efeito positivo para a inovação de produtos, a inovação tecnológica das três patentes e a inovação de invenção, mas tem efeito significativo apenas para inovações de produtos.

As variáveis da proporção da equipe têm efeito insignificante na inovação tecnológica. Variáveis da concorrência de mercado exercem efeitos diversificados sobre a inovação tecnológica. Variáveis do grau de monopólio de mercado trazem efeitos insignificantes à inovação tecnológica. O grau de mercantilização produz efeito positivo e significativo à invenção e à inovação, indicando que o investimento estrangeiro pode realmente estimular o senso de urgência das empresas, impulsionar a força motriz da inovação e provocar certo efeito de transbordamento de tecnologia.

As variáveis de controle macroeconômico de curto prazo geram efeitos negativos à inovação de novos produtos, à inovação tecnológica de três patentes e à invenção. Isso pode refletir a situação real do desenvolvimento econômico da China. O desenvolvimento econômico de muitas regiões é caracterizado pelo típico "efeito de curto prazo". Nessas regiões, é enfatizada a eficiência de mercado de curto prazo no desenvolvimento de empresas locais pela introdução de novos produtos e ações de inovação. A dinâmica de investir em inovações básicas de longo prazo é relativamente fraca. Apesar de terem efeito insignificante para a inovação de produtos, as variáveis do grau da dependência do comércio exterior geram efeitos positivos à inovação de tecnologia das três patentes e à inovação de invenção, respectivamente em 1% e 10%, indicando que a abertura do mercado tem um papel importante na promoção da capacidade de inovação tecnológica empresarial.

4. Análise da capacidade de inovação tecnológica e seus efeitos no crescimento econômico

4.1 Descrição do modelo e das variáveis

Para controlar o efeito do capital sobre o crescimento econômico, acrescentamos a variável de capital à equação de produção de produto final. A forma básica do modelo é a de função CD, em que estoque de capital (K_{it}), capital humano (H_{it}) e inovação tecnológica ($INOV_{it}$) entram na equação na forma de logaritmo e a equação de produção de produto final pode ser expressa como

$$Y_{it} = g\,(K_{it}, H_{it}, INOV_{it}) \quad (1)$$

Assim, podemos ter a equação de crescimento econômico

$$\ln Y_{it} = g\,(\ln K_{it}, \ln TH_{it}, \ln INOV_{it}) \quad (2)$$

Para uma análise mais abrangente do efeito gerado pela introdução de tecnologia no crescimento econômico, fizemos uma análise empírica, considerando o valor da produção de empresas industriais e da capacidade de inovação tecnológica. O estudo considerou a receita média de venda das empresas industriais e o faturamento de venda dos produtos novos para estabelecer um modelo de análise empírica do crescimento econômico. O modelo pode ser descrito da seguinte forma:

(i) O crescimento econômico do ano *t* da região, isto é, a variável que o modelo quer explicar.

(ii) Variáveis explicativas.

ii.1) Formas de incorporação do progresso tecnológico incluindo intensidade da importação de tecnologia, intensidade de P&D doméstica, intensidade da despesa de compra de tecnologia doméstica, intensidade de investimento na absorção, proporção relativa entre P&D doméstica e importação de tecnologia etc.

ii.2) Variáveis de capacidade tecnológica, incluindo variável da situação de construção das instituições formais de P&D e variável de condição tecnológica. Assim foi incorporada a proporção que as instituições formais de P&D ocupam nas empresas industriais do ano *i* da região *t* e *a*; a condição tecnológica do ano *t* da região *i*. Já que a medição de conhecimentos tecnológicos é muito equívoca e complexa, este artigo adota o número de patentes de invenção das empresas do ano anterior como a variável alternativa, que reflete claramente as características do estoque de tecnologia da empresa e corresponde aos objetivos de pesquisa.

ii.3) Variáveis das características básicas de empresa, incluindo seu estoque de capital, número de empregados, proporção de engenheiros e técnicos, variáveis das características tecnológicas etc. Entre as quais, a média do estoque de capital da empresa do ano *t* da região *i*, a ser expresso pela balança média do ativo fixo no final do ano das empresas industriais e também a ser reduzida pelo índice do preço dos ativos fixos em base fixa; o número médio dos empregados da empresa do ano *t* da região *i*; a proporção dos engenheiros e técnicos no pessoal total do ano *t* da região; e as variáveis características da tecnologia das empresas, a ser expresso pelo estoque de capital *per capita* que reflete a intensidade do capital tecnológico da empresa.

ii.4) Variáveis de mercado, incluindo as proporções de empresas estatais e das empresas com capital estrangeiro no PIB.

ii.5) Variáveis da capacidade de controle e regulação do governo expressas pela proporção da receita fiscal no PIB.

4.2 Análise dos resultados

Para demonstrar o efeito da inovação tecnológica sobre o desenvolvimento econômico, usamos o valor real da receita média de vendas do produto das empresas de grande e médio porte das províncias e municipalidades. O fato de adotarmos a receita de venda como indicador de medição deve-se principalmente a que o indicador também demonstra o nível de gestão pós-produção da empresa, como capacidade de venda, capacidade de previsão sobre o mercado e capacidade de gestão de estoque, que podem refletir o grau de desenvolvimento econômico. Com o objetivo de analisar os efeitos endógenos, as variáveis anteriormente mencionadas são utilizadas como variáveis instrumentais da inovação tecnológica. A ferramenta de teste é de Hausman. Os resultados mostram que os valores do teste Hausman não são significativos, ou mesmo negativos, indicando que o nível de endogenia do modelo é insignificante.

Tabela 5

Capacidade de inovação tecnológica e teste endógeno de crescimento econômico

Teste	M1	M2	M3
HAUSMAN	2,89	-101,88	2,44
P	0,4083	-	0,4870

Para calcular as estimativas, tomamos como variável explicativa ao modelo o número de novos produtos, o número de aplicações de patentes e o número de patentes de invenção. Os resultados mostram que testes de Hausman não são significativos, ou mesmo negativos. Por isso, todas as formas são identificadas como modelos com efeito aleatório e os testes são efetuados de acordo com os resultados correspondentes do modelo. Observando os testes dos modelos por inteiro, os testes F/Wald dos três modelos são significativos ao nível de 1%, o que indica que a montagem dos modelos é razoável. Os resultados dos testes mostram que a competitividade de núcleo da empresa e a eficiência do desenvolvimento econômico dependem principalmente da capacidade de inovação tecnológica da empresa, do conteúdo tecnológico dos produtos, e assim por diante.

A inovação tecnológica e o capital têm efeito significativo e positivo no desenvolvimento econômico. Todas as inovações voltadas a novos produtos, a inovação tecnológica das três patentes e a inovação de invenção tecnológica têm efeito positivo e significativo no desenvolvimento econômico, respectivamente, em 5%, 1% e 1%. Observando os graus e as diferenças em significância, o efeito da inovação de produto no desenvolvimento econômico é de 0,0443, representando o nível de 10%. Os graus e as significâncias de efeito da inovação tecnológica das três patentes e da inovação de invenção são ainda maiores. Os valores das significâncias de efeito dessas duas variáveis no desenvolvimento econômico são de 8,93 e 6,01. Os resultados das medições confirmam plenamente que a capacidade de inovação tecnológica tem um efeito muito importante ao desenvolvimento econômico e constitui um fator-chave para alcançar um rápido desenvolvimento econômico. Os resultados também comprovam a conclusão da análise teórica. No entanto, do ponto de vista da capacidade de inovação tecnológica e da realidade do nível de inovação, a capacidade chinesa de inovação tecnológica das empresas, e especialmente a capacidade de inovação básica, ainda são comparativamente insuficientes, convertendo-se em um dos problemas proeminentes enfrentados pela China.

O capital tem efeito muito significativo no desenvolvimento econômico, especialmente sob as circunstâncias de uma possível complementaridade entre capital e tecnologia. É claro que a chave para um desenvolvimento harmonioso e sustentável da economia reside na melhoria contínua da capacidade de inovação independente das empresas, provocando dessa forma um círculo virtuoso da inovação tecnológica e do investimento.

Embora o modelo teórico afirme que, nas condições de uso eficaz, os recursos humanos têm efeito positivo no desenvolvimento econômico, o resultado do modelo mostrou que, no âmbito empresarial, o fator de recursos humanos gera efeito negativo no desenvolvimento econômico. Isso provavelmente reforça os desafios enfrentados no desenvolvimento econômico da China. A questão de emprego é uma dificuldade proeminente nesse processo. Mesmo que uma parte das empresas já tenha implementado a reestruturação, do ponto de vista global, em algumas empresas ainda existem problemas como o relativo excesso de empregados. Além disso, levando em conta que a variável explicada nesta parte é a receita de venda de produto em vez de valor total do produto, podemos compreender melhor por que o fator recursos humanos gera efeito insignificante na receita de venda do produto. Elevada produção não significa necessariamente vendas elevadas.

5. Conclusão

Garantir o salto tecnológico e o desenvolvimento econômico é um desafio que se converteu em uma meta perseguida incansavelmente por economias atrasadas. É verdade que a chave para conquistar independência econômica

Tabela 6

Teste da capacidade de inovação tecnológica × crescimento econômico

Índice	M1 (RE)		M2 (RE)		M3 (RE)	
	Coeficiente	Valor de teste	Coeficiente	Valor de teste	Coeficiente	Valor de teste
lnK	0,50 ***	11,45	0,50***	10,98	0,47***	11,17
lnEM	-0,15**	-2,16	-0,05	-0,76	-0,09	-1,36
lnNP	0,04*	1,74	-	-	-	-
lnZL	-	-	0,22***	8,93	-	-
lnINOV	-	-	-	-	0,13***	6,01
C	6,69***	15,31	6,04***	13,89	6,75***	16,78
Ajustado R 2	0,28	0,56	0,39	-	-	-
F / WALD	168,97	249,09	222,78	-	-	-
P	0	0	0	-	-	-
HAUSMAN	-1	-54,38	-2,14	-	-	-

* Indica significativo no nível de 10%. ** Indica significativo no nível de 5%. *** Indica significativo no nível de 1%.

e crescimento sustentado não se encontra no fluxo do conhecimento tecnológico, mas sim em seu estoque, com destaque para a capacidade de inovação. Concentrando-se na capacidade de inovação tecnológica, a China construiu um modelo de crescimento endógeno da inovação tecnológica e do crescimento econômico.

Neste artigo foram estudadas as principais questões que envolvem os caminhos do progresso tecnológico, e a influência da inovação no crescimento e desenvolvimento econômico. Os resultados mostram que:

(1) A inovação tecnológica é um fator importante para se alcançar o crescimento econômico, sendo o efeito da inovação básica (pesquisa básica) no desenvolvimento econômico o mais significativo. Os resultados empíricos mostram que a inovação de produtos, a inovação tecnológica das três patentes e a inovação de invenção tecnológica produzem efeito positivo e significativo no desenvolvimento econômico. Especialmente a inovação tecnológica das três patentes e a inovação de invenção tecnológica impacta de forma relevante o desenvolvimento econômico, tanto em termos de grau como de significância, o que confirma que a capacidade de inovação tecnológica tem um efeito muito importante nesse desenvolvimento e é fator-chave para alcançar um rápido crescimento econômico.

(2) Existem diferenças significativas no efeito causado pelas diversas formas de adoção de tecnologia sobre a inovação tecnológica, entre as quais o efeito da P&D independente na inovação tecnológica tem o maior grau e o nível mais alto de importância. O estudo também demonstrou que a importação de tecnologia ainda oferece contribuições importantes à inovação tecnológica da China.

(3) Capacidade tecnológica e capital humano, entre outros fatores, têm efeito importante na capacidade de inovação tecnológica. As diferenças entre as regiões nos aspectos de capacidade tecnológica, estrutura de dotação de recursos e condição da estrutura de mercado têm efeito importante como força motriz de inovação tecnológica. Os fatores de capacidade tecnológica, capital humano e outros nas regiões economicamente atrasadas podem se tornar novos fatores restritivos à inovação tecnológica e reforçar, de certo modo, sua defasagem.

Referências

BARRO, R. J.; SALA-I-MARTIN, X. Technological diffusion, convergence, and growth. NBER Working Paper, 1995.

BIN, Xu, Multinational enterprises, technology diffusion, and host country productivity growth. *Journal of Development Economics*, n. 62, p. 477-493, 2000.

BRAGA, H.; WILLMORE, L. Technology imports and technological efforts: an analysis of the determinants in Brazilian firms. *Journal of Industrial Economics*, n. 10, p. 421-437, 1991.

GERSCHENKRON, Alexander. *Economic backwardness in historical perspective*. Harvard University Press, 1962.

KIM, Chang Su; INKPEN, Andrew C. Cross-border R&D alliances, absorptive capacity and technology learning. *Journal of International Management*, n. 11, p. 313-329, 2005.

O desenvolvimento educacional da China e seu efeito sobre o crescimento econômico*

Liang Jun**

Resumo

Este capítulo aborda de forma sistemática o desenvolvimento educacional na China a partir da reforma e abertura; analisa os êxitos obtidos com base em vários indicadores, como a reforma do sistema educacional e o investimento de recursos; e resume os problemas existentes na educação sob o ponto de vista do financiamento, da qualidade e da equidade. Os resultados do estudo mostram que nas últimas três décadas a educação tem sido um fator preponderante para o crescimento econômico chinês. Além de verificar o efeito positivo da educação, este capítulo oferece sugestões para impulsionar a estratégia de crescimento da China através da educação e da ciência.

1. Êxitos obtidos pelo desenvolvimento educacional na China

Antes da reforma e abertura ao exterior em 1978, o desenvolvimento educacional na China encontrava-se em um patamar relativamente baixo. À medida que o processo histórico das reformas foi se desenvolvendo, a educação chinesa logrou grandes avanços, atraindo a atenção mundial. Tais melhorias estão

* Tradução: Sang Dapeng.

** Professor associado da Faculdade de Economia da Universidade Normal de Qufu da Província de Shandong.

associadas à reforma do sistema educacional e à política de investimentos, e refletiram-se nos indicadores educacionais.

1.1 Avanço bem-sucedido na reforma do sistema educacional

Para atender à demanda gerada pelo desenvolvimento socioeconômico, a educação chinesa tem evoluído continuamente nos 30 anos da reforma. O Comitê Central do Partido Comunista (CCPCC) e o Conselho de Estado promulgaram uma série de leis, regulamentos e documentos programáticos sobre a reforma e o desenvolvimento educacionais. São eles: Resolução dos Assuntos sobre a Generalização do Ensino Primário (1980), Resolução do CCPCC sobre Reforma do Sistema Educacional (1985), Lei da Educação Obrigatória da República Popular da China (1986), Programa de Reforma e Desenvolvimento Educacionais da China (1993), Resolução sobre a Intensificação da Reforma Educacional e Promoção da Educação para o Desenvolvimento Integral (1999), Lei da Promoção da Educação Não Governamental da República Popular da China (2002), Resoluções sobre o Desenvolvimento Vigoroso da Educação Profissional (2005), e Programa da Reforma e Desenvolvimento Educacionais de Médio e Longo Prazo na China (2010).

Com esse grupo de documentos, o governo pôde fazer um arranjo global do setor, abrangendo os diversos aspectos da educação. A promulgação e a implementação dessas resoluções, num contexto geral de reforma, abertura e construções modernizadoras, têm exercido um importante papel orientador na mobilização da sociedade para priorizar a concretização da estratégia educacional e promover constantemente a reforma e o desenvolvimento do ensino.

De forma geral, nos últimos 30 anos, a reforma do sistema educacional na China registrou avanços consideráveis nos aspectos descritos a seguir:

Primeiro, o sistema de criação de escolas. Refere-se ao sistema de regimes pelos quais o Estado regulamenta e normaliza ações para a criação de escolas, definindo questões importantes como a quem cabe a criação dos estabelecimentos de ensino, quem investe, se pode ter rendimentos, o direito de propriedade e o poder de administração e gerenciamento dessas instituições. A reforma do sistema de criação de escolas consistiu em mudar o modelo de exclusividade governamental nessa criação, lidar bem com as relações entre governo e sociedade e estabelecer gradativamente um novo sistema da criação de escolas e uma situação inovadora em que o governo é a entidade principal, contando com a coparticipação de todos os segmentos da sociedade.

Nos últimos 30 anos, a China transformou o antigo modelo exclusivo governamental em um novo modelo caraterizado pelo desenvolvimento comum de escolas criadas pelo governo e outras criadas pela iniciativa privada. Vale ressaltar que a Lei da Promoção de Educação Não Governamental da República Popular da China, promulgada em 2002, fomentou, em grande medida, o desenvolvimento das escolas privadas. Estatísticas indicam que, em 2010, a China possuía 118,2 mil estabelecimentos de ensino privado de vários níveis e categorias, e 33,9 milhões de alunos matriculados. Na educação básica, estabeleceu-se o modelo em que o papel principal na criação de escolas é do governo local, que conta com a colaboração de forças sociais por meio de vários canais e sob diversas formas. No final do século XX, a educação obrigatória de nove anos foi estendida a praticamente todo o país. Em 2008, a educação obrigatória gratuita de nove anos foi implementada nos meios urbano e rural.

No que diz respeito à educação superior, foi estabelecido o modelo em que os dois escalões do governo central e os governos de províncias, regiões autônomas e municipalidades são responsáveis pela geração de oferta, sendo os governos provinciais as principais entidades desse processo. Na educação profissionalizante, manteve-se o foco na sociedade e no mercado. A maioria dessas instituições é fundada em conjunto por setores industriais, empresas, instituições, indivíduos e demais segmentos da sociedade. O governo cuida do planejamento e da coordenação, e atribui autonomia e apoio necessários às escolas profissionalizantes, formando gradualmente um novo sistema de gestão em diversos níveis, com papel principal das províncias, coordenação governamental e participação da sociedade.

Segundo, o sistema de administração educacional. A reforma do sistema da administração da educação superior constitui uma prioridade e um ponto delicado da reforma. Antes da reforma, tanto o governo local quanto o central tinham iniciativas próprias e desorganizadas quanto à educação superior, resultando em uma oferta repetitiva e de baixo nível. Assim, a questão-chave da reforma do sistema de educação superior foi solucionar as relações entre o governo e os estabelecimentos de ensino superior, entre o governo central e os locais, bem como entre a Comissão de Educação do país e os vários ministros especializados, no sentido de estabelecer gradualmente um sistema em que o governo concentrasse a macroadministração, deixando às universidades a autonomia na gestão, atendendo às necessidades da sociedade.

Essa reforma foi realizada em torno da descentralização e de incentivos, com o reequilíbrio dos poderes entre os governos, aumento da autonomia dos estabelecimentos do ensino superior e incentivos à diversificação do modelo de sua criação. Até o ano 2000, o sistema de administração separada vertical e horizontalmente, por departamentos ou regiões, foi substituído pelo modelo de administração conjunta entre o governo central e os governos provinciais.

Terceiro, o sistema de financiamento educacional. O mecanismo institucional para angariar recursos para a educação está basicamente estabelecido. O principal provedor de recursos é o governo, que conta com fundos provenientes de diversos canais. Nas últimas três décadas, por meio da reforma do sistema de fundos educacionais, a China conseguiu aumentar essa arrecadação, estabilizar a fonte de recursos educacionais e reforçar a posição principal do governo nesse aspecto. Ainda em 1993, o Programa da Reforma e Desenvolvimento Educacionais da China, elaborado pelo CCPCC e pelo Conselho de Estado, definiu explicitamente a meta de "elevar gradualmente a proporção dos fundos financeiros da educação em relação ao PIB, para que esta atinja 4% no final do século XX".

Nas reformas subsequentes, com a separação do orçamento educacional, o Conselho de Estado promoveu a consolidação do papel dos departamentos administrativos de educação na gestão e supervisão dos fundos educacionais; o aperfeiçoamento do modelo de responsabilidade local e administração por diferentes níveis; a agilização da construção legislativa do financiamento educacional, regulamentando a porção fixa das despesas educacionais em relação aos gastos financeiros do país; e a autorização às províncias e municipalidades para a instituição de impostos locais destinados à educação, de acordo com a lei e os regulamentos.

Quarto, o sistema de admissão, cobrança de anuidades e oferta de emprego aos formados. Nos últimos 30 anos, a China tem promovido a reforma do sistema de admissão em diversos níveis e categorias de escolas, aumentando sua autonomia com base na meta total de matrículas, orientada pelo macrocontrole do Estado. O ensino técnico a partir do 2º ciclo do ensino secundário migrou gradualmente para um regime com cobrança de anuidades e, em contrapartida, oferta de bolsas, subsídios de estudo e crédito estudantil, além de premiação de alunos destacados tanto por seu comportamento quanto por seu desempenho nos estudos. No aspecto de empregabilidade desses estudantes universitários ou de ensino profissionalizante, os que recebem bolsas direcionadas ou do Estado têm emprego de acordo com o contrato pré-assinado. Já os demais formandos escolhem sua profissão de forma autônoma. O Estado colabora com serviços de intermediação, para que os formandos recebam instruções e consultoria sobre oportunidades de emprego.

Face à nova conjuntura internacional, ao novo contexto de desenvolvimento da China e às novas necessidades da população, o sistema educacional chinês demanda uma reforma ainda mais profunda. No futuro, essa reforma buscará erradicar preconceitos e estabelecer um modelo educacional que vise ao desenvolvimento integral, que identifique talentos potenciais em todos os estudantes, opções diversificadas, e reconheça que o aprendizado é vitalício e a formação, sistemática. É preciso inovar no modelo de formação de talentos, reformar o sistema de avaliação, admissão e exames, prestando atenção à combinação do estudo com a reflexão, à unidade entre o saber e o fazer, e a adaptação do ensino à capacidade dos alunos, cultivando o senso de responsabilidade, o empreendedorismo e a capacidade prática.

Deve-se ainda intensificar a reforma do sistema de criação de escolas e do sistema administrativo, e estabelecer um sistema de escolas modernas de modo a formar um mecanismo vigoroso, eficiente e ainda mais aberto. É indispensável ampliar a abertura ao exterior, aprender com experiências avançadas, introduzir materiais de qualidade e desenvolver amplamente a cooperação internacional.

1.2 Expansão contínua do financiamento educacional

Antes da década de 1980, o investimento na educação chinesa foi bastante baixo. À medida que o processo histórico da reforma e abertura ao exterior se desenrolou, a China registrou uma expansão contínua de fundos educacionais. A tabela 1 mostra a evolução dos fundos educacionais da China de 1978 a 2010 — um total de RMB ¥ 12,9 trilhões reunidos por toda a sociedade chinesa, sendo os fundos financeiros da educação do Estado RMB ¥ 9,1 trilhões, e os fundos sociais e individuais da educação RMB ¥ 3,7 trilhões. Em 1978 os fundos educacionais de toda a sociedade chinesa e os fundos financeiros do Estado totalizaram RMB ¥ 9,4 bilhões; em 2010, esse valores alcançaram, respectivamente, RMB ¥ 1,9 trilhão e RMB ¥ 1,5 trilhão, 207,6 vezes e 155,7 vezes superiores em relação a 1978. Segundo as estatísticas, de 1978 a 2010 os fundos educacionais de toda a sociedade chinesa e os fundos financeiros do Estado registraram uma taxa média anual de crescimento de 18,1% e 17,1%, respectivamente. Quanto aos fundos educacionais sociais e individuais, esses partiram praticamente do zero para alcançar RMB ¥ 489,2 bilhões em 2010.

Tabela 1

Fundos educacionais da China de 1978 a 2010 (RMB ¥ 100 milhões)

Ano	Fundos de toda a sociedade chinesa	Fundos financeiros estatais	Fundos financeiros orçamentários	Fundos sociais e individuais
1978	94,23	94,23	76,23	0
1980	145,5	134,89	113,19	10,61
1985	306,68	262,9	224,89	43,78
1990	659,36	563,98	462,14	95,38
1995	1877,95	1411,52	1028,39	466,43
2000	3849,08	2562,61	2085,68	1286,47
2005	8418,84	5161,08	4665,7	3257,76
2010	19561,85	14670,07	13489,56	4891,78
Total de 1978 a 2010	129362,7	90687,52	——	37241,13

Fonte: Elaboração com base nos dados do *Anuário estatístico da China*, compilados pelo Instituto Nacional de Estatística da República Popular da China.

Ao mesmo tempo, mudanças notáveis foram observadas no contexto do financiamento da educação chinesa. O gráfico 1 mostra as mudanças de participação de vários fundos educacionais em relação ao total de investimento na educação da China a partir da reforma e abertura ao exterior. Em 1978, os fundos financeiros da educação do Estado representavam 100% dos fundos educacionais de toda a sociedade chinesa. Em 2010, essa proporção caiu para 75%, sendo que os fundos financeiros orçamentários sofreram redução de 81% para 69%, enquanto os fundos sociais e individuais subiram de zero para 25%. Assim, a entidade principal de investimento educacional da China deixou de ser a fonte única de recursos e houve diversificação, formando gradativamente um modelo caracterizado pela combinação do papel predominante dos fundos financeiros do Estado com diversos canais de obtenção de financiamento educacional.

Gráfico 1

Evolução da proporção de fundos em relação ao total dos fundos educacionais da China a partir da reforma e abertura ao exterior (%)

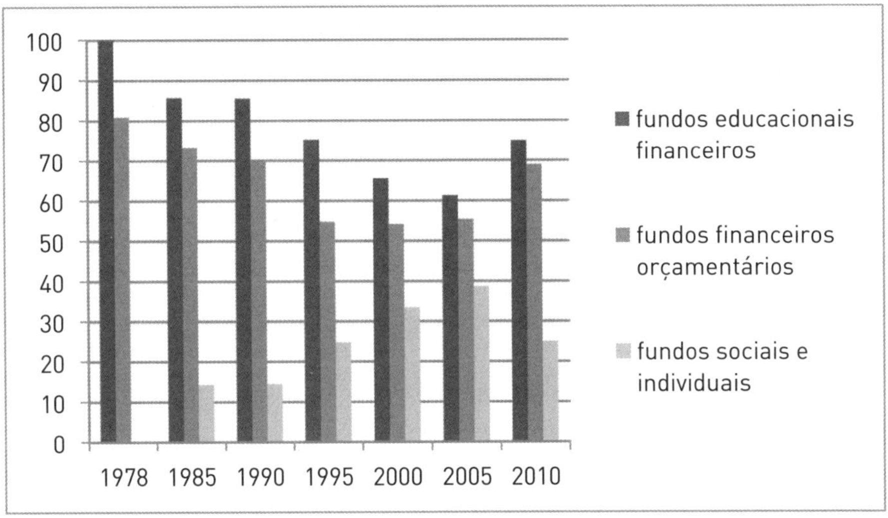

Fonte: Elaboração do autor.

Com a expansão em grande escala dos fundos da educação, a participação destes na economia nacional passou a registrar um aumento constante. Somente os fundos financeiros da educação do Estado passaram de 2,6% do PIB em 1978 para representar 3,7% em 2010. Os fundos alocados para a educação ocupavam 6,8% das despesas fiscais em 1978; em 2010, esse percentual passou para 15% (tabela 2). O aumento consistente e estável dos fundos educacionais propiciou um apoio financeiro vigoroso ao desenvolvimento da educação chinesa.

Tabela 2

Participação dos fundos na economia nacional de 1978 a 2010 (%)

Ano	Proporção dos fundos financeiros nacionais da educação face ao PIB	Proporção dos fundos educacionais em relação às despesas fiscais
1978	2,59	6,79
2010	3,66	15,01
1981-1985	2,96	10,95
1986-1990	2,97	13,06
1991-1995	2,49	14,58
1996-2000	2,46	14,09
2001-2005	2,82	13,94
2006-2010	3,37	15,06

Fonte: Elaboração com base nos dados do *Anuário estatístico da China*, compilados pelo Instituto Nacional de Estatística da República Popular da China.

1.3 Mudanças significativas de vários indicadores educacionais

Antes da década de 1980, as escolas chinesas registravam indicadores educacionais relativamente baixos. À medida que o processo histórico da reforma e abertura ao exterior se desenvolveu, o país passou a registrar melhoras expressivas nesses índices. A tabela 3 demonstra a evolução do nível de admissão nas escolas chinesas dos diversos níveis e categorias entre 1978 e 2010. Não é difícil notar que o ensino superior apresentou um avanço acelerado em admissões anuais na maior parte desse período. Em 1978, foram admitidos 402 mil alunos; já em 2010, foram 6,6 milhões de alunos, número 16,5 vezes superior ao de 1978 e 23,6 vezes maior que o de 1980. As estatísticas revelam uma taxa média de crescimento anual nas admissões de instituições de ensino superior de 9,1% de 1978 a 2010.

Além disso, as escolas do 2º ciclo do ensino secundário (inclusive escolas profissionalizantes) evidenciaram um rápido desenvolvimento. Em 1978, registrou-se a admissão de 6,9 milhões de alunos; em 2010, foram 11,16 milhões, 1,6 vez maior que em 1978 e 2,7 vezes a mais que em 1980. De acordo com as estatísticas, o 2º ciclo da educação secundária (inclusive escolas profissionalizantes) registrou uma taxa média anual de crescimento de 1,5% em termos de admissão de 1978 a 2010. Após a queda nos primeiros anos da reforma e abertura ao exterior, a admissão no 1º ciclo da educação secundária começou a aumentar em meados da década de 1980. No entanto, diferentemente do célere aumento da admissão da educação superior e do 2º ciclo do ensino secundário, a admissão no 1º ciclo da educação secundária chegou ao seu ápice em 2000 (22,6 milhões de alunos) e depois decresceu. Em 1978, o 1º ciclo do secundário admitiu 20,1 milhões de alunos; em 2010, esse número passou para 17,1 milhões, representando uma redução média anual de 0,5% no período. Em geral, a admissão do ensino primário registrou uma queda média anual de 2,1% de 1978 a 2010, com admissão de 22,9 milhões de alunos em 1985 e de 16,9 milhões em 2010, e uma admissão máxima de 25,4 milhões em 1994.

A tabela 4 mostra a evolução do número de alunos matriculados nas escolas chinesas dos diversos níveis e categorias de 1978 a 2010. Em 1978, havia 856 mil alunos matriculados no ensino superior; em 2010 esse número chegou a 22,3 milhões, 26,1 vezes superior ao total de 1978. As estatísticas mostram que, no período de 1978 a 2010, o número de alunos matriculados nas instituições de ensino superior cresceu a uma taxa média anual de 10,7%. No caso

Tabela 3

Admissão das escolas de diversos níveis e categorias da China de 1978 a 2010 (em 10 mil pessoas)

Ano	Instituições de ensino superior	Escolas secundárias	Escolas secundárias do 2º ciclo	Escolas secundárias do 1º ciclo	Escolas secundárias profissionalizantes	Escolas primárias
1978	40,2	2698,9	692,9	2006,0	-	3315,4
1980	28,1	1934,3	383,4	1550,9	30,7	2942,3
1985	61,9	1606,9	257,5	1349,4	116,1	2298,2
1990	60,9	1619,6	249,8	1369,9	123,2	2064,0
1995	92,6	2025,9	273,6	1752,3	190,1	2531,8
2000	220,6	2736	472,7	2263,3	182,7	1946,5
2005	504,5	2854,3	877,7	1976,5	259,3	1671,7
2010	661,8	2551,7	836,2	1715,5	279,8	1691,7

Fonte: Elaboração com base nos dados do *Anuário estatístico da China* de 2011 compilados pelo Instituto Nacional de Estatística da República Popular da China e publicados pela Editora de Estatísticas da China, edição 2011.

Tabela 4

Número de alunos matriculados nas escolas chinesas de diversos níveis e categorias de 1978 a 2010 (em 10 mil pessoas)

Ano	Instituições de ensino superior	Escolas secundárias	Escolas secundárias do 2º ciclo	Escolas secundárias do 1º ciclo	Escolas secundárias profissionalizantes	Escolas primárias
1978	85,6	6.548,3	1.553,1	4.995,2	-	14.624
1980	114,4	5.508,1	969,8	4.538,3	45,4	14.627
1985	170,3	4.706	741,1	3.964,8	229,5	13.370,2
1990	206,3	4.586	717,3	3.868,7	295	12.241,4
1995	290,6	5.371	713,2	4.657,8	448,3	13.195,2
2000	556,1	7.368,9	1.201,3	6.167,6	503,2	13.013,3
2005	1.561,8	8.580,9	2.409,1	6.171,8	625,6	10.864,1
2010	2.231,8	7.703,2	2.427,3	5.275,9	729,8	9.940,7

Fonte: Elaboração com base nos dados do *Anuário estatístico da China* de 2011 compilados pelo Instituto Nacional de Estatística da República Popular da China e publicados pela Editora de Estatísticas da China, edição 2011.

do 2º ciclo do ensino secundário (inclusive escolas profissionalizantes), a soma de matrículas foi de 15,5 milhões em 1978, disparando para 31,6 milhões em 2010 — duas vezes mais que em 1978 e 3,1 vezes maior que em 1980, com uma taxa média anual de crescimento de 2,2% de 1978 a 2010. As escolas do 1º ciclo do secundário somavam 49,9 milhões de alunos matriculados em 1978. Em 2003, esse número atingiu o seu auge, de 66,2 milhões, e em 2010 caiu para 52,7 milhões, resultando em uma taxa média anual de 0,2% de 1978 a 2010. As escolas primárias apresentaram uma tendência de declínio do número de alunos matriculados, de 146,2 milhões em 1978 para 99,4 milhões em 2010. As estatísticas mostram que, no período de 1978 a 2010, a evolução média anual foi de -1,2%.

A tabela 5 apresenta a evolução do número de alunos concluintes das escolas chinesas dos diversos níveis e categorias, de 1978 a 2010. Observa-se um acréscimo na maioria dos anos compreendidos, correspondendo ao número de admissões e de alunos matriculados. Em 1978, foram 165 mil alunos concluintes do ensino superior; em 2010, esse número subiu para 5,7 milhões, 34,9 vezes superior ao de 1978 e 31,9 vezes superior ao de 1980. Segundo as estatísticas, as instituições de ensino superior tiveram, no período de 1978 a 2010, uma taxa média anual de crescimento de concluintes de 11,7%. No caso das escolas do 2º ciclo do ensino secundário (inclusive escolas profissionalizantes), houve 6,8 milhões de concluintes em 1978 e, em 2010, 10,3 milhões, um aumento de 1,5 vez em relação ao número de 1978 e 1,6 vez maior ao de 1980. Assim, as escolas do 2º ciclo do secundário (inclusive escolas profissionalizantes) registraram uma taxa média anual de crescimento de 1,3%. Em relação às escolas do 1º ciclo do secundário, o número de concluintes passou a crescer a partir da década de 1980, atingindo o teto de 21,1 milhões em 2005. Desde então, verificou-se uma redução contínua, chegando a 17,5 milhões em 2010. Durante o período de 1978 a 2010, as escolas do 1º ciclo do secundário registraram uma taxa média anual de crescimento de egressos de apenas 0,1%. As escolas primárias, em geral, permaneceram com níveis estáveis, apresentando uma ligeira queda no número de concluintes. Essa tendência de queda agravou-se principalmente depois do ano 2000. Em 1980, os concluintes do ensino primário somaram 20,5 milhões; em 2010, esse número caiu para 17,4 milhões, evidenciando um decréscimo médio anual de 0,9%.

A tabela 6 mostra a evolução do número de mestrandos da China de 1978 a 2010. O ensino de pós-graduação teve um avanço significativo desde a reforma e abertura ao exterior. Tanto na admissão, quanto no número de alunos matriculados e concluintes, verificou-se um crescimento acelerado na maioria dos anos, sendo respectivamente 10.708 admitidos, 10.934 matriculados e 9 concluintes em 1978 e, em 2010, respectivamente 538.177, 1.538.416 e 383.600. Ou seja, números 50,3 vezes, 140,7 vezes e 42.622,2 vezes maiores do que em 1978. As estatísticas mostram que, nesse período, a taxa média anual de acréscimo foi, respectivamente, de 13%, 16,7% e 39,5%.

Tabela 5

Número de alunos concluintes das escolas chinesas dos diversos níveis e categorias de 1978 a 2010 (em 10 mil pessoas)

Ano	Instituições de ensino superior	Escolas secundárias	Escolas secundárias do 2º ciclo	Escolas secundárias do 1º ciclo	Escolas secundárias profissionalizantes	Escoals primárias
1978	16,5	2375,3	682,7	1692,6	-	2287,9
1980	14,7	1581,0	616,2	964,7	7,9	2053,3
1985	31,6	1194,9	196,6	998,3	41,3	1999,9
1990	61,4	1342,1	233,0	1109,1	89,3	1863,1
1995	80,5	1429,0	201,6	1227,4	124,0	1961,5
2000	95,0	1908,6	301,5	1607,1	176,3	2419,2
2005	306,8	2768,1	661,6	2106,5	170,0	2019,5
2010	575,4	2543,0	794,4	1748,6	232,0	1739,6

Fonte: Elaboração com base nos dados do *Anuário estatístico da China* de 2011 compilados pelo Instituto Nacional de Estatística da República Popular da China e publicados pela Editora de Estatísticas da China, edição 2011.

Tabela 6

Número de mestrandos na China de 1978 a 2010 (unidade)

Ano	Número de admissões	Número de alunos matriculados	Número de concluintes
1978	10.708	10.934	9
1980	3.616	21.604	476
1985	46.871	87.331	17.004
1990	29.649	93.018	35.440
1995	51.053	145.443	31.877
2000	128.484	301.239	58.767
2005	364.831	978.610	189.728
2010	538.177	1.538.416	383.600

Fonte: Elaboração com base nos dados do *Anuário estatístico da China* de 2011 compilados pelo Instituto Nacional de Estatística da República Popular da China e publicados pela Editora de Estatísticas da China, edição 2011.

Os indicadores apresentados na tabela 6 refletem em grande medida a mudança estrutural da educação chinesa, na qual se destacam a aceleração do desenvolvimento do ensino de pós-graduação e do ensino superior, e a tendência relativamente estável, com ligeira queda, do ensino primário e secundário. Quanto ao nível de admissão, em 1978 a pós-graduação, o ensino superior, 2º ciclo do ensino secundário (inclusive ensino profissionalizante), 1º ciclo do ensino secundário e primário responderam, respectivamente, por 0,02%, 0,66%, 11,44%, 33,13% e 54,75% do total de estudantes admitidos.

Em 2010, essas proporções evoluíram para 1,03%, 12,63%, 21,3%, 32,75% e 32,29%. Assim, a razão de admissão nos cinco níveis de ensino anteriormente referidos passou de 1: 37,6: 647,6: 874,8: 3098,5 em 1978 para 1: 12,3: 20,7: 31,9: 31,4 em 2010.

O desenvolvimento geral e a mudança estrutural da educação elevaram consideravelmente o nível de qualificação da população chinesa. A tabela 7 apresenta a participação da população nos diversos graus de escolarização desde o início da reforma e abertura. Não é difícil constatar que houve um grande avanço nessa matéria. A população escolarizada com ensino superior representava 8,9% da população chinesa em 2010, percentual 23,3 vezes maior que o de 1982 (0,4%). A população com ensino secundário de 2º e 1º ciclo responderam por 14% e 38,8% da população chinesa em 2010, crescendo, em ambos os casos, 2,2 vezes em relação a 1982. Em contrapartida, a população com nível de ensino primário sofreu uma drástica queda, de 34,4% em 1978 para 26,8% em 2010.

Tabela 7

Proporção da população em diversos graus de escolarização de 1982 a 2010 (%)

Ano	Ensino superior (ensino universitário e ensino superior de formação especial)	Ensino secundário do 2º ciclo (incluindo ensino secundário de formação especial)	Ensino secundário do 1º ciclo	Ensino primário
1982	0,4	6,4	17,3	34,4
1990	1,4	8,0	23,3	37,2
2000	3,6	11,2	34,0	35,7
2005	5,2	11,5	35,7	31,1
2010	8,9	14,0	38,8	26,8

Fonte: Elaboração com base nos dados do *Anuário estatístico da China* de 2011 compilados pelo Instituto Nacional de Estatística da República Popular da China e publicados pela Editora de Estatísticas da China, edição 2011.

Graças à reforma e abertura ao exterior, a China logrou avanços significativos tanto na formação de alunos como na melhora da qualidade da educação, verificada no Programme for International Student Assessment (Pisa), desenvolvido pela Organização para a Cooperação e Desenvolvimento Econômico (OCDE). O Pisa é um projeto internacional de avaliação e monitoramento da qualidade do ensino. Permite aos países e regiões participantes avaliarem os conhecimentos aplicados e a habilidade de alunos na faixa de 15 anos — idade em que se supõe o término da escolaridade básica obrigatória — para resolver questões de leitura, matemática e ciências. O Pisa começou a ser implementado no ano 2000 e se repete a cada três anos. Embora a China não tenha participado no projeto entre 2000 e 2003, o Centro de Exames do Ministério da Educação iniciou em 2006 o exame experimental do Pisa, com a participação de Hong Kong e Taiwan. Nesse ano, Taiwan ocupou o 1º lugar no exame de matemática, apesar de não ter conquistado as melhores colocações nos exames de leitura e ciências. Já Hong Kong teve desempenhos excelentes nas três disciplinas, entrando para o top 3 em todos os exames, com destaque para a 2ª posição em ciências. Em 2009, Hong Kong classificou-se em 4º, 3º e 3º no *ranking* dos exames de leitura, matemática e ciências, e Taiwan ficou em 23º, 5º e 14º lugares nos respectivos exames (tabela 8).

Os resultados do Pisa de 2009 mostram que os alunos de Xangai obtiveram notas excelentes, conquistando o 1º lugar nas três matérias, com 556, 600 e 575 pontos em leitura, matemática e ciências. Quanto aos países desenvolvidos, os Estados Unidos ocuparam o 17º, 31º e 23º lugares nas respectivas disciplinas, 16, 30 e 22 lugares atrás dos alunos de Xangai. O Japão posicionou-se em 8º, 9º, 5º nos mesmos exames, 7, 8 e 4 posições atrás dos chineses. Os alunos finlandeses ocuparam o 3º, 6º e 2º lugares nas três disciplinas, 2, 5 e 1 lugar abaixo dos alunos de Xangai. Já os alemães ficaram 19, 15 e 12 posições atrás dos alunos chineses. Tomando os resultados dos países em desenvolvimento, para efeito comparativo, a Coreia do Sul alcançou o 2º, 4º e 6º lugares do Pisa de 2009, 1, 3 e 5 posições atrás da China. Já Brasil ficou com o 57º, 63º e 59º lugares em leitura, matemática e ciências, 56, 62 e 58 posições a menos se comparado a Xangai. A Rússia ocupou o 42º, 38º e 39º lugar nos exames do mesmo ano, 41, 37 e 38 posições abaixo da China. Os alunos do estado Talmi Nadu, na Índia, posicionaram-se no 72º lugar nas três disciplinas, ficando 71 posições atrás dos alunos chineses. Em termos das notas, vê-se uma diferença significativa entre a China e as outras economias. Os números apontaram que a China obteve 56, 113 e 73 pontos a mais que os Estados Unidos, 144, 214 e 170 pontos a mais que o Brasil e 219, 249 e 227 pontos a mais que a Índia nas disciplinas de leitura, matemática e ciências (tabela 9).

É natural que o desempenho educacional de Xangai não represente o nível educacional de toda a China, e a simples comparação das notas de Xan-

Tabela 8

***Ranking* dos países e regiões do mundo nos exames do Pisa**

			2000	2003	2006			2009		
			Leitura	**Matemática**	**Leitura**	**Matemática**	**Ciências**	**Leitura**	**Matemática**	**Ciências**
Ásia	China	Taiwan	-	-	>10	1	42	23	5	14
		Hong Kong	-	-	3	3	2	4	3	3
		Xangai	-	-	-	-	-	-	1	1
	Coreia do Sul		6	2	1	3	7	2	4	6
	Japão		8	4	>10	10	3	8	9	5
	Índia (Tamil Nadu)		-	-	-	-	-	72	72	72
América	Estados Unidos da América		15	24	>10	>10	21	17	31	23
	Brasil		-	-	-	-	-	57	63	59
Europa	Finlândia		1	1	2	2	1	3	6	2
	Alemanha		21	16	>10	>10	8	20	16	13
	Rússia		-	-	-	-	-	42	38	39

Fonte: http://en.wikipedia.org/wiki/Programme_for_International_Student_Assessment#China.

Tabela 9

Notas dos países e regiões do mundo no Pisa 2009

País ou região	2009		
	Leitura	**Matemática**	**Ciências**
Xangai - China	556	600	575
Taiwan - China	495	543	520
Hong Kong - China	533	555	549
Coreia do Sul	539	546	538
Japão	520	529	539
Estados Unidos da América	500	487	502
Brasil	412	386	405
Finlândia	536	541	554
Alemanha	513	513	520
Rússia	459	468	479
Tamil Nadu — Índia	337	351	348

Fonte: http://en.wikipedia.org/wiki/Programme_for_International_Student_Assessment#China.

gai com a de outros países e regiões pode parecer algo forçada, uma vez que o sucesso de uma cidade desenvolvida em termos educacionais está longe de corresponder ao nível da educação do país em geral. Entretanto, o estudo da OCDE aponta que, mesmo em aldeias da China, os resultados do Pisa se aproximavam do nível médio dos Estados-membros da OCDE. Relatório de pesquisa não publicado de Andreas Schleicher, analista chefe do Conselho de Educação da OCDE, fundador do Pisa, revela que, com base nos resultados dos exames realizados em 12 províncias chinesas, até nas zonas mais pobres da China os alunos têm um desempenho próximo do nível médio dos Estados-membros da organização.[1]

2. Problemas existentes no desenvolvimento educacional da China

2.1 Insuficiência de recursos na educação

O aumento dos recursos para a educação é fundamental para um desenvolvimento significativo do ensino. Embora os fundos educacionais da China

1. Chris Cook. Disponível em: Shanghai Tops Global State School Rankings. *Financial Times*, 12/7/2010. Acesso em: 28 jun. 2013.

tenham registrado um crescimento contínuo e estável desde a reforma e a abertura ao exterior, esse investimento ainda permanece em nível relativamente baixo comparado com outros países, sobretudo os desenvolvidos. A insuficiência de recursos já é considerada o calcanhar de aquiles do setor, que condiciona negativamente o desenvolvimento educacional na China.

Essa insuficiência se manifesta principalmente em dois aspectos: o valor absoluto relativamente reduzido de gasto por aluno; e o baixo percentual de gastos na educação em relação ao PIB. De acordo com o *Education at a Glance 2012*,[2] lançado pela OCDE, o gasto chinês *per capita* na educação desde o ensino primário até o universitário foi de US$ 1.593 em 2008, valor bem abaixo do registrado por Estados-membros da OCDE, assim como de outros países do Brics (Brasil, Rússia, Índia, China e África do Sul). O gasto por aluno no Brasil foi de US$ 2.416 no mesmo ano, e o da Rússia, US$ 4.878. Em termos das instituições públicas de educação, alunos suíços e americanos usufruem do gasto *per capita* mais alto, respectivamente de US$ 14.977 e US$ 14.923, 9,4 vezes e 9,37 vezes superiores ao da China. Quanto ao gasto *per capita* no ensino superior, em 2008 a China registrou US$ 4.550, contra a média de US$ 13.717 dos Estados-membros da OCDE, e US$ 29.910 do gasto *per capita* americano — respectivamente, 3 e 6,6 vezes maior que o da China. Nesse ano, os gastos públicos nas instituições públicas da educação chinesas representaram apenas 3,3% do PIB, contra um percentual médio de 5,9% entre os países da OCDE. A média dos 21 países da União Europeia foi de 5,5% e, dos Estados Unidos, de 7,2%. Segundo as estatísticas do grupo de pesquisa do Comitê para a Educação, Ciência, Cultura e Saúde da Assembleia Popular Nacional da China, o valor *per capita* dos fundos educacionais em 2008 era US$ 160, menos de metade da média do gasto *per capita* mundial em 2006, de US$ 400, e menos de um décimo da média *per capita* dos Estados-membros da OCDE,[3] de US$ 1.800.

2. OECD, *Education at a Glance 2012*. Disponível em: <http://oecd-ilibrary.org/education/education-at-a-glance_19991487>.
3. Grupo de pesquisa do Comitê para a Educação, Ciência, Cultura e Saúde da Assembleia Popular Nacional da China, Increase funding to boost the development of education. *Qiushi*, n. 4, 2011.

Gráfico 2

Evolução do percentual dos fundos financeiros da educação em relação ao PIB da China de 1985 a 2010 (%)

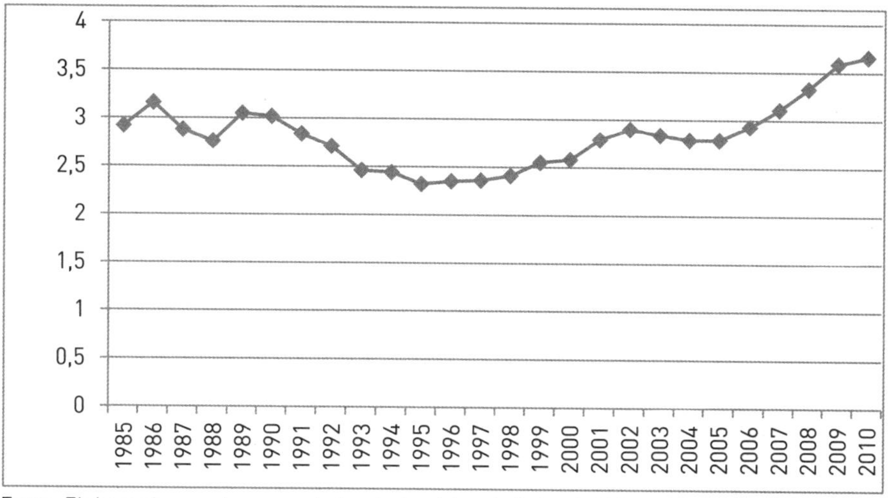

Fonte: Elaboração com base nos dados do *Anuário estatístico da China* compilados pelo Instituto Nacional de Estatística da República Popular da China.

O índice de 4% do gasto fiscal educacional do Estado em relação ao PIB é geralmente considerado uma linha básica para a avaliação do nível de educação. Essa meta foi proposta pelo governo chinês em 2003, mas até 2010 as despesas fiscais do Estado na educação não haviam alcançado esse nível, respondendo por apenas 3,7% do PIB (gráfico 2), percentual abaixo do nível médio mundial de 4,7% em 2004. Além disso, em 1985 o governo chinês exigiu que a alocação fiscal para a educação feita pelo governo central e pelos governos locais crescesse mais que a taxa de crescimento da receita corrente fiscal. Porém, em 11 dos 20 anos compreendidos entre 1991 e 2010, a taxa de crescimento da alocação dos fundos fiscais para a educação foi mais baixa que a de crescimento da receita corrente fiscal, não atendendo à exigência do governo central (tabela 10).

A carência de recursos tem condicionado o ritmo de desenvolvimento educacional da China. Ainda que os recursos direcionados ao ensino obrigatório tenham aumentado consideravelmente, as atuais garantias permanecem baixas. Além disso, muitas escolas têm enfrentado escassez de espaço, em um cenário onde o 1º ciclo do ensino secundário tem registrado excesso de demanda. São muitas as escolas primárias e secundárias do 1º ciclo que não possuem os equi-

Tabela 10

Taxa de crescimento dos fundos financeiros da educação e das receitas financeiras de 1991 a 2010 (%)

Ano	Taxa de crescimento dos fundos financeiros da educação	Taxa de crescimento das receitas financeiras
1991	-0,52	7,23
1992	17,19	10,60
1993	19,61	24,85
1994	37,18	19,99
1995	16,34	19,63
1996	17,85	18,68
1997	12,03	16,78
1998	15,31	14,16
1999	15,98	15,88
2000	14,87	17,05
2001	23,81	22,33
2002	20,60	15,36
2003	10,91	14,87
2004	16,62	21,56
2005	15,84	19,90
2006	24,22	22,47
2007	32,08	32,41
2008	26,53	19,50
2009	17,90	11,72
2010	18,13	21,28

Fonte: Elaboração com base nos dados do *Anuário estatístico da China* compilados pelo Instituto Nacional de Estatística da República Popular da China.

pamentos estipulados pelo Estado. Por outro lado, o 2º ciclo do ensino secundário tem experimentado um rápido crescimento, mesmo na ausência de um mecanismo nítido de financiamento. Em muitos lugares, o gasto do governo só garante o salário do corpo docente. Os recursos para o 2º ciclo do ensino secundário e o ensino profissionalizante correspondiam a apenas 52,3% e 55,8% dos seus gastos em 2008, respectivamente. Sob a dupla pressão de ampliação sucessiva da admissão e aprimoramento das condições de ensino superior, as instalações originais mal podem atender às necessidades. Além disso, alguns estabelecimentos de ensino superior têm dificuldade em continuar a funcionar por causa do nível reduzido do gasto por aluno de fundos alocados. Nota-se um fenômeno grave de endividamento em escolas públicas do 2º ciclo do ensino secundário e profissionalizante e em instituições públicas de ensino superior.

2.2 Qualidade educacional relativamente baixa

Em 2010, a China contava com 2,7 mil instituições de ensino superior (exceto instituições de pós-graduação e outros estabelecimentos privados de ensino), 23,8 milhões de estudantes matriculados (inclusive mestrandos) e 6,1 milhões de formados (inclusive mestres), constituindo o maior sistema de ensino superior do planeta. Os êxitos do desenvolvimento educacional da China são universalmente reconhecidos. Entretanto, e apesar das boas classificações no Pisa de 2009, a educação na China, sobretudo a do ensino superior, ainda demanda um longo caminho de aprimoramento se comparada aos países que são referência no setor.

Entre 2009 e 2010, a China ocupava o 30º lugar no Índice de Competitividade Global do Fórum Econômico Mundial; no quesito qualidade de educação superior, entretanto, ficou na 52ª posição. Isso demonstra que a construção do sistema de ensino superior e a qualidade dessa educação não favoreciam ganhos de competitividade no país; pelo contrário, os restringia.

Priorizar a qualidade será inevitável para o desenvolvimento do ensino superior da China nessa nova época. Com a conquista da popularização do ensino superior, o fator qualidade ganha gradual evidência. Durante o período da popularização, em busca do salto no desenvolvimento do ensino superior, é premente mudar do antigo modelo de desenvolvimento extensivo pela expansão de escala para o modelo de desenvolvimento com ênfase no conteúdo, caracterizado pela melhora da qualidade.

2.3 Discrepância significativa do desenvolvimento educacional

A partir da década de 1980, o desenvolvimento socioeconômico acelerado contribuiu enormemente para a elevação do nível educacional do povo chinês. Porém, não se pode ignorar a discrepância significativa existente no desenvolvimento do ensino entre as zonas urbana e rural e entre diferentes regiões, que já se tornou um fator restritivo à elevação geral da qualificação da população chinesa.

Desde os anos 1980, a disparidade da oferta de educação e o desequilíbrio do panorama educacional entre os habitantes das zonas urbanas e rurais tem se agravado constantemente. Em todas as etapas, os habitantes rurais têm menos oportunidades do que os urbanos. Graças ao crescimento econômico e à reforma das políticas de ensino, essa situação tem melhorado em diferentes graus. Hoje em dia, as oportunidades dadas às crianças do meio rural para frequentar a escola primária são muito próximas às das crianças do meio urbano. Porém, nas etapas posteriores, as melhorias não são tão óbvias. Por outro lado, o abandono escolar de alunos do meio rural nos níveis primário e secundário é ainda um fenômeno relevante. São vários os fatores — como econômico, social, familiar e individual — que influenciam o abandono escolar e a disparidade educacional entre as zonas urbanas e rurais. Para agravar ainda mais esse quadro, a consequente desvantagem educacional devido ao sistema de ensino afeta, por sua vez, o desenvolvimento socioeconômico do campo e de regiões menos desenvolvidas.

Paralelamente à disparidade educacional entre as zonas urbanas e rurais, nota-se um considerável desnível no desenvolvimento educacional entre a população das diferentes regiões da China sobretudo no 1º ciclo do ensino secundário e no nível superior. Segundo as estatísticas, até 2000 as escolas primárias de quase todas as províncias da China (exceto o Tibete e a Província Qinghai) tinham uma taxa de matrícula e de formação perto de 100%. Já nos níveis superiores ainda existia uma grande diferença entre a taxa de matrícula e de formados em diferentes províncias; quanto mais alto era o grau de ensino, maior era a diferença. De forma geral, as taxas de matrícula, de concluintes e de admissão nas escolas de todos os níveis de ensino são mais altas em Pequim e Xangai, seguidas pelas províncias Jiangsu, Zhejiang e outras do litoral, que apresentam bons indicadores. Já em regiões como Tibete, Guizhou, Yunnan e Hainan, o nível de atraso é evidente. A disparidade educacional não só se revela em diferentes regiões como também dentro de uma mesma província, em diferentes cidades ou zonas. Por exemplo, em 1990, a taxa de abandono escolar na faixa etária de 10 a 18 anos nos distritos da província de Hebei registrou variação de 30,5% a quase 100%. Esse indicador demonstra que a disparidade educacional se deve fortemente ao desequilíbrio do crescimento econômico, ao processo de transição demográfica e à implementação de políticas educacionais regionais.[4]

4. Niu Jianlin. Review of non-equilibrium study on education development in China, in *Economic Research Guide*, n. 12, 2011.

3. O efeito do desenvolvimento educacional sobre o crescimento econômico da China

Ao longo das três décadas de reforma e abertura ao exterior, o desenvolvimento educacional tem exercido um efeito positivo sobre o crescimento econômico da China, ao mesmo tempo que tem elevado a qualidade de todo o povo chinês. Esta seção apresenta os resultados de uma análise econométrica da relação entre educação e crescimento na China.[5]

Define-se o período de 1980 a 2010 como o de amostragem e são selecionadas quatro variáveis — PIB, desenvolvimento educacional, mão de obra e capital —, entre as quais o PIB é a variável dependente que serve para medir o crescimento econômico da China e o desenvolvimento educacional serve de variável explicativa. O cálculo do índice anual do nível geral do desenvolvimento educacional é feito com base na conversão dos anos de escolarização em função das etapas escolares. O número convertido é multiplicado pelo número de concluintes em cada nível de ensino; a soma de todos esses resultados constitui o índice anual desejado. Em termos da conversão dos anos de escolarização, define-se o ensino universitário como 16 anos, o 2º ciclo do ensino secundário (inclusive ensino profissionalizante) como 12 anos, o 1º ciclo do ensino secundário como nove anos, e o ensino primário como seis anos. Os dados sobre o número de concluintes de todas as etapas escolares são retirados do *Anuário estatístico da China* de 2011, e compilados pelo Instituto Nacional de Estatísticas da China. Os índices calculados do nível geral do desenvolvimento educacional são apresentados na tabela 11. O insumo de mão de obra desempenha o papel de variável de controle, representada pelo número de empregados no final do ano, também obtido da mesma fonte. O insumo de capital constitui outra variável de controle e é expresso pelo capital total utilizado (tabela 12).[6]

Os resultados do modelo econométrico indicam uma correlação positiva entre o desenvolvimento educacional e o crescimento do PIB. Quando as demais variáveis não mudam, o aumento de 1 ponto percentual do nível do desenvolvimento educacional da China aumenta o PIB do país em 0,48 ponto

5. O Apêndice apresenta uma descrição do modelo econométrico e os valores das estimativas.
6. Existe uma divergência entre os pesquisadores chineses em relação à estimativa sobre o estoque de capital fixo da China. Adotam-se, neste capítulo, as estimativas feitas por Zhao Hairong.

Tabela 11

Nível geral do desenvolvimento educacional da China de 1980 a 2010

Ano	Índice do nível geral de desenvolvimento educacional	Ano	Índice do nível geral de desenvolvimento educacional	Ano	Índice do nível geral de desenvolvimento educacional	Ano	Índice do nível geral de desenvolvimento educacional
1980	28.726,5	1988	26.860,6	1996	28.592,0	2004	43.543,2
1981	29.012,0	1989	26.226,9	1997	30.530,2	2005	45.963,1
1982	26.317,9	1990	26.010,5	1998	33.229,4	2006	47.051,8
1983	24.143,3	1991	25.940,9	1999	34.715,7	2007	47.829,2
1984	23.594,0	1992	25.995,1	2000	36.232,1	2008	48.780,1
1985	24.344,5	1993	26.180,8	2001	37.485,8	2009	48.150,7
1986	25.621,2	1994	26.593,0	2002	39.520,3	2010	47.698,2
1987	27.026,5	1995	28.010,8	2003	41.694,2		

Fonte: Elaboração com base nos dados do *Anuário estatístico da China de 2011* compilados pelo Instituto Nacional de Estatística da República Popular da China e publicados pela Editora de Estatísticas da China, edição 2011.

percentual na média. Verificam-se correlações positivas semelhantes entre o insumo de mão de obra e o PIB, e entre o insumo de capital e o PIB, indicando a importância da mão de obra e do capital para o crescimento econômico da China.

4. Conclusão

Nos últimos anos, a globalização econômica evoluiu vertiginosamente e a economia do conhecimento se renova a cada dia. O país que desejar obter uma posição vantajosa no atual cenário internacional de intensa competição deverá possuir, além dos fatores de mão de obra e de capital, a capacidade de inovação. No caso da China, a relativa falta dessa capacidade, que resulta em um baixo nível de inovação científica e tecnológica, deve-se à escassez de investimento e à imperfeição do sistema de inovação tecnológica, bem como à alocação ineficiente dos fatores de inovação. Além das causas referidas, o nível relativamente atrasado do desenvolvimento educacional constitui a principal justificativa para esse quadro.

Atualmente, a economia aberta da China está entrando em uma nova fase de crescimento. Elevar a capacidade independente de inovação e construir um país inovador já se tornaram o núcleo da estratégia de desenvolvimento nacional. Para isso, será necessário aumentar com firmeza o investimento no sistema educacional, desenvolver ainda mais a educação e preparar um contingente de talentos inovadores, construindo uma potência rica em recursos humanos. Somente dessa forma a China conquistará melhorias significativas em sua estrutura para garantir um crescimento econômico sadio e rápido e evitar a "armadilha da renda média".

Apêndice

Tabela 12

Capital total utilizado na China de 1980 a 2010

Ano	Capital total utilizado	Ano	Capital total utilizado	Ano	Capital total utilizado	Ano	Capital total utilizado
1980	8.709,24	1988	20.442,16	1996	48.723,10	2004	110.182,47
1981	9.534,08	1989	22.906,48	1997	53.207,41	2005	121.626,09
1982	10.414,06	1990	24.475,52	1998	57.648,88	2006	134.536,55
1983	11.455,24	1991	26.254,6	1999	63.338,21	2007	148.168,84
1984	12.762,33	1992	28.565,31	2000	68.471,67	2008	164.083,13
1985	14.663,79	1993	32.749,89	2001	76.785,85	2009	173.186,78
1986	16.309,42	1994	37.391,89	2002	85.268,97	2010	186.906,72
1987	18.065,95	1995	43.534,21	2003	96.393,73	-	-

Fonte: Elaboração com base nos dados do *Anuário estatístico da China* compilados pelo Instituto Nacional de Estatística da República Popular da China.

Análise econométrica

Visto que as quatro variáveis são dados de séries temporais, é preciso examinar primeiramente sua estacionalidade. Logo, aplica-se o teste Dickey-Fuller aumentado, que permite testes de raízes unitárias às variáveis, bem como às suas diferenças de primeira ordem (tabela 13). Os resultados mostram que as quatro variáveis têm raiz unitária — ou seja, a série não é estacionária. No entanto, as diferenças de primeira ordem das variáveis são estacionárias e pode-se fazer um teste de cointegração. Recorrendo ao teste de Johansen, os resultados (tabela 14) mostram que, no nível notável de 5% (ou 1%), existe uma cointegração entre as variáveis, o que significa uma relação estável de equilíbrio de longo prazo.

Tabela 13

Testes de raízes unitárias às variáveis e suas diferenças de primeira ordem

Variável	Tipo de teste (C,T,K)	Valor do ADF	1% do valor crítico	5% do valor crítico	10% do valor crítico	Conclusão
Ln(PIB)	(C,T,1)	-2,732	-4,308	-3,573	-3,220	Não estacionária
Ln(Educação)	(C,T,2)	-1,660	-4,323	-3,570	-3,224	Não estacionária
Ln(Trabalho)	(C,T,0)	-0,925	-4,295	-3,567	-3,217	Não estacionária
Ln(Capital)	(C,T,1)	-3,170	-4,308	-3,573	-3,220	Não estacionária
Δln(PIB)	(C,T,1)	-3,399	-4,323	-3,570	-3,224	Estacionária
Δln(Educação)	(C,T,1)	-3,481	-4,323	-3,570	-3,224	Estacionária
Δln(Labor)	(0,T,1)	-5,798	-4,308	-3,573	-3,220	Estacionária
Δln(Capital)	(C,0,1)	-3,274	-4,323	-3,570	-2,224	Estacionária

Obs: Δ representa a diferença de primeira ordem da variável.

Tabela 14

Resultados do teste de Johansen

Autovalor	Estatística do traço	5% do valor crítico	1% do valor crítico	Número de vetores cointegrantes
0,82	95,85	47,21	54,46	Nenhum **
0,65	48,23	29,68	35,65	Um pelo mais **
0,37	18,52	15,41	20,04	Dois pelo mais *
0,17	5,55	3,76	6,65	Três pelo mais *

Obs: *(**) significa a rejeição da hipótese nula.

Levando em conta que a amostra só tem 31 observações e quatro variáveis endogénas, e dadas as caudas gordas resultantes do teste de Johasen no caso de uma menor amostragem e visto o consequente desvio médio verdadeiro, adota-se o modelo autorregressivo vetorial (VAR) em vez do teste de Johansen no que concerne às estimativas sobre a relação estável de equilíbrio de longo prazo entre as variáveis. A forma do modelo VAR sem variáveis exógenas pode ser escrita como:

$$Y_t = A_1 Y_{t-1} + \cdots + A_p Y_{t-p} + \mu_t \quad (1)$$

Por limite de capacidade de amostragem e com base em uma comparação entre as estatísticas obtidas através do Critério de Informação de Akaike (AIC) e do Critério de Schwarz (SC), opta-se por modelos reduzidos de parâmetro, todos no valor de defasagem (p) de 2 para fazer estimativas dos coeficientes das variáveis, e obtêm-se os resultados da tabela 15.

Tabela 15

Estimativas do modelo VAR com valor de defasagem de 2

Variável	lnTrabalho	lnPIB	lnEducação	lnCapital
	0,376465	0,502311	0,007129	0,472651
lnTrabalho (-1)	-0,18745	-0,40642	-0,22392	-0,37544
	-2,00835	-1,23595	-0,03184	-1,25892
	0,06184	0,424173	0,049151	0,401414
lnTrabalho (-2)	-0,17785	-0,3856	-0,21245	-0,35621
	-0,34772	-1,10005	-0,23136	-1,12692
	-0,494752	3,427091	2,653831	1,902185
lnPIB (-1)	-0,85848	-1,8613	-1,02549	-1,71943
	(-0,57632)	-1,84124	-2,58786	-1,10629
	1,403109	-2,858602	-2,567618	-2,231825
lnPIB (-2)	-0,83939	-1,81992	-1,0027	-1,68121
	-1,67157	(-1,57073)	(-2,56071)	(-1,32751)
	-0,28175	-0,15265	1,253571	-0,116188
lnEducação (-1)	-0,13462	-0,29188	-0,16081	-0,26963
	(-2,09288)	(-0,52298)	-7,79517	(-0,43091)
	0,324704	0,35841	-0,443742	0,325954
lnEducação (-2)	-0,13329	-0,289	-0,15923	-0,26697
	-2,43598	-1,24016	(-2,78684)	-1,22092
	0,418466	-2,034286	-2,819163	-0,488852
lnCapital (-1)	-0,92146	-1,99785	-1,10072	-1,84557
	-0,45414	(-1,01824)	(-2,56119)	(-0,26488)
	-1,342273	2,349185	2,784407	1,703952
lnCapital (-2)	-0,89758	-1,94609	-1,07221	-1,79775
	(-1,49543)	-1,20713	-2,59689	-0,94782
	6,064561	-11,0983	0,811053	-10,58094
C	-1,74131	-3,77541	-2,08008	-3,48765
	-3,48275	(-2,93963)	-0,38991	(-3,03383)
R2	0,989189	0,999173	0,993446	0,999199
R2 convertido	0,984865	0,998842	0,990824	0,998879
soma residual de quadrados	0,008577	0,04032	0,012239	0,034408

(continua)

(continuação)

Variável	lnTrabalho	lnPIB	lnEducação	lnCapital
equação SE	0,020709	0,0449	0,024738	0,041477
estatísticas F	228,7489	3019,834	378,9304	3120,185
AIC	-4,667384	-3,119643	-4,311845	-3,278206
SC	-4,24305	-2,695309	-3,887512	-2,853873
Covariância da variância decisiva			1,23E-15	
Razão de verossimilhança logarítmica			333,215	
AIC			-20,49758	
SC			-18,80025	

Os resultados mostram que, embora nem todas as equações tenham variáveis de desfasamento significativas, por causa do valor elevado das estatísticas F, não se pode rejeitar a hipótese da significância de estatísticas conjuntas das variáveis de defasagem. Pretende-se obter as equações de relação das variáveis com o PIB. A equação seguinte é conseguida com base nas estimativas:

$$\ln PIB_t = 3{,}427^*\ln PIB_{t-1} - 2{,}859^*\ln PIB_{t-2} + 0{,}502^*Trabalho_{t-1} + \\ + 0{,}424^*\ln Trabalho_{t-2} - 0{,}153^*\ln Educação_{t-1} + 0{,}358^*\ln Educação_{t-2} - \\ - 2{,}034^*\ln Capital_{t-1} + 2{,}349^*\ln Capital_{t-2} - 11{,}098 \quad (2)$$

Visando a uma relação estacionária de longo prazo mais simples entre as variáveis, define-se que:

$$PIB_t = PIB_{t-1} = PIB_{t-2} \qquad Trabalho_t = Trabalho_{t-1} = Trabalho_{t-2}$$
$$Educação_t = Educação_{t-1} = Educação_{t-2} \qquad Capital_t = Capital_{t-1} = Capital_{t-2} \quad (3)$$

Quando se inserirem os vários componentes da equação (3) na equação (2), obtém-se a seguinte equação:

$$\ln PIB = -25{,}720 + 0{,}477^*\ln Educação + 2{,}149^*\ln Trabalho + 0{,}498^*\ln Capital \quad (4)$$

De acordo com a equação de regressão (4), existe uma relação estacionária de longo prazo entre o desenvolvimento educacional, o insumo de mão de obra, o insumo de capital e o PIB da China.

Referências

COOK, Chris. Disponível em: Shanghai Tops Global State School Rankings. *Financial Times*, 12/7/2010. Acesso em: 28 jun. 2013.

HAIRONG, Zhao. Improving the calculation of perpetual inventory method K1. *Economist* (China), n. 5, 2011.

JIANLIN, Niu. Review of non-equilibrium study on education development in China. *Economic Research Guide*, n. 12, 2011.

NATIONAL BUREAU OF STATISTICS. *Chinese statistical yearbook 2011*. Beijing: China Statistics Press, 2011.

OECD. *Education at a Glance 2012*. Disponível em: <http://oecd-ilibrary.org/education/education-at-a-glance_19991487>.

RESEARCH TEAM OF NPC EDUCATION AND HEALTH COMMITTEE. Increase funding to boost the development of education. *Qiushi*, n. 4, 2011.

Mudanças recentes e a tendência de longo prazo da desigualdade de renda na China*

Li Shi**
Luo Chuliang***

Resumo

Este artigo descreve as características básicas das mudanças recentes na distribuição de renda e na desigualdade na China. Algumas políticas econômicas melhoraram a distribuição de renda, mas fatores determinantes da desigualdade ainda estão presentes. A melhoria foi sutil e as políticas ainda mostram certa vulnerabilidade. Portanto, há ainda um longo caminho para que se possa reverter a elevada desigualdade de renda na China.

1. Introdução

No processo de transformação econômica da China, a tendência de elevação da desigualdade de renda tem sido contínua, rápida e ampla em todos os aspectos. Em um período não muito longo, a China deixou de ser uma sociedade igualitária para tornar-se uma sociedade economicamente muito desigual.

* Tradução: Yu Yue.
** Professor catedrático e diretor do Instituto de Distribuição da Renda da Universidade Normal de Beijing.
*** Professor catedrático da Faculdade da Economia e Gestão da Universidade Normal de Pequim.

Em um contexto de desigualdade de renda em constante elevação, os diversos segmentos da sociedade têm demandado políticas capazes de reverter essa situação, enquanto anseiam por sinais de mudança. Nos últimos anos, para atender a essa demanda crescente, o governo adotou um conjunto de políticas públicas com o intuito de melhorar o bem-estar da população de baixa renda e promover o desenvolvimento harmonioso e justo da sociedade.

Graças a políticas públicas e desenvolvimento econômico, a desigualdade de renda na China foi de certa forma atenuada e surgiram alguns resultados positivos. Mas esses sinais positivos são duradouros? Isso depende se os fatores que originaram as mudanças positivas são temporários ou permanentes, e se resultaram de interferência externa ou se são inerentes ao desenvolvimento econômico.

Este artigo argumenta que, em relação às mudanças da desigualdade de renda, deve-se não apenas observar a melhoria, mas também focar nos problemas ainda existentes. Em particular, deve-se dar maior atenção ao tamanho reduzido da melhoria e ao grau de vulnerabilidade das políticas atualmente implementadas. Os problemas associados à má distribuição de renda ainda existem. Portanto, há um longo caminho para reverter a elevada desigualdade e melhorar a distribuição de renda.

2. A evolução recente da desigualdade de renda da população

Recentemente, a economia chinesa tem crescido a uma velocidade alta, a urbanização tem progredido a passos firmes, a estrutura econômica e de emprego têm evoluído gradualmente, e a renda da população urbana e rural tem aumentado aceleradamente. Nesse contexto, a distribuição de renda registra algumas mudanças e apresenta novas características, como ilustrado nas tabelas 1, 2 e 3.

Primeiro, houve uma desaceleração da diferença de renda na zona rural. O coeficiente de Gini para a zona rural aumentou de 0,37 em 2002 para 0,39 em 2009, 0,02 ponto em sete anos, comparado com 0,05 ponto de 1996 a 2002. É óbvia a desaceleração nos últimos 10 anos, em comparação com a década de 1990. Além disso, a renda das camadas mais baixas da população avançou mais do que a das camadas mais altas na área rural em 2010. Neste ano, o coeficiente de Gini na área rural ficou em 0,38, um pouco menor do que o de 2009.

Segundo, aumentou a desigualdade de renda na área urbana. Nos últimos 10 anos, as pessoas têm a percepção de que a desigualdade de renda urbana é maior do que a rural, mas as estatísticas a respeito mostram um resultado diferente. De acordo com as estimativas do Instituto Nacional de Estatísticas, o coeficiente de Gini da área urbana aumentou de 0,32 em 2002 para apenas 0,34 em 2010. Há especialistas que acham esses números subestimados e uma possível razão seria o viés das amostras pesquisadas. Como as pessoas de alta renda não querem participar da pesquisa em domicílio, as amostras desse grupo são poucas ou inexistentes. Dado que a renda desse grupo em geral aumenta mais rapidamente, isso pode subestimar o índice de Gini nas pesquisas que medem a diferença de renda.

A tabela 1 mostra o crescimento anual da renda média *per capita* (nominal) urbana e rural na pesquisa a domicílio, e o crescimento do patrimônio líquido dos 100 mais ricos segundo as listas Hurun e da Forbes. Na maioria dos anos, o crescimento do patrimônio líquido dos ricos é muito maior que o da renda *per capita* da população geral. No período listado na tabela 1, a taxa anual de crescimento do patrimônio líquido dos 100 mais ricos nas listas mencionadas é superior a 30%,[1] enquanto a taxa de crescimento da renda *per capita* da população urbana e rural é de apenas 13%. Shi e Chuliang (2011) realizaram uma tentativa preliminar de corrigir os dados subestimados da desigualdade de renda urbana causada pelo viés das amostras, e o resultado mostra que, em 2007, o coeficiente de Gini para a renda urbana era superior a 0,4, maior do que a desigualdade de renda no meio rural.

Tabela 1

Taxa de crescimento de renda *per capita* e dos ativos líquidos dos ricos (nominal) (%)

Ano	Renda *per capita* urbana	Renda *per capita* rural	Ativo líquido dos 100 mais ricos na lista Hurun	Ativo líquido dos 100 mais ricos na lista Forbes
2004	11,21	11,98	25,70	
2005	11,37	10,85	38,74	
2006	12,07	10,20	63,03	52,44
2007	17,23	15,43	209,56	181,77
2008	14,47	14,98	-30,66	-54,86
2009	8,83	8,25	23,85	88,61
2010	11,27	14,86	26,51	27,99
2011	14,1	17,9	16,81	2,16
Anual	12,55	13,01	35,21	29,80

Fonte: Compilado pelos autores,

1. A renda e o crescimento de capital são diferentes. Por causa da falta de dados, a renda da camada de alta renda é substituída pelo patrimônio líquido.

Terceiro, a desigualdade de renda entre as zonas urbana e rural mantém-se alta (tabela 2). Na última década, a razão de renda *per capita* entre as zonas urbana e rural tem sido entre 3 e 3,4. Essa proporção foi 2,90 em 2002, e subiu para 3,33 em 2009, o ponto mais alto da história. Em 2010, caiu para 3,23, e atingiu 3,13 em 2011. A omissão da renda de alguns trabalhadores migrantes nas estatísticas de renda rural também causa a subestimação da renda rural, o que resulta na superestimação da diferença de renda entre as áreas urbana e rural.

Todavia, mesmo levando em conta essa omissão, a trajetória de evolução da diferença de renda entre as zonas urbana e rural não sofreria grandes mudanças. Sendo assim, a redução da desigualdade de renda entre as áreas urbana e rural ainda é o principal desafio para melhorar a distribuição de renda.

Tabela 2
Desigualdade de renda 1990-2010

Ano	Coeficiente de Gini para urbano	Coeficiente de Gini para rural	Proporção da renda urbana e rural	Coeficiente de Gini para a renda do País
1990	0,23	0,31	2,17	0,330 (ano 1988)
1995	0,28	0,34	2,71	0,415
2002	0,32	0,37	2,90	0,460
2005	0,34	0,38	3,22	-
2009	0,34	0,39	3,33	0,483 (ano 2007)
2010	0,34	0,38	3,23	-

Fonte: Coeficiente de Gini para as áreas urbana e rural é do *Relatório anual da distribuição da renda dos chineses (2011)*; a proporção da renda urbana e rural é calculada segundo a renda *per capita* dos habitantes urbanos e rurais do *Almanaque da China*. O coeficiente de Gini para a renda de todo o país é calculado a partir de dados da distribuição da renda da população chinesa.

Quarto, a desigualdade de renda nacional ainda está em processo de expansão contínua. Para conhecer a distribuição da renda nacional nos últimos anos, somente é possível basear-se em estimativas feitas por instituições de pesquisa não oficiais, uma vez que não convém às oficiais publicar os indicadores. O coeficiente de Gini, estimado pelo Instituto de Distribuição de Renda da China da Universidade Normal de Pequim, subiu de 0,46 em 2002 para 0,48 em 2007.

Embora alguns pesquisadores acreditem que a diferença de renda tenha aumentado ainda mais nos últimos três a quatro anos, acreditamos que ela está relativamente estável, porque a crise financeira internacional e o plano de estímulo econômico do governo chinês têm afetado tanto o grupo de renda baixa quanto o de renda alta. No início da crise, alguns trabalhadores vindos do campo perderam o emprego e sua renda foi afetada; por outro lado, os lucros dos empresários também foram consideravelmente reduzidos. Após a implementação do plano de estímulo econômico, porém, a situação da renda dos dois grupos melhorou.

Além disso, o aumento substancial dos preços dos ativos imobiliários trouxe ganhos à população urbana de alta renda, o que é um fator determinante na ampliação da desigualdade. Ao mesmo tempo, porém, a elevação dos preços dos produtos agrícolas resultou no rápido crescimento da renda dos agricultores, reduzindo a diferença de renda entre as zonas urbana e rural, que é o fator determinante da diminuição da desigualdade.

Quinto, a diferença salarial entre os diferentes setores está basicamente estável, tendo sofrido somente ligeiro aumento em 2010, ao passo que a desigualdade de renda intrarregiões diminuiu. Os coeficientes de mudança para o salário intersetorial da tabela 3 mostram a tendência de subida substancial antes de 2006, com estabilidade no período seguinte. Porém, o nível da desigualdade da renda *per capita* intersetorial é maior que no passado, e a tendência continua nos últimos anos. Os coeficientes de mudança da renda *per capita* urbana e rural dentro de cada região (províncias) têm mostrado uma tendência de queda desde 2006, e decrescente de 2006 a 2010.

Tabela 3
Desigualdade por setor e região (coeficiente de mudança)

Ano	Salário setorial	Renda *per capita* dos residentes urbanos das províncias	Renda *per capita* dos residentes rurais das províncias
1990	0,136	0,193	0,401
1995	0,189	0,276	0,431
2000	0,230	0,285	0,434
2005	0,337	0,287	0,456
2006	0,343	0,290	0,462
2007	0,341	0,272	0,444
2008	0,351	0,267	0,430
2009	0,344	0,266	0,434
2010	0,346	0,265	0,423

Fonte: Calculado pelos autores a partir do *Almanaque da China*, compilado pelo Instituto Nacional de Estatística.

3. Fatores de curto prazo promotores de mudanças na desigualdade de renda

Os sinais de estabilidade, ou mesmo de sutil melhoria, nos dados de distribuição de renda são indissociáveis das recentes mudanças no modelo de desenvolvimento econômico, na estrutura econômica e nas políticas do governo. Nos últimos anos, um aspecto do desenvolvimento econômico que merece destaque é a urbanização acompanhada da migração de mão de obra do campo. Teoricamente, a urbanização ajuda a diminuir a desigualdade de renda porque o deslocamento de mão de obra rural e a redução de mão de obra excedente no campo ajudam a elevar a renda rural *per capita*, diminuindo a desigualdade de renda entre as cidades e o meio rural.

Porém, o impacto final na desigualdade de renda entre as zonas rural e urbana depende também de outros fatores. Na década de 1990, os trabalhadores migrantes vieram de regiões relativamente desenvolvidas, e a renda rural *per capita* dessas regiões também era relativamente alta. Nos últimos anos, há cada vez mais trabalhadores do Centro-Oeste deixando a região para trabalhar fora, o que ajudou a diminuir a desigualdade de renda no meio rural. A recente diminuição da desigualdade de renda, portanto, teve ligação estreita com o surgimento de mais oportunidades de trabalho para os trabalhadores do Centro-Oeste em outros locais.

O processo de urbanização não apenas absorveu mão de obra rural excedente, mas também elevou a renda das classes mais altas. A expansão da economia urbana aumenta os ganhos de capital e a procura por trabalhadores com alto nível de escolaridade e conhecimentos tecnológicos, o que amplia os salários desses grupos. Em comparação com o pessoal especializado e com boa formação escolar da zona urbana, os trabalhadores migrantes compõem a maior parte da mão de obra não qualificada e a mudança dos seus salários determina a disparidade de renda urbana no processo de urbanização. Nos últimos anos, o aumento salarial dos trabalhadores migrantes ultrapassou o dos urbanos, tornando-se um fator positivo na redução da diferença salarial e de renda na zona urbana.

Não se pode dissociar a mudança estrutural do emprego da mudança estrutural do investimento e da indústria. De 2007 a 2010, o emprego urbano cresceu 8,5%, sendo de 20,6% o aumento na construção civil, 27,1% no mercado imobiliário, e 25,4% no setor de serviços e *leasing*. Esses setores têm grande demanda de trabalhadores migrantes, tornando-se um fator importante na expansão dos seus salários. Mas deve-se notar que a expansão dessas indústrias é inseparável do plano de estímulo econômico do governo, cuja continuidade está em discussão.

Existem alguns fatores que aumentam a desigualdade na área urbana. Primeiro, a alta do preço imobiliário na zona urbana causa o aumento considerável de renda dos mais ricos e amplia também a desigualdade entre ricos e pobres. Segundo, a inflação relativamente alta, sobretudo dos alimentos, é mais desfavorável para o grupo de baixa renda. Como esse grupo tem o coeficiente de Engel mais alto, a queda do seu poder aquisitivo real é maior.

Sem dúvida, as políticas públicas do governo também afetam a distribuição de renda, o que também reflete a mudança do conceito de desenvolvimento. Na prática, as políticas públicas referentes ao campo afetam mais a distribuição de renda. Desde 2003, o governo introduziu uma série de políticas e medidas agrícolas preferenciais, que podem ser divididas em duas categorias. Uma é o subsídio com finalidade de aumentar diretamente a renda dos agricultores, incluindo o subsídio direto à produção de grãos, às sementes e máquinas agrícolas etc.; a outra é a política pública com finalidade de construir uma rede de proteção social, incluindo o novo sistema cooperativo de assistência médica, "duas isenções e um subsídio" na área de educação, garantias mínimas de previdência para o grupo de renda baixa etc. Essas políticas e medidas contribuem para aumentar a renda dos agricultores, conter as diferenças entre as áreas urbana e rural, reduzir a desigualdade de renda na área rural e atenuar a pobreza no meio rural.

Durante muito tempo, o rendimento dos agricultores proveniente da produção agrícola era muito limitado. Os agricultores que produziam grãos pertenciam normalmente ao grupo de baixa renda. Alguns estudos mostraram que a renda obtida pelos trabalhadores da agroindústria desempenha um papel importante para conter o aumento da desigualdade de renda na zona rural. Por isso, dar subsídio à agroindústria, incluindo subsídios aos alimentos e ao insumo agrícola, pode beneficiar os agricultores, aumentando sua renda, reduzindo assim a desigualdade no meio rural, e diminuindo o risco de pobreza.

Comparativamente, o efeito de políticas de redistribuição de renda na zona urbana é limitado. Por exemplo, o Imposto de Renda Individual (IRI) não reduz efetivamente a desigualdade de renda na área urbana. O IRI cobrado do grupo de alta renda é proporcionalmente pequeno e o pagamento pode ser evitado de diversas maneiras.

A política de garantias mínimas da previdência social tem melhor resultado no alívio da pobreza, mas quase nada faz para a redução da desigualdade.[2] Além disso, alguns fatores institucionais e políticos promotores da desigualdade ainda permanecem. O alto salário pago nas indústrias monopolistas é constantemente questionado e censurado, mas ainda não está resolvido, e a renda obtida com a corrupção, que ainda é elevada, é difícil de ser contida. Isso não só aumenta a desigualdade na zona urbana e no interior do país, mas representa uma grave injustiça no que diz respeito à distribuição de renda.

4. Fatores de longo prazo que afetam a distribuição de renda

A sustentabilidade da melhor distribuição de renda, por sua vez, depende da mudança dos fatores fundamentais que impedem uma melhor distribuição. Teoricamente, a distribuição inicial de renda depende de quanto os diferentes grupos da sociedade obtêm pelo que produzem no processo econômico. Diferentes modelos de desenvolvimento influenciam, direta ou indiretamente, os preços relativos dos distintos fatores de produção. Em consequência, afetam a renda relativa dos detentores dos diferentes fatores e determinam as diferenças na distribuição de renda. Se o desenvolvimento econômico tem o capital como motor básico e ele se torna um recurso escasso na sociedade, seu preço subirá. Como resultado, quem possui mais capital se beneficiará mais no processo de desenvolvimento econômico.

Desse modo, a evolução da distribuição de renda depende do modelo básico de desenvolvimento econômico adotado. Embora a transformação do atual modelo de desenvolvimento tenha se tornado um *slogan* político importante durante um longo período, falta ainda a definição clara dos elementos que esse conceito deve ter. O papel do modelo de desenvolvimento econômico na distribuição de renda pode ser descrito em três aspectos:

2. Shi e Hui (2009), com base nos dados de 2007, calcularam que o coeficiente de Gini da população urbana diminuiu menos de 1% depois de receber a garantia do salário mínimo. Isso mostra que a política de salário mínimo tem efeito muito limitado na redução da desigualdade de renda.

1. *Mecanismo de aprofundamento de capital ("capital deepening").* Sempre existiu, antes e depois da Reforma,[3] a preferência pela intensificação de capital na estrutura produtiva tecnológica. Antes da Reforma, o objetivo estratégico era desenvolver a indústria pesada. Considerou-se que a falta de capital e a tecnologia atrasada eram os principais motivos do lento desenvolvimento econômico da China.

No processo da Reforma, o aprofundamento de capital é visto como fator importante para promover o avanço tecnológico. Isso implica usar mais capital no processo da produção, sublinhando a necessidade da substituição de mão de obra para elevar a produtividade. Portanto, deve-se incentivar a acumulação de capital e o investimento para obter maior avanço tecnológico. Essa característica aparece no gráfico 1, que mostra o capital por trabalhador (formação de capital dividida pelo número de empregos), com uma tendência ascendente. Porém, o preço relativo dos bens de capital sobe e a distribuição de renda é a favor do capital e desfavorável ao trabalho.

Para verificar isso, o gráfico 1 mostra o resultado da formação de capital fixo por trabalhador e a razão entre o salário médio e o Produto Interno Bruto (PIB) por trabalhador. A formação de capital fixo por trabalhador significa o grau de aprofundamento do capital da economia, enquanto a taxa do salário médio em relação ao PIB por trabalhador indica a renda salarial relativa na distribuição do PIB. A tabela 4 mostra que o efeito estimado da formação de capital fixo por trabalhador sobre a razão entre o salário médio e PIB por trabalhador é negativo, ou seja, a relação entre o aprofundamento de capital e a distribuição de renda para o trabalho é inversa.

Apesar da grande demanda por emprego da enorme população chinesa, a tendência do desenvolvimento econômico ainda afeta a elaboração das políticas. Com o recente aumento salarial dos trabalhadores migrantes e a escassez dessa mão de obra, alguns especialistas acreditam que chegou o ponto de inflexão de Lewis, o que poderia ampliar ainda mais o aprofundamento do capital. Deve-se notar que, se as características da mão de obra e a demanda por emprego no processo do desenvolvimento econômico forem ignoradas, isso acarreta duas consequências. Primeiro, a mão de obra será substituída pelo capital, o que reduz a demanda de trabalhadores, aumentando as dificuldades de emprego. Além disso, será difícil promover a melhoria sustentável

3. O termo "Reforma" é usado pelo autor para designar as reformas iniciadas por Deng Xiaoping no final da década de 1970. (*N. T.*)

Gráfico 1

A proporção entre o salário médio e PIB por trabalhador e a mudança de formação de capital fixo por trabalhador

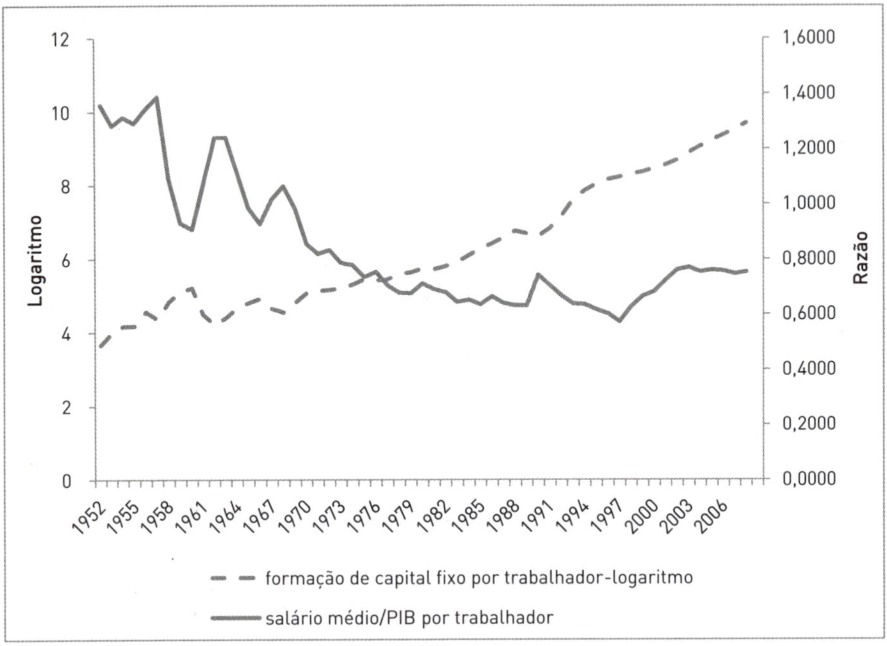

Fonte: Compilado pelos autores.

Tabela 4

Efeito do aprofundamento de capital (formação de capital fixo por trabalhador) na razão entre o salário médio e PIB por trabalhador

Ano	1952-1965	1966-1978	1952-1978	1979-1991	1992-2009	1979-2009
Formação do capital fixo por trabalhador (logaritmo)	-0,2642	-0,3924	-0,2759	-0,1367	-0,2856	-0,1454
	[3,60]***	[8,32]***	[5,77]***	[1,50]	[4,85]***	[2,64]**
tempo (1952=1)	-0,0058	-0,0010	-0,0087	-0,0140	0,0498	0,0245
	[0,77]	[0,27[	[2,89]***	[1,38]	[6,05]***	[3,01]***
constante	23,910	28,947	24,620	10,276	0,6715	0,7214
	[7,96]***	[17,08]***	[12,61]***	[4,21]***	[5,45]***	[8,73]***
Número de amostras	14	13	27	13	18	31
Estatísticas F	12,54	248,42	118,88	1,20	43,43	8,97
Ajuste R2	0,6396	0,9763	0,9007	0,0316	0,8331	0,3469

Nota: *, ** e *** indicam que as estatísticas são significantes, respectivamente, a 10%, 5% e 1%.

da distribuição de renda se a proteção dos direitos dos trabalhadores e de seus interesses for ignorada.

2. *Mecanismo de intervenção do governo.* Mesmo sob o sistema de economia de mercado, a intervenção do governo nas atividades econômicas ainda é inevitável. Entretanto, na transformação econômica da China, os efeitos adversos resultantes dessa intervenção são mais intensos e têm influência especial na distribuição de renda. Além do controle direto governamental nas atividades econômicas, existe também um controle indireto em alguns aspectos, que é reforçado por meio de vários canais.

O controle total e a intervenção integral dos departamentos governamentais no sistema de planejamento tornaram-se, na economia de mercado, canais para obter lucros. É importante salientar que, no processo de Reforma, tais canais, em vez de serem erradicados, se transformam em uma fonte de monopólio administrativo em certas áreas, ao combinar poder e empresas. Uma vez feita essa associação, criou-se um buraco negro para absorver a riqueza social. Esse processo é indireto e oculto. Sem restrição e supervisão, torna-se um foco de concentração de riqueza e acumulação de contradições sociais.

3. *Mecanismo de serviço público.* No serviço público, cujos componentes essenciais são a educação e a assistência médica, existe uma grave desigualdade entre os grupos de rendas diferentes. Isso é resultado de problemas no desenho do sistema e da acumulação da diferença de rendas. Falhas no desenho do sistema existem principalmente na educação e na distribuição de recursos de saúde, que se concentram em certos grupos de pessoas. Certas cidades, por exemplo, possuem educação de alta qualidade há muito tempo. O gráfico 2 mostra a relação entre o número de admissão em faculdades e a população das províncias, e revela nitidamente a diferença que existe nas matrículas no ensino superior nas zonas urbanas e nas rurais.

A desigualdade de oferta de serviço público também influencia o investimento nos filhos, por causa da diferença de renda familiar, visível na educação e na saúde, causando a transmissão intergeracional da desigualdade de renda. Deve-se notar que as autoridades já estão preocupadas em promover a oferta universal de serviços públicos, mas isso ainda não se traduziu em políticas verdadeiramente eficazes. A permanência dessa situação restringirá a futura melhoria da distribuição de renda no longo prazo, reduzirá a mobilidade intergeracional de renda e fortalecerá a desigualdade causada pela diferença de oportunidades no momento inicial.

Gráfico 2

Relação entre a proporção de admissão na faculdade nas províncias e a proporção da população urbana (2007)

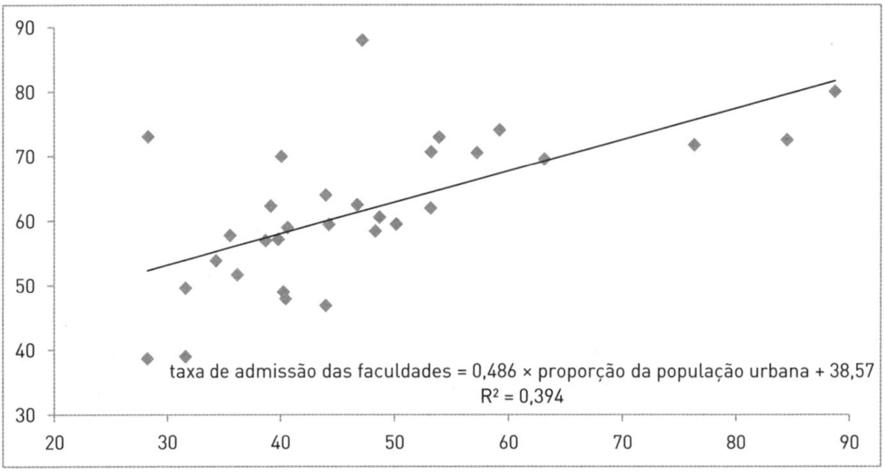

Fonte: Taxa de admissão na faculdade. Disponível em: <http://gaokao.eol.cn/>; a proporção da população urbana é do Instituto Nacional de Estatística da China: *Almanaque da China 2008*, Editora de Estatísticas da China, 2008.

Nota: Eixo horizontal = proporção da população urbana (%); eixo vertical = taxa de admissão na faculdade (%).

Os problemas anteriormente descritos vão dificultar, a longo prazo, uma melhor distribuição de renda. Ao mesmo tempo, deve-se notar que os sinais recentes de melhoria em alguns dados não resultam de uma mudança nos problemas fundamentais que foram mencionados. Além disso, as medidas mais diretas de redução da disparidade de renda são geralmente os mecanismos de redistribuição, como o imposto de renda e programas de transferência de renda, mas na China ainda é difícil estabelecer um mecanismo efetivo de redistribuição.

A dificuldade para se reduzir a desigualdade reside não só na existência de várias fontes e formas de renda, mas também na ambiguidade das regras de distribuição e na falta de transparência, o que tornam as medidas aleatórias e baseadas em critérios discutíveis. Pode-se concluir, portanto, que essa situação é difícil de melhorar de forma fundamental a curto prazo.

Gráfico 3

Relação entre a taxa da admissão em universidades subordinadas a ministérios e a proporção da população urbana (2006)

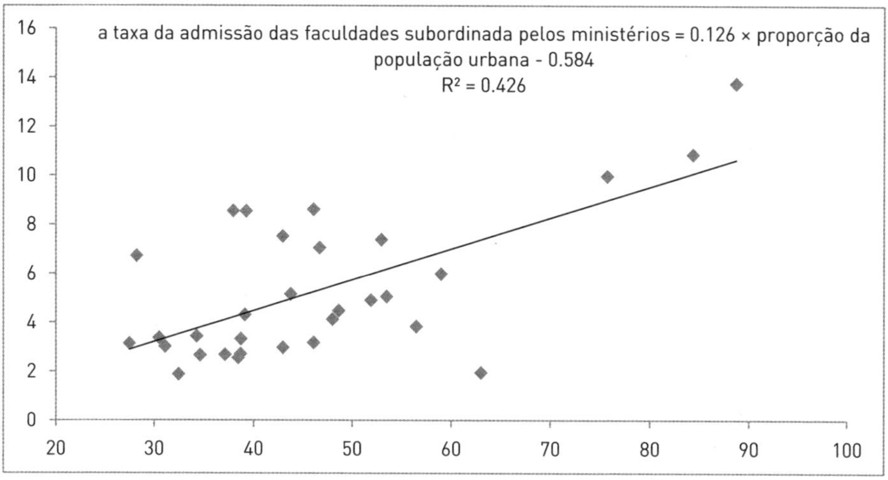

Fonte: Taxa da admissão das faculdades subordinadas a ministérios é de Desigualdade regional da oportunidade de entrada nas faculdades da alta qualidade, de Qiao Zhongjin, do *Jornal da Universidade Normal da China* (lauda científica social), primeiro periódico de 2007; a proporção da população urbana é do Instituto Nacional da Estatística da China: *Almanaque da China*, Editora de Estatísticas da China, 2007.
Nota: Eixo horizontal = proporção da população urbana (%); eixo vertical = taxa da admissão na faculdade subordinada pelos ministérios (%).

5. Conclusão

Desde há muito tempo, as contradições existentes na questão da distribuição de renda provocam grande atenção da sociedade chinesa. O povo espera que políticas públicas adequadas possam regular a distribuição de renda, reduzir as diferenças e eliminar a injustiça. Para isso, nos últimos anos, o governo, em vários níveis, tem adotado várias políticas e medidas de redistribuição de renda a fim de melhorar a vida da população. Por exemplo, a isenção dos impostos no campo, o aperfeiçoamento das garantias mínimas e outras medidas de assistência social.

As políticas desempenham um papel importante para reduzir a pobreza, e funcionam em certa medida para conter o aumento da desigualdade de renda. Todavia, políticas de redistribuição de renda não representam uma mudança fundamental no sistema de distribuição de renda, e, na China, não surtiram efeitos muito claros. A diferença continua a se ampliar e a injustiça aumentou em vez de ser reduzida. Deve-se notar que a distribuição de renda é influenciada pela interação do processo do desenvolvimento econômico, pela mudança do modelo do desenvolvimento, pela mudança estrutural de produção e pela transição dos sistemas econômico e político. Para a China, uma economia em fase de transformação, a introdução de apenas algumas políticas de redistribuição de renda está muito longe de ser suficiente. Por isso, reduzir a desigualdade e melhorar a distribuição de renda ainda precisam de esforços de longo prazo.

A reforma do sistema de distribuição de renda e a elaboração de políticas específicas devem combinar-se estreitamente com mudanças no mercado de fatores de produção. Devido a problemas como a intervenção governamental excessiva no mercado de fatores de produção, concorrência insuficiente, falta de informações, imperfeição das leis e regulações, monopólio e segmentação do mercado, distorções de preços de fatores e outros problemas, a distribuição primária da renda nacional não é eficiente nem é justa.

Assim, deve-se estar plenamente consciente de que o aperfeiçoamento do mercado de fatores de produção é o caminho mais eficaz para se resolver a questão de distribuição de renda. Deve-se também dar maior atenção e força à melhoria dos mercados de terra, de capital e de mão de obra. A política de distribuição de renda deve ser compatível com a solução da questão do trabalhador excedente rural e do desemprego urbano. Ainda existe escassez de emprego urbano e excesso de mão de obra rural.

No curto prazo, alcançar um rápido crescimento econômico e promover o emprego permanecerão como pontos básicos do desenvolvimento estratégico e da opção política do país. A política salarial e a previdência social devem estar estreitamente combinadas com a política para o mercado de trabalho para não causar perda de eficiência e desemprego. Em relação às questões de "excessiva desigualdade de renda" e de "injustiça na distribuição de renda", questões de natureza distinta, devem-se adotar medidas e políticas diferentes. Por um lado, é preciso ter uma nova política de distribuição e redistribuição para conter o aumento da desigualdade de renda; por outro lado, é necessário resolver a questão de distribuição injusta de renda.

Por isso, é necessário introduzir com urgência um conjunto de políticas para eliminar na raiz a injustiça de renda causada pela corrupção, concentração de poder e monopólio. Isso requer não apenas a reforma profunda do sistema econômico e de gestão social, mas também a aceleração do ritmo da reforma política, incluindo o processo de democratização. Não obstante os diversos problemas indesejáveis, o sistema democrático é, sem dúvida, o "arqui-inimigo" mais eficaz para combater a corrupção; e o combate à corrupção pode resolver efetivamente a distribuição injusta de renda.

Referências

DONGSHENG, Zhang. *Annual report on Chinese residents' income distribution*. Beijing: Press of Economic Sciences, 2011.

JINZHONG, Quiao. Regional differences in accessibility to quality higher education. *Journal of Beijing Normal University* (edition of Social Sciences), n. 1, 2007.

SHI, Li; HUI, Yang. The role of Chinese urban subsistence allowance in decreasing inequality and poverty. *China Demographic Sciences*, n. 5, 2009.

______; CHULIANG, Luo. How big is the income gap in China. *Economic Studies*, n. 4, 2011.

Capítulo 6

Evolução e trajetória do sistema de seguridade social da China*

Zheng Bingwen**
Gao Qingbo***
Yu Huan****

Resumo

Desde a fundação da Nova China, em 1949, o país estabeleceu um sistema de seguridade social, manifesto pela ampliação da cobertura previdenciária, incluindo a área rural, e da mudança do sistema de financiamento dos planos de previdência, bem como da busca de um desenvolvimento harmonioso. Esses avanços têm desempenhado um papel importante no crescimento econômico. Este capítulo aborda as três etapas de seu desenvolvimento: a reflexão sobre o sistema tradicional de seguridade social e as primeiras alterações para o desenvolvimento de um novo sistema no período de 1978 a 1992; a escolha de um novo sistema de seguridade social de 1992 a 1998; e seu aperfeiçoamento a partir de 1998. No final, apresenta-se um resumo sucinto das realizações e problemas ainda não resolvidos do sistema de seguridade social nos últimos 60 anos.

* Tradução: Li Hui.
** Doutor, pesquisador e diretor geral do ILAS/CASS, diretor do Centro Mundial de Estudos Previdenciários da CASS.
*** Pesquisador do ILAS/CASS.
**** Doutor da Escola de Trabalho e Recursos Humanos da Universidade Popular da China.

1. Fim do sistema tradicional "estatal-empresarial" e reflexão

A Grande Revolução Cultural, realizada em meados dos anos 1960, trouxe graves problemas à seguridade social na China. À medida que se desenvolvia a reforma da economia, das empresas estatais, do trabalho e da distribuição, tanto o sistema de economia planejada quanto o de propriedade, de distribuição e de trabalho no qual se baseava o correspondente sistema original de "seguro estatal-empresarial" desmoronaram. Surgiram novas formas de propriedade e diversos modelos de distribuição e de trabalho, que entraram em conflito cada vez mais acirrado com o sistema existente. Assim, a nova situação exigiu reformas na seguridade social.

Após a 3ª Sessão Plenária do Comitê Central do XI Congresso do Partido Comunista da China (PCC), realizada em 1978, os sindicatos foram sucessivamente restabelecidos; e, em 1979, criou-se o Departamento de Bem-Estar e Seguro dentro da Administração Nacional de Trabalho, simbolizando a recuperação gradual das instituições administrativas de seguridade social.

1.1 Primeiros passos para o estabelecimento de um novo sistema previdenciário

A realização da 3ª Sessão Plenária do Comitê Central do PCC iniciou na China o processo histórico da transformação para a economia socialista de mercado. A reforma das empresas estatais e do sistema de distribuição do trabalho se desenvolveu rapidamente e, junto com esse processo, surgiram várias formas de propriedade e de distribuição. Em certo sentido, pode-se dizer que o "sistema de seguridade social representa o próprio sistema econômico social".[1] Portanto, desde então, o sistema de seguridade social da China busca um caminho de características chinesas.

1. Jie Ma e Bingwen Zheng, Reavaliação do sistema de seguridade social da Nova China no contexto de economia planejada, in *Revista Estudo Marxismo*, n. 1, p. 45, 2005.

1.1.1 Restauração do sistema de previdência em instituições e empresas públicas

Em 1978, diante da grave situação em que mais de 2 milhões de pessoas não podiam se aposentar (número acumulado durante mais de 10 anos), o Conselho de Estado promulgou o Regulamento Provisório dos Funcionários Idosos, Pacientes e Incapacitados e o Regulamento Provisório de Aposentadoria e Aposentadoria Antecipada dos Trabalhadores (Guofa, 1978, documento nº 104), que marcam o início da restauração do sistema de previdência no país. Em comparação com o regulamento provisório do Conselho de Estado sobre a aposentadoria dos operários e empregados, promulgado em 1958, o documento nº 104 trouxe quatro modificações:

1. Separação dos sistemas de aposentadoria para operários e funcionários. O documento dividiu o sistema único de aposentadoria do ano 1958 em duas partes — o dos operários e o dos funcionários. Ambos não se unificaram até hoje.
2. Reajuste no tempo de serviço. Foram elaboradas duas normas diferentes a respeito do tempo de serviço, de acordo com a aposentadoria normal e a aposentadoria antecipada por conta da perda de capacidade laboral.
3. Normas adicionais de aposentadoria para os inválidos por acidente laboral e pacientes com silicose. Desde então, a aposentadoria dos incapacitados por acidente laboral e de indivíduos com doenças profissionais integrou-se formalmente ao sistema de aposentadoria do país.
4. Reajuste da remuneração de aposentados normais e por invalidez.

1.1.2 Estabelecimento do sistema de aposentadoria aos veteranos que participaram da revolução pré-proclamação da Nova China

Para garantir a sucessão tranquila do quadro de funcionários e assegurar a aposentadoria dos veteranos que participaram da revolução pré-proclamação da Nova China, o Comitê Central do PCC promulgou, em 1982, regras para a aposentadoria por idade. Foi criado um sistema especial, com as seguintes características.

1. Cobertura: idosos que participaram da guerra revolucionária sob a liderança do Comitê Central do Partido, oficialmente ou de forma clandestina.

2. Idade de aposentadoria: entre 55 e 65 anos, de acordo com o cargo e o sexo.

3. Benefícios: renda mínima exatamente igual ao salário da ativa. Pode-se receber um ou dois salários, como subsídio, conforme o tempo de participação na revolução ou grau hierárquico.

Em seguida, o Conselho de Estado promulgou várias regras sobre o processo e tratamento de aposentadoria de especialistas sêniores, regulamentos que funcionam até hoje.

1.1.3 O sistema de seguros previdenciários em empresas coletivas

O documento nº 104 resolveu o problema de aposentadoria de mais de 70 milhões de trabalhadores das empresas estatais, mas ainda restavam mais de 20 milhões de empregados que estavam nas empresas coletivas, sem proteção alguma da seguridade social.[2] Para atender a essa parte da população, o Ministério de Recursos Humanos e Trabalho e a Corporação de Seguros Popular da China (PICC, em inglês) realizaram experiências-piloto, tentando estender a cobertura do sistema previdenciário às empresas coletivas.

Com base nas experiências-piloto, publicaram, em 1984, a *Carta sobre o estabelecimento de princípios de aposentadoria e a questão administrativa nas empresas coletivas no setor urbano*, na qual indicavam como prioridade a criação do sistema de aposentadoria para os trabalhadores das empresas coletivas. Nesse sistema, a contribuição seria feita tanto pelo empregado quanto pela empresa, que pagaria a maior parte, e a administração ficaria a cargo da PICC. Mesmo que a carta priorizasse o uso de companhias de seguros para a acumulação dos fundos, permitia também que as províncias continuassem a prática anterior de recolher os fundos de previdência, de modo que ambos os sistemas coexistiam. Essa situação se manteve até a mudança do sistema previdenciário.

1.1.4 O sistema de seguros previdenciários para empregados contratados

Depois da reforma e abertura, começaram a surgir os empregados contratados. Para proteger os direitos desse grupo de pessoas, o Conselho de Estado

2. Dados de 1978, citado do *China statistical yearbook 1996*.

promulgou, em 1986, as Normas Provisórias para o Sistema de Contratação das Empresas Estatais. Comparado com o sistema de seguros de previdência das empresas de propriedade coletiva, esse sistema apresentou quatro mudanças importantes.

1. Pela primeira vez, a contribuição viria de três fontes, da empresa, do empregado e do governo, que "ofereceria auxílio em caso de insuficiência".

2. Definiu-se a base de contribuição segundo o crescimento do salário real. De acordo com as normas provisórias, a alíquota de contribuição era de 15% do salário bruto para a empresa e menos de 3% do salário real para o empregado.

3. Adotou-se o sistema de fundos acumulados. O fundo de previdência seria depositado no banco, e os juros seriam calculados segundo a taxa de poupança do indivíduo.

4. O critério para a aposentadoria seria determinado de acordo com o tempo de contribuição, o valor total pago e o salário médio de um determinado período de trabalho.

Para concluir, nesse período foram alcançados três êxitos no desenvolvimento do sistema previdenciário. Primeiro, a cobertura se estendeu de empresas estatais para empresas coletivas e começou a se estabelecer o sistema de previdência no meio rural. Segundo, foram unificados os benefícios do Estado, de empresas e dos trabalhadores e foi definida a forma de contribuição em três partes. Terceiro, unificou-se o entendimento sobre o estabelecimento de um sistema previdenciário em diversos níveis. A estrutura institucional do sistema seria composta por previdência básica nacional, previdência complementar empresarial e previdência pessoal de poupança individual.

1.2 Restauração e aprofundamento do sistema de seguro-saúde

Nos anos que se seguiram à reforma e abertura, o seguro-saúde atraía menos atenção do que a previdência ou o seguro-desemprego. Nesse aspecto, porém, havia uma preocupação com a alta dos custos médicos, que subiam mais rápido do que a taxa de crescimento do Produto Interno Bruto (PIB) e da receita fiscal. Como mostra a figura 1, o crescimento de gastos médicos pressionou as finanças e, consequentemente, o desenvolvimento econômico do país.

Figura 1

Crescimento de gastos médicos, PIB e receita fiscal entre 1979 e 1987 (%)

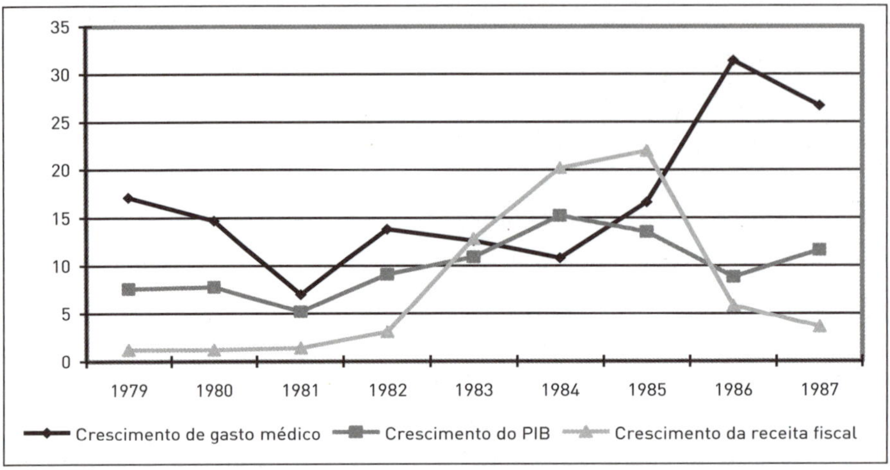

Fonte: Os dados do custo médico entre 1978 e 1985 são citados em *Estatísticas salariais da China 1949-85*; os dados de 1986 a 1987 são citados em Estatísticas salariais da China 1978-87. Os dados de crescimento do PIB são do Instituto Nacional de Estatísticas da China: *Resumo de estatísticas da China 2009*. Os dados são calculados a preços constantes. Os dados do crescimento da receita fiscal foram retirados da *Compilação de materiais estatísticos dos 50 anos da Nova China*.

Notas: 1. Gasto médico inclui gastos de assistência médica à custa do Estado e gastos de assistência médica custeados pelo seguro do trabalho. 2. Até 1985, inclusive, o subsídio aos preços era diluído na receita fiscal; depois desse ano, passou a ser considerado despesa. Para unificá-los, os dados de 1985 e dos anos anteriores foram reajustados.

Na década de 1980, à medida que ocorria a reforma do sistema econômico das cidades, as diversas formas de propriedade substituíram rapidamente a antiga economia estatal. Nessas circunstâncias, a assistência médica custeada pelo Estado e a assistência médica custeada pelo seguro do trabalho não se adaptavam mais ao novo sistema econômico. Por um lado, os empregados vinculados aos novos sistemas de propriedade ficaram excluídos dessas assistências; por outro, o aumento do custo médico trouxe muita pressão às empresas, que enfrentaram grandes dificuldades no processo de reestruturação.

Em razão disso, algumas empresas começaram a alterar o sistema original para controlar a tendência de alta de custo médico, mas o impacto não foi significativo. Mais tarde, com o aumento da pressão fiscal, o governo começou a explorar a possibilidade de reformar, então, o sistema de seguro-saúde.

1.2.1 Reforma da assistência médica custeada pelo Estado: o aumento da responsabilidade individual

O déficit de despesas médicas onerava cada vez mais as finanças locais. Em 1978, o Ministério de Saúde e o Ministério das Finanças promulgaram em conjunto uma portaria chamada Anúncio sobre a Retificação e Consolidação da Administração de Assistência Médica Custeada pelo Estado, com a intenção de corrigir a situação desordenada do sistema estatal durante o período da Revolução Cultural. O anúncio delineou uma série de medidas, tais como a definição de fontes de financiamento, a consolidação da administração, a designação de hospitais e o reforço de pagamento parcial pelo próprio beneficiado.

Em 1989, os dois ministérios promulgaram as Medidas de Administração de Assistência Médica Custeada pelo Estado, que fez um balanço do trabalho dos 30 anos anteriores e serviu como principal base para a definição da assistência médica estatal dali em diante. Definiu-se que o sistema incluiria trabalhadores de 12 setores e estabeleceram-se regras detalhadas para casos de reembolso. De modo geral, houve aumento da responsabilidade individual e foi reforçada a administração das despesas.

Em resumo, num primeiro momento o seguro-saúde garantido pelo Estado não sofreu reformas fundamentais e continuou com o modelo do sistema de economia planejada. Mais tarde, com o agravamento do déficit e o desperdício de medicamentos, o Estado reajustou certas regras e intensificou o controle, reforçando a responsabilidade individual. No entanto, os resultados da implantação dessas medidas não foram satisfatórios.

1.2.2 Reforma do sistema de seguro-saúde no trabalho: programa social coordenado de assistência mútua em experimentação

A reforma do seguro do trabalho na década de 1980 incluiu dois aspectos. Primeiro, o programa social coordenado de assistência mútua para gastos médicos dos aposentados e funcionários veteranos. Em 1992, havia 270 mil aposentados vinculados ao programa e, no ano de 1993, o número subiu para 2,8 milhões de pessoas.[3] O programa desempenhou um papel

3. Mohrss, *Statistical bulletin of labor development 1992*, Beijing, China.

muito importante para atender à demanda por assistência médica dos aposentados.

Segundo, o programa social coordenado de assistência mútua para gastos médicos em caso de doenças graves. Em 1992, o Ministério de Trabalho elaborou a Diretriz sobre a Experiência do Programa Social Coordenado de Assistência Mútua para Gastos Médicos em Caso de Doenças Graves e decidiu que o sistema seria adotado nas estatais, empresas coletivas nas cidades, companhias privadas nas regiões necessitadas e empresas com investimento estrangeiro. A experiência tinha como objetivo usar fundos angariados pelos governos municipais ou distritais para cobrir os gastos e ainda conseguir ter um pouco de superávit. O pagamento seria alocado segundo a necessidade de cada cidade e definido como parcial ou integral segundo o beneficiado. Em 1992, o programa contava com 1,3 milhão de participantes.[4]

Fazendo uma retrospectiva da reforma do seguro do trabalho nesse período, a maior contribuição foi a restauração do programa social coordenado de assistência mútua para gastos médicos, dando início à solução do desequilíbrio de encargos das empresas. O funcionamento do seguro-saúde por meio da assistência mútua ajudou a assentar a base para as reformas posteriores.

1.2.3 A reforma ampla do seguro-saúde: encargo dividido em três partes

Na ampla reforma do seguro-saúde, em 1988, o Grupo de Estudos de Reforma Médica do Conselho de Estado promulgou o Esboço do Projeto da Reforma do Sistema de Seguro-Saúde, recomendando estabelecer gradualmente um sistema apropriado para a China, que possuísse diversas formas e níveis de cobertura social, financiados pelo Estado, empresas e indivíduos.

Em 1992, o Ministério de Trabalho elaborou o Projeto de Reforma do Seguro-Saúde para Trabalhadores, que incluía: aumento gradual da cobertura do seguro-saúde, a fim de que empregados de empresas das diversas categorias fossem integrados ao sistema; estabelecimento gradual do fundo de seguro-saúde, dividido entre o Estado, a empresa e o indivíduo; e estabelecimento do sistema de controle das despesas médicas. No mesmo ano, o Conselho de

4. Mohrss, *Statistical bulletin of labor development 1992*, Beijing, China.

Estado criou o Grupo Diretivo da Reforma do Sistema de Saúde, marcando uma nova fase para a questão na China.

1.3 O declínio do sistema de seguridade social rural

1.3.1 O sistema de "cinco garantias" no programa social coordenado de assistência mútua no meio rural

Após a Revolução Cultural, o sistema de "cinco garantias" foi, em certa medida, restaurado. Por esse sistema, o cidadão rural teria garantidos os direitos à alimentação, vestuário, habitação, cuidados médicos e cobertura dos gastos com funeral. No entanto, a implementação do sistema de responsabilidade familiar por contrato causou uma série de problemas, como o enfraquecimento e desmoronamento da economia coletiva tradicional e a falta de proteção devida aos segurados.

Para melhorar o serviço de garantia aos segurados, o Comitê Central do Partido e o Conselho de Estado alteraram, então, as regras. Em 1985, foi claramente definido no Anúncio da Proibição de Pagamento e Cobrança Ilegal aos Agricultores que "o fundo de 'cinco garantias' na zona rural deveria ser angariado por impostos ou outras fontes legais. Antes do estabelecimento desse sistema, o fundo deveria ser financiado por meio da cobrança de serviços públicos coordenados".

Posteriormente, o Conselho de Estado promulgou, em 1991, o Regulamento de Gastos Pagos por Agricultores e Administração de Serviço Rural, no qual os artigos 7º e 8º determinavam que "as taxas pagas por agricultores" deveriam formar o fundo do programa social coordenado, o fundo de bem-estar público e cobrir a taxa de administração. O fundo de bem-estar serviria para custear as "cinco garantias", o subsídio às famílias paupérrimas, a assistência médica cooperativa e outros serviços públicos coletivos. O fundo do programa social coordenado, angariado pela comarca, serviria para oferecer as "cinco garantias" às famílias. Se as famílias beneficiadas pelas cinco garantias recebessem auxílio financeiro pela comarca, a cidade não precisaria pagar novamente o benefício. Essas medidas resolveram, por algum tempo, o problema básico de financiamento das "cinco garantias" no meio rural, o que possibilitou que esse trabalho continuasse de forma relativamente ordenada.

1.3.2 O declínio do sistema cooperativo de assistência médica no meio rural

Com a revogação da Comuna Popular, no início da década de 1980, e a implementação do sistema de responsabilidade familiar por contrato, com receita em função da renda, o sistema de saúde cooperativo no meio rural entrou em declínio. Os motivos foram diversos.

Primeiro, o sistema de saúde cooperativo perdeu a base financeira com o enfraquecimento da economia coletiva. Segundo, o Estado reduziu o fluxo de fundos para o meio rural. Durante o 7º Plano Quinquenal, por exemplo, o Estado ampliou em 400 mil o número de leitos de hospital, mas a área rural não recebeu nenhum investimento.[5] Terceiro, existiam defeitos no próprio sistema cooperativo. Como o serviço médico era gratuito ou de custo muito baixo, ocorriam facilmente "riscos morais" na obtenção de tratamento médico. Por outro lado, havia uma fonte única de recursos e uma área limitada para angariar fundos do programa social coordenado de assistência mútua, de modo que o sistema não era sustentável.

Entre 1979 e 1985, o percentual de cidades administrativas da China que adotavam o sistema médico cooperativo caiu drasticamente de 90% para somente 5%. Em 1989, a taxa era de apenas 4,8%.[6] No início da década de 1990, o sistema de saúde cooperativo, que fora reconhecido pela Organização Mundial de Saúde como "o único exemplo de solução dos gastos com saúde nos países em desenvolvimento", só sobreviveu em Xangai e no sul de Jiangsu, e estava à beira da extinção.

2. A escolha de um modelo moderno de seguridade social

Em 1992, o discurso de Deng Xiaoping durante sua viagem ao sul e a convocação do XIV Congresso do Partido Comunista marcaram uma nova etapa do processo de reforma e abertura, promovendo a modernização da China. Em 1993, a Decisão do Comitê Central do PCC sobre o Estabelecimento da

5. Zhong Xuesheng, *Research on traditional cooperative medical system in rural China*, Tese de doutorado da Central Party School, 2008.
6. Shang Liyan, *Cooperative medical system in rural China: interpretation of institutional evolution based on subjective identity*, Tese de doutorado da Liaoning University, 2008.

Economia Socialista de Mercado definiu os princípios e as regras importantes sobre o sistema econômico, o sistema de distribuição de trabalho e o sistema de seguridade social.

Em relação às metas para o sistema econômico, a "economia mercantil socialista" que havia sido proposta no XII Congresso do PCC foi substituída pela construção da "economia de mercado socialista". Foi afirmado que "a distribuição da renda individual deveria seguir os seguintes princípios: a cada um segundo o seu trabalho; haveria a coexistência de um sistema diversificado de distribuição; e seria dada prioridade à eficiência, mas levando em conta a justiça e a equidade".

Essa transformação da economia mercantil em economia de mercado apresentou novas exigências ao sistema de seguridade social. Sobre esse tema, ficou definido como meta a construção de um sistema com diversos níveis, combinando o programa social coordenado de assistência mútua com um sistema individual. Vale ressaltar que, na década de 1990, a economia chinesa enfrentou duas provas: a inflação e as dificuldades operacionais das empresas estatais. Foi nesse contexto que se desenvolveu a teoria e a prática do novo sistema de seguridade social.

2.1 A escolha do novo modelo previdenciário e seu desenvolvimento institucional

2.1.1 Definição do modelo básico de previdência combinando o programa social de assistência mútua e a conta individual

Entre 1992 e 1998, a China estabeleceu formalmente o sistema básico de previdência, com a combinação do programa social coordenado de assistência mútua e a conta individual. Ele foi fomentado pelos documentos a seguir.

Primeiro, a Decisão do Comitê Central do PCC sobre o Estabelecimento da Economia Socialista de Mercado, lançada durante a 3ª Sessão Plenária do Comitê Central do XIV Congresso do PCC, que estabeleceu o objetivo de "construir um sistema de seguridade social em diversos níveis" e afirmou que os fundos de previdência e de seguro-saúde para trabalhadores urbanos ficariam a cargo conjuntamente das empresas e indivíduos. Também foi definido que o programa social coordenado de assistência mútua deveria ser combinado com a conta individual e que seria criado um órgão único para a administração da previdência social.

Segundo, em 1995, o Anúncio sobre o Aprofundamento da Reforma do Sistema Previdenciário dos Trabalhadores, lançado pelo Conselho de Estado, que definiu um esquema concreto para a combinação do programa social coordenado de assistência mútua com a conta individual. Exigiu-se, então, que fosse implantado, até o fim do século XX, um sistema previdenciário adaptado à economia de mercado socialista que servisse para empregados de todos os setores e trabalhadores autônomos no meio urbano. Também ficou definido que a fonte das receitas seria diversificada; as formas de proteção seriam diversas; o programa social coordenado seria combinado com a conta individual; os direitos corresponderiam às obrigações e que tanto a gestão quanto os serviços seriam socializados. Levando em conta as diferenças regionais, o Conselho de Estado ofereceu dois planos distintos para a combinação do programa social coordenado e da conta individual, a ser escolhido pelas províncias, regiões autônomas e cidades.

Terceiro, para acabar com a situação fragmentada de coexistência de diversos planos no sistema previdenciário, que se dividiam de acordo com setores ou municípios, o Conselho de Estado promulgou, em 1997, a Decisão sobre o Estabelecimento de um Sistema Previdenciário Único dos Trabalhadores, com a intenção de unificá-los. A decisão definiu os seguintes temas: a existência de uma regra única sobre a escala e a fonte financeira da conta individual; a contribuição única das empresas; as formas de cálculo e de pagamento da previdência; o aumento da cobertura do sistema previdenciário nas cidades; e métodos de administração financeira dos fundos. A promulgação e implementação dessa decisão marcaram o estabelecimento formal de um sistema previdenciário para os trabalhadores que buscava combinar as vantagens da assistência mútua da sociedade com as das garantias próprias. Enquanto o primeiro aspecto contribuía para a redistribuição do sistema previdenciário, o segundo continha os incentivos para a contribuição ao sistema. O propósito original desse projeto buscava, portanto, a combinação de justiça e equidade com eficiência — o que, por sua vez, era uma tentativa de atingir o meio-termo, pensamento básico da tradição chinesa.

2.1.2 O desenvolvimento do sistema previdenciário

De 1991 a 1997, o sistema previdenciário dos trabalhadores urbanos experimentou um rápido desenvolvimento, com destaque para os seguintes aspectos:

1. Ampliação da cobertura. Em 1991, o documento nº 33 unificou a previdência das empresas coletivas e estatais. Com isso, em 1995, o sistema previdenciário para empresas estatais e coletivas urbanas já cobria quase todo o país.[7]

2. Crescimento de segurados. No sistema de seguridade básica, havia 56,5 milhões de segurados em 1991; quatro anos depois, esse número subiu para 86,7 milhões. Por sua vez, o número de aposentados aumentou de 10,8 milhões para 25,3 milhões.

3. Despesas crescentes. As despesas com a previdência cresceram rapidamente, passando de RMB ¥ 17,3 bilhões, em 1991, para RMB ¥ 125,1 bilhões, em 1995.

Apesar de a Decisão do Conselho de Estado sobre o Estabelecimento do Sistema Previdenciário Básico dos Trabalhadores Empresariais, de 1997, ter solucionado algumas limitações do sistema, algumas das novas regras também originaram novos problemas, como a regra sobre a "aposentadoria de transição".

A respeito disso, ficou estabelecido que a "aposentadoria de transição" seria resolvida por meio do fundo de aposentadoria vigente, o que significa que a contribuição dos trabalhadores ativos deveria pagar o referente aos aposentados e, ao mesmo tempo, acumular fundos para a própria aposentadoria. Ou seja, uma geração teria de custear a aposentadoria de duas gerações. A partir daí é fácil entender o esvaziamento da conta e o déficit do fundo no período, além dos casos de desligamento do sistema.

Em termos de previdência rural, o Programa Básico de Previdência Rural de Nível Distrital, lançado em caráter experimental pelo Ministério de Assuntos Civis em 1992, definiu a realização do programa previdenciário por distritos ou municípios, adotou o sistema de contas individuais e estabeleceu que a contribuição seria feita segundo o princípio de "contribuição pessoal

7. Mohrss, *Statistical bulletin of labor development 1995*, Beijing, China.

Figura 2

Segurados, receitas e despesas do fundo de previdência no período de 1991-97 (10 mil pessoas, RMB ¥ 100 milhões)

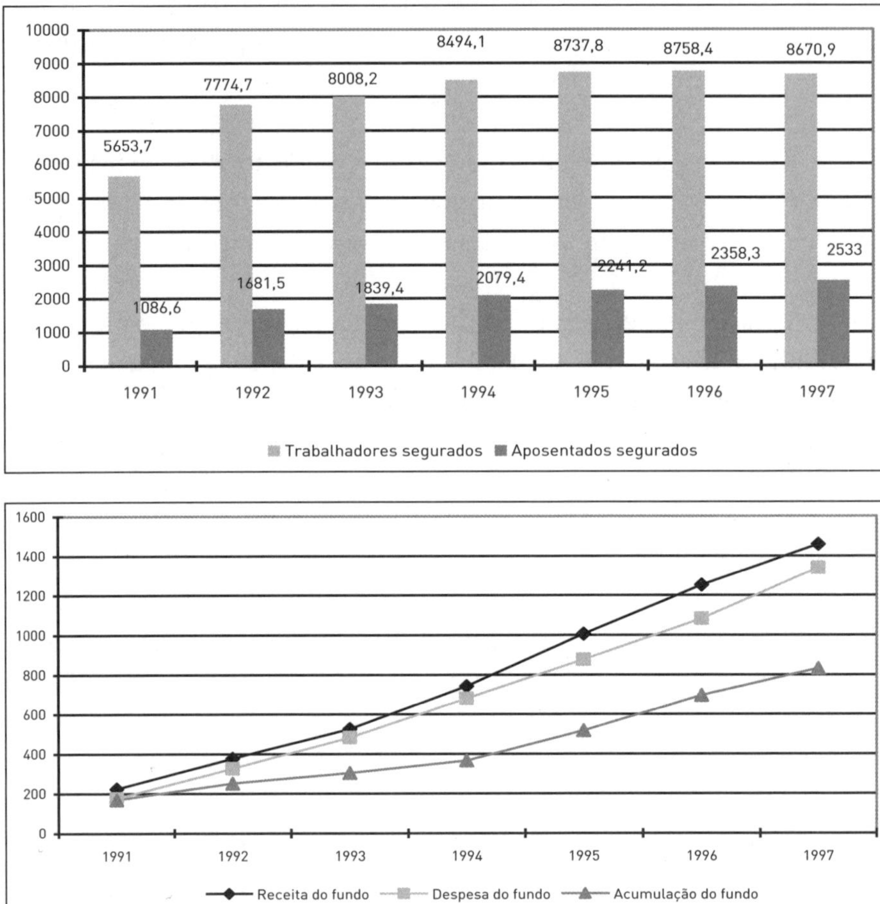

Fonte: Instituto Nacional de Estatísticas da República Popular da China: Anuário de estatísticas do trabalho da China 2008. Editora de Estatísticas da China, 2008.

como fonte principal e auxílio da coletividade como complementar, além do apoio de políticas do governo central". Desde então, o seguro da previdência rural desenvolveu-se em todo o país. Até o fim de 1999, a população de segurados do meio rural atingiu 80 milhões.[8]

No entanto, na execução do programa, surgiram problemas tais como fragmentação de capital, falta de medidas uniformes e até desvio de recursos.

8. Mohrss, *Statistics bulletin of labor and social security development 1999*, Beijing, China.

Como o sistema adotado na zona rural era por acumulação, tal qual nas zonas urbanas, os defeitos do sistema foram evidenciados em ambas as regiões. Entre eles estavam o fato de o sistema beneficiar mais os ricos do que os pobres, oferecer baixo nível de proteção, e não contar com o apoio da maior parte da população. Todos esses aspectos eram amplamente criticados, mas a questão mais grave era a baixa resiliência do fundo de previdência frente a riscos, principalmente no meio rural. Na época de inflação alta, nos anos 1990, por exemplo, a preservação do valor do fundo tornou-se um obstáculo intransponível para a continuação do desenvolvimento do sistema. Assim, em 1999, o Conselho de Estado começou a regular e retificar a administração da seguridade rural, impedindo sua expansão ou transformando os planos em seguros comerciais. Nesse momento, a previdência no setor rural praticamente estagnou.

2.2 Experiência-piloto e estabelecimento da combinação do programa social coordenado de seguro-saúde com conta individual

À medida que se aprofundava a reforma econômica, as desvantagens do antigo sistema de seguro-saúde se tornavam cada vez mais evidentes. As exigências da nova economia de mercado tornaram urgente a reforma do sistema de seguridade social, incluindo a do seguro-saúde.

Em 1993, foi criado um novo sistema que combinava a conta individual e a coordenação social de gastos médicos devido a doenças graves. A partir de 1998, com a aprovação da Decisão do Estabelecimento do Sistema de Saúde Básico dos Trabalhares Urbanos, promulgada pelo Conselho de Estado, começou a fase de construção de um novo sistema de saúde na China, que contava com os seguintes elementos:

1. Em relação à cobertura, o novo sistema abrangia todas as atividades urbanas, incluindo trabalhadores das empresas estatais, coletivas, privadas e instituições públicas, quebrando as limitações antigas do seguro-saúde custeado pelo Estado, que cobria somente as estatais e instituições públicas.

2. Em relação às contribuições, a entidade responsável pela captação dos fundos passou a ser a administração subprovincial (uma subprovíncia abrange vários municípios ou distritos).

3. O novo sistema combinou o programa social coordenado de assistência mútua com a conta individual. A conta individual era composta pela contribuição do trabalhador e das empresas, enquanto a conta do programa social coordenado incluía somente a contribuição das empresas.

4. O novo sistema aumentava a contribuição a ser paga pelo segurado. O modelo do novo sistema de saúde foi considerado uma grande inovação, com as vantagens do sistema de programa social de assistência mútua, porém sem as suas desvantagens.

Resumindo, a reforma do seguro de assistência médica, nesse período, tinha dois aspectos: Primeiro, a realização de experiências-piloto e o estabelecimento de um sistema que combinava as contribuições do programa social coordenado de assistência mútua e a conta individual. Segundo, no momento em que se fazia a experiência-piloto do programa social combinado com a conta individual, foram feitas outras reformas, como a introdução do programa social coordenado de gastos médicos para doenças graves e do programa social coordenado para trabalhadores, funcionários e trabalhadores aposentados. De acordo com os dados exibidos na tabela 1, pode-se notar que esses dois programas mantiveram um desenvolvimento contínuo nessa época, mas, com a ampliação da experiência-piloto do novo sistema combinado do programa social coordenado com a conta individual, eles começaram a desaparecer.

Tabela 1

Desenvolvimento de seguro-saúde dos três sistemas de 1994 a 1999

Desenvolvimento dos três sitemas		**Ano**					
		1994	**1995**	**1996**	**1997**	**1998**	**1999**
Programa coordenado social de assistência mútua para doenças graves	Segurados (dez mil pessoas)	375	702,6	791	1121,8	1108	-
	Receita (RMB ¥ 100 milhões)	-	-	17,7	36,9	39,2	-
	Despesa (RMB ¥ 100 milhões)	-	-	14,7	28,7	35,6	-
	Saldo (RMB ¥ 100 milhões)	-	-	6,4	-	-	-

(continua)

Desenvolvimento dos três sitemas		Ano					
		1994	1995	1996	1997	1998	1999
Programa coordenado social de assistência mútua para trabalhadores aposentados	Segurados (dez mil pessoas)	35,8	42,4	64	99,2	78,8	-
	Receita (RMB ¥ 100 milhões)	-	-	1,3	2,1	1,9	-
	Despesa (RMB ¥ 100 milhões)	-	-	1,5	1,9	1,7	-
	Saldo (RMB ¥ 100 milhões)	-	-	0.0067	-	-	-
Programa coordenado social combinado da assistência mútua com a conta individual	Segurados (dez mil pessoas)	-	-	-	369,3	509,3	593,9
	Receita (RMB ¥ 100 milhões)	-	-	-	-	19,5	24,5
	Despesa (RMB ¥ 100 milhões)	-	-	-	-	15,6	16,5
	Saldo (RMB ¥ 100 milhões)	-	-	-	-	9,8	8

Fonte: Website do Ministério de Recursos Humanos e Seguridade Social: Relatório de Estatísticas do Desenvolvimento do Trabalho entre 1994 e 1999.

Nota: Em 1998, a soma do saldo do programa social coordenado para doenças graves e para trabalhadores aposentados era de RMB ¥ 2 bilhões. Em 1999, o número total de segurados dos dois sistemas era 14,7 milhões, a receita do fundo era RMB ¥ 6,5 bilhões, a despesa era RMB ¥ 5,4 bilhões e o saldo era RMB ¥ 4,96 bilhões.

2.3 Desenvolvimento do seguro-desemprego para trabalhadores de empresas estatais

Em 1993, o Conselho de Estado promulgou a Norma sobre o Seguro-Desemprego para Trabalhadores de Empresas Estatais, revogando a norma provisória de 1986. Em comparação com os antigos regulamentos, o novo sistema fez grandes progressos:

1. Ampliou o âmbito de aplicação. Aumentou de quatro para sete as categorias de beneficiados.

2. Reajustou o sistema e o nível de referência para o valor do seguro-desemprego. Antes, o valor do seguro-desemprego era menor que o da assistência social. Na nova norma, o valor do seguro passou a ser definido pelos go-

vernos provinciais ou municipais, desde que correspondesse de 120% a 150% do valor da assistência social.

3. Foram definidas as instituições administrativas do seguro-desemprego e quais eram as suas responsabilidades. Departamentos administrativos de assuntos do trabalho (acima do nível municipal) seriam diretamente responsáveis pela gestão do seguro-desemprego. O Comitê do Fundo de Seguro-Desemprego, responsável pela orientação e supervisão, devia ser composto por responsáveis do governo local, do sindicato do mesmo nível e representantes dos departamentos de trabalho, finanças, comissão de planejamento, auditoria e banco. As entidades encarregadas do serviço de seguro-desemprego seriam todas públicas sem fins lucrativos, para que o mecanismo de supervisão fosse padronizado e seguisse as normas.

Embora aperfeiçoada em vários aspectos, a Norma sobre o Seguro-Desemprego tinha ainda problemas que limitaram seu desempenho, como por exemplo: a cobertura era restrita; alguns indivíduos não pagavam a quota de contribuição; o seguro era baixo; o nível do programa social coordenado de assistência mútua desceu de provincial para municipal ou distrital; e faltavam mecanismos de supervisão eficientes para a gestão e uso do fundo.

Segundo as estatísticas, em 1996, o número de trabalhadores que se beneficiavam do auxílio desemprego era de 3.307.884 pessoas, e o valor do fundo total reembolsado pelas instituições de seguro era de RMB ¥ 1,3 bilhão — a renda por pessoa era, portanto, de RMB ¥ 419,31. Se considerarmos o prazo do benefício de seis meses, o valor mensal por pessoa era então somente de RMB ¥ 139,77.[9] No entanto, em 1996, a média da despesa mensal de consumo por pessoa nas cidades era de RMB ¥ 326,63, e a despesa de alimentação mensal por pessoa somava RMB ¥ 158,73.[10] Isso significa que o valor do auxílio não era suficiente nem para pagar a alimentação dos indivíduos.

Ao mesmo tempo, como outras empresas estavam excluídas, não era possível fazer com facilidade uma reforma sistemática. Pode-se notar, portanto, que, à medida que se aprofundava a reforma econômica, o seguro-desemprego ficava mais distante do objetivo de atender às exigências de um mercado de trabalho unificado e de empresas modernas.

9. Citado de: Zheng Gongcheng et al., *Evolution and evaluation of China's social security system*, Beijing: Renmin University of China Press, 2002, p. 166.
10. Calculado usando dados do Instituto Nacional de Estatísticas da China, *Comprehensive statistical data and materials on 50 years of New China*, Beijing: China Statistics Press, 1999.

2.4 O sistema de seguro de acidentes do trabalho

Comparada com a reforma da previdência e do seguro-saúde, a reforma do seguro de acidentes do trabalho começou relativamente tarde. Esse sistema era aplicado sempre no âmbito do seguro de trabalho, definido no início da fundação da Nova República, e não havia nenhuma legislação específica sobre o tema.

Em 1996, foi lançada a portaria normativa ministerial: Medidas sobre Seguro de Acidentes do Trabalho, que era o primeiro regulamento específico a respeito desse tipo de seguro, o que era de grande importância em termos de inovação. De 1994 até fins de 1999, o número de segurados aumentou de 18,2 milhões de pessoas para 39,1 milhões, enquanto a população beneficiada subiu de 58 mil para 151 mil pessoas. Segundo a tabela 2, o saldo do fundo subiu de RMB ¥ 0,68 bilhões para RMB ¥ 4,49 bilhões.[11]

Tabela 2

Desenvolvimento do seguro de acidentes do trabalho entre 1994 e 1999

Desenvolvimento do seguro	ano					
	1994	**1995**	**1996**	**1997**	**1998**	**1999**
Segurados no final do ano (10 mil pessoas)	1822,1	2614,8	3102,6	3507,8	3781,3	3912,3
População beneficiada no final do ano (10 mil pessoas)	5,8	7,1	10,1	12,5	15,3	15,1
Saldo do fundo no final do ano (RMB ¥ 100 milhões)	6,8	12,7	19,7	27,7	39,5	44,9

Fonte: *Anuário fiscal da China 2008* e *Anuário estatístico da China 2008*.

Por um lado, o crescimento no número de segurados e beneficiários e o aumento do saldo do fundo representam o desenvolvimento desse tipo de seguro, demonstrando sua função de proteção aos trabalhadores. Por outro lado, o sistema, que desempenhava o papel de compensação de acidentes e apoio econômico em caso de convalescença, ainda pecava em termos de prevenção de acidentes, um ponto que a reforma ainda precisa aprofundar.

11. Fonte: China Infobank, China Statistical Database.

2.5 Desenvolvimento da assistência no meio rural

2.5.1 O desenvolvimento contínuo do sistema de "cinco garantias", baseado no programa social coordenado de assistência mútua por comarca no meio rural

Nos anos 1990, o sistema de "cinco garantias" no meio rural estava mais padronizado e mantinha o modelo do programa social de assistência mútua. Em janeiro de 1994, o Regulamento para o Sistema de "Cinco Garantias" no Meio Rural, aprovado pelo Conselho de Estado, foi o primeiro regulamento específico, representando que o sistema estava se encaminhando para a formalidade. Os aspectos aperfeiçoados pelo regulamento foram os seguintes:

1. Definição da cobertura do sistema de "cinco garantias". O sistema era direcionado aos idosos, deficientes e menores de 18 anos que, sem guarda legal, não tinham capacidade de se sustentar, de trabalhar ou não possuíam fonte de renda.

2. Aumento ou melhoria do conteúdo. Na época da Comuna Popular, as "cinco garantias" referiam-se à garantia de alimentação, vestuário, combustível, serviço funeral e educação. Depois da reforma e abertura, foram modificadas para referir-se à garantia de alimentação, vestuário, habitação, assistência médica e serviço funeral — e também educação, no caso de menores de 18 anos.

3. Maior estabilidade e diversificação das fontes de financiamento, com o programa social coordenado de assistência mútua por comarca se tornando a fonte principal. Em 1994, eram mais de 31 mil comarcas que adotavam o programa social coordenado de assistência mútua, para os quais foram angariados RMB ¥ 853,7 milhões. Essa quantia atingiu 1,4 milhão de beneficiários do sistema de "cinco garantias", o que representava 62% dos beneficiados dispersos. Simultaneamente, o Estado aumentou a ajuda financeira destinada a esse grupo de pessoas. Em 1994, o valor alocado pelo Estado para os beneficiários do sistema de "cinco garantias" foi de RMB ¥ 75,5 milhões, o que representava 27,8% da despesa relativa à assistência social no meio rural.[12]

12. Song Shiyun, Evolution of rural households system in New China, in *Contemporary Chinese history studies*, v. 14, n. 1, p. 97, Jan. 2007.

2.5.2 Baixa do sistema cooperativo de assistência médica no meio rural

Desde os anos 1990, enfrentando o encolhimento do sistema de assistência médica cooperativa no meio rural, o governo central realizou uma série de reformas, que, entretanto, surtiram pouco efeito. Em 1997, a Decisão sobre a Reforma e o Desenvolvimento Sanitário, lançada pelo Comitê Central do PCC e pelo Conselho de Estado, propunha "desenvolver o sistema médico cooperativo de forma ativa e constante, realizar a cooperação médica sob a organização e liderança do governo, persistindo no princípio de iniciativa privada com ajuda governamental e participação voluntária. A contribuição particular deve ser a principal fonte de fundos, com ajuda da coletividade e apoio financeiro adequado de governo. Tudo isso é para elevar gradualmente o nível de proteção".

Para implantar essas determinações, no mesmo ano o Ministério da Saúde entregou ao Conselho do Estado as Propostas para o Desenvolvimento e o Aperfeiçoamento da Cooperação Médica Rural, que promoveram, em certa medida, a recuperação do sistema de assistência médica cooperativa. Ainda assim, os resultados não foram ideais. Em 1997, somente 17% das aldeias administrativas mantinham esse sistema, e a participação dos camponeses era de apenas 9,6%. Depois de 1997, a velocidade do desenvolvimento econômico e da renda no meio rural diminuiu, e o sistema médico cooperativo, que seguia o princípio de "participação voluntária", perdeu espaço.[13] A razão fundamental foi a falta de um sistema de apoio financeiro estável, porque o novo sistema dependia principalmente da contribuição individual.

3. Desenvolvimento e aperfeiçoamento do sistema de seguridade social

Com o impacto da crise financeira asiática, o problema de inflação na China converteu-se em deflação. Nesse contexto, com a meta programada pelo governo central de "sair das dificuldades em três anos", as empresas estatais realizaram reajustes e reformas estruturais, aumentando consequentemente o número de desempregados, o que trouxe grande pressão ao desenvolvimento

13. Shao Qitao, Historical evolution of the cooperative medical system in rural China and its enlightenment, in *Journal of Shandong Agricultural Universities* (edition of Social Sciences), n. 2, 2007.

da seguridade social do país. Ao entrar no novo século, à medida que se cumpria a meta e se realizavam reformas econômicas, a economia chinesa começou a acelerar. Ao mesmo tempo, com a introdução do conceito de "sociedade harmoniosa" e "desenvolvimento científico", o desenvolvimento do sistema de seguridade social da China entrou em um período de prosperidade, como revelam os aspectos descritos nesta seção.

3.1 Aperfeiçoamento da tentativa de uma previdência básica e da integração urbano-rural do programa social coordenado de assistência mútua

O governo central destinou grande atenção aos problemas existentes no sistema previdenciário, promulgando uma série de políticas e normas para aperfeiçoá-lo. Foi o período histórico em que com maior intensidade foram elaborados e promulgados documentos relativos ao sistema previdenciário, que entrou em um período de rápido desenvolvimento.

3.1.1 Aperfeiçoamento do sistema previdenciário básico

A China começou a se tornar uma sociedade idosa no período de 1998 a 2008. Em 1999, a população com mais de 65 anos representava 7,63% da população total. Desde então, a questão do seguro para idosos entrou em uma via expressa. Os trabalhadores participantes do sistema de seguro de previdência básico aumentaram de 84,75 milhões, em 1998, para 151,8 milhões, em 2007, ao passo que as despesas relacionadas à previdência aumentaram de RMB ¥ 151,2 bilhões para RMB ¥ 596,5 bilhões, no mesmo período. Os dados são ilustrados na figura 3. Os principais êxitos desse período foram:

1. A realização gradual do sistema de acumulação parcial. O esquema experimental de aperfeiçoamento do sistema de seguridade social urbano lançado pelo Conselho de Estado, no ano 2000, definiu a província de Liaoning como a região para a realização da experiência-piloto. O objetivo era experimentar a separação da gestão e execução das contas do programa social coordenado e individual do sistema de previdência básica. O número de regiões

Figura 3
Operação de previdência básica de 1998 a 2008
(10 mil pessoas/RMB ¥ 100 milhões)

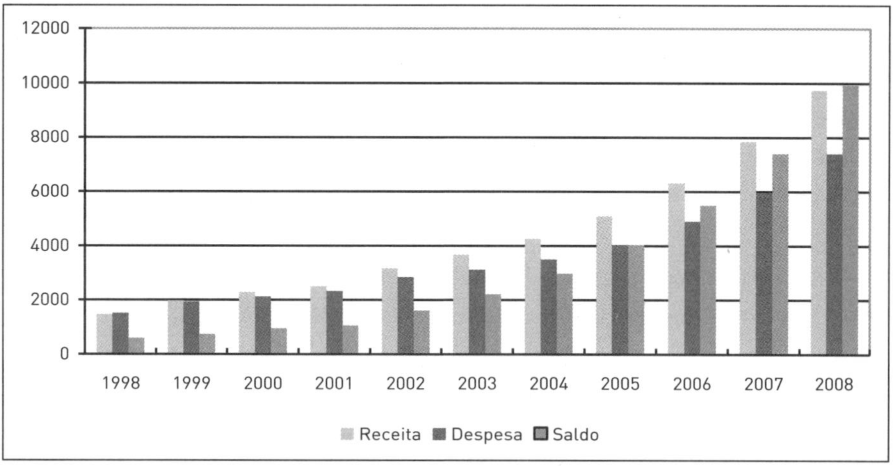

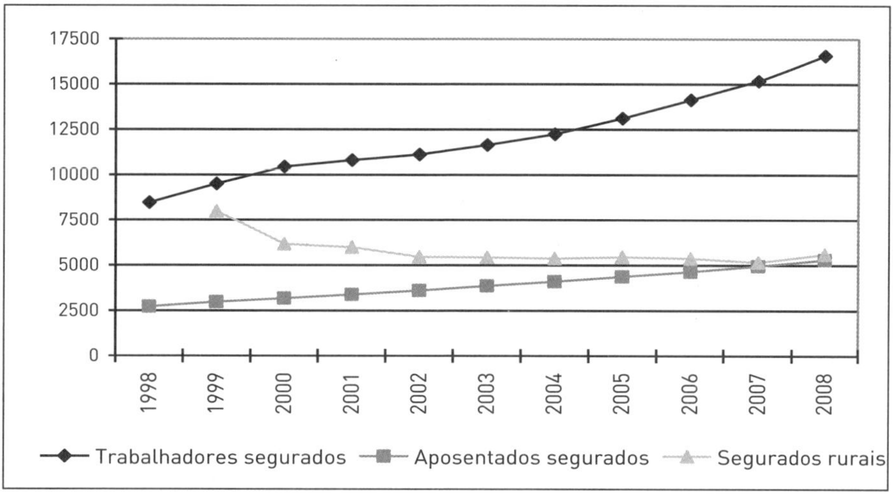

Fonte: Ministério de Recursos Humanos e Seguridade Social — Relatório de desenvolvimento laboral e previdenciário de 1998 a 2008.

onde se realizou a experiência-piloto foi aumentando pouco a pouco. Até fins de 2008, as 13 províncias e municipalidades (como Liaoning, Jilin, Heilongjiang, Tianjin, Shanxi, Xangai, Jiangsu etc.) que tinham a conta individual sólida acumularam RMB ¥ 110 bilhões para o fundo dessa conta,[14] com o qual foi realizado gradualmente o sistema de acumulação parcial.

14. Mohrss, *Statistical bulletin of human resources and social security development 2008*, Beijing, China.

2. O aparecimento do protótipo da estrutura de três pilares. Promulgadas pelo Ministério de Trabalho e Seguridade Social, em 2004, as Medidas Experimentais de Previdência Empresarial e as Medidas Experimentais sobre Administração do Fundo de Previdência Empresarial determinaram o segundo pilar da previdência — previdência empresarial como sistema fiduciário. Desde então, foram lançadas uma série de políticas para aperfeiçoar o sistema de previdência. Até 2008, o sistema atingia 33 mil empresas, com 10,4 milhões de contribuintes, e o saldo do fundo atingiu RMB ¥ 191 bilhões no final do ano.[15]

3. O estabelecimento do Conselho Nacional do Fundo de Previdência. Nos anos 2000, foi fundado o Conselho Nacional do Fundo de Previdência para resolver as responsabilidades históricas do governo na constituição do sistema previdenciário e lidar com o baixo rendimento do fundo no longo prazo. Até 2008, o rendimento total do fundo e o valor total dos ativos passaram, ambos, à ordem de RMB ¥ 500 bilhões. O rendimento do investimento acumulado desde a fundação do Conselho foi de RMB ¥ 159,8 bilhões, com a taxa média anual em 8.98%,[16] enquanto a taxa média de rendimento do fundo de outros cinco programas previdenciários foi somente de 2%.[17]

4. Ampliação da cobertura e aprimoramento do sistema de gestão. Diante da cobertura extremamente estreita do sistema previdenciário, o Conselho de Estado promulgou, em 1999, os Regulamentos Provisórios sobre a Contribuição de Previdência, nos quais determinou as formas de pagamento e a cobertura do sistema. A cobertura, que abrangia empresas estatais e empresas coletivas urbanas, ampliou-se às empresas com investimentos estrangeiros, empresas privadas e autônomos. Além disso, foi estabelecida uma meta para incluir os trabalhadores com emprego flexível até 2005. Nessa época, os seguros de previdência se dividiam por setores. Para unificá-los, o Conselho de Estado promulgou, em 1998, o Anúncio sobre Transferência para os Governos Locais, sobre a Administração e Coordenação Provincial e Setorial da Previdência dos Trabalhadores Empresariais, no qual determinou a gestão unificada dos fundos de previdência de 11 setores a ser feita pelos governos lo-

15. Mohrss, *Statistical bulletin of human resources and social security development 2008*, Beijing, China.
16. National Council for Social Security Fund, *Annual report of national social security fund 2008*, Beijing, China.
17. Yu Xiaoming, Increasing risk of devaluation faced by social security fund of RMB 250 million. Disponível em: <http://zgjrjw.com/news/gncj/2008117/1430295563.html>.

cais. E, assim, deu-se por encerrada a situação confusa de vinculação vertical administrativa e setorial que era vigente há um longo tempo.

5. Introdução de um mecanismo de incentivo. Em 2005, a Decisão sobre o Aperfeiçoamento do Sistema Previdenciário Básico dos Trabalhadores Empresariais, promulgada pelo Conselho de Estado, começou a vincular a previdência básica à contribuição. O documento reajustou a parte da previdência básica correspondente à parte de conta do programa social coordenado da seguinte maneira: "o valor da previdência toma como base a média entre o salário do ano anterior dos trabalhadores ativos locais e o salário mensal médio indexado do próprio segurado". Cada ano completo de contribuição correspondia a 1% na hora do reembolso. Dessa forma, mesmo com uma diminuição da conta individual, o vínculo entre o sistema de previdência e a contribuição se fortaleceu, o que representa um mecanismo de incentivo para a sustentabilidade do sistema.

3.1.2 Integração urbano-rural do programa social coordenado

1. A proposta de construção de um sistema previdenciário para residentes urbanos e rurais na 6ª Sessão Plenária do Comitê Central do XVI Congresso do PCC, realizada em 2006, colocou na agenda a seguridade social dos residentes de regiões rurais. Formularam-se princípios mais concretos mais adiante, na 3ª Sessão Plenária do Comitê Central do XVII Congresso do PCC, incluindo medidas tais como a implantação da cobertura ampliada, das garantias básicas, o princípio da sustentabilidade, e a aceleração da construção do sistema previdenciário no meio rural.

Comparado ao antigo, o novo sistema tinha duas mudanças: de "contar principalmente com contribuições individuais e ter os subsídios coletivos como recurso auxiliar, além do governamental", o que realizou verdadeiramente a partilha de encargos em três partes, descartando a forma antiga de acumulação do fundo só pelo depósito individual dos camponeses.

Até fins de 2008, os segurados rurais atingiram 56 milhões de pessoas, 4,2 milhões a mais do que no ano anterior. Durante todo o ano, 5,1 milhões de habitantes rurais receberam benefícios da previdência, com 1,2 milhão de pessoas a mais do que em 2007. O pagamento total à previdência no ano foi de RMB ¥ 5,7 bilhões, um aumento de 42% em relação ao ano anterior. No final do mesmo ano, 1.201 municípios das 27 províncias introduziram o serviço previdenciário para os agricultores que tiveram suas terras expropriadas, de modo que mais 13,2 milhões de agricultores se vincularam ao sistema.[18]

2. Desenvolvimento de previdência para trabalhadores migrantes. As Medidas sobre Previdência Básica para Trabalhadores Migrantes, promulgadas em fevereiro de 2009, tratavam de questões importantes. Primeiro, diminuíam a proporção da contribuição, com uma alíquota de 12% para o empregador e de 4% a 8% para o empregado — essa porcentagem era certamente bem menor que a contribuição dos empregados urbanos. Segundo, diante das dificuldades de transferência, esclareciam políticas de gestão dos benefícios, e políticas de acumulação e continuação de rendimento, prevenindo radicalmente as "retiradas de benefícios".

Obviamente, essas medidas trouxeram novos problemas, como, por exemplo, o baixo valor de contribuição, o que poderia fazer com que o rendimento dos trabalhadores migrantes aposentados fosse inferior ao rendimento dos trabalhadores urbanos. No entanto, ficou estabelecido que os benefícios para os trabalhadores migrantes deveriam seguir o mesmo modelo do sistema básico de previdência — combinação do programa social coordenado com a conta individual. Essa decisão representou um grande avanço para a unificação do sistema previdenciário da China.

3.2 O seguro-saúde urbano-rural

3.2.1 Aperfeiçoamento do seguro-saúde para trabalhadores urbanos

Após a realização de experiências-piloto por vários anos, o Conselho de Estado promulgou oficialmente, em 1998, a Decisão sobre o Estabelecimento do Seguro-Saúde Básico para Trabalhadores Urbanos, apresentando com clareza a criação de um sistema de saúde que combinava a contribuição individual com o programa social. Também ficou decidido que gastos superiores ao limite do seguro poderiam ser pagos por seguros privados ou outros meios. Mais tarde, a emissão de uma série de documentos relacionados criou as bases para

18. Mohrss, *Statistical bulletin of human resources and social security development 2008*, Beijing, China.

a implementação do novo sistema e permitiu a expansão do seguro-saúde urbano. Diversos avanços foram alcançados, tais como:

1. O sistema de saúde pago pelo Estado e o sistema de saúde pago pelo seguro de trabalho foram substituídos pelo novo sistema. O conceito moderno de seguro-saúde agradou boa parte da população.

2. O novo sistema enfatizou a responsabilidade pessoal por meio da contribuição individual, e estabeleceu restrições pessoais para conter o crescimento descontrolado de gastos médicos, por meio da criação de contas individuais e do estabelecimento de limites de reembolso, entre outras medidas.

3. A contribuição tornou-se compartilhada entre o empregado, o empregador, e o subsídio do Estado. A diversificação de fontes de recursos garantiria que o sistema se desenvolvesse de forma contínua e estável.

4. O mecanismo de acumulação parcial tem vantagens sistemáticas, como as vantagens do sistema de acumulação e do sistema *pay as you go* ("pague conforme o uso").

5. Desde a implementação do sistema, ampliou-se constantemente a cobertura e o nível de rendimento e pagamento. De 1999 a 2008, a taxa da participação dos aposentados atingiu 98%.

No aspecto das receitas e despesas do fundo, a receita, em 2008, foi de RMB ¥ 288,6 bilhões e a despesa foi de RMB ¥ 202 bilhões, o que corresponde, respectivamente, a 115 vezes e 119 vezes os valores de 1999, ilustrando o crescimento da capacidade de proteção do seguro-saúde na China. A figura 4 ilustra a discussão.

3.2.2 Estabelecimento do seguro-saúde básico para habitantes urbanos

Em 2006, a decisão do Comitê Central do PCC sobre Questões da Construção de uma Sociedade Socialista Harmoniosa, promulgada durante a 6ª Sessão Plenária do Comitê Central do XVI Congresso do PCC, definiu que o sistema de seguro-saúde para habitantes urbanos deveria contar com um programa social coordenado de assistência mútua para doenças graves. Para alcançar esse objetivo, o Conselho de Estado baixou, em 2007, instruções diretivas sobre como realizar experiências-piloto de seguro-saúde básico para

Figura 4

Operação do seguro-saúde básico para trabalhadores urbanos de 1999 a 2008 (%, RMB ¥ 100 milhões)

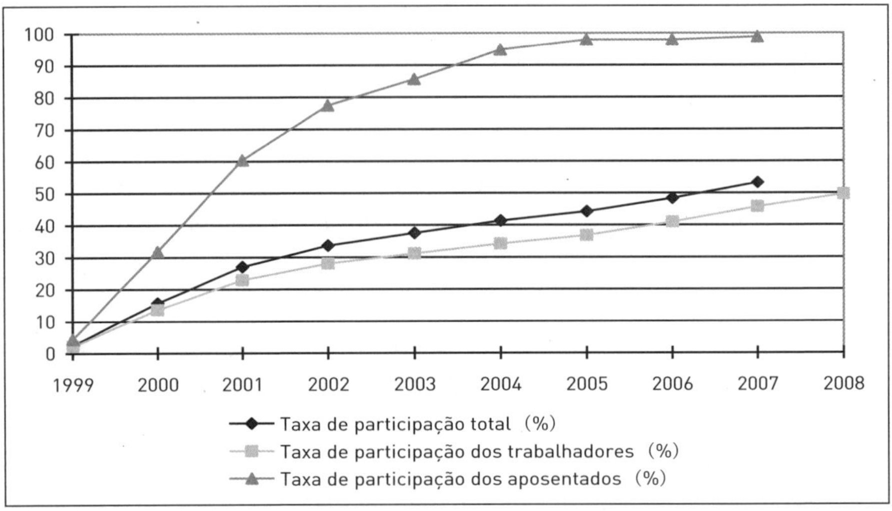

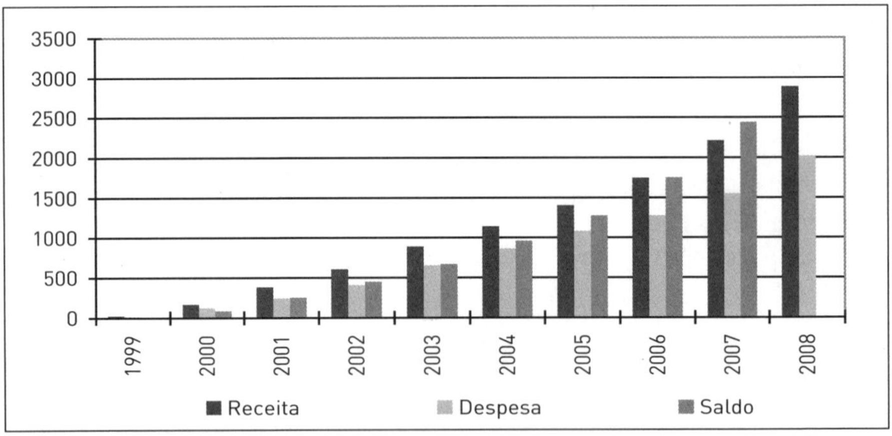

Fonte: Os dados são calculados de acordo com os anuários de estatísticas do trabalho da China e boletins do desenvolvimento de serviços do trabalho e seguridade social, publicados pelo Ministério do Trabalho e Seguridade Social. Os aposentados que recebem benefícios pelas instituições públicas do Ministério de Assuntos Civis e pelo Departamento Geral de Logística estão excluídos do número de aposentados urbanos.

habitantes urbanos, apontando que esse seguro cobriria principalmente os habitantes não profissionais, aplicando o sistema de *pay as you go*.

O financiamento seria baseado, principalmente, na contribuição familiar, mas contaria com subsídios do governo como complemento. O fundo criado serviria para pagar gastos de hospitalização e de consultas clínicas de doenças graves, sendo que regiões com melhores condições econômicas poderiam arcar aos poucos com as despesas de consultas clínicas. No final de 2007, os habitantes segurados atingiram 42,9 milhões de pessoas, e a receita do fundo chegou a RMB ¥ 4,3 bilhões, enquanto a despesa era apenas RMB ¥ 1 bilhão. O saldo do fundo era, portanto, de RMB ¥ 3,3 bilhões e, até o final de 2008, o número de segurados aumentou para 116,5 milhões de pessoas.[19]

3.2.3 Estabelecimento do novo sistema de seguro-saúde no meio rural

O desenvolvimento do sistema de seguro-saúde no meio rural pode ser separado em duas fases: o sistema cooperativo tradicional antes de 2003 e o novo sistema cooperativo depois de 2003. O documento intitulado Propostas sobre o Estabelecimento do Novo Sistema Cooperativo de Seguro-Saúde no Meio Rural, veiculado pelo Gabinete Geral do Conselho de Estado em 2003, determinou a definição do novo sistema. Ficou determinado que este seria um sistema de assistência mútua para doenças graves entre os agricultores, com participação voluntária dos habitantes rurais, organizado, orientado e apoiado pelo governo, sendo que a angariação de recursos financeiros seria feita junto a indivíduos, empresas coletivas e governo. Ao mesmo tempo, exigiu-se que "a partir de daquele ano, cada província, região autônoma e municipalidades deveria fazer experiências-piloto em dois ou três distritos para depois estendê-las gradualmente. Assim, até 2010, seria possível cumprir a meta de estabelecer um sistema que cobrisse basicamente todo o meio rural".

Com isso, começou-se a realizar experiências-piloto rapidamente em todo o país, marcando uma nova etapa da cooperação médica rural na China. De 2004 a 2008, os agricultores vinculados ao sistema subiram rapidamente a 815 milhões de pessoas e a taxa de participação chegou a 91,5%. No fim desse

19. Mohrss, *Statistical bulletin of human resources and social security development 2007*, Beijing, China.

período, o número de beneficiários alcançou a marca de 585 milhões de pessoas. A tabela 3 mostra mais detalhadamente o desenvolvimento do sistema.

Tabela 3
Implementação do novo sistema de cooperação médica rural de 2004 a 2007

Ano	municípios (municípios, distritos, bairros)	população (100 milhões de pessoas)	Taxa de participação (%)	Receita de fundo (RMB ¥ 100 milhões)	Despesa de fundo (RMB ¥ 100 milhões)	Beneficiários de pagamento complementar (100 milhões de pessoas)
2004	333	0,8	75,2	40,3	26,4	0,76
2005	678	1,79	75,7	75,4	61,8	1,22
2006	1.451	4,1	80,7	213,6	155,8	2,72
2007	2.451	7,26	86,2	428	346,6	4,53
2008	2.729	8,15	91,5	785	662	5,85

Fonte: Ministério da Saúde, <www.moh.gov.cn/publicfiles//business/htmlfiles/zwgkzt/pwstj/index.htm>.

3.3 Reforma do seguro-desemprego

Promulgados em 1999 pelo Conselho de Estado, os Regulamentos sobre o Seguro-Desemprego marcaram o começo de uma nova etapa do sistema de seguro-desemprego na China. Comparados com a Norma do Seguro para Trabalhadores de Empresas Estatais à Espera de Contratação, houve melhorias nos seguintes aspectos:

1. O "seguro para trabalhadores à espera de contratação" foi substituído pelo "seguro-desemprego", o que significou o fim da influência ideológica no seguro-desemprego. Ao mesmo tempo, foi trocado o Fundo de Assistência aos Trabalhadores à Espera de Contratação pelo Fundo do Seguro-Desemprego.
2. A cobertura do seguro-desemprego foi ampliada das empresas estatais para todas as instituições públicas.
3. Foi reajustada a porcentagem de contribuição. Estabeleceu-se o mecanismo de contribuição compartilhada — trabalhadores e empresas.
4. Foi elevado o nível do programa social coordenado, a fim de facilitar a regulação e o uso do fundo.
5. O critério de pagamento foi vinculado ao salário-mínimo e às garantias mínimas de sobrevivência.

Desde a mudança, o número de desempregados segurados aumentou de 98,5 milhões, em 1999, para 124 milhões, em 2008. Entre estes, os trabalhadores migrantes segurados somavam 15,5 milhões.[20] Nesse intervalo de tempo, a despesa do seguro-desemprego aumentou de RMB ¥ 9,2 bilhões, em 1999, para RMB ¥ 25,4 bilhões, em 2008. Os detalhes estão presentes na tabela 4. Vale mencionar que esse sistema não sofria apenas com o baixo nível de participação, mas apresentava problemas estruturais, sobretudo no que diz respeito aos trabalhadores migrantes que perdiam facilmente seu emprego.[21] No momento atual, diante da crise financeira, a função de proteção desse seguro não é nada garantida.

Tabela 4
Implementação do seguro-desemprego entre 1999 e 2008
(10 milhões de pessoas, RMB ¥ 100 milhões)

Implementação do seguro	Ano									
	1999	2000	2001	2002	2003	2004	2005	2006	2007	2008
Segurados	98,52	104,08	103,55	101,82	103,73	105,84	106,48	111,87	116,45	124,00
Beneficiários	-	-	312	440	415	419	362	327	286	261
Receita	125	160	187	216	249	291	333	385	472	585
Despesa	92	123	157	187	200	211	207	193	218	254
Acumulação do fundo	160	196	226	254	304	386	511	708	979	1310

Fonte: Website do Ministério de Recursos Humanos e Seguridade Social — *Relatório anual de desenvolvimento laboral e previdenciário; Anuário fiscal da China 2008.*

3.4. Padronização do seguro para acidentes de trabalho

Uma vez que os Métodos de Seguro de Acidentes para Trabalhadores Empresariais eram uma portaria ministerial cujo efeito legal era limitado, não foi possível resolver diversos casos de acidente por meio de leis ou regulamentos. Ao mesmo tempo, a cobertura desse seguro não era completa, muitos empregados de profissões de risco não tinham garantias e, com o processo acelerado de urbanização, o grupo de trabalhadores migrantes tornava-se cada vez mais numeroso. Estes dedicavam-se principalmente a funções mais arriscadas e

20. Mohrss, *Bulletin of labor and social security development 1999*; *Statistical bulletin of human resources and social security development 2008*, Beijing, China.
21. Mohrss, *Statistical bulletin of human resources and social security development 2008*, Beijing, China.

cansativas, com maior probabilidade de ocorrerem acidentes ou doenças profissionais. Devido a todos esses fatores, exigiam-se garantias institucionais de um seguro com urgência. Nessas circunstâncias, o Conselho de Estado promulgou, em 2003, o Regulamento sobre Seguro para Acidentes de Trabalho, que marcou a aceleração da reforma sobre esse tipo de seguro. Ficou estabelecido:

1. A elevação do nível legislativo sobre o seguro de acidentes, passando de portaria para regras do Conselho de Estado.
2. A definição nítida sobre os beneficiados do seguro de acidentes, regulamentando que todas as empresas, inclusive autônomos com contratação de empregados, deveriam participar do seguro de acidentes.
3. A tripla funcionalidade do sistema de seguro de acidentes: indenização econômica, prevenção contra acidentes e prevenção contra a convalescença profissional.

Posteriormente, o documento Opiniões sobre Questões de Trabalhadores Migrantes, promulgado pelo Conselho de Estado, tratou da vinculação dos trabalhadores migrantes ao seguro de acidentes de trabalho de acordo com a lei, da ampliação da definição de acidente de trabalho e do pagamento, entre outros. Por sua vez, os dois documentos publicados pelo Ministério de Recursos Humanos e Seguridade Social, Normas sobre Diagnóstico e Tratamento das Vítimas de Acidentes de Trabalho (experimental) e Serviços sobre Tratamento das Vítimas de Acidente de Trabalho (experimental) marcaram o início da experiência-piloto relacionada à questão da convalescença em acidente de trabalho, obtendo grande melhoria nesse aspecto.

De 2003 até 2008, o sistema de seguro de acidentes se desenvolveu rapidamente. Como mostra a tabela 5, o número de segurados aumentou de 45,8 milhões de pessoas para 137,9 milhões, enquanto a população beneficiada subiu de 330 mil para 1,2 milhão de pessoas.

Tabela 5
Desenvolvimento do seguro para acidentes de trabalho de 2003 a 2008 (10 mil pessoas, RMB ¥ 100 milhões)

Implementação de seguro	Ano					
	2003	2004	2005	2006	2007	2008
Segurados	4575	6845	8478	10268	12173	13787
Beneficiários	33	52	65	78	96	118
Receita do fundo	38	58	93	122	166	217
Despesa do fundo	27	33	48	69	88	127
Acumulação do fundo	91	119	164	193	262	335

Fonte: Ministério de Recursos Humanos e Seguridade Social, *Relatório anual de desenvolvimento laboral e previdenciário.*

3.5 Estabelecimento de garantias mínimas de sobrevivência no meio urbano-rural

À medida que se aprofundava a reforma econômica, o problema da pobreza nas cidades ficava cada vez mais grave. Os motivos eram o aumento do desemprego no processo da reforma empresarial e o grande número de pessoas aposentadas e sem trabalho, de modo que as empresas eram incapazes de oferecer garantias a este grupo da população. Nesse contexto, a China começou a explorar a adoção de um sistema de garantia mínima de sobrevivência para habitantes urbanos. Em 1993, a cidade de Xangai realizou uma experiência-piloto. Em 1999, o Regulamento sobre a Garantia Mínima de Sobrevivência para Habitantes Urbanos, promulgado pelo Conselho de Estado, marcou oficialmente o estabelecimento do sistema, que ditou normas sobre beneficiários, princípios e critérios de garantias, fonte de recursos etc.

Desde então, ficou estabelecido pelo governo um novo sistema de assistência social para auxiliar a população pobre urbana cuja renda média familiar fosse inferior à linha de garantia mínima de sobrevivência. De 1999 até hoje, o sistema teve grande avanço e a população beneficiada vem aumentando de forma estável. De 2000 a 2008, houve um aumento de 4 milhões para 23,3 milhões de pessoas (figura 5). Na tabela 6, podemos notar o aumento do investimento e a melhora contínua do nível de assistência, que vem desempenhando um papel muito importante na diminuição da pobreza e na garantia da qualidade básica de vida para habitantes urbanos.

Figura 5

Beneficiários urbanos da garantia mínima de vida de 2000 a 2008

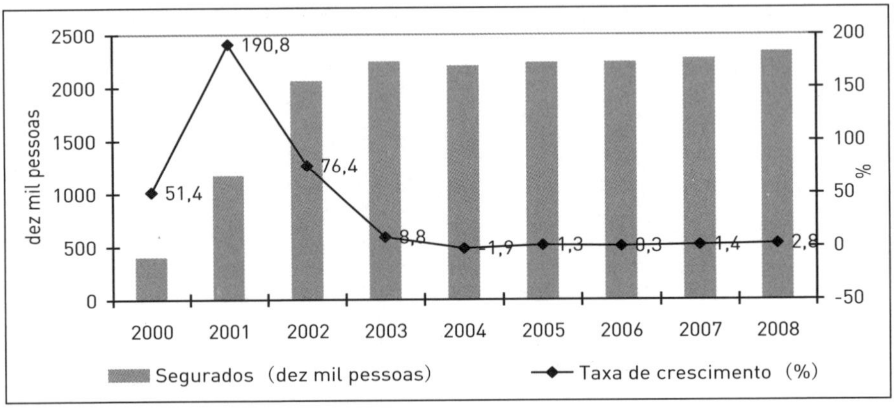

Fonte: Website do Ministério de Assuntos Civis, *Relatório estatístico de desenvolvimento de assuntos civis 2008.*

Tabela 6

Despesas da garantia e benefício de assistência de 2002 a 2008

Despesas e benefício	**Ano**						
	2002	**2003**	**2004**	**2005**	**2006**	**2007**	**2008**
Despesa (RMB ¥ 100 milhões)	109	151	173	192	224	277	393
Benefício mensal (RMB ¥)	52	58	65	72	84	103	144
Critério médio (RMB ¥)	—	—	152	156	170	182	205

Fonte: Website do Ministério de Assuntos Civis, *Relatório estatístico de desenvolvimento de assuntos civis.*

Na 6ª Sessão Plenária do Comitê Central do XVI Congresso do PCC também foi formulado o objetivo de "estabelecer gradualmente o sistema de garantia mínima de sobrevivência no meio rural e tentar criar sistemas variados de seguro nas zonas que tiverem melhores condições". Para atender a essa decisão, em 2007 o Conselho de Estado decidiu estabelecer o sistema de garantia mínima no meio rural. Os beneficiários seriam habitantes rurais, principalmente doentes, deficientes, idosos, incapacitados e pessoas cuja renda familiar fosse inferior ao piso de garantia mínima. O sistema de garantia seria de responsabilidade e administração do governo local, sendo que o pagamento do sistema estaria incluído em seu orçamento. Só as regiões mais pobres seriam subsidiadas pelo governo central.

Desde sua implementação, o sistema já obteve alguns avanços. Até o final de 2008, 19,8 milhões de famílias se beneficiaram do sistema, ou seja, 43 milhões de pessoas, um aumento de 20,7% em relação ao ano anterior. Nesse ano, a despesa total foi de RMB ¥ 22,67 bilhões e o subsídio médio pessoal foi de RMB ¥ 50,4 por mês, um aumento de 29,9% em relação a 2007.[22]

4. A situação atual da seguridade social e seus problemas

Até o final de 2011, foram desenvolvidos os cinco tipos de seguros sociais na China: a previdência para trabalhadores urbanos, o seguro-saúde básico urbano, o seguro de acidentes de trabalho, o seguro-desemprego e o seguro-maternidade. Esse sistema atingiu uma receita total de RMB ¥ 2,4 trilhões[23] representando um aumento de 27,7% em relação ao ano anterior. A despesa total foi de RMB ¥ 1,8 trilhão, 21,8% maior do que a do ano anterior.

4.1 Seguridade social atual

4.1.1 Previdência para trabalhadores urbanos

Até fins de 2008, o número de aposentados urbanos atingiu 283,9 milhões de pessoas, 26,8 milhões a mais do que no ano anterior. Os trabalhadores migrantes segurados somavam 41,4 milhões, com um aumento de 8,6 milhões em relação a 2007. Em 2011, a receita do fundo de aposentadoria para trabalhadores urbanos foi de RMB ¥ 1,7 trilhão, um aumento de 25,9% em relação a 2010. Do total, RMB ¥ 1,4 trilhão são oriundos de contribuição. Já a despesa do fundo foi de RMB ¥ 1,3 trilhão, um aumento de 20,9% em relação ao ano anterior. Nos últimos anos, o valor dos benefícios cresceu constantemente, atingindo a média de RMB ¥ 1.511 por pessoa em 2011.

22. Ministério de Assuntos Civis, *Statistical report on China's development of civil affairs undertakings 2008*. Disponível em: <http://mca.gov.cn>.
23. Os dados desta seção podem ser encontrados em: Mohrss, *Statistical bulletin of human resources and social security undertakings development 2011*, Beijing, China.

4.1.2 Previdência rural

Até o final de 2011, 1.914 municípios e distritos das 27 províncias e regiões autônomas da China, bem como uma parte dos distritos das quatro municipalidades, foram incluídos na realização de experiências-piloto do novo sistema de previdência rural — o que significa que a cobertura já atingiu quase 60% do país. O número de segurados atingiu 326 milhões de pessoas (inclusive regiões que já introduziram a previdência urbano-rural), entre as quais 23,7 mil pessoas com menos de 60 anos. Para além deste número, 339 distritos das 17 províncias realizaram experiências-piloto independentes. Assim, um total de 358 milhões de pessoas em todo o país se integrou ao novo sistema. As oito cidades e províncias como Pequim, Tianjin, Zhejiang, Jiangsu, Ningxia, Qinghai, Hainan e Tibete já conseguiram a cobertura total.

A receita do fundo em 2011 foi de RMB ¥ 107 bilhões, enquanto a despesa foi de RMB ¥ 58,8 bilhões. No final do ano, o saldo acumulado era de RMB ¥ 119,9 bilhões, dentro do qual a acumulação da conta individual era de RMB ¥ 107,7 bilhões. O número de beneficiários em todo o país era de 89,2 milhões de pessoas.

4.1.3 Previdência para residentes urbanos

Foram realizadas experiências-piloto de previdência para habitantes urbanos em 1.902 municípios e distritos das 27 províncias, alguns distritos das quatro municipalidades, e em Xinjiang, sendo que a cobertura já chegou a quase 60% do país. Os segurados atingiram 5,4 milhões de pessoas (não inclui regiões que implementam previdência urbano-rural), entre eles, 2,8 milhões com menos de 60 anos. A receita de 2011 foi de RMB ¥ 900 milhões, enquanto a despesa foi de RMB ¥ 1,1 bilhão. O saldo acumulado no final do ano de 2011 era de RMB ¥ 3,2 bilhões, enquanto a acumulação por meio de conta individual era de RMB ¥ 900 milhões. Até o final de 2011, o número de beneficiários atingiu 2,35 milhões de pessoas.

4.1.4 Situação atual do seguro-saúde básico no meio urbano

Até o final de 2011, a população vinculada ao seguro-saúde básico urbano era de 473 milhões de pessoas. Entre as quais, o número de empregados segurados era de 252 milhões e os habitantes urbanos segurados eram 221 milhões. Os trabalhadores migrantes segurados eram 46 milhões, com um aumento de 580 mil em relação ao ano anterior. No que diz respeito ao seguro-saúde para empregados, a receita do fundo em 2011 foi de RMB ¥ 495 bilhões, sendo que a parte vinda do fundo do programa coordenado foi de RMB ¥ 302 bilhões. A despesa do fundo foi de RMB ¥ 402 bilhões, sendo RMB ¥ 251 bilhões pagos pelo fundo coordenado, e RMB ¥ 151 bilhões pagos pela conta individual. Em 2011, os empregados beneficiados do sistema eram 1,09 bilhão de pessoas, e ainda havia bastante desequilíbrio entre as regiões.

4.1.5 Situação atual do seguro de acidentes de trabalho

Em todo o país, o número de segurados por acidentes foi de 177 milhões de pessoas (que incluem 68 milhões de trabalhadores migrantes) em 2011, um aumento de 15 milhões de pessoas em relação ao ano anterior. Em 2011, a receita do fundo de seguro de acidentes foi de RMB ¥ 46,6 bilhões, um aumento de 63,7% em relação a 2010. A despesa desse fundo foi de RMB ¥ 28,6 bilhões, 48,8% a mais que 2010. O número de vítimas de acidentes de trabalho reconhecidos chegou a 1,2 milhão de pessoas em todo o país e o número de inválidos chegou a 510 mil pessoas. Nesse mesmo ano, os beneficiários eram 1,6 milhão de pessoas, representando um crescimento de 10,5% frente a 2010.

4.1.6 Situação atual do seguro-desemprego

O número de cidadãos cobertos pelo seguro-desemprego era, no final de 2011, de 143 milhões de pessoas, um aumento de 9,4 milhões em relação ao ano anterior. Entre eles, os trabalhadores migrantes eram 23,9 milhões de pessoas. A receita total do fundo de seguro-desemprego naquele ano foi de RMB ¥ 92 bilhões, um aumento de 42% em relação a 2010. Por sua vez, a despesa do fundo foi de RMB ¥ 43 bilhões, mostrando um aumento de 2,2%. No final de 2011, o total de beneficiários era de 1,97 milhão de pessoas.

4.1.7 Situação atual do seguro-maternidade

Até o final de 2011, a população vinculada ao seguro-maternidade era de 138 milhões de pessoas, um aumento de 15,6 milhões de pessoas em relação ao ano anterior. A receita do fundo desse seguro naquele ano foi de RMB ¥ 22 bilhões, representando um aumento de 37,8% em relação a 2010; já a despesa do fundo chegou a RMB ¥ 13,9 bilhões, aumentando 26,7% em um ano. O número de beneficiárias em 2011 totalizou 2,65 milhões de pessoas e o valor do benefício médio atingiu RMB ¥ 9.228.

4.1.8 Situação atual da administração do fundo de seguridade social

Até o final de 2011, o valor total do fundo de seguridade social, que inclui a previdência para trabalhadores urbanos, o seguro-saúde básico urbano, o seguro de acidentes de trabalho, o seguro-desemprego e o seguro-maternidade, chegou a RMB ¥ 3 trilhões. As principais fontes de receita foram o depósito na conta financeira especial do governo dos diversos escalões, somando 2,6 trilhões, e o depósito da conta de pagamento das instituições de seguro social e de outros bancos, no valor de 173 bilhões, além dos pagamentos provisórios de 100 bilhões, investimentos em bônus de 35 bilhões, operação em confiança de 44 bilhões e depósito de acordo de 85 bilhões. A tabela 7 traz mais detalhes.

4.2 A reforma previdenciária da China promove o aumento da taxa de poupança

Esta seção trata de uma pesquisa preliminar entre a reforma previdenciária e a taxa de poupança. Os dados da poupança pessoal não estão registrados nos anuários estatísticos oficiais da China. Por essa razão, é feito um cálculo de acordo com a renda pessoal e os dados de consumo:

Tabela 7
Fundo de seguridade social da China (RMB ¥ 100 milhões)

Itens	Pensão básica para trabalhadores urbanos	Seguro médico básico urbano	Seguro de acidentes de trabalho	Seguro de desemprego	Seguro de maternidade	Total
Depósito de conta financeira especial	17084	5587	686	2145	311	25813
Depósito da conta de despesa e de outros bancos	957	609	54	75	30	1725
Pagamento provisório	802	163	6	23	2	996
Investimento em bônus	298	29	2	17	1	347
Operação em confiança	444	0	0	0	0	444
Depósito de acordo	850	0	0	0	0	850
Valor total do fundo	20434	6388	749	2260	344	30175

Fonte: Estatísticas do desenvolvimento de recursos humanos e seguridade social 2011.

- Taxa de poupança de habitantes urbanos = (renda disponível *per capita* de habitantes urbanos – despesa de consumo *per capita* de habitantes urbanos)/renda disponível *per capita* de habitantes urbanos.
- Taxa de poupança de habitantes rurais = (renda líquida *per capita* de habitantes rurais – despesa de consumo *per capita* de habitantes rurais)/renda líquida *per capita* de habitantes rurais.
- Taxa de poupança pessoal = taxa de depósito de habitantes urbanos * taxa de urbanização + taxa de poupança de habitantes rurais * (1 – taxa de urbanização).

De acordo com essas definições, são mostradas na figura 6 as mudanças da taxa de poupança pessoal desde os anos 1990. Como mostra a figura 6, durante o período de 1993 a 1999, os três índices mantiveram uma tendência crescente, exceto em 1994, quando a taxa de depósito de habitantes urbanos e a taxa de poupança pessoal sofreram uma queda notável. De 2000 a 2005, a taxa de poupança de habitantes rurais e a taxa de poupança pessoal tiveram uma redução de 7,1% e 3,3%, respectivamente. Porém, essas taxas voltaram a crescer, e, em 2011, chegaram a 25,2% e 27,9%, respectivamente. Comparada com a flutuação desses dois índices, a taxa de depósito de habitantes urbanos cresceu de forma estável desde os anos 1990. Entre 1995 e 2011, passou de 17,4% para 30,5%, com um aumento de

Figura 6

Mudanças de taxa de poupança pessoal de 1993 a 2011 (%)

Fonte: Website da Administração de Estatísticas da China, Anuário estatístico da China.

43% durante os 18 anos. A taxa de poupança de habitantes rurais e a taxa de poupança pessoal cresceram 33% e 39%, respectivamente, durante o mesmo período.

A taxa de poupança na China tornou-se alta após a reforma e abertura. No sistema tradicional de economia planejada, a poupança pessoal era baixa e a demanda de poupança era insuficiente. Entretanto, a renda pessoal também era baixa e os habitantes tinham pouca renda disponível, o que explica em parte o baixo nível de poupança. Além disso, durante aquele sistema, o Estado estabeleceu um conjunto de proteção para todo o povo: nas cidades, todos os trabalhadores e habitantes estavam abrigados no "seguro estatal-empresarial", que propiciava benefícios de aposentadoria, assistência médica, educação e habitação. No meio rural, os habitantes eram assegurados pelo sistema de cinco garantias e o sistema médico cooperativo estabelecidos no âmbito da Comuna Popular. Por essa razão, tanto nas cidades quanto no campo, todos os habitantes tinham um sistema básico de proteção, demandando menos poupança.

A capacidade e a demanda de poupança mudaram radicalmente com a reforma e a abertura, especialmente a partir da reforma orientada para o mercado nos anos 1990. Por um lado, o aumento da renda pessoal permitiu que se poupasse mais. Entre 1978 e 2011, o rendimento disponível para habitantes rurais e urbanos passou de RMB ¥ 134 e RMB ¥ 343, respectivamente, para RMB ¥ 6.977 e RMB ¥ 21.810 — um aumento de 51 vezes e 62 vezes.

No mesmo período, o saldo da poupança urbano-rural passou de RMB ¥ 21 bilhões para RMB ¥ 34,4 trilhões, um salto, como proporção no PIB, de 5,8% para 72,7%.[24] Por outro lado, à medida que ocorria a reforma na China, o sistema de seguridade social urbano foi alterado, aumentando a responsabilidade pessoal. Nas zonas rurais, com a revogação da Comuna Popular, desapareceu a base em que se apoiava o sistema de cinco garantias e a cooperação médica; o sistema previdenciário no meio rural deixou, assim, de existir na prática, o que aumentou os riscos para os agricultores. Nesse caso, tanto os habitantes urbanos quanto rurais não tinham outra opção a não ser aumentar a poupança para enfrentar uma eventual crise no futuro, o que resultou na subida constante dessa taxa na China.

É inegável que o aumento de renda após a reforma orientada para o mercado foi o motivo principal da elevação da taxa de poupança. No entanto, os dados anteriormente mencionados revelam que o crescimento de poupança foi mais rápido do que o aumento de renda, ou seja, os dois não tiveram a mesma proporção de aumento. Por outro lado, mesmo que a renda tenha aumentado, o nível de consumo diminuiu. Então, o que explica esse padrão?

5. Influências do sistema previdenciário da China na taxa de poupança

Como a reforma previdenciária na China iniciou-se no final da década de 1980 e começo de 1990, podemos afirmar que essa reforma foi feita para servir e completar a reforma econômica. À época, "Dar prioridade à eficiência com a devida consideração à justiça" virou o conceito predominante da reforma. Orientado por esse conceito, foi praticamente abolido o sistema tradicional que dava importância à proteção do Estado e à supremacia da equidade. As-

24. Ver *China Statistics Yearbook*. Disponível em: <http://stats.gov.cn>.

sim, o governo reduziu aos poucos sua função no sistema de previdência social e a responsabilidade individual foi incessantemente ampliada, o que resultou em uma insuficiência de proteção. Os indivíduos não podiam mais depender meramente da proteção do governo e precisavam da acumulação de riqueza pessoal para preencher essa lacuna. Desde então, a taxa de poupança começou a subir constantemente. Além disso, no mesmo período, foram realizadas reformas nos sistemas de habitação e educação. Com isso, desapareceu o modelo igualitário de garantias gratuitas, o que também afetou a taxa de poupança.

5.1 A baixa capacidade de proteção da previdência

Na China, o efeito da substituição de poupança por previdência é muito óbvio, e também um tema bastante estudado. É um consenso geral entre analistas que, devido à redução do valor da previdência por conta das reformas, os chineses preferiram poupar por precaução, para proteger-se dos riscos do envelhecimento no futuro. Essa atitude promoveu, portanto, a elevação da taxa de poupança na China. Na realidade, essa afirmação foi extraída do próprio processo e dos efeitos da reforma previdenciária.

Em primeiro lugar, a taxa de substituição entre os sistemas de previdência não atingiu o nível esperado devido aos defeitos no desenho do novo sistema. Além disso, o valor da previdência teve uma tendência de queda ao longo do tempo. No início da reforma, a taxa de substituição foi projetada em 58,5%. No entanto, com o baixo nível de coordenação e gestão descentralizada do fundo, a taxa real caiu para menos de 50%, especialmente nas cidades e províncias. No caso de Pequim, a taxa caiu até 40%.[25] Adicionalmente, falhas políticas e falta de fundos no segundo e no terceiro pilar previdenciário muitas vezes contribuíram para aumentar a pobreza na terceira idade — por conta disso, não se pôde construir um sistema de previdência verdadeiramente eficaz.

Em segundo lugar, a "fragmentação do sistema" agravou a situação. Desde os anos 1980, o sistema previdenciário foi dividido em três partes: instituições públicas, trabalhadores das empresas urbanas e trabalhadores do meio rural, havendo enormes diferenças entre eles. Em 1990, a aposentadoria média dos trabalhadores urbanos era de RMB ¥ 1.664, enquanto o benefício

25. *Journal of Beijing Labor Management Institute*, n. 1, 2005.

dos trabalhadores de instituições públicas e dos órgãos governamentais era de RMB ¥ 1.889 e RMB ¥ 2.006, respectivamente. Em 2005, a aposentadoria média dos trabalhadores urbanos era de RMB ¥ 8.803, enquanto a dos trabalhadores de instituições públicas e órgãos governamentais era de RMB ¥ 16.425 e RMB ¥ 18.410, respectivamente. Ou seja, 86,6% e 109,1% maior em relação ao primeiro grupo.[26]

Ademais, a previdência rural existia apenas em nome. Com a desintegração da economia planejada, o sistema de cinco garantias e o sistema de cooperação médica tiveram muitas dificuldades. Devido aos defeitos do desenho do novo sistema, os benefícios de aposentadoria oferecidos no meio rural eram muito baixos e com uma cobertura bastante restrita, ficando estagnados por vários anos.

5.2 Difícil acesso à assistência médica e alto gasto do serviço médico

Depois da reforma do sistema de saúde na década 1990, a questão do "difícil acesso à assistência médica e do alto gasto em serviços médicos" tornou-se um foco para os chineses. Este fenômeno revelava-se nos seguintes aspectos: os recursos médicos estavam concentrados nas cidades grandes, e o acesso aos grandes hospitais era muito difícil, uma vez que estes atendiam a pacientes de todo o país. Já no meio rural, o serviço médico era de baixo nível e a falta de infraestrutura e de equipamentos básicos tornava difícil o tratamento médico adequado.

O fenômeno de "alto gasto médico" fazia com que o gasto com saúde onerasse demasiadamente o grupo de pessoas que recebiam remunerações inferiores à renda média. De 1990 a 2009, a proporção do gasto médico na despesa de consumo dos habitantes urbanos passou de 2% para 7%, enquanto para os habitantes rurais, o crescimento foi mais lento, passando de 5,1% a 7,2% durante o mesmo período.[27] Em comparação com outros países, em 2007, o gasto pessoal de saúde ocupava 55,3% de toda despesa nacional da

26. Zheng Bingwen, Sun Shouji, 30 years of social security reform in China, in Zou Dongtao (Ed.), *Report on China's economic development and institutional reform*, n. 1: 30 years of reform and opening-up in China (1978-08) (Blue Book Series on Development and Reform), Beijing: Social Sciences Documentation Publishing House, 2008, p. 652.
27. *China health statistics yearbook 2010*. Disponível em: <http://moh.gov.cn>.

China, um pouco inferior à taxa de 61,3% de 2000. Os motivos desse fenômeno são vários.

Primeiro, a estreita cobertura do seguro-saúde após a reforma. Conforme a Terceira Pesquisa Nacional do Serviço da saúde de 2003, 44,8% de habitantes urbanos e 79,1% de habitantes rurais não tinham cobertura de nenhum tipo de seguro-saúde e pagavam o gasto por conta própria, o que era a razão principal do fenômeno de "difícil acesso à assistência médica e alto gasto do serviço médico".

Segundo, a insuficiência da contribuição do governo. Depois da reforma e abertura, a contribuição do governo no setor de saúde mudou de alocação integral para alocação de equilíbrio. Além disso, a contribuição diminuiu drasticamente, fazendo com que a maioria dos hospitais fosse responsável por sua receita e despesa. O nível internacional de participação governamental no total dos gastos na área de saúde está em cerca de 60%, mas na China essa porcentagem chega apenas a uns 40%. Em 2000, era 38,7% e, em 2007, 44,7%. Desse modo, são os próprios habitantes que arcam com os custos.

Finalmente, a mercantilização do serviço médico e o aumento rápido e constante dos preços. Em 1980, a despesa total com serviços médicos era de RMB ¥ 14,3 bilhões, mas atingiu 759 bilhões em 2004, 53 vezes mais do que o valor de 1980. Ao mesmo tempo, a proporção da despesa pessoal aumentava em grande medida. O gasto médico tornou-se um ônus pesado para os chineses. Entre 1980 e 2004, o gasto total *per capita* passou de RMB ¥ 14,5 para RMB ¥ 584, um aumento de 40 vezes.[28] Nas zonas rurais, isso fez com que muita gente "caísse na pobreza ou retornasse à pobreza por motivo da enfermidade".

Além da seguridade social, habitação e de educação são fatores importantes para o consumo e a poupança do povo chinês. No aspecto habitacional, acabou o sistema de "distribuição completa pelo governo ou entidades". No aspecto educacional, houve mudança de "educação obrigatória no ensino primário e secundário, educação gratuita no ensino superior" para "educação obrigatória no ensino primário e secundário, educação paga no ensino superior". Tudo isso, associado a um atraso nas reformas e ao baixo nível de cobertura dos sistemas, fez com que os chineses perdessem a proteção da rede de segurança social. Em outras palavras, o nível de seguridade social não au-

28. Leng Mingxiang, Zhao Jun, Tang Xiaodong, Main factors leading to limited access and expensiveness of medical services, in *Only Truth: Social Aspects*, n. 7, 2007.

mentou, mas sim reduziu, não deixando alternativa para população chinesa a não ser aumentar sua poupança para prevenir-se de possíveis riscos futuros.

Referências

CHINA NATIONAL BUREAU OF STATISTICS. *China Health Statistics Yearbook 2010*. Disponível em: <http://moh.gov.cn>.

GONGCHENG, Zheng et al. *Evolution and evaluation of China's social security system*. Beijing: Renmin University of China Press, 2002, p. 166.

INSTITUTO NACIONAL DE ESTATÍSTICAS DA CHINA. *Comprehensive statistical data and materials on 50 years of New China*. Beijing: China Statistics Press, 1999.

JIE, Mae; BINGWEN, Zheng. Re-evaluation of New China's social security system under planned economy. *Journal of Marxist Studies*, n. 1, p. 45, 2005.

LIYAN, Shang. *Cooperative medical system in rural China: interpretation of institutional evolution based on subjective identity*. Tese de doutorado de Liaoning University, 2008.

MINGXIANG, Leng; JUN, Zhao; XIAODONG, Tang. Main factors leading to limited access and expensiveness of medical services. *Only Truth: Social Aspects*, n. 7, 2007.

NATIONAL COUNCIL FOR SOCIAL SECURITY FUND. *Annual report of national social security fund 2008*, Beijing, China.

QITAO, Shao. Historical evolution of the cooperative medical system in rural China and its enlightenment. *Journal of Shandong Agricultural Universities* (edition of Social Sciences), n. 2, 2007.

SHIYUN, Song. Evolution of rural households system in New China. *Contemporary Chinese History Studies*, v. 14, n. 1, p. 97, Jan. 2007.

XIAOMING, Yu. Increasing risk of devaluation faced by social security fund of RMB 250 million. Disponível em: <http://zgjrjw.com/news/gncj/2008117/1430295563.html>.

XUESHENG, Zhong. *Research on traditional cooperative medical system in rural China*, Tese de doutorado da China Central Party School, 2008.

ZHONGQIN, Yan. *Workers' welfare and social insurance in contemporary China*. Beijing: China Social Sciences Press, 1987, p. 324.

Capítulo 7

Comércio exterior e investimento direto estrangeiro da China*

Hu Zhaoxia**

Resumo

Este capítulo é composto por seis seções. A primeira examina a política de liberalização do comércio exterior e investimento direto na China desde o início do processo de reforma e abertura da economia (na China referidos como Reforma e Abertura). A segunda descreve a situação do comércio exterior da China, analisa a pauta comercial, a natureza das empresas e os principais parceiros comerciais e sua distribuição geográfica no mundo. A terceira analisa o fluxo de investimento direto estrangeiro (IDE) na China, a distribuição por setor, origem geográfica dos recursos e os investimentos chineses no exterior. A quarta apresenta a situação atual do comércio bilateral e do investimento entre a China e o Brasil. E, por último, a quinta analisa o impacto dinâmico do comércio exterior e da liberalização do investimento direto no crescimento econômico da China por meio de um modelo com dados em painel. A seção 6 conclui o artigo.

1. Breve introdução à política de liberalização do comércio exterior e do investimento direto na China

Desde a reforma e abertura da China, em 1978, e especialmente depois dos anos 1990, o país registrou elevadas taxas de crescimento econômico. O co-

* Tradução: Liu Jia.

** Professora catedrática da Faculdade de Economia e Comércio Internacionais da Universidade de Xiamen.

mércio exterior e o investimento direto estrangeiro (IDE) acompanharam o bom desempenho da economia chinesa. Em 2011, o comércio exterior do país atingiu US$ 3,6 trilhões; e o IDE chegou a US$ 116 bilhões.[1]

Em geral, os economistas acreditam que o rápido crescimento econômico da China foi provocado pela política econômica da reforma e abertura, especialmente pelo foco no mercado externo e na integração à globalização econômica. Lembrem que, antes dos anos 1970, a China adotava políticas de proteção comercial. O comércio de mercadorias era limitado quase em sua totalidade pelo sistema de economia planejada, enquanto todo o comércio exterior era praticamente monopolizado e controlado pela Comissão Estatal de Planejamento Econômico.

A liberalização do comércio entrou na agenda em 1979, quando a China começou a realizar uma reforma abrangente de seu sistema econômico. Assim, desde o início dos anos 1980, começou a reforma do comércio exterior da China, orientada à liberalização. A importação de grande parte das mercadorias passou gradualmente a ser orientada pelo mercado, mas o governo ainda mantinha um sistema de administração e controle de extrema complexidade, com muitas restrições, incluindo tarifas alfandegárias, cotas, sistema de licenciamento e exames especiais.

A China foi admitida pela Organização Mundial do Comércio (OMC) como seu 143º Estado-membro em 13 de novembro de 2001. Depois disso, quase todas as restrições à importação foram alteradas. A tarifa média caiu para cerca de 15,3% em 2001, equivalente a 56% do patamar de 1982; e foi reduzida para 9,9% em 2005. O volume de artigos cuja importação dependia de licença especial caiu de 46% do total importado no início dos anos 1980 para menos de 4% quando da entrada do país na OMC.

A abertura ao comércio influenciou o mercado interno a partir da exposição das empresas aos preços internacionais. Além disso, medidas como a mudança nas regras de alocação de divisas — os exportadores passaram a poder reter parte das divisas, que antes eram da posse exclusiva do Tesouro — estimularam as operações do comércio exterior.

Outra medida importante foi a reavaliação do valor da moeda chinesa. A paridade entre o reminbi e o dólar americano passou de RMB ¥ 1,5 no início da reforma para RMB ¥ 8,7 em 1994. Em 1994, a taxa dupla de câmbio foi

1. China National Bureau of Statistics, *China statistical yearbook 2012*, Beijing: China Statistics Press, 2012.

substituída por uma taxa fixa oficial. Em 1997, foi autorizada a conversibilidade de divisas nas operações da conta-corrente, o que permitiu aos exportadores a compra de divisas sem limites.

No início da reforma e abertura, as principais exportações da China eram produtos agrícolas, petróleo e seus derivados, e outros produtos primários. Daí em diante, as exportações concentram-se nos produtos de mão de obra intensiva, especificamente artigos manufaturados e da indústria leve. Em abril de 2004, a China revisou a Lei de Comércio Exterior, implementada 10 anos antes, cujo quarto artigo do primeiro capítulo afirma claramente o compromisso de "incentivar o desenvolvimento do comércio exterior e manter a ordem justa e livre do comércio exterior".

Além da abertura ao comércio exterior, outra característica da política econômica externa da China é a liberalização do investimento direto estrangeiro. Antes da reforma e abertura, a China restringia rigidamente a entrada de investimento direto estrangeiro a fim de proteger as empresas nacionais. Depois de 1979, Pequim promulga sucessivamente a Lei das Joint Ventures Sino-Estrangeiras, a Lei de Imposto de Renda das Joint Ventures Sino-Estrangeiras, a Lei dos Contratos Econômicos Pertinentes ao Exterior e outros regulamentos importantes para atrair o investimento estrangeiro.

Em 1980 foram estabelecidas as quatro zonas econômicas especiais (ZEE) em Shenzhen, Zhuhai, Shantou e Xiamen; e implementadas as políticas especiais de tributação, uso da terra, da importação e de outros pontos para atrair investimentos. Em 1984, 14 cidades do litoral, como Dalian, Qinhuangdao, Tianjin, Yantai, e, em 1985, o delta do rio Yangtze, o delta do rio das Pérolas e o delta do sul de Fujian também foram classificados como áreas abertas, onde o investimento estrangeiro podia receber tratamento preferencial.

Em 1992, depois do discurso de Deng Xiaoping no sul da China e o XIV Congresso Nacional do Partido Comunista da China, o investimento estrangeiro direto registrou um elevado crescimento no país. O governo aperfeiçoou leis e regulamentos, equiparando gradualmente o tratamento dado ao investimento estrangeiro ao aplicado ao nacional. Em 1995, promulgaram-se os novos Regulamentos Provisórios de Orientação ao IDE e o novo Catálogo de Orientação Industrial para os Investidores Estrangeiros, padronizando a gestão do IDE.[2]

2. Em 1997, 2002 e 2004 foi revisado o *Catálogo de orientação industrial*, ampliando o alcance do IDE, focado nas principais indústrias e na direção da reestruturação industrial, e

2. A situação do comércio exterior da China

A reforma e a abertura promoveram o comércio exterior na China. A figura 1 mostra que, nos últimos 20 anos, o crescimento foi estável, porém foi após a adesão do país à OMC que se observou um forte crescimento. A crise financeira mundial afetou a economia chinesa e causou a queda da taxa de expansão do intercâmbio comercial em 2009. Mas já no ano seguinte houve uma recuperação e os negócios continuaram crescendo.

O comércio total chinês, incluindo importações e exportações, atingiu US$ 2,97 trilhões em 2010, ultrapassando os Estados Unidos, a Alemanha e outras potências comerciais, e colocando o país no primeiro lugar no *ranking* mundial. Até outubro de 2012, foram registradas exportações de US$ 1,74 trilhão e importações de US$ 1,58 trilhão.

A seguir, são analisadas as principais características do comércio exterior da China em termos de composição da pauta de mercadorias, modo de comércio, natureza das empresas, principais parceiros comerciais e distribuição geográfica dos negócios.

Figura 1

Importação e exportação totais da China de 1992 a 2012 (US$ milhões)

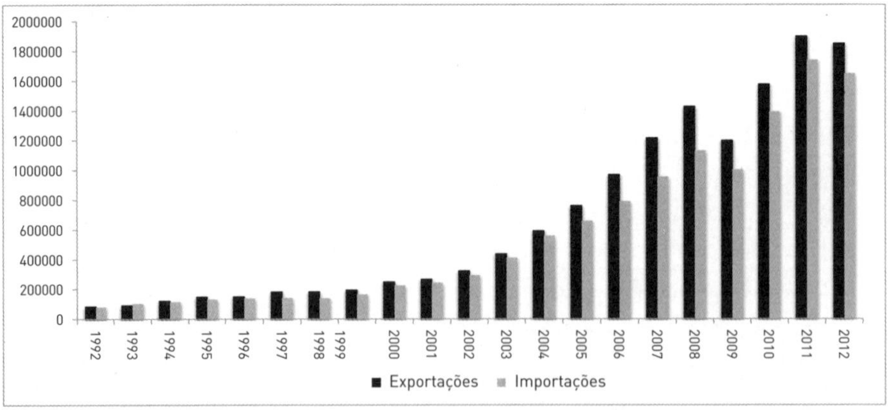

Fonte: Os dados acima são agrupados e calculados em base das informações do Banco de Dados Econômicos da China CEIC.
Nota: Os dados de 2012 referem-se ao período de janeiro a outubro.

---

incentivando o fluxo de capital para a região Centro-Oeste do país.

2.1 A composição da pauta de mercadorias

As exportações e as importações chinesas são principalmente de produtos industriais. Houve um declínio progressivo dos produtos primários na exportação, conforme mostram as figuras 2 e 3 no período de 1993 a 2011, com base na Standard International Trade Classification (SITC).

Em 2011, os produtos primários representaram apenas 5% das exportações chinesas; e os industriais, 95%. A China tem sido chamada como o "grande país das manufaturas". A tabela 1 mostra que a proporção das máquinas e equipamentos de transporte na exportação total de produtos industriais aumentou rapidamente. Em 1993, esses produtos tinham uma participação de cerca de 20% nas exportações totais; em 2011, passou a ser 50%. A proporção de produtos diversos diminuiu mais rápido, de cerca de 52% em 1993 para cerca de 25% em 2011.

A participação dos manufaturados classificados como matérias-primas nas exportações teve apenas um pequeno declínio, enquanto os produtos químicos ficaram praticamente inalterados. A participação dos produtos primários nas exportações também ficou relativamente estável. Em 2011, os alimentos e animais vivos representavam cerca 50% do total de produtos primários; os combustíveis minerais, lubrificantes e matérias-primas por volta de 32%; e a de matérias-primas não comestíveis (exceto combustíveis) 15%.

Figura 2

Mercadorias exportadas pela China de 1993 a 2011 (em US$ milhões)

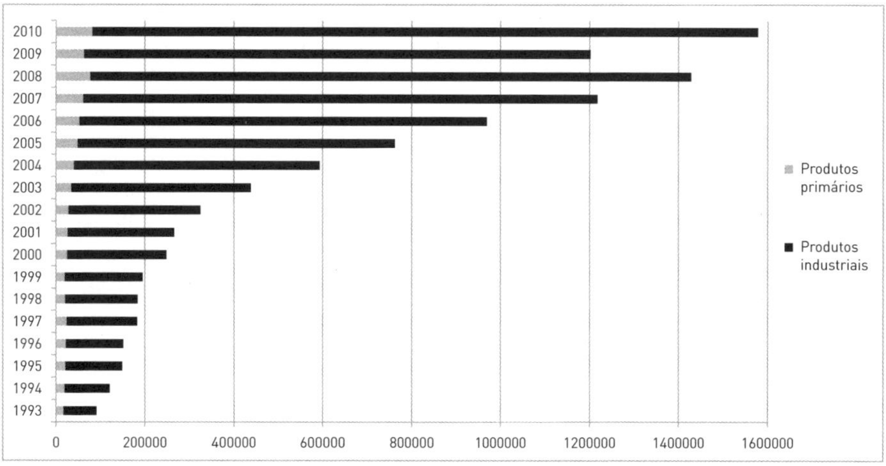

Fonte: CEIC.

Figura 3

Mercadorias importadas pela China de 1993 a 2011 (US$ milhões)

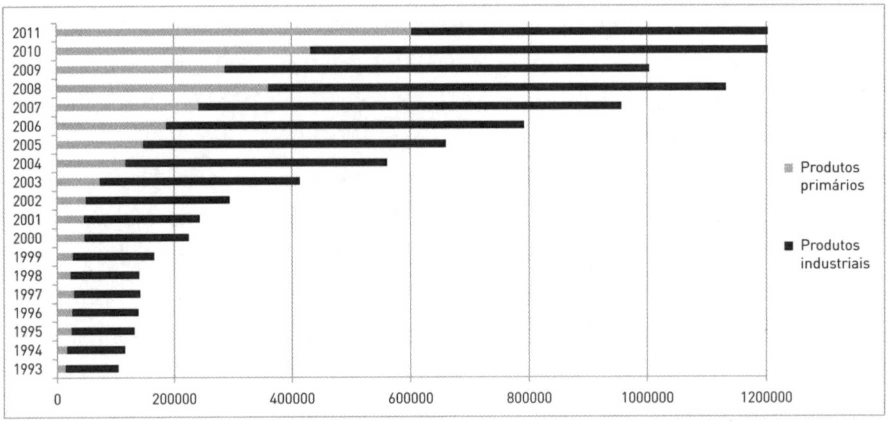

Fonte: CEIC.

Quanto à composição dos bens importados, embora os produtos industriais predominem, o volume total e a proporção dos primários demonstram uma tendência de rápido crescimento. Em 1993, a importação de produtos primários somou US$ 14,2 bilhões, representando 13,7% do total. Em 2011, o volume total e a proporção da importação dos produtos primários subiram, respectivamente, para US$ 602 bilhões e 34,6%. A importação de produtos primários inclui principalmente matérias-primas não comestíveis (exceto combustíveis) e os combustíveis minerais, lubrificantes e materiais relacionados. Na importação dos produtos industriais, as máquinas e os equipamentos de transporte representam cerca de 50%, seguidos pelos produtos químicos e relacionados, bens manufaturados classificados como matérias-primas, bens diversos e outros produtos.

2.2 Modelo de comércio

As importações e exportações da China são originadas principalmente pela atividade de processamento de mercadorias. A figura 4 mostra a mudança da composição das exportações onde as operações devidas a processamento de mercadorias representam cerca de 50% do total. Em 2011, essas operações totalizaram US$ 835,8 bilhões. Logo, não é por outro motivo que a China é chamada de "fábrica do mundo".

Nas importações, as operações realizadas para alimentar plantas de processamento de mercadorias mostraram tendência de declínio, enquanto as demais subiram de 40% em 1993 para quase 60% em 2011. Nesse ano (2011) as importações totais somaram US$ 1 trilhão, sendo que as operações relacionadas ao processamento de mercadorias representaram US$ 470 bilhões.

Figura 4
O perfil das exportações chinesas de 1993 a 2011

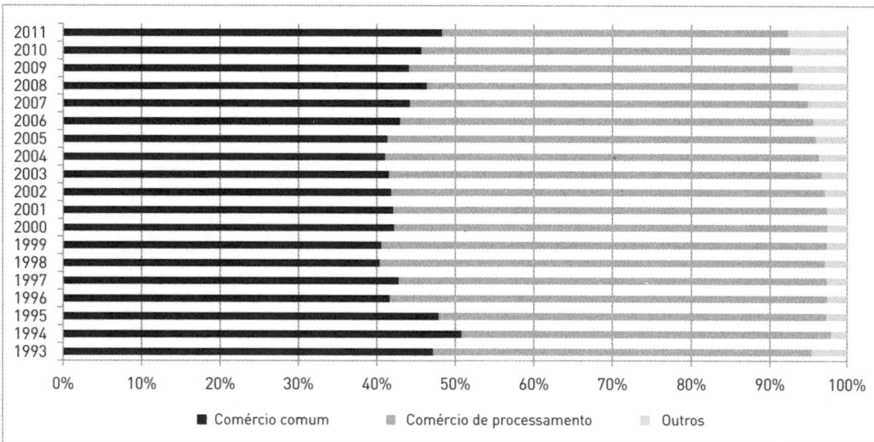

Fonte: CEIC.

Figura 5
O perfil das importações chinesas de 1993 a 2011

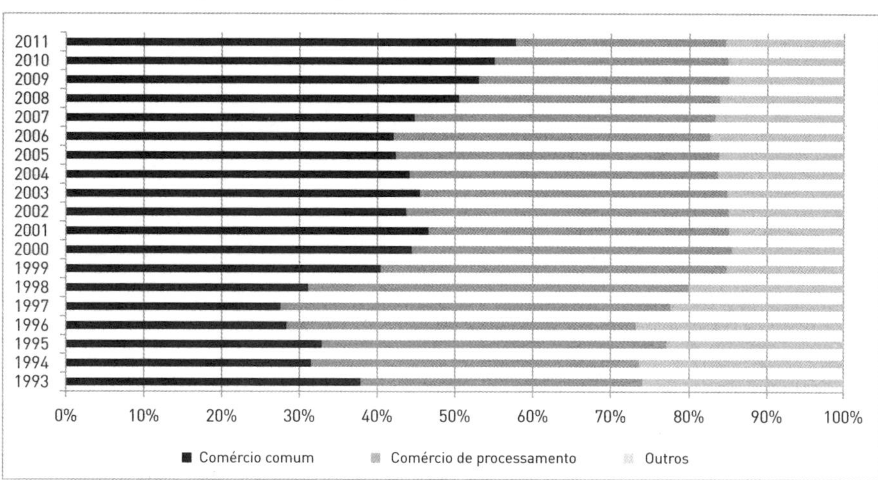

Fonte: CEIC.
Nota: Ver figura 4.

Tabela 1

A composição das exportações chinesas conforme classificação SITC

Anos	Produtos primários e a sua composição						Produtos industriais e a sua composição					
		Incluindo:						incluindo:				
	Produtos primários	Alimentos e animais vivos	Bebidas e cigarros	Matérias-primas não comestíveis (exceto combustíveis)	Combustíveis minerais, lubrificantes e materiais relacionados	Óleos, gorduras e ceras animais e vegetais	Produtos industriais	Produtos químicos e relacionados	Artigos manufaturados classificados por matérias-primas	Máquinas e equipamentos de transporte	Produtos diversos	Mercadorias não classificadas
	(US$ milhões)	(%)					(US$ milhões)	(%)				
1993	16.684	50,4	5,4	18,3	24,6	1,2	75.092	6,2	21,9	20,4	51,6	0,0
1994	19.532	51,2	5,1	21,2	20,0	2,5	101.338	6,2	22,9	21,6	49,3	0,0
1995	21.495	46,3	6,4	20,4	24,8	2,1	127.326	7,2	25,3	24,7	42,9	0,0
1996	22.000	46,6	6,1	18,4	27,2	1,7	129.174	6,9	22,1	27,3	43,7	0,0
1997	23.985	46,1	4,4	17,5	29,4	2,7	158.856	6,4	21,7	27,5	44,4	0,0
1998	20.544	51,5	4,8	17,1	25,2	1,5	163.202	6,3	19,8	30,9	43,0	0,0
1999	19.936	52,5	3,9	19,7	23,3	0,7	175.256	5,9	19,0	33,7	41,3	0,1
2000	25.433	48,3	2,9	17,5	30,8	0,5	223.807	5,4	19,0	36,9	38,6	0,1
2001	26.476	48,3	3,3	15,8	32,1	0,4	240.184	5,6	18,3	39,6	36,3	0,2
2002	28.472	51,4	3,5	15,5	29,4	0,3	297.170	5,2	17,8	42,7	34,1	0,2
2003	34.817	50,4	2,9	14,5	31,9	0,3	403.656	4,9	17,1	46,6	31,3	0,2
2004	40.548	46,5	3,0	14,4	35,7	0,4	553.100	4,8	18,2	48,5	28,3	0,2
2005	49.052	45,9	2,4	15,3	35,9	0,6	713.272	5,0	18,1	49,4	27,2	0,2
2006	52.961	48,6	2,3	14,9	33,6	0,7	916.363	4,9	19,1	49,8	26,0	0,3
2007	61.472	50,0	2,3	14,8	32,4	0,5	1.156.683	5,2	19,0	49,9	25,7	0,2
2008	77.648	42,2	2,0	14,6	40,4	0,7	1.351.222	5,9	19,4	49,9	24,8	0,1
2009	63.201	51,6	2,6	12,9	32,3	0,5	1.138.848	5,5	16,2	51,9	26,3	0,2
2010	81.770	50,4	2,3	14,2	32,7	0,4	1.496.674	5,9	16,7	52,2	25,2	0,1
2011	100.632	50,2	2,3	14,9	32,1	0,5	1.798.649	6,4	17,8	50,2	25,6	0,1

Fonte: CEIC.

Tabela 2

A composição classificada dos produtos importados de SITC da China

Anos	Produtos primários e a sua composição						Produtos industriais e a sua composição					
		incluindo						incluindo				
	Produtos primários	Alimentos e animais vivos	Bebidas e tabacos	Matérias-primas não comestíveis(exceto combustíveis)	Combustíveis minerais, lubrificantes e materiais relacionados	Óleos, gorduras e ceras animais e vegetais	Produtos industriais	Produtos químicos e relacionados	Artigos manufaturados classificados por matérias-primas	Máquinas e equipamentos de transporte	Produtos diversos	Mercadorias não classificadas
	(US$ milhões)	(%)					(US$ milhões)	(%)				
1993	14.219	15,5	1,7	38,3	40,9	3,5	89.754	10,8	31,8	50,1	7,2	0,0
1994	16.473	18,9	0,4	45,2	24,5	11,0	99.237	12,2	28,3	52,0	6,8	0,7
1995	24.426	25,1	1,6	41,6	21,0	10,7	107.681	16,1	26,7	48,9	7,7	0,7
1996	25.511	23,5	2,0	42,0	27,1	6,7	113.438	16,0	27,7	48,3	7,5	0,7
1997	28.417	15,1	1,1	42,2	35,8	5,8	113.743	17,0	28,3	46,4	7,5	0,8
1998	22.868	16,6	0,8	46,9	29,2	6,5	117.517	17,2	26,5	48,5	7,2	0,6
1999	26.854	13,5	0,8	47,5	33,2	5,1	138.927	17,3	24,7	50,0	7,0	1,0
2000	46.714	10,2	0,8	42,8	44,1	2,1	178.382	16,9	22,9	51,5	7,2	0,9
2001	45.775	10,9	0,9	48,3	38,2	1,7	197.790	16,3	21,2	54,1	7,7	0,8
2002	49.268	10,6	0,8	46,1	39,2	3,3	246.034	15,9	19,7	55,7	8,1	0,6
2003	72.825	8,2	0,7	46,9	40,2	4,1	340.273	14,4	18,8	56,7	9,7	0,4
2004	117.210	7,8	0,5	47,2	41,0	3,6	443.602	14,8	16,7	56,9	11,3	0,3
2005	147.746	6,4	0,5	47,5	43,4	2,3	512.475	15,2	15,8	56,7	11,9	0,4
2006	186.926	5,3	0,6	44,4	47,6	2,1	604.868	14,4	14,4	59,1	11,8	0,3
2007	242.599	4,7	0,6	48,5	43,1	3,0	713.662	15,1	14,4	57,9	12,2	0,4
2008	361.185	3,9	0,5	46,0	46,7	2,9	770.732	15,5	13,9	57,4	12,7	0,6
2009	287.478	5,2	0,7	48,7	42,8	2,7	716.416	15,7	15,0	57,0	11,9	0,5
2010	431.598	5,0	0,6	48,8	43,7	2,0	962.312	15,6	13,6	57,1	11,8	1,9
2011	602.013	4,8	0,6	47,4	45,4	1,9	1.139.416	15,9	13,2	55,4	11,2	4,4

Fonte: CEIC.

2.3 A natureza das empresas

No comércio exterior da China, as estatais foram substituídas pelas empresas de capital estrangeiro que se tornaram o principal motor de crescimento do comércio exterior. As figuras 6 e 7 mostram as empresas que atuam no comércio exterior segundo a origem do capital, de 1995 e 2011.

A participação das empresas estrangeiras (inclusive as de capital exclusivamente estrangeiro, *joint ventures* e de gestão conjunta sino-estrangeiras) nas exportações totais subiu de 32% em 1995 para 52% em 2011. As empresas de capital exclusivamente estrangeiro passaram a ocupar a maior fatia, saindo de 12% para 37%. Foi significativo o declínio das empresas estatais nas exportações, que mostravam clara vantagem com 67% do total em 1995, e passaram para 14% em 2011.

Nas importações, as empresas de capital estrangeiro também ultrapassaram as estatais, tornando-se a força principal. As empresas estrangeiras respondiam por 47% das importações em 1995 e passaram para 50% em 2011; e a participação das estatais foi significativamente reduzida, de 50% para 28% no mesmo período.

Figura 6
As exportadoras na China entre 2011 e 1995
Exportação 2011

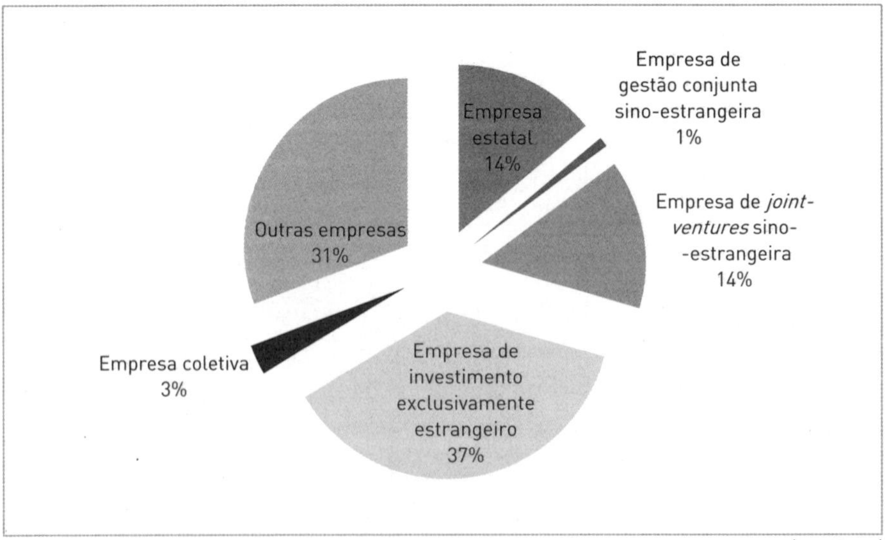

(continua)

(continuação)

Exportação 1995

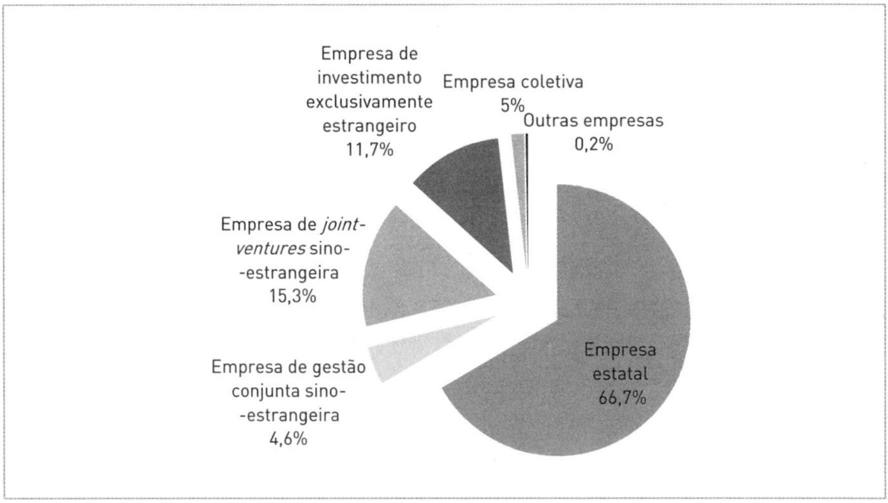

Fonte: CEIC.

Figura 7
As empresas importadoras na China entre 2011 e 1995
Importação 2011

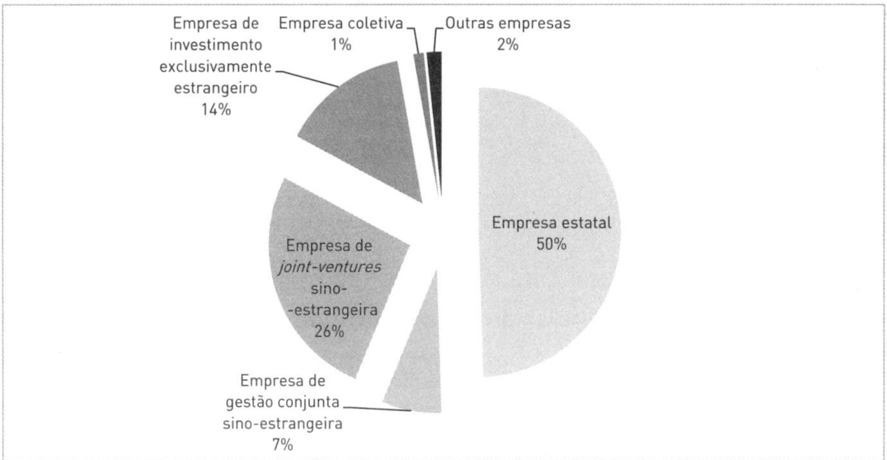

(continua)

(continuação)

Exportação 1995

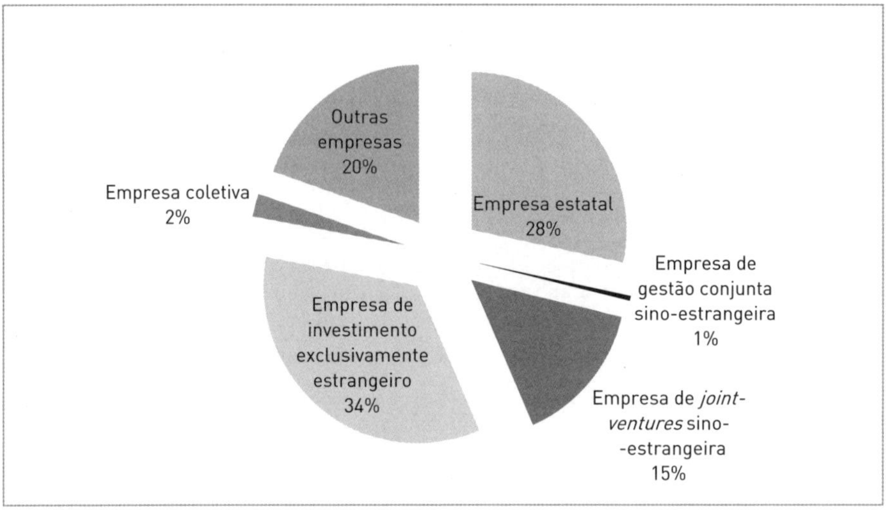

Fonte: CEIC.

2.4 Os principais parceiros comerciais

O comércio entre a China o os seus principais parceiros comerciais cresceu nos últimos anos. A figura 8 mostra o volume do comércio bilateral com os principais 10 parceiros comerciais da China de 2009 a 2011. Atualmente, o maior deles é a União Europeia (UE). Em 2011, o volume de comércio bilateral entre a China e a UE foi de US$ 567,2 bilhões, um aumento de 18,3% em relação ao ano anterior.

Os Estados Unidos são o segundo maior parceiro comercial da China. Em 2011, o comércio bilateral entre os dois países foi de US$ 446,6 bilhões, 15,9% maior do que no ano anterior, batendo um novo recorde. Pela primeira vez, as importações chinesas dos Estados Unidos ultrapassaram US$ 100 bilhões, chegando a US$ 122,1 bilhões, representando um aumento de 19,6% em relação a 2010.

A Asean tornou-se o terceiro maior parceiro comercial da China, em 2011, substituindo o Japão. O volume de comércio bilateral da China com os países desse bloco foi de US$ 362,9 bilhões, 23,90% a mais do que no ano anterior. Entre os membros da Asean, o volume de comércio bilateral entre a China e a Malásia totalizou US$ 90 bilhões; com Cingapura atingiu US$

80,5 bilhões; com a Tailândia chegou a US$ 60 bilhões; com a Indonésia foi de US$ 50 bilhões; com as Filipinas atingiu o recorde de US$ 32,2 bilhões; e com o Vietnã, US$ 30 bilhões.

Já o comércio com o Japão totalizou US$ 342,9 bilhões, representando aumento de 15,14% em relação ao ano anterior. O volume negociado com Hong Kong foi de US$ 283,5 bilhões, com crescimento de 22,94% em relação a 2010. Vêm em seguida, do sexto ao décimo lugar, Coreia do Sul, Taiwan, Austrália, Brasil e Rússia. Os negócios com os cinco principais parceiros comerciais representaram 55% do comércio exterior total da China, em 2011; e com os 10 maiores, 74% do total.

Figura 8

Comércio bilateral entre a China e os principais parceiros comerciais de 2009 a 2011 (US$ 100 milhões)

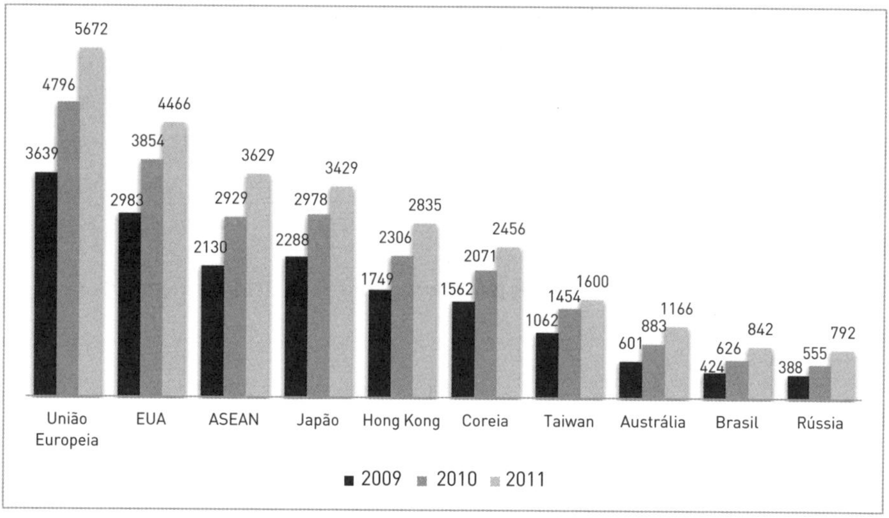

Fonte: Instituto Nacional de Estatísticas da República Popular da China: *Resumo estatístico da China 2012*, Imprensa de Estatísticas de China, versão 2012.

2.5 Áreas domésticas

As exportações e importações chinesas se concentram, principalmente, em cinco províncias ou municipalidades costeiras do leste, como Guangdong, Jiangsu, Zhejiang, Xangai e Shandong. A figura 9 e a figura 10 mostram que, em 2011, Guangdong exportou mais de US$ 560 bilhões e importou mais de

Figura 9

Exportações chinesas por regiões em 2011 (US$ milhões)

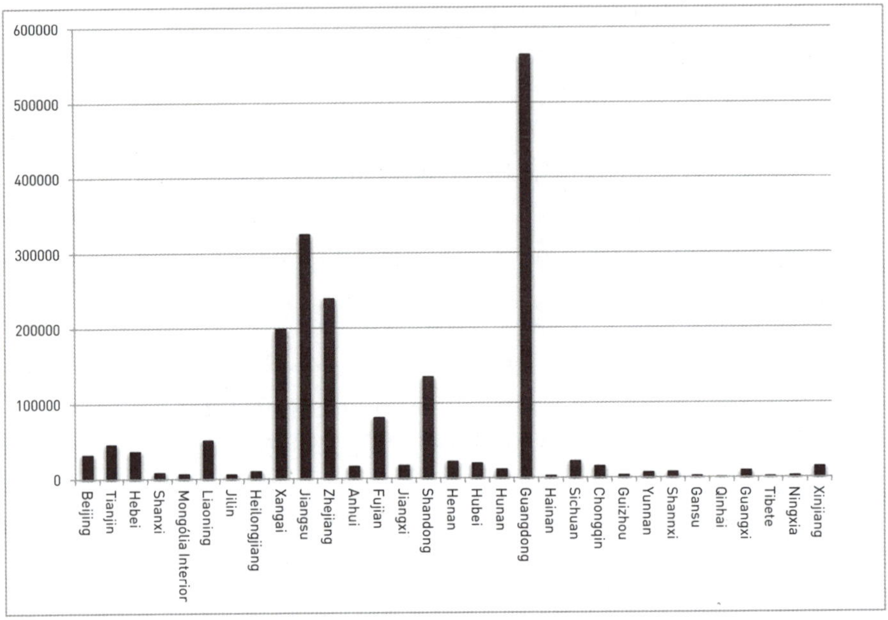

Fonte: CEIC.

Figura 10

Importações chinesas por regiões em 2011 (US$ milhões)

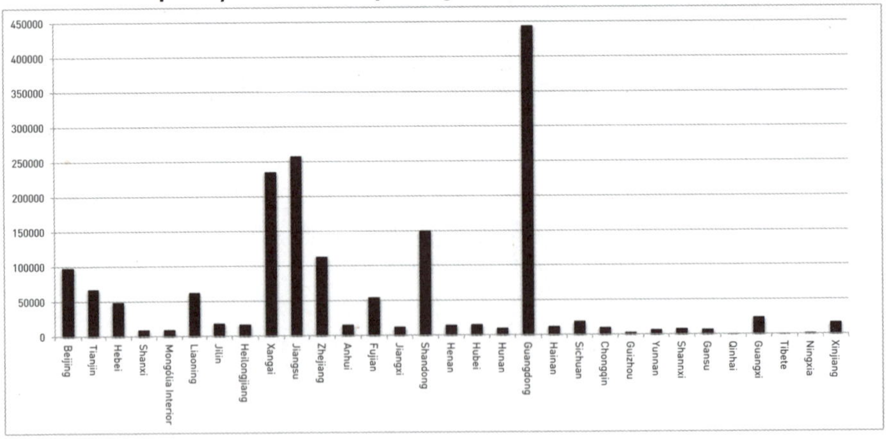

Fonte: CEIC.

US$ 440 bilhões. As exportações e importações de Jiangsu, Zhejiang, Xangai e Shandong também foram acima de US$ 100 bilhões.

As exportações das cinco principais províncias explicaram 76,9% do total das vendas do país ao exterior, 68,7% das importações totais do país. Em 2011, as regiões menos ativas no comércio exterior foram Qinghai e Tibete, sendo que Qinghai movimentou apenas US$ 760 milhões; e a do Tibete, somente US$ 1,1 bilhão.

3. A situação do investimento direto estrangeiro (IDE) da China

3.1 A absorção do IDE na China

Desde a reforma e a abertura, aumentou a entrada de investimento direto estrangeiro (IDE) na China. A figura 11 mostra que, em 1983, a China recebeu apenas US$ 920 milhões em IDE e, em 2011, o número atingiu US$ 116 bilhões. A China se tornou o principal destino do investimento estrangeiro entre os países em desenvolvimento nos últimos 20 anos. Em termos globais, é o segundo colocado no *ranking* mundial, logo após os Estados Unidos.

Figura 11

Valor do IDE na China de 1983 a 2011 (US$ milhões)

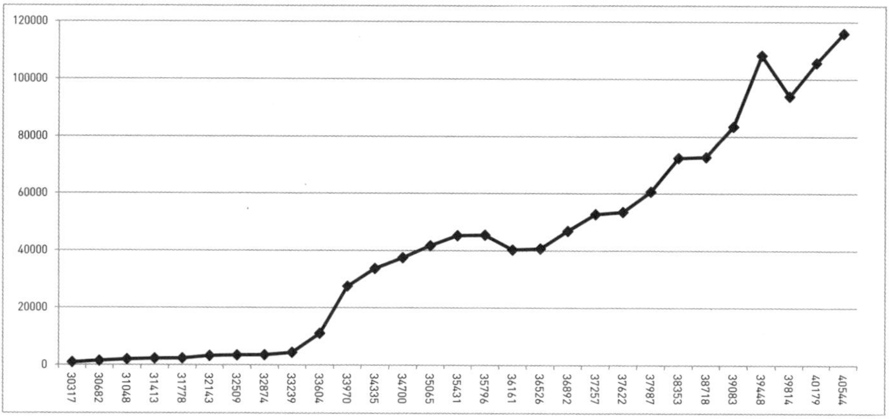

Fonte: CEIC.

Em relação às modalidades de investimento, as empresas de capital estrangeiro exclusivo constituem a opção preferida: 79% do total do IDE e 81% do número de projetos, em 2011. Em seguida, foram as *joint ventures*: 18% do IDE e 18% do número de projetos. As empresas cooperativas sino-estrangeiras são as menos procuradas: 2% do IDE e 1% do número de projetos.

Por tipo de negócio, o investimento direto estrangeiro busca principalmente a indústria, o setor imobiliário, o comércio, o *leasing* e os serviços comerciais. A figura 12 mostra que, em 2011, o investimento estrangeiro injetou US$ 52,1 bilhões na indústria chinesa, equivalente a cerca de 45% do total do ano, concentrando-se principalmente em equipamentos de comunicação, informática e eletrônicos, equipamentos especiais, matéria-prima para a indústria química e produtos químicos, equipamentos gerais, indústria têxtil

Figura 12
A distribuição do IDE em 2011 (US$ milhões)

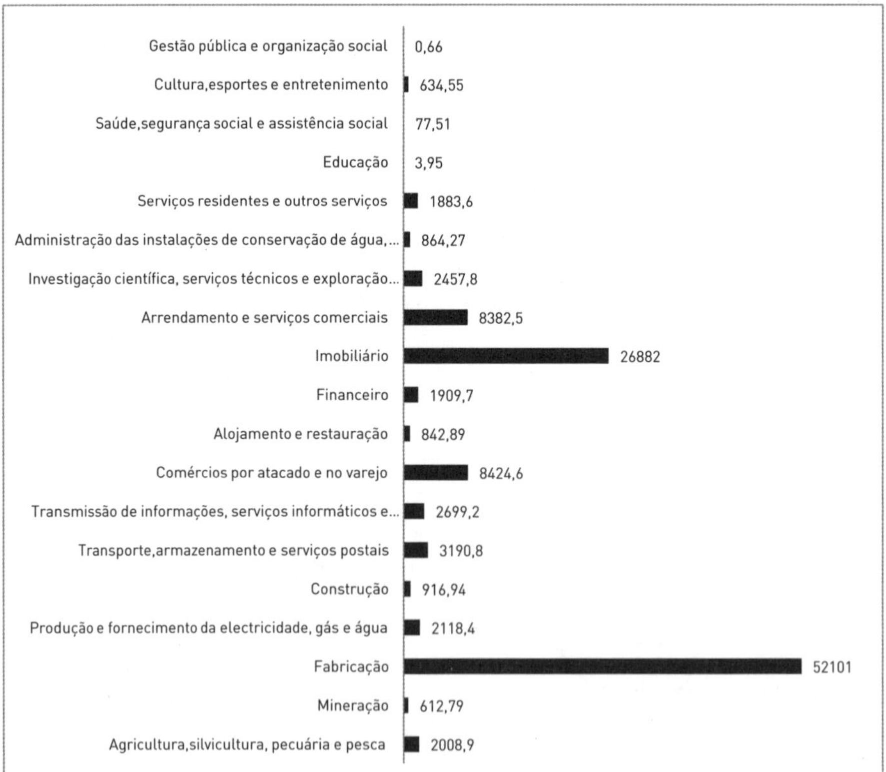

Fonte: CEIC.

e farmacêutica. A tabela 3 mostra que, na última década, o investimento estrangeiro nessas cinco indústrias representou cerca de 40% do total canalizado para a indústria manufatureira.

As províncias chinesas que mais receberam investimento estrangeiro são as do leste, Jiangsu, Liaoning e Guangdong. A figura 13 mostra que, em 2011, o IDE absorvido por elas atingiu, respectivamente, US$ 32,13 bilhões, US$ 24,27 bilhões e US$ 21,79 bilhões, representando 67,4% de total do IDE desse ano. Em 2011, o IDE absorvido pelas províncias do oeste da China, Qinghai, Gansu e a Região Autônoma do Tibete, era muito pouco, apenas cerca de 0,2% do total.

Tabela 3

Participação dos seis principais setores no IDE total da indústria de transformação de 2000 a 2011 (%)

Ano	Indústria têxtil	Indústria de materiais e produtos químicos	Indústria farmacêutica	Indústria de equipamentos gerais	Indústria de equipamentos especiais	Indústria de equipamentos de comunicação, computadores e outros equipamentos eletrônicos	Total
2000	5,29	6,95	2,03	4,04	2,04	17,78	38,12
2001	6,20	7,12	2,01	4,29	2,51	22,95	45,08
2002	6,19	6,66	1,86	3,50	2,79	22,11	43,10
2003	5,94	7,04	2,08	4,23	3,32	17,18	39,79
2004	5,47	6,17	1,57	5,05	4,41	16,41	39,07
2005	4,95	6,62	1,29	4,79	4,57	18,16	40,38
2006	5,22	6,59	1,29	4,87	4,68	20,37	43,02
2007	4,51	7,06	1,47	5,27	5,66	18,81	42,78
2008	3,65	8,26	1,32	7,03	5,64	16,94	42,85
2009	2,98	8,53	2,02	6,39	5,51	15,34	40,77
2010	3,23	6,93	2,07	6,97	6,31	17,00	42,52
2011	2,95	7,17	2,26	6,14	7,31	14,03	39,86

Fonte: CEIC.

Figura 13
Distribuição do IDE por regiões da China em 2011 (US$ milhões)

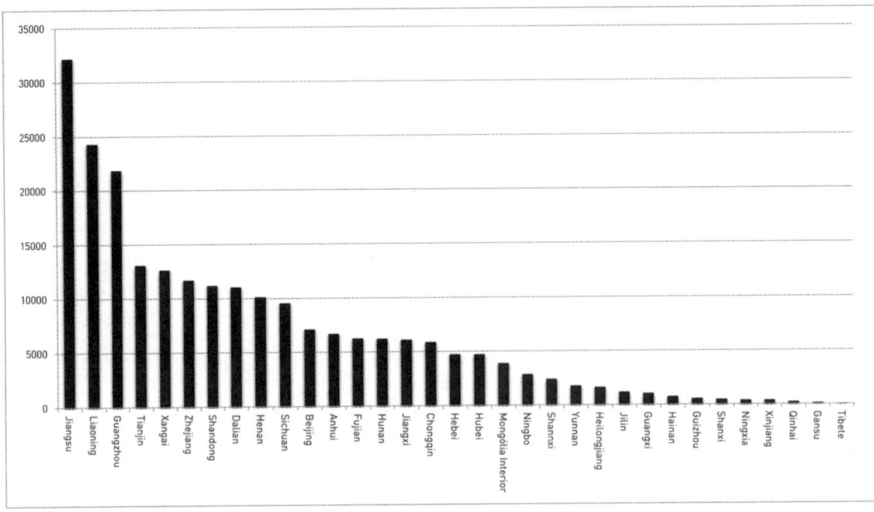

Fonte: CEIC.
Nota: Os dados de Jilin são de 2009; e os do Tibete, de 2010.

Quanto à origem geográfica do investimento estrangeiro recebido pela China, a Ásia é a principal fonte. A figura 14 mostra que, ao longo da última década, o continente respondeu por mais de 60% do IDE da China, chegando a 77% em 2011. Por país, os principais investidores são Hong Kong, Ilhas Virgens Britânicas, Cingapura, Japão, Estados Unidos, Coreia do Sul, Ilhas Cayman e Taiwan. Hong Kong sozinho foi responsável por 60,8% do investimento estrangeiro direto recebido pela China; as Ilhas Virgens Britânicas ficaram em segundo lugar, com 8,4%. Os cinco maiores países investidores representaram 82% do total. Em número de projetos, Hong Kong também lidera e continua a crescer, com 33.467 em 2011, seguido por Taiwan em segundo lugar, e o Japão em terceiro. A figura 15 mostra a origem dos principais investidores; e a figura 16, o número de projetos dos principais investimentos, de 2009 a 2011.

Figura 14

Países de origem do IDE recebido pela China (%)

2011

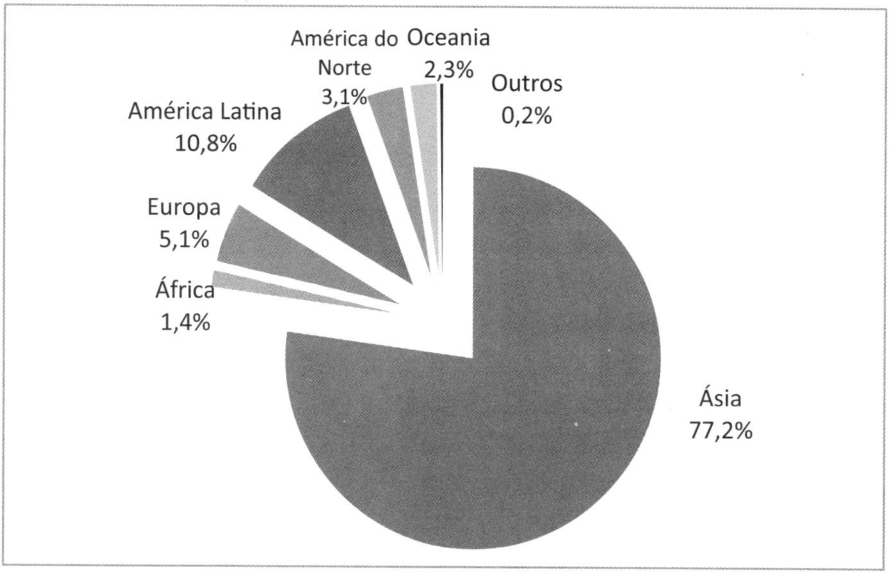

2000

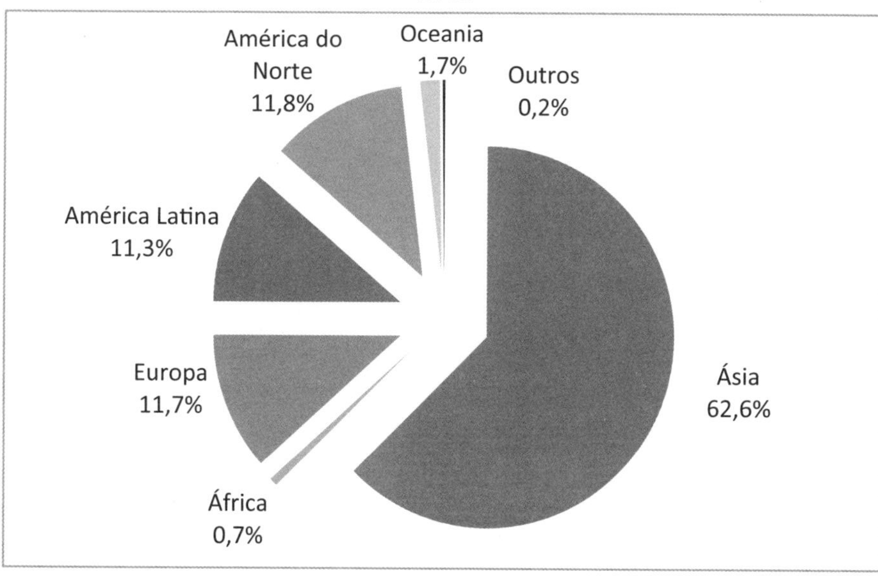

Fonte: CEIC.

Figura 15
Principais países em IDE na China em 2011 (%)

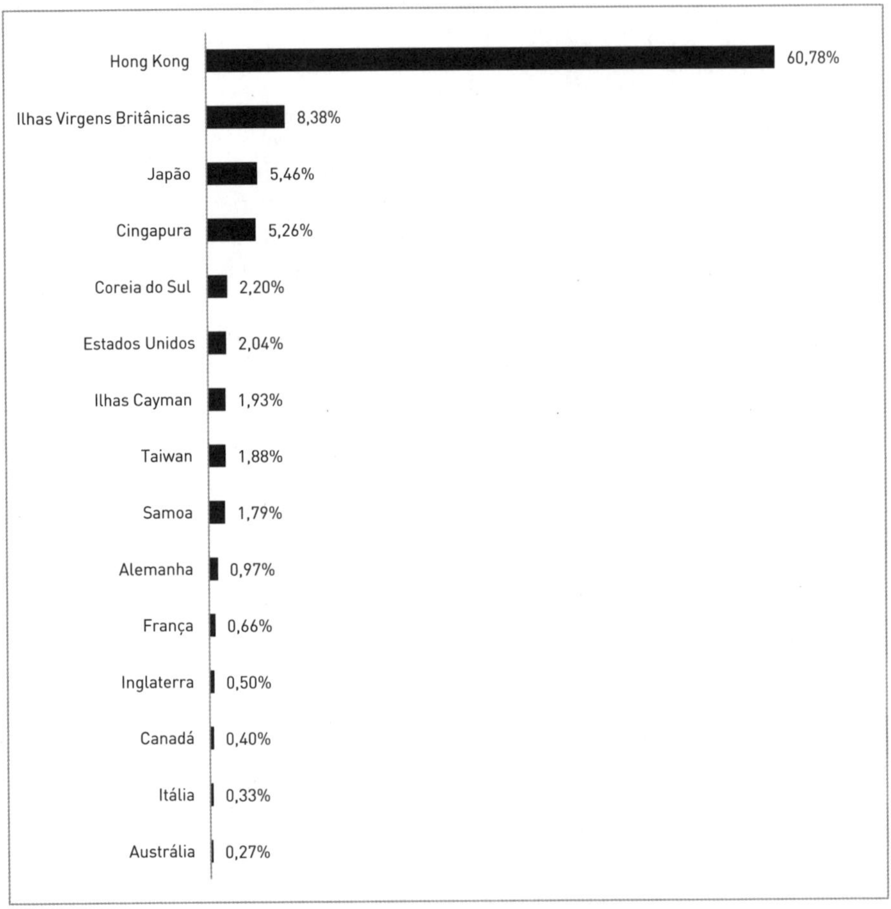

Fonte: CEIC.

Figura 16
Origem dos maiores investimentos diretos estrangeiros na China por quantidade de projetos, de 2009 a 2011

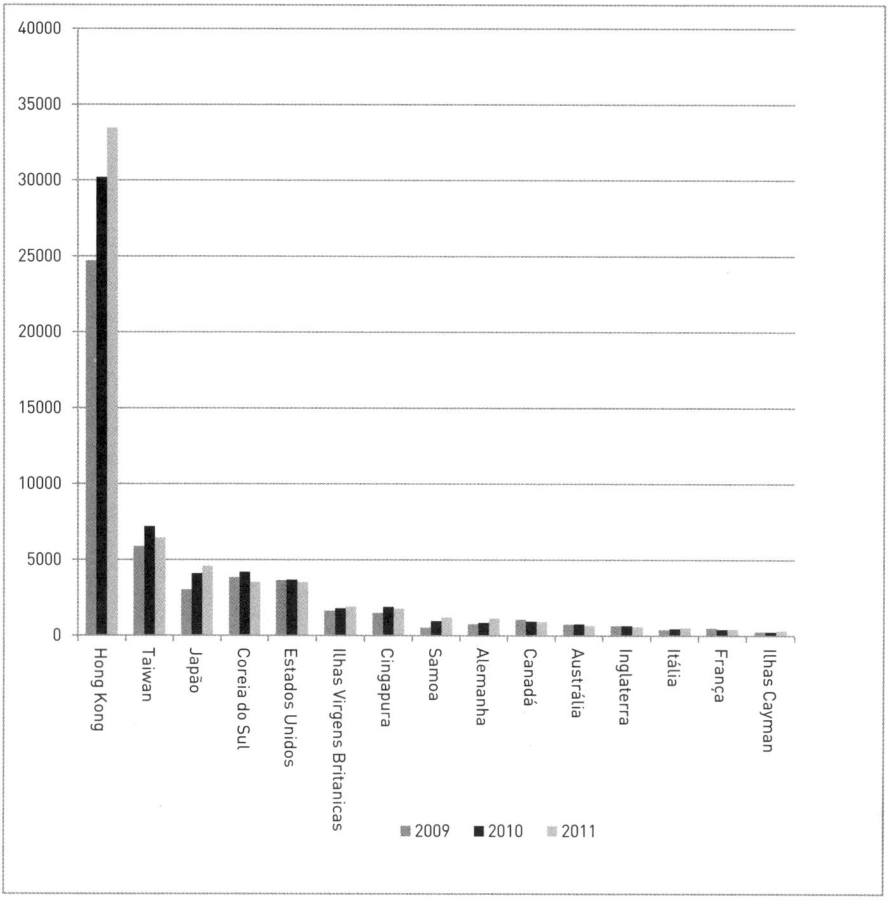

Fonte: CEIC.

3.2 O investimento direto da China no exterior

Em comparação com o investimento direto estrangeiro recebido pela China, o volume de recursos que o país investe no exterior é relativamente pequeno, mas vem crescendo constantemente nos últimos anos. A figura 17 mostra que, até o fim de 2011, o investimento direto da China no exterior totalizou US$ 424,78 bilhões, sendo US$ 67,93 bilhões em investimento financeiro e US$ 357,38 bilhões em não financeiro. Apenas em 2011, a China investiu no exterior US$ 74,65 bilhões, 8,5% a mais do que os US$ 68,81 bilhões do ano anterior.

Figura 17

O IDE acumulado da China no exterior de 2006 a 2011 (US$ milhões)

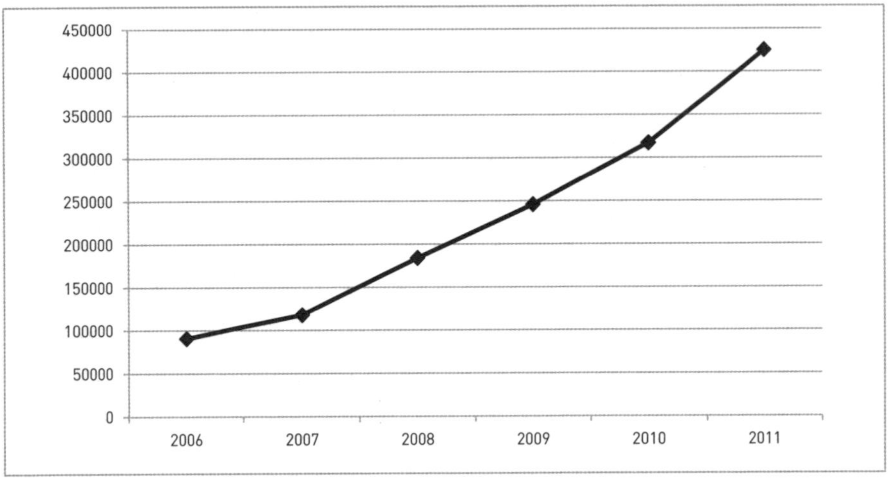

Fonte: CEIC.

A figura 18 mostra que o investimento direto da China no exterior concentrou-se principalmente em atividades não financeiras. Em 2011, o investimento não financeiro representou aproximadamente 92%, atingindo US$ 68,58 bilhões, com um aumento de 4,4% em relação ao ano anterior. Desde

Figura 18

O valor e a composição do IDE da China no exterior de 2006 a 2011 (US$ milhões)

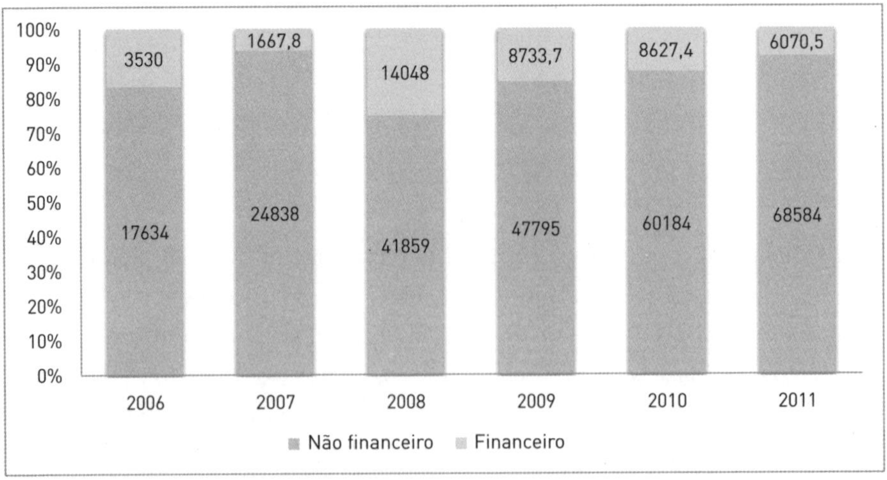

Fonte: CEIC.

2008, o investimento financeiro direto chinês no exterior vem recuando e, em 2011, foi de US$ 6,07 bilhões.

O investimento direto chinês (IDC) dirige-se a praticamente todos os setores econômicos. A figura 19 mostra a distribuição do IDC em 2011, onde os principais setores foram: serviços de *leasing* e comércio (US$ 25,59 bilhões); mineração (US$ 14,44 bilhões); comércio atacadista e varejista (US$ 10,32 bilhões); manufatura (US$ 7,04 bilhões); e setor financeiro (US$ 6,07 bilhões). Esses cinco setores representaram cerca de 85% do total do investimento direto chinês. Na comparação entre 2010 e 2011, os setores que registraram maiores aumentos foram: mineração (153,1%); comércio atacadista e varejista (55,3%); e manufatura (51,1%). As maiores reduções foram no setor de *leasing* e comércio (15,5%) e financeiro (30%) (figura 19).

Figura 19
Os investimentos chineses no exterior por setores (US$ milhões)

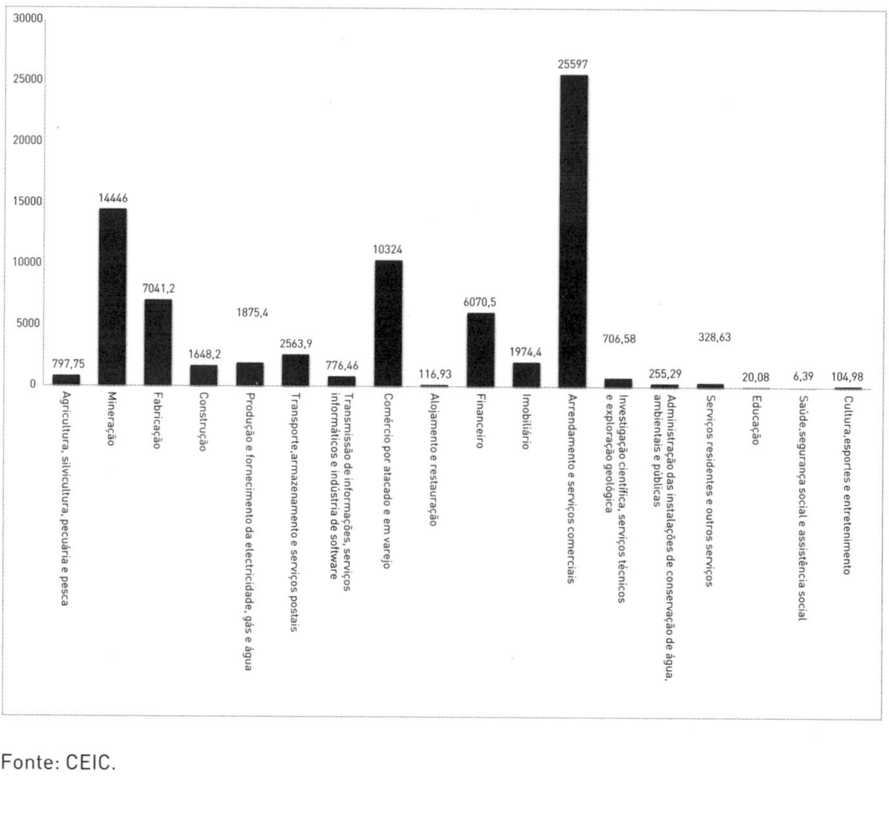

Fonte: CEIC.

Entre os destinos do investimento direto da China no exterior, a Ásia ficou em primeiro lugar, seguida pela América Latina, Europa e América do Norte. A figura 21 mostra que, em 2011, o volume do investimento direto da China na Ásia representou 61% do total; e na América do Norte, apenas 3% (figura 20).

Figura 20
A composição dos países do IDE da China no exterior em 2011

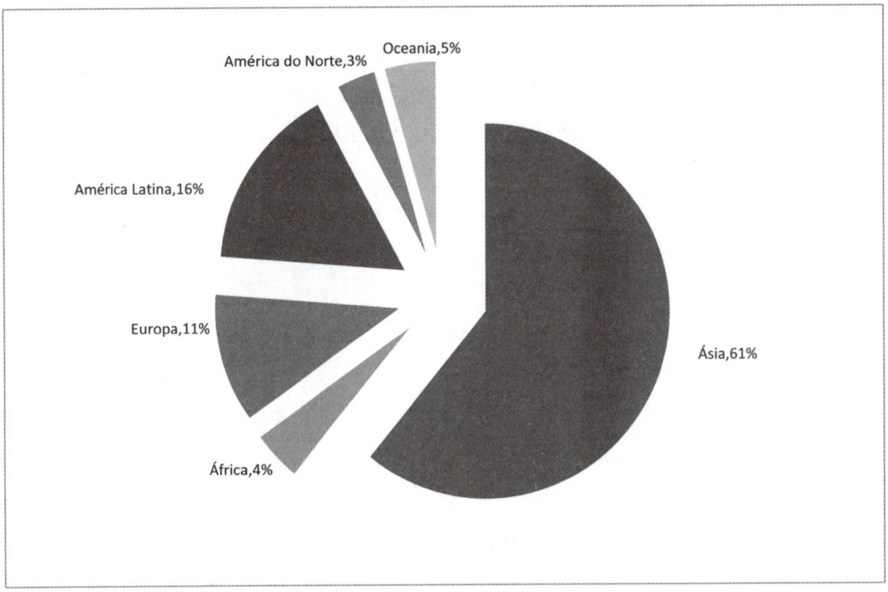

Fonte: CEIC.

4. Situação atual do comércio bilateral e do investimento direto entre a China e o Brasil

O relacionamento econômico-comercial entre o Brasil e a China, ambos membros do grupo dos Brics, tem registrado um desenvolvimento estável desde os anos 1990. No plano comercial, o Brasil já se tornou o nono maior parceiro comercial da China (figura 8) no mundo e o maior na América Latina. E a China tornou-se o maior parceiro comercial do Brasil em 2009, ultrapassando os Estados Unidos. O valor total do comércio bilateral entre o Brasil e a China cresceu quase 25 vezes em uma década e chegou a US$ 84,5 bilhões em 2011.

A figura 21 mostra que o comércio entre os dois países registra crescimento estável, exceto em 2009, devido ao impacto da crise financeira internacional. O déficit da China também aumentou quase 20 vezes no mesmo período, saltando de US$ 980 milhões para US$ 20,8 bilhões.

A tabela 4 relaciona a pauta de mercadorias responsáveis pelo déficit da China em seu comércio com o Brasil entre 2001 e 2011, identificadas pelo Código Aduaneiro (Código HS). A figura 22 apresenta os produtos da pauta de 2011, em que predominam os minerais e vegetais, com o valor de US$ 30,9 bilhões e US$ 11,6 bilhões, respectivamente.

No comércio de produtos mecânicos e elétricos, a balança pende para o lado da China, com um superávit relativamente grande, que chegou aos US$ 13 bilhões em 2011, seguido pelos têxteis e químicos. A pauta demonstra que os negócios entre os dois países se concentram em alguns produtos. A China exporta, principalmente, produtos mecânicos e elétricos, têxteis e químicos ao Brasil, e importa minerais e vegetais, o que confere vantagens para a China no comércio de manufaturados, e para o Brasil no campo dos recursos naturais.

Figura 21

O intercâmbio comercial entre a China e o Brasil de 2001 a 2012 (US$ milhões)

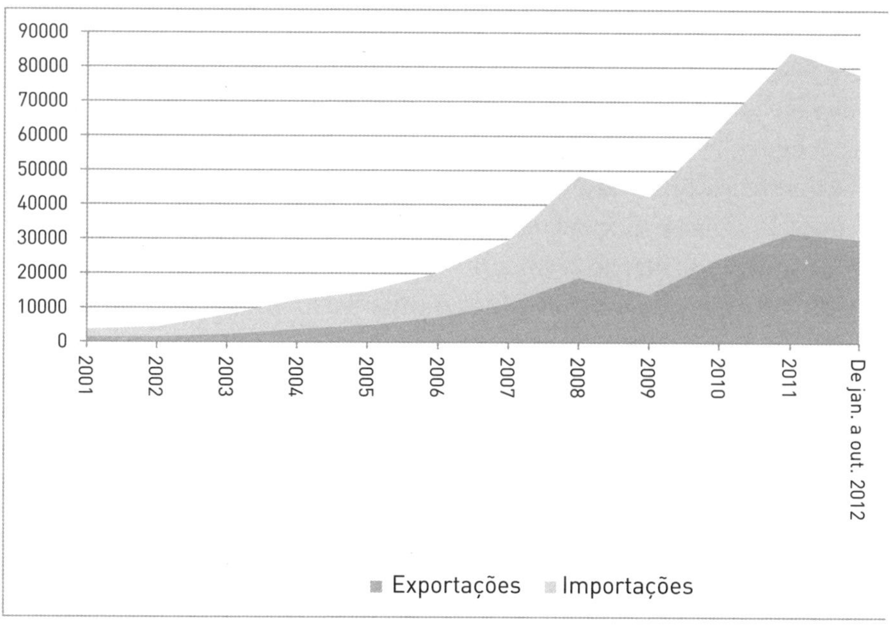

Fonte: CEIC.

Figura 22

A pauta comercial da China com o Brasil em (US$ milhões)

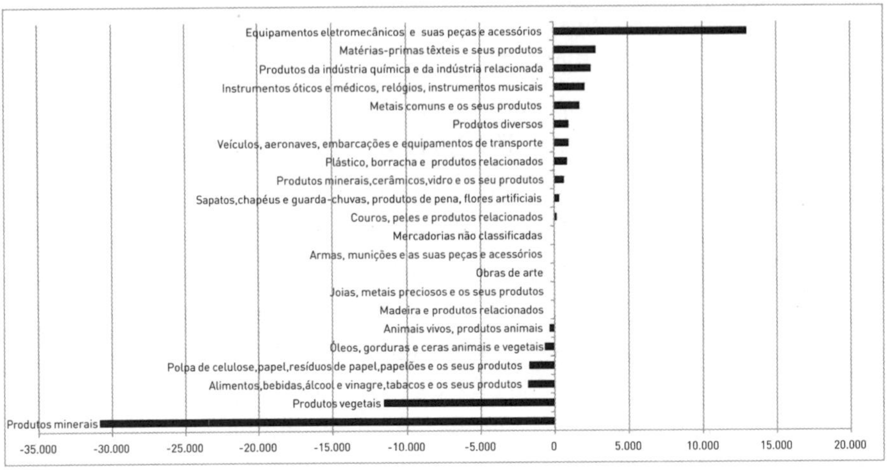

Fonte: CEIC.

A China e o Brasil estão entre os principais receptores do investimento direto estrangeiro do mundo. De acordo com o *Relatório do investimento mundial de 2011* da Unctad, em 2009 e 2010, a China ficou em segundo lugar no mundo como destino dos fluxos de IDE, logo após os Estados Unidos: e o Brasil ocupou o quinto lugar. O terceiro e quarto colocados são, respectivamente, Hong Kong e Bélgica.

A figura 23 mostra a mudança dos fluxos de investimento direto de 2003 a 2011 entre a China e o Brasil. Nota-se que entre 2003-06 o investimento direto do Brasil na China era maior do que o da China no Brasil. A partir de 2007, a situação se inverte e, em 2010, o investimento da China no Brasil foi de US$ 490 milhões, levando a China a saltar do 20º para o primeiro lugar na lista dos principais investidores estrangeiros no Brasil. O investimento direto do Brasil na China manteve-se em cerca de US$ 50 milhões nos últimos anos.

O investimento chinês no Brasil concentra-se nas áreas dos recursos naturais, especialmente energia. Recentemente, houve uma diversificação para o setor industrial, incluindo o setor manufatureiro.

Tabela 4

A pauta de mercadorias do déficit comercial da China com o Brasil de 2001 a 2011 (US$ milhões)

Categoria de mercadorias HS	Ano										
	2001	2002	2003	2004	2005	2006	2007	2008	2009	2010	2011
Animais vivos e produtos animais	1	-2	-9	-610	-135	-118	-175	43	-6	-398	-334
Produtos vegetais	-612	-885	-1670	-2040	-2330	-2975	-3833	-7124	-7256	-7912	-11562
Óleos, gorduras e ceras animais e vegetais; óleos e gorduras comestíveis refinados	-3	-155	-268	-542	-174	-138	-316	-933	-406	-838	-658
Alimentos; bebidas, álcool e vinagre; tabacos e produtos relacionados	-151	-70	-124	-119	-231	-426	-349	-483	-493	-896	-1816
Produtos materiais	-664	-649	-1128	-2906	-4345	-6417	-10248	-16096	-14917	-22372	-30871
Produtos da indústria química e relacionados	137	151	156	264	349	478	1023	1622	1160	1669	2501
Plástico e produtos relacionados; borracha e produtos relacionados	-6	-28	-43	10	27	169	168	429	11	562	885
Couros, peles e produtos relacionados; malas; produtos de categute	-49	-75	-140	-244	-299	-405	-466	-271	-122	3	185
Madeira e produtos relacionados; carvão; cortiça; malha	-49	-67	-115	-150	-160	-194	-166	-100	-53	-52	-18
Polpa de celulose, papel, resíduos de papel, papelões e os seus produtos	-163	-177	-354	-429	-380	-548	-498	-898	-1265	-1616	-1723
Matérias-primas têxteis e produtos têxteis	137	135	196	417	471	788	1105	1543	1314	2247	2836
Sapatos,chapéus e guarda-chuvas, produtos de pena, flores artificiais, produtos de cabelo humano	41	35	41	78	103	132	185	284	259	311	346
Produtos minerais, cerâmicos,vidro e seus produtos	14	18	18	36	48	80	146	300	229	457	669
Joias, metais preciosos e seus produtos, bijuterias, moedas	-3	-6	-6	-7	-5	-2	-1	2	1	-2	-16
Metais comuns e seus produtos	-22	-126	-747	-536	-350	180	410	924	-916	1425	1732
Equipamentos eletromecânicos e de áudio e vídeo e suas peças e acessórios	428	326	619	1159	1922	3241	4640	7427	6371	10354	12982
Veículos, aeronaves, embarcações e equipamentos de transporte	-120	-59	-218	-94	38	124	351	546	251	891	992
Instrumentos ópticos e médicos, relógios, instrumentos musicais	40	45	49	85	157	303	748	1448	1210	1892	2080
Armas, munições e suas peças e acessórios	0	0	0	0	0	0	0	0	0	1	3
Produtos diversos	60	53	63	109	141	203	310	480	442	700	993
Obras de arte, colecionáveis e antiguidades	0	0	0	0	0	0	0	0	0	0	0
Mercadorias especiais comerciais e mercadorias não categóricas	0	0	-20	-14	0	0	0	1	1	2	3
Total	-984	-1537	-3700	-5535	-5153	-5527	-6965	-10857	-14185	-13573	-20791

Fonte: CEIC.

Figura 23

O IDE entre a China e o Brasil de 2003 a 2011 (US$ milhões)

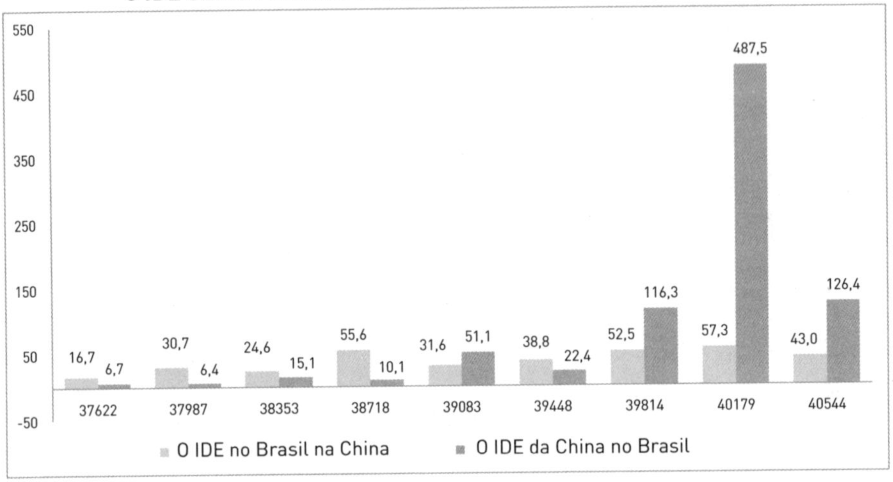

Fonte: CEIC.

5. O impacto do comércio e do investimento direto no crescimento econômico da China

A implementação de qualquer política para o desenvolvimento econômico de um país pode trazer efeitos positivos e/ou negativos. Desde que Dennis Robertson disse, nos anos 1930, que "o comércio internacional é o motor do crescimento econômico", a relação entre esses dois fatores é parte integrante da agenda de pesquisas na literatura econômica. Além disso, com a crescente importância de políticas voltadas para a liberalização do investimento, a partir dos anos 1970, os estudos passaram a incorporar essa variável na avaliação dos motores do crescimento econômico dos países.

É positivo ou negativo o impacto da liberalização comercial e do investimento direto no crescimento econômico da China? É esse exatamente o tema de discussão desta seção.

Utilizando dados das províncias, regiões autônomas e municipalidades a partir dos anos 1990, foi avaliado o efeito da liberalização comercial e do investimento no crescimento econômico, e analisado o impacto e tendência desse processo. A descrição do modelo com os resultados obtidos está em anexo.

5.1 Análise dos resultados

5.1.1 Análise sobre a flexibilidade de investimento de capital e de trabalho

Os resultados do modelo concluem que o estoque de capital fixo tem o papel mais significativo na promoção do crescimento econômico da China. Cada aumento de 1% do estoque de capital físico significa crescimento de 0,64% do PIB do país.

Em segundo lugar, o modelo mostrou que o aumento da população empregada promoveu o crescimento da economia chinesa, resultado também consistente com as nossas expectativas teóricas. Podemos ver que cada aumento de 1% do número da população empregada resulta em um aumento de 0,30% do PIB da China.

5.1.2 Análise do impacto da dependência do comércio exterior no crescimento econômico

De acordo com os resultados do modelo, a figura 24 mostra a sensibilidade do crescimento econômico ao comércio exterior (a corrente de comércio). Como visto na figura, o impacto da dependência do comércio exterior no crescimento econômico apresenta um caminho dinâmico em forma de U invertido. Em 1994 e 1995, o impacto da dependência do comércio exterior no crescimento econômico foi negativo. No entanto, desde 1997, começou a tornar-se positivo, de um modo notável. De 1997 a 2001, aumentou o efeito do comércio exterior no crescimento econômico. Em 2002 e 2003, permaneceu basicamente inalterado e, depois, começou a apresentar tendência de redução. Logo, nos últimos 10 anos, a contribuição do comércio exterior para o crescimento econômico da China passou por fases distintas.

Desde a reforma e abertura, a China tem implementado uma política ativa de abertura ao exterior, promovendo a expansão da exportação e formando, gradualmente, uma estratégia de desenvolvimento econômico que tem na exportação um ponto de apoio importante. Essa estratégia estimulou fortemente o desenvolvimento rápido da economia nacional.

Figura 24
A elasticidade do impacto do comércio exterior no crescimento econômico da China (1994-07)

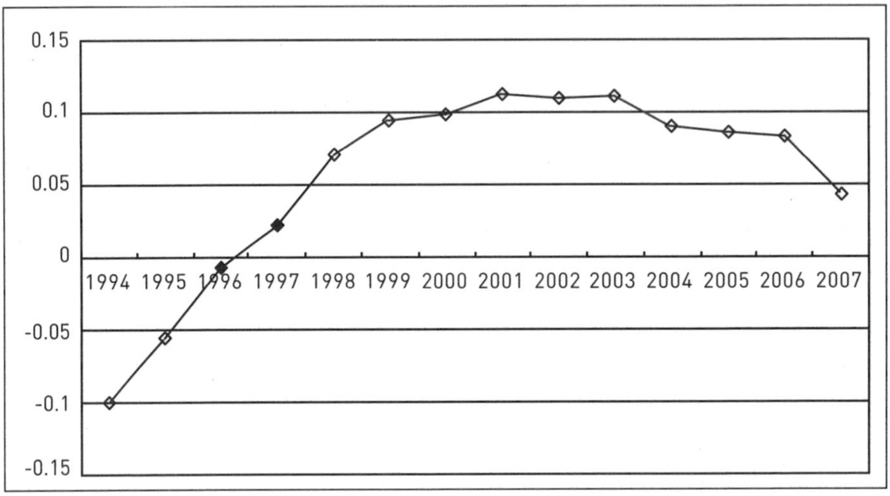

Fonte: Estimativa do autor.

No entanto, com a maior dependência do comércio exterior e o aumento dos riscos dessa estratégia, o governo chinês atribui, cada vez mais, grande importância ao desenvolvimento da economia orientada para a demanda interna. Logo, a redução da dependência do comércio exterior reflete, em certa medida, uma trajetória de melhoria da qualidade do desenvolvimento econômico da China que passou a priorizar o mercado interno como força motriz do crescimento.

5.1.3 Análise do impacto da dependência do capital estrangeiro para o crescimento econômico

De acordo com os resultados do modelo, a figura 25 mostra a elasticidade de impacto da influência do capital estrangeiro no desenvolvimento econômico da China. De 1996 a 2001, foi negativo, ou seja, a liberalização de investimento direto da China não produziu efeitos positivos, por exemplo, como a transferência de tecnologia, que deveria promover o desenvolvimento econômico.

Depois de 2002, o impacto negativo diminuiu e desapareceu aos poucos. Mas, até 2007, a liberalização do investimento ainda não produzia os efeitos positivos de promoção do crescimento econômico.

Figura 25
A elasticidade do impacto do capital estrangeiro no crescimento econômico da China entre 1994 e 2007

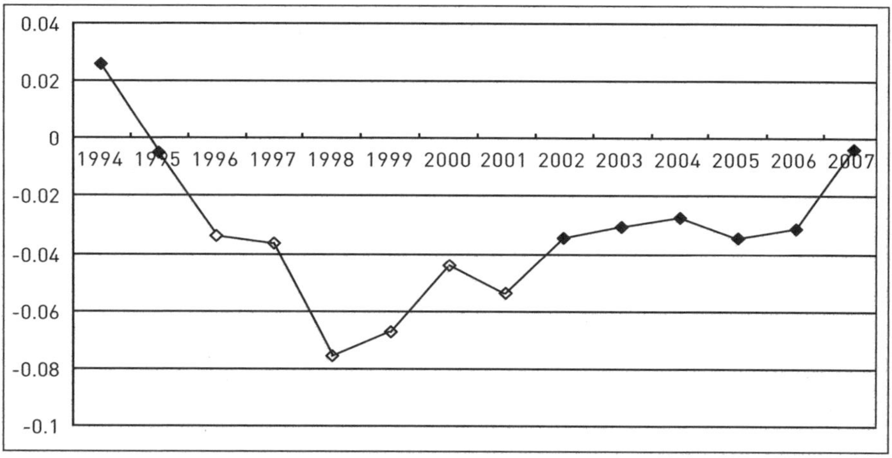

Fonte: Estimativa do autor.

6. Conclusões e sugestões

A principal contribuição do exercício apresentado neste capítulo está associada a dois aspectos. Em primeiro lugar, foi realizada a análise simultânea do impacto da liberalização comercial e do investimento direto no crescimento econômico da China, evitando-se os desvios na construção de modelo originados pela análise separada. Em segundo lugar, foi examinado o impacto dinâmico da liberalização comercial e do investimento direto utilizando-se dados de 30 províncias.

Por meio da análise empírica chegamos às seguintes conclusões e sugestões (inspirações):

1. A liberalização comercial teve, de fato, impacto positivo notável no crescimento econômico das províncias, regiões autônomas e cidades da China. A influência do comércio exterior no crescimento não é, porém, uma relação

linear simples, mas mostra uma tendência significativa em forma de U invertido. O impacto em forma de U invertido explica que, embora a liberalização comercial tenha contribuído para o aumento do PIB chinês não é uma condição suficiente para assegurar uma trajetória de crescimento sustentado ao longo do tempo. A economia chinesa não pode depender excessivamente da estratégia orientada à exportação.

2. Mesmo que se tenha elevado constantemente o nível da liberalização e aumentado a escala de absorção, o investimento estrangeiro direto não surtiu efeito positivo na promoção do crescimento da economia chinesa. Os efeitos da liberalização do investimento direto para o desenvolvimento econômico da China apareceram em forma de U. Ou seja, efeitos de transferência tecnológica e de promoção da produtividade pela introdução de capital estrangeiro não foram óbvios, e resultaram em impacto negativo ao desenvolvimento econômico. Mas acredita-se que o impacto positivo vai aparecer gradualmente com o aperfeiçoamento da política da liberalização do investimento da China. Espera-se que, daqui a alguns anos, esse impacto positivo irá aparecer. Naturalmente, isso depende de uma avaliação nos próximos anos.

No processo atual da liberalização do investimento direto da China, o mais importante é a qualidade da absorção de capital. Quando da elaboração de políticas preferenciais relacionadas ao capital estrangeiro, deve-se assegurar a qualidade e a direção de absorção de capital. Por outro lado, devemos melhorar ainda mais a construção institucional do sistema econômico de mercado da China e do sistema moderno de direitos de propriedade das empresas, aumentar a competitividade e a capacidade de inovação independente das empresas chinesas, não dependendo excessivamente da transferência tecnológica do investimento.

Portanto, a proposta de política é que a China deve alterar a estratégia do passado de trocar a tecnologia pelo mercado por meio do capital estrangeiro, e implementar a nova estratégia de desenvolvimento científico e tecnológico, com destaque na inovação independente.

3. A promoção do estoque de capital físico para o desenvolvimento econômico da China foi muito siginificativa, e o investimento fixo pode ampliar a capacidade de produção, fornecendo a base material necessária ao desenvolvimento econômico de longo prazo.

4. O emprego também tem uma função importante para promover o desenvolvimento econômico da China. No entanto, não se pode ignorar a reali-

dade de que a mudança da estrutura urbana-rural, a reestruturação econômica e a reforma do sistema econômico da China, entre outros, são fatores que podem produzir impacto no mercado de trabalho. Por isso, a China tem que fazer um reajuste da estrutura de emprego e melhorar sua qualidade. Só assim o emprego desempenhará plenamente o papel de promover o crescimento, e o povo poderá usufruir de verdade os benefícios trazidos pelo crescimento econômico.

Referências

CHINA NATIONAL BUREAU OF STATISTICS. *China statistical yearbook 2012*. Beijing: China Statistics Press, 2012.

______. *China statistical digest 2012*. Beijing: China Statistics Press, 2012a.

JUN, Zhang. Estimation of provincial physical capital stock in China: 1952-2000. *Journal of Economic Studies*, n. 10, 2004.

Anexo

O modelo para estimar o impacto da liberalização

A fim de avaliar o impacto da liberalização do comércio sobre o crescimento econômico da China, foi construído, com base na função de produção Cobb-Douglas, um modelo com dados em painel sendo considerado o coeficiente de variação de tempo dos efeitos fixos e da variação da liberalização.

$$\log(Y_{it}) : \beta_i + \beta_1 \log(K_{it}) + \beta_2 \log(L_{it}) + \alpha_t \log(TD_{it}) + \gamma_t \log(FD_{it}) + \varepsilon_{it}$$
$$i = 1,2,\ldots 30; t = 1,2,\ldots 14 \qquad (1)$$

Entre os quais, Y_{it} representa o PIB da província i no ano t, K_{it} representa o estoque de capital físico da província i no ano t, L_{it} representa a população empregada na província i no fim do ano t, TD_{it} representa a dependência do comércio exterior da província i no ano t, FD_{it} representa a dependência do investimento estrangeiro da província i no ano t. O coeficiente β_i é o termo dos efeitos fixos do modelo, β_1 e β_2 representam, respectivamente, os coeficientes do estoque de capital físico e da população empregada no fim de ano; α_t e γ_t representam os coeficientes da dependência do comércio exterior e do investimento estrangeiro que variam ao longo do tempo. O modelo (1) indica que, além dos efeitos dos investimentos tradicionais de capital e de tecnologia, o crescimento das províncias é afetado pela liberalização comercial e do investimento direto.

Por causa das diferenças do grau de crescimento econômico nas províncias chinesas da China, no modelo (1) é considerada a interceptação dos efeitos fixos que reflete essa distinção. Além disso, como o intervalo de tempo dos dados mencionados nesta seção é de 14 anos, é razoável pensar que os efeitos da dependência do comércio exterior e do capital estrangeiro sobre o crescimento econômico não foram idênticos ao longo desses anos.

A tabela 5 apresenta os resultados estimados do modelo para 30 províncias da China no período de 1994 a 2007. Ao mesmo tempo, o modelo foi submetido ao teste de significância geral, de significância de variação única, dos efeitos fixos da seção transversal do modelo e do coeficiente de tempo variável.

Tabela 5

Resultados do modelo

Parâmetro		Estimado		T		t-prob	
β_1		**0,640536**		**72,01**		**0**	
β_2		**0,301429**		**59,19**		**0**	
α_t	**Estimado**	**T**	**t-prob**	γ_t	**t-prob**	**t**	**t-prob**
t=1994	-0,101	-4,955	0	t=1994	0,026	1,214	0,226
1995	-0,055	-2,789	0,006	1995	-0,005	-0,221	0,825
1996	-0,008	-0,491	0,624	1996	-0,034	-2,622	0,009
1997	0,022	1,424	0,155	1997	-0,036	-2,147	0,033
1998	0,071	4,515	0	1998	-0,076	-3,319	0,001
1999	0,095	6,438	0	1999	-0,067	-3,130	0,002
2000	0,098	6,273	0	2000	-0,044	-2,095	0,037
2001	0,113	6,665	0	2001	-0,054	-2,382	0,018
2002	0,110	6,299	0	2002	-0,035	-1,472	0,142
2003	0,111	5,930	0	2003	-0,031	-1,324	0,187
2004	0,090	4,271	0	2004	-0,028	-1,107	0,269
2005	0,086	4,302	0	2005	-0,035	-1,438	0,151
2006	0,083	4,057	0	2006	-0,031	-1,296	0,196
2007	0,043	2,484	0,013	2007	-0,003	-0,193	0,847
R^2 =0,997462 $\bar{R}^2$ = 0,997046							
Estatística F=2398,002							

Capítulo 8

O processo de reforma de mercado na China*

Li Xiaoxi**

Resumo

A transição histórica da economia planejada tradicional para a economia de mercado foi realizada pela China por meio de uma bem-sucedida reforma ao longo de 30 anos. Os resultados indicam que a a importância relativa do mercado na economia aumentou de 15,08% em 1978 para 26,04% em 1992, 55,49% em 1998 e 76,04% em 2008. O crescimento consistente e estável mostra que a China já se tornou uma economia de mercado em desenvolvimento, sobretudo após 1992, quando o sistema social da economia de mercado foi definido como um objetivo a ser atingido. Essa condição transparece pela formação de microentidades na economia; pelo avanço de um sistema de mercado unificado e aberto; pelo êxito notável da política de abertura; pelo progresso da reforma do sistema de administração governamental; pelas reformas sociais; e pela construção de um sistema jurídico adaptado à economia socialista de mercado. Por fim, com base nos resultados da análise, o texto aponta para as políticas de reforma de mercado no futuro.

* Tradução: Liu Xiyuan e Diao Fanwei. Este capítulo é baseado em Li Xiaoxi (ed.), *Report on China's market economy development*, Beijing: Beijing Normal University Press, Sep. 2010.

** Professor catedrático e diretor do Instituto de Gestão de Economia e Recursos da Universidade Normal de Pequim. Zeng Xuewen, Zhao Shaoqin, Yang Xu e Zhang Mingming colaboraram na preparação do artigo.

1. Conclusão básica sobre a evolução do mercado em 30 anos

Após a reforma e a abertura verificadas nos 30 anos compreendidos entre 1978 e 2008, a profundidade e a amplitude da conversão da China em uma economia de mercado têm aumentado de forma contínua. O mecanismo de mercado já desempenha papel primordial na alocação de recursos. As ações governamentais estão mais padronizadas, e as entidades econômicas, mais livres; a economia não estatal tornou-se parte importante da economia nacional; o grau de desenvolvimento do mercado dos diversos fatores de produção cresce significativamente; o ambiente de negócios está mais justo e equitativo; e o processo de integração do comércio interior e exterior, mais acelerado. Ao mesmo tempo, como acontece no núcleo da economia moderna, a formação dos parâmetros financeiros está mais razoável, e o nível e a qualidade do desenvolvimento econômico têm experimentado constante elevação. Diversos indicadores mostram que, ao longo desses 30 anos a China, inicialmente um país de economia planejada tradicional, já entrou no grupo das economias de mercado em desenvolvimento, integrando-se mais profunda e amplamente ao sistema global.

1.1 Os indicadores mostram que a China se transformou de um país de economia planejada tradicional em um país de economia de mercado em desenvolvimento

Ao longo desses 30 anos, a China vem impulsionando com determinação a reforma do sistema econômico em todas as áreas, tendo realizado com sucesso a grande transição histórica de um modelo altamente centralizado de economia planejada para um modelo socialista vigoroso de economia de mercado. O indicador que mede o grau dessa evolução aumentou de 15,08%, em 1978, para 76,04%, em 2008, com evolução anual de 5,6%. A reforma dos cinco fatores básicos que indicam o grau de importância do mercado — padronização das ações do governo; liberalização das entidades econômicas; orientação dos fatores de produção pelo mercado; justiça e equidade do ambiente de negócios; e racionalização dos parâmetros financeiros — tem obtido progresso notável, criando condições extremamente favoráveis para que o mercado assuma seu papel na alocação de recursos (tabela 1).

Tabela 1

Resultados dos indicadores da medição do mercado chinês entre 1978 e 2008 (%)

Ano	Resultados	Ano	Resultados	Ano	Resultados
1978	15,08	1989	19,83	1999	55,29
1979	14,25	1990	20,25	2000	60,64
1980	14,25	1991	21,10	2001	64,26
1981	16,63	1992	26,04	2002	64,76
1982	18,92	1993	34,11	2003	67,07
1983	15,79	1994	37,72	2004	70,53
1984	16,63	1995	40,60	2005	76,03
1985	18,38	1996	41,43	2006	75,19
1986	18,38	1997	49,93	2007	76,19
1987	19,83	1998	55,49	2008	76,40
1988	19,63	-	-	-	-

Fonte: Capítulo 2 de *Medição e análise dos indicadores de grau de mercado entre 1978 e 1991*; Capítulo 3 de *Medição e análise dos indicadores de grau de mercado entre 1992 e 2000* e Capítulo 4 de *Medição e análise dos indicadores de grau de mercado entre 2001 e 2008*; Parte II: Medição e análise de grau de mercado da economia chinesa entre 1978 e 2008 do *Relatório do desenvolvimento da economia de mercado da China em 2010*.

1.2 As etapas do processo de conversão ao mercado

A variação dos indicadores de mercado da China ao longo dos 30 anos citados divide-se em três etapas: 1978-91, 1992-2000 e 2001-08, correspondendo à divisão feita pelos teóricos sobre as etapas do processo da reforma do país. Os anos entre 1978 e 1991 constituem a etapa inicial da reforma de mercado da China. Nesse período, as mudanças avançaram gradualmente do campo para as cidades; das regiões econômicas especiais para a região costeira, ao longo dos rios e do interior. Foram obtidos grandes avanços na construção do sistema de mercado, bem como na reconstrução de suas principais entidades e na reforma do sistema de controle e regulação macroeconômicos. Avançaram sucessivamente as reformas pertinentes aos sistemas de preço, de circulação, fiscal e financeiro, de modo a construir o mecanismo competitivo de mercado e o sistema da macrogestão indireta. Nessa etapa, os indicadores caracterizavam-se por muitas oscilações e baixo nível geral de orientação pelo mercado. O fato de a China ter sofrido por muito tempo a influência do sistema de economia planejada fez com que a reforma de mercado partisse de patamares modestos. Entre 1978 e 1991, o indicador de conversão ao mercado elevou-se de 15,08% para 21,10%, ou seja, apenas 6,02% a mais em 14 anos. Conforme o critério de análise de Gu Haibin, esse nível era considerado muito fraco.

Os anos entre 1992 e 2000 foram um período de forte promoção da reforma de mercado na China. A variação dos indicadores desse processo caracterizou-se por uma elevação acelerada. Em outubro de 1992, com a realização do XIV Congresso Nacional do PCC, definiu-se, pela primeira vez, que o objetivo da reforma seria a construção do sistema de economia socialista de mercado. Desde então, a China ingressou em uma nova era de conversão ao mercado. A reforma das empresas estatais sofreu uma reestruturação estratégica, com destaque para a orientação de "preservar as grandes em detrimento das pequenas, avançando ou retrocedendo conforme cada caso", nos moldes do sistema de empresas modernas. A economia não estatal evoluiu da condição de complemento da economia socialista para "componente importante da economia socialista de mercado". A reforma dos fatores de produção alcançou grande avanço: foi preliminarmente formado o mercado de capitais, representado pelas Bolsas de Xangai e de Shenzhen, e o mecanismo de alocação de mercado passou a desempenhar papel fundamental nas transações agrárias.

A reforma de liberalização da mão de obra proporcionou progresso notável nas áreas do emprego em empresas, da construção do mercado de trabalho e do sistema de proteção social. Para atender aos requisitos de ingresso do país na Organização Mundial do Comércio (OMC), aprofundou-se a reforma do sistema de comércio exterior. Já a reforma do sistema financeiro avançou no que diz respeito à profissionalização dos bancos estatais especializados e à mudança do sistema cambial. E a função administrativa do governo voltou-se ao macrocontrole e regulação. As cinco reformas mencionadas formaram uma sinergia que contribuiu para elevar o grau de importância relativa do mercado de 21,10%, em 1991, para 60,64% em 2000, com uma média anual superior a 6%, atingindo preliminarmente o critério de economia de mercado.

Os anos entre 2001 e 2008 foram de aprofundamento da reforma de mercado na China, com elevação desses indicadores e avanço nos fatores por eles aferidos. Em 2001, com a realização do nosso objetivo de entrada na OMC, a abertura ao exterior entrou em nova fase. O anúncio da *construção inicial do sistema da economia socialista de mercado*, realizado na Terceira Sessão Plenária do XVI Congresso Nacional do PCC, fez com que a reforma de mercado na China evoluísse do modo gradual para o coordenado, ganhando impulso.

Após o lançamento do objetivo do XVI Congresso do PCC, de *construção plena de uma sociedade moderadamente confortável,* a Terceira Sessão Plenária do XVII Congresso do PCC formulou o novo pensamento de *conceito de desenvolvimento científico,* exigindo maior transformação no modo de desenvolvimento e no sistema econômico, bem como na função do governo. A partir de então, ficou definido que a reforma e o desenvolvimento não deveriam procurar apenas *velocidade e quantidade,* mas também atribuir maior importância à *coordenação e qualidade,* à vida do povo e à harmonia social. Foram ressaltadas a importância do ser humano e a prioridade que deveria ser dada às grandes questões, como a reforma nos campos, recursos e meio ambiente, proteção social, educação e saúde, respeitando amplamente a vontade da população, de modo a deixá-la compartilhar os resultados da reforma e abertura. Nesses oito anos, os indicadores de mercado evoluíram de 64,26%, em 2001, para 76,40%, em 2008. Em consequência, o sistema de economia de mercado tornou-se mais maduro.

2. Os êxitos obtidos nos 30 anos da reforma e abertura

2.1 A formação básica das microentidades da economia de mercado

Com o impulso das reformas rural e das empresas estatais, bem como o desenvolvimento da economia não estatal, estabeleceu-se gradualmente o sistema econômico caracterizado pela propriedade pública como elemento central, coadjuvada pelo desenvolvimento das diversas propriedades econômicas. Foram formadas as microentidades da economia de mercado.

2.1.1 Os resultados notáveis da reforma das empresas estatais

Desde a reforma e a abertura realizadas há pouco mais de 30 anos, a mudança do sistema de participação acionária aprofundou-se continuamente, tendo sido realizada por mais da metade das principais empresas estatais e mais de 90% das pequenas e médias empresas. Nos últimos anos, sobretudo, priorizou-se a reforma das estatais, com ênfase no sistema acionário das grandes empresas; o aperfeiçoamento da estrutura de gestão das pessoas jurídicas empresariais; e o mecanismo de mercado de seleção e emprego de recursos humanos.

O número de empresas vinculadas ao nível central foi reduzido de 196, quando da constituição do Comitê de Supervisão e Administração dos Bens Estatais, para 129, no final de 2009. As empresas listadas em Bolsa, dentro e fora da China, e controladas de fato pelas empresas centrais, eram 307.[1]

Com o aprofundamento da reforma, o vigor e a competitividade das empresas estatais aumentaram cada vez mais. Até o final de 2008, o faturamento acumulado dessas empresas alcançou RMB ¥ 21,0502 trilhões, com aumento de 17,8% em relação ao ano anterior, enquanto o lucro acumulado chegou a RMB ¥ 1,1843 trilhão. Desse total, as empresas vinculadas ao nível central respondiam pela maior fatia, com RMB ¥ 826,1 bilhões. O lucro das empresas estatais locais foi de RMB ¥ 358,2 bilhões. O volume de impostos pagos pelo total das empresas estatais atingiu RMB ¥ 1,780 trilhão, com aumento de 15,74%.[2]

A proporção da operação opcional autônoma das empresas estatais de grande porte aumentou de 1%, em 1985, para 87,55%, em 2008. Já a proporção de decisão e gerenciamento autônomos subiu de 15,82% para 87,55%, na mesma base de comparação. A proporção dos subsídios pagos pelo Tesouro no déficit das empresas estatais em relação ao PIB chegou ao topo de 6,51% em 1983. Posteriormente, decresceu e baixou a 0,05%.

2.1.2 O rápido desenvolvimento da economia não estatal

Desde a reforma e a abertura, a economia não estatal tornou-se importante alavanca do desenvolvimento econômico nacional. Seu nível de investimento em relação ao investimento de capital de toda a sociedade aumentou de 19,06%, em 1978, para 62,97%, em 2008. Elevou-se também gradualmente o valor industrial agregado, cuja proporção pertencente a empresas de grande escala subiu de 8,29%, em 1978, para 67,21%, em 2008, ante o valor agregado total da indústria de grande escala. A contribuição tributária do setor também aumentou, de 13,02% para 82,72%, no período considerado, em relação ao

1. Fonte: SASAC do Conselho de Estado. Disponível em: <sasac.gov.cn/n1180/index.html>.
2. Fonte: Instituto Nacional de Estatísticas da China (*China National Bureau of Statistics*). Disponível em: <http://stats.gov.cn/tjsj/>; Wind information network. <www.wind.com.cn/>.

total dos impostos pagos por toda a sociedade. E o comércio exterior cresceu de forma constante — a participação da importação e exportação da economia não estatal no total do país subiu de 0,2%, em 1978, para 76,1%, em 2008.

Com o avanço progressivo da reforma de mercado, a economia não estatal já se tornou o principal canal de ampliação do emprego, respondendo, atualmente, por mais de 75% dos empregos urbanos. A participação dos empregados das empresas não estatais urbanas no total dos empregados urbanos cresceu de 26,99%, em 1978, para 78,66%, em 2008 (figura 1).

Figura 1
Evolução da participação relativa dos empregados das empresas não estatais urbanas (%)

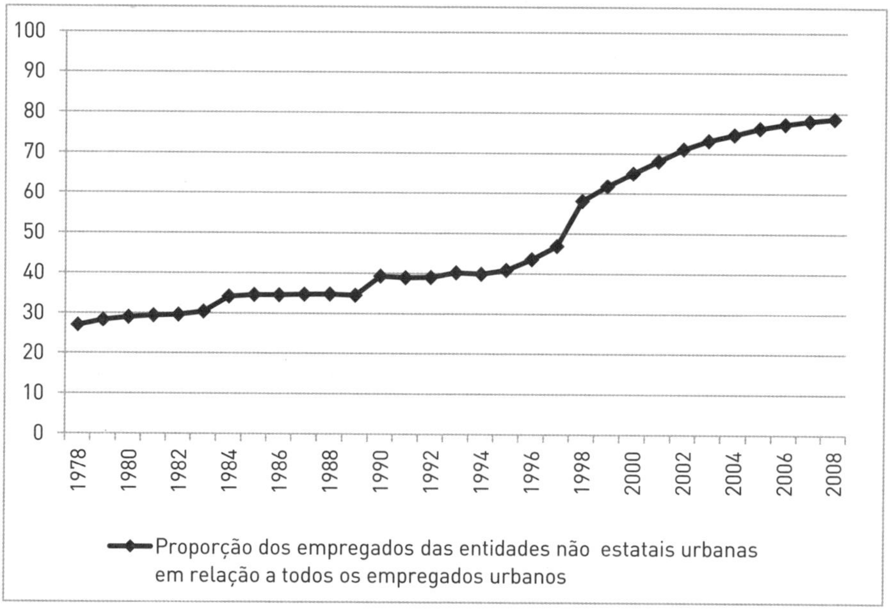

Fonte: Entre 1990 e 2008, os dados dos empregados urbanos e das entidades não estatais urbanas são oriundos do *Anuário estatístico da China*. Entre 1978 e 1989, em função do ajuste dos dados dos empregados urbanos feito em 1990 pelo Instituto de Estatística após o quarto censo nacional — mas sem o ajuste dos dados anteriores a 1989 —, multiplicamos os números por um coeficiente de ajuste (empregados urbanos ajustados em 1990/empregados antes do ajuste em 1990 = 17041/14730 = 1,2). Depois subtraímos os empregados das entidades estatais para obter o total de empregados das entidades não estatais, que foi dividido pelo total de empregados urbanos para obtermos a proporção dos empregados das entidades não estatais em relação aos empregados urbanos. Por fim, usamos a média aritmética simples entre as proporções antes e após o ajuste como valor estimativo final.

O desenvolvimento da economia não estatal promoveu um reajuste estrutural. Na etapa inicial, a economia individual e privada atuava principalmente nas áreas de manufatura, construção civil, transportes, comércio e serviços. Em seguida, começou a estender-se às áreas de agricultura moderna, serviços públicos, novos serviços e outras. O desenvolvimento da economia privada promoveu, ainda, o surgimento de um bom número de novas indústrias emergentes, motivando o desenvolvimento das áreas cultural, esportiva, recreativa e de lazer, bem como de outros serviços, tais como intermediários, legais, de consultoria e logística.

2.2 O aperfeiçoamento constante do sistema unificado e aberto de mercado

Antes da reforma e abertura, a maioria dos produtos chineses era regida pelo sistema das quatro unificações: planejamento, definição de preços, gestão operacional e distribuição. Ao mesmo tempo, devido à orientação ideológica, os fatores de produção não eram considerados mercadorias, nem se pensava em desenvolver o mercado desses fatores. Após a reforma e a abertura, a operação e os preços da maioria dos produtos tornaram-se livres. O mercado de produtos tende a melhorar cada vez mais, e o de fatores da produção experimentou grande desenvolvimento.

2.2.1 O desenvolvimento do mercado de produtos

Desde 1978, em função da reforma que teve como cerne a aplicação do sistema de contrato de responsabilidade familiar no campo, os produtos agrícolas passaram a ser gradualmente comercializados, fazendo prevalecer os mecanismos de formação de preços de mercado: oferta e demanda, competição, crédito, incentivo e seletividade. As relações de oferta e demanda de mercadorias mudaram fundamentalmente, sendo estabelecida basicamente a configuração do mercado ditado pelo comprador, com liberdade de escolha para os consumidores. A relação de preços melhorou à medida que passou a ser definida pelo mercado.

A reforma do sistema de circulação de mercadorias aprofundou-se constantemente, e novas formas de comércio desenvolveram-se com vigor. Do mesmo modo, surgiram múltiplos modelos operacionais, como lojas especializadas e de conveniência, supermercados etc. As lojas especializadas apresentaram forte tendência de crescimento, e os hipermercados tornaram-se a principal forma de mercado de varejo no país. O negócio em cadeia, como meio de circulação moderna, constituía a base da organização e gestão operacional adotada pelas empresas no setor de comércio. Em 2008, o valor total do comércio de varejo e de *catering* em cadeia acima de certa quota atingiu RMB ¥ 2,1273 trilhões. A proporção em relação ao valor total de varejo dos bens de consumo social aumentou de 5%, em 2002, para quase 20%, em 2008.

A construção do mercado de produtos tem-se acelerado, e sua escala cresce de forma incessante. O valor total de varejo dos bens de consumo social aumentou de RMB ¥ 155,86 bilhões, em 1978, para RMB ¥ 10,84877 trilhões, em 2008. Com o desenvolvimento observado nesses anos, o mercado de transações de mercadorias tornou-se importante centro de coleta e distribuição dos bens de consumo e dos insumos de produção, além de fonte de informações para preços, contribuindo para melhorar a qualidade de vida da população, ampliar o emprego urbano e promover a economia nacional.

2.2.2 O desenvolvimento do mercado dos fatores de produção

O capital, a terra e a mão de obra constituem os principais fatores de produção. Nesses pouco mais de 30 anos, o mercado dos diversos fatores da produção vem se desenvolvendo gradualmente na China.

Mercado de capitais. Em dezembro de 1990, as Bolsas de Xangai e Shenzhen entraram em funcionamento. Em outubro de 1992, foram fundadas a Comissão de Administração dos Valores do Conselho de Estado e a Comissão de Supervisão dos Valores da China. Em novembro de 2005, com a revisão da Lei de Valores, o desenvolvimento do mercado de capitais vem sendo normalizado. Até o final de 2008, o número de empresas nacionais listadas em Bolsa (ações tipo A e B) chegou a 1.625, com 2,45 trilhões de ações de capital emitidas e valor total de mercado de RMB ¥ 12,14 trilhões. O fluxo de capital chegou a RMB ¥ 4,52 trilhões, e uma taxa de securitização (valor total de mercado em relação ao PIB) de 36,2%.

Segundo os indicadores que refletem a conversão dos capitais de investimento ao mercado, a taxa de investimento nos ativos fixos de toda a sociedade, fruto do capital estrangeiro, do autofinanciamento (*self-financing*) e de outras fontes, aumentou de 43,38%, em 1978, para 81,19%, em 2008. A propoção do capital estrangeiro registrado em relação ao total do capital das empresas estrangeiras aumentou de 41,44%, em 1980, para 79,88%, em 2008 (figura 2).

Figura 2

Grau de importância do mercado de capitais (%)

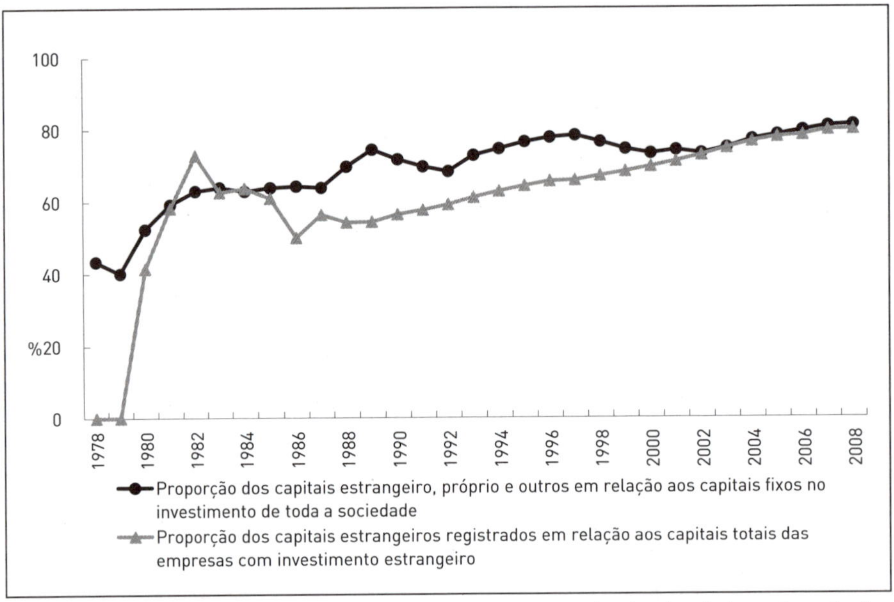

Fonte: Entre 1981 e 2008, os dados da origem e constituição dos fundos de investimento dos capitais fixos de toda a sociedade são oriundos do Instituto Nacional de Estatísticas da China (*China Statistical Yearbook*). Entre 1978 e 1980, só se encontram dados relativos à economia estatal. Por essa razão, multiplicamos a proporção dos capitais estrangeiros por um coeficiente de ajuste (conforme a proporção dos capitais estrangeiros, próprios e os outros em relação dos capitais fixos no investimento de toda a sociedade em 1981, comparando com essa proporção na economia estatal). Os dados da proporção dos capitais registrados estrangeiros em relação aos capitais totais das empresas investidas pelos estrangeiros são oriundos do *China Administration Yearbook*.

Mercado de terras. Com o início dos leilões agrários em Shenzhen, em 1988, nos últimos 20 anos o processo de negociação de terras vem sendo gradualmente acelerado: da mera transferência gratuita para a experiência-piloto com compensação limitada; de uma ou outra região isolada para todo o país; da cobrança experimental da taxa de uso para a realização de grande número de leilões e licitações; da experiência-piloto de negociação de terras incrementadas para a ostensiva negociação de terras de estoque; e da transição do mercado intangível para o tangível. A taxa das áreas urbanas submetidas a licitação, leilão e venda aberta de direitos de uso por meio do mercado de terras elevou-se de 8,78%, em 1993, para 83,94%, em 2008 (figura 3).

Figura 3
Elevação constante dos níveis de negociação das terras

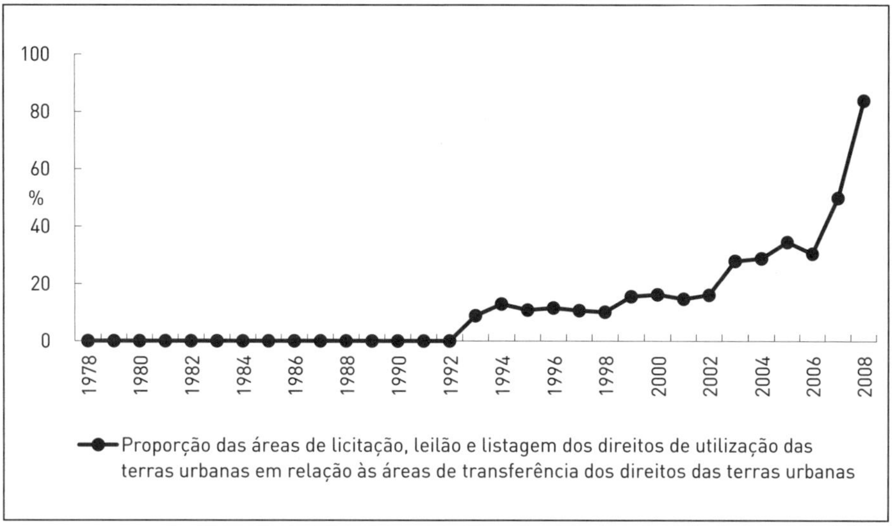

Fonte: Entre 2003 e 2008, os dados das áreas de transferência e de constituição da terra urbana são oriundos do *China Land Resource Statistical Yearbook*. Entre 1993 e 2002, obtivemos somente os dados das áreas de transferência das terras urbanas, sem os dados da constituição. Por isso, utilizamos a proporção das áreas da licitação, leilão e listagem dos direitos de utilização das terras urbanas em relação às áreas totais de transferência para calcular as respectivas áreas. Como não há informações em 1997, compensamos os dados relativos por meio de interpolação. Os dados entre 1993 e 1996 provêm do *China Land Yearbook*, e os entre 1998 e 2002, do *China Land Resource Statistical Yearbook*. Como não existem dados básicos entre 1978 e 1992, considera-se como zero a proporção das áreas de licitação, leilão e listagem dos direitos de utilização das terras urbanas em relação às áreas da transferência dos direitos das terras.

Mercado de trabalho. No período de economia planejada, os recursos de mão de obra eram alocados ou distribuídos pelo plano administrativo. A partir de 1980, a política de mercado de trabalho abriu novos canais de emprego, quebrando o arranjo planejado tradicional de mão de obra. Após 30 anos de reforma e desenvolvimento, foram plenamente estabelecidos os mecanismos institucionais de autoemprego de trabalhadores, de ajuste pelo mercado e da promoção do governo. O salário tornou-se um importante sinal do ajuste do mercado de mão de obra. De acordo com os indicadores, a taxa das empresas de grande porte que passaram a adotar o sistema de contrato de trabalho aumentou de 6,41%, em 1984, para 97,80%, em 2008.

2.3 Resultados notáveis da abertura ao exterior

Desde a reforma realizada nos últimos 30 anos, a abertura da China tem-se aprofundado progressivamente, estendendo-se da costa para o curso dos rios e a região fronteriça, avançando da região Leste para a Centro-Oeste, do comércio de mercadorias para o de serviços. Hoje, está formado na China o contexto de abertura ao exterior de modo multidimensional, em larga extensão e níveis diversificados.

2.3.1 Avanço gradual da abertura ao exterior

Após a fundação das Zonas Econômicas Especiais (ZEE) de Shenzhen, Zhuhai, Shantou e Xiamen, o governo chinês abriu gradualmente as áreas do litoral, ao longo dos rios, a região fronteiriça e o interior. A partir do ingresso oficial da China na OMC, em dezembro de 2001, essa abertura com limitações de alcance, região e áreas passou a ocorrer de modo multidimensional, multinível e em larga extensão, alcançando um salto histórico.

Ao longo dos 30 anos citados, a abertura da China ao exterior avançou do comércio de mercadorias para o investimento e o comércio de serviços, formando um sistema com larga extensão. A promoção gradual da abertura da China acelerou esse processo na área de serviços, formando um contexto de pleno desenvolvimento, com novos focos de crescimento em telecomunicações, seguros e finanças, além de outros com base em turismo e transportes. O comércio de serviços já se tornou parte importante do comércio exterior da China.

Com o avanço da construção de zonas de comércio exterior, o nível da abertura tem-se aprofundado. Nosso país vem explorando ativamente zonas de comércio com diversas formas, tais como desenvolvimento industrial de alta tecnologia, além das zonas franca e fronteiriça de cooperação econômica. Essas áreas operam sob políticas comerciais especiais, que têm desempenhado papel relevante na ampliação da escala e melhora do nível de gestão do comércio exterior, bem como na expansão das áreas de abertura. Em 2008, o valor da produção das 54 zonas de desenvolvimento em âmbito nacional respondeu por 5,1% do PIB do país, enquanto o valor agregado industrial alcançou 8,5%, o de exportação, 14,4%, e o de importação, 15,9%, tendo a utilização efetiva do investimento estrangeiro superado os 20%.

2.3.2 O aumento gradual da contribuição do comércio exterior à economia

Antes da reforma e abertura, o comércio exterior chinês apresentava escala e quantidade de parceiros reduzidas, além de pauta pouco diversificada e de baixo valor agregado. Em 1978, o valor de importações e exportações era de apenas US$ 20,6 bilhões. Em 1998, excedeu US$ 100 bilhões, passando a crescer de forma acelerada e incessante, sobretudo após a entrada do país na OMC, em 2001. Em 2004, esse montante ultrapassou US$ 1 trilhão e, em 2007, US$ 2 trilhões. Em 2008, o valor total de importações e exportações chegou a US$ 2,563 trilhões. Em termos percentuais, a participação dessa rubrica no PIB aumentou de 9,7%, em 1978, para 59,8%, em 2008, tornando-se a principal fonte de receita tributária e aumentando o poderio financeiro do país. Em 2008, o valor dos impostos aduaneiros e resultantes das cadeias de importação atingiu RMB ¥ 916,1 bilhões, equivalentes a 16,9% do total. De acordo com nossos cálculos, a proporção do valor dos impostos oriundos do comércio internacional em relação ao valor de importações e exportações diminuiu de 8,1%, em 1978, para 0,98%, em 2008.

Já o número de parceiros comerciais aumentou de 40, em 1978, para mais de 220 atualmente, formando-se, gradualmente, um conjunto diversificado de mercados. As barreiras comerciais foram ainda mais reduzidas. A taxa média do imposto aduaneiro diminuiu de 47,2%, em 1991, para 9,8%, em 2008.

2.3.3 A estratégia coordenada de "abrir-se internamente, mas também olhar para fora"

Antes da reforma e abertura, a China não utilizava capital estrangeiro nem investimento empresarial oriundo do exterior. Após essa fase, a escala de utilização de capital externo ampliou-se progressivamente. Ao mesmo tempo em que se abria à participação estrangeira, o país passou também a voltar-se para fora, utilizando plenamente o modelo de "dois mercados, dois recursos", em busca de seu desenvolvimento econômico sustentável.

Ao longo dos 30 anos de reforma e abertura, com a ampliação da escala, dos setores e dos modos de utilização do capital estrangeiro, a China tornou-se o maior receptor desses recursos entre os países em desenvolvimento. Em 2008, nossa utilização real de capital estrangeiro foi de US$ 95,25 bilhões, 41 vezes maior do que o valor registrado em 1983. Já o investimento direto estrangeiro atingiu US$ 92,4 bilhões, aumentando 99,4 vezes na mesma base de comparação. Entre 1979 e 2008, a utilização real acumulada de capital estrangeiro alcançou US$ 1,0498 trilhão, dos quais US$ 852,6 bilhões eram investimentos diretos. Em 2008, o produto industrial das empresas com investimento estrangeiro, que representavam cerca de 3% do total de empresas, respondeu por 29,7% do produto industrial de todo o país. No mesmo ano, seu valor de exportação equivaleu a 55,3% do total; o valor de importação, a 54,7%; e os impostos pagos, a 21%. O número de empregados diretos chegou a 45 milhões.[3] Por meio da absorção de investimento externo, a China introduziu um grande número de tecnologias estrangeiras avançadas, equipamentos e experiências de gestão, que preencheram lacunas em algumas áreas da alta e nova tecnologia, promovendo a escalada da indústria e o reajuste estrutural do país.

Com o ritmo acelerado da reforma e abertura, sobretudo desde a entrada na OMC, o investimento das empresas ingressou em uma etapa de franco crescimento. O investimento direto não financeiro da China no exterior saltou de US$ 2,9 bilhões, em 2003, para US$ 40,7 bilhões, no período entre 2004 e 2008, registrando acréscimo médio anual de 69,6%. As formas de investimento externo diversificaram-se gradualmente, ampliando-se de empreendimentos com investimento exclusivo chinês para fusões e aquisições transnacionais, participação em *equity* ou ingresso em Bolsa estrangeira. Fusões e aquisições transnacionais já constituem hoje uma vertente importante do investimento chinês no exterior.

3. "Comprehensive multi-level and wide-ranging opening pattern comes into being", in *Economic Daily*, Sep. 22, 2009. Disponível em: <http://ce.cn/xwzx/gnsz/zg/200909/22/t20090922_20067776.shtml>.

2.4 *Promoção firme e estável da reforma do mecanismo administrativo do governo*

Desde 1978, no processo de avanço para a economia de mercado, a reforma dos mecanismos de planejamento, investimento, fisco e tributação, bem como das finanças, tem evoluído constantemente. Ao mesmo tempo, o governo aprofunda gradualmente a reforma do mecanismo administrativo. A intervenção direta no funcionamento da microeconomia cedeu espaço ao fortalecimento e ao aprimoramento dos macrocontroles e da regulação, pelos meios econômicos, legais e administrativos necessários.

2.4.1 Avanço notável da reforma dos sistemas de planejamento, investimento, tributação e finanças

Os 30 anos da reforma resultaram em avanços notáveis nos sistemas de planejamento, investimento, tributação e finanças chineses.

Na área da reforma do sistema de planejamento, enquanto os planos obrigatórios foram reduzidos em grande medida, aumentou-se, na mesma proporção, a quantidade de planos orientadores e reguladores de mercado. Atualmente, o país só adota planos obrigatórios para um número raro de mercadorias especiais (como monopólio estatal de tabaco, sal e materiais explosivos de uso civil). O sistema de comunicação e publicação do plano nacional foi continuamente aperfeiçoado. Houve reforço do poder de controle e regulação da economia nacional pelas políticas financeiras, monetárias, industriais, terrestres e de proteção ao meio ambiente. Houve também aperfeiçoamento do mecanismo de implementação de programas e planos.

Para adaptar-se ao novo modelo de planejamento, o sistema de investimento teve sua reforma aprofundada. Desde a realização do XVI Congresso do PCC, sobretudo após a publicação da *Decisão sobre a reforma do sistema de investimento do Conselho de Estado*, esse processo vem obtendo avanços significativos. Dentre eles, destacam-se: definição da posição das empresas como entidades principais; transformação da função administrativa do governo; padronização constante da gestão do investimento governamental; e fortalecimento crescente do papel básico do mercado como instrumento de alocação de recursos. O aprofundamento das mudanças contribuiu para aumentar a confiança dos investidores, favorecendo o estabelecimento e o aperfeiçoamento do sistema de economia socialista de mercado.

Já a reforma do sistema fiscal e tributário consistiu na reversão radical das distorções caracterizadas pela "descentralização" e diminuição constante das "duas participações" (da renda da população na renda nacional e da remuneração do trabalho na distribuição primária), bem como pela normalização da alocação dos lucros entre o país e as empresas estatais. As mudanças passaram pelo estabelecimento da estrutura básica das finanças públicas, pelas reformas tributárias, com destaque especial para a regularização do mecanismo de receita e despesa do governo, e pelo aperfeiçoamento do sistema financeiro público, que marcou o aprofundamento da reforma do sistema fiscal e tributário. Os indicadores de proporção das despesas do governo em relação ao PIB e de taxa média dos impostos sobre a renda das empresas recuaram de 13,17% e 36,01%, em 1978, para 12,97% e 21,59%, em 2008, respectivamente.

No que diz respeito à reforma do sistema financeiro, pode-se dizer que a China possui hoje um sistema relativamente completo, que inclui: aumento do volume total do capital financeiro; ampliação e inovação constante dos negócios no setor; avanço permanente das taxas de juros e de câmbio em direção a parâmetros de mercado; formação gradual de sistema regulatório; e aperfeiçoamento da construção do sistema legal financeiro e do sistema social de crédito, que tornaram a indústria financeira essencial para a economia nacional, servindo fortemente de apoio às reformas dos demais setores. Os dados mostram que a gestão dos parâmetros financeiros foi gradualmente racionalizada, com desenvolvimento acelerado de instituições financeiras não estatais. Os indicadores de proporção do capital dos bancos privados em relação ao capital total dos bancos e dos depósitos das instituições financeiras não estatais em relação ao total de depósitos do setor financeiro cresceram de 3,81% e 16,42%, em 1990, para 42,63% e 43,78%, em 2008, respectivamente (figura 4). Foram aceleradas as reformas de ajuste das taxas de juros e de câmbio ao mercado e aliviados gradualmente os controles de transações de capital. A participação dos programas não controlados em conta de capital no total dos programas aumentou de 23,68%, em 2000, para 55%, em 2008.

Figura 4
Desenvolvimento dos órgãos financeiros além dos bancos estatais

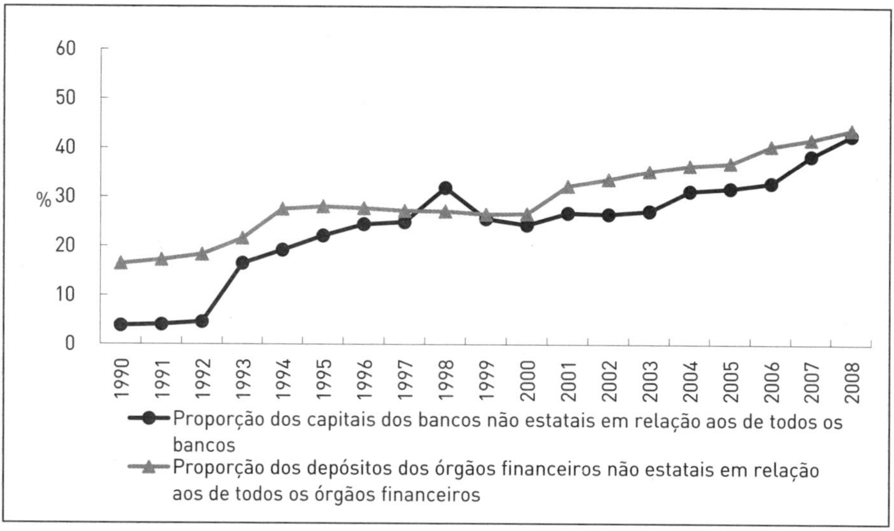

Fonte: *Estatística financeira da China entre 1949 e 2005*, *China Finance Yearbook* e *Relatório mensal de moedas, crédito e balanço dos órgãos financeiros da China*.

2.4.2 As funções do governo mudaram progressivamente para regulação econômica, supervisão de mercados, administração social e serviço público

Pesquisas teóricas e práticas então realizadas há mais de 20 anos determinaram, em 2002, no XVI Congresso Nacional do PCC, as novas funções do governo chinês sob as condições da economia socialista de mercado: regulação econômica, supervisão de mercados, administração social e serviço público.

Com o aprofundamento da reforma e abertura, a China formou progressivamente a estrutura do sistema em que coexistem diversos componentes econômicos, coordenados em conjunto pelos mecanismos de mercado. Além disso, ocorreram transformações na função econômica do governo. Ao longo dos 30 anos de reformas, elas podem ser divididas em duas etapas. A primeira, antes de 1991, tinha como foco a redução ou eliminação de antigas funções, bem como a diminuição do alcance e do poder de gestão econômica do governo. Nessa etapa, sob as condições da propriedade pública exclusiva e da economia planejada, a mudança foi operada por meio da descentralização do poder e do relaxamento do controle administrativo de toda a economia. A segunda etapa, iniciada com o discurso de Deng Xiaoping em viagem de inspeção ao sul do país e pelo XIV Congresso Nacional do PCC, em 1992, estende-se até os dias atuais, com foco na inovação e criação de novas funções governamentais adaptadas à economia socialista de mercado, com ênfase na reforma das empresas estatais. As funções governamentais mudaram do "controle total", direto e integral, antes de 1978, para a "*regulação e controle*" da gestão indireta. Conforme mostram os indicadores, diminuíram o peso dos subsídios governamentais no PIB e o número de funcionários públicos em relação aos empregados urbanos, reduzindo a intervenção do governo na economia.

Desde a reforma e abertura realizadas há 30 anos, o sistema da supervisão de mercado vem sendo gradativamente aperfeiçoado em seus cinco aspectos: preços; destinação dos recursos; produtividade total dos fatores (PTF); empresas e seu comportamento no mercado; e garantia da segurança da economia nacional e da qualidade de vida da população. A prática tem demonstrado que as funções reguladoras do governo não conflitam com as reformas de mercado. Ao contrário, ajudam a promovê-las e exercem um papel de orientação ao desenvolvimento econômico.

Desde a reforma e abertura, o governo chinês tem atribuído maior importância à administração social e acelerado as mudanças nesse aspecto. O primeiro passo foi propor o pensamento estratégico da construção da sociedade socialista harmoniosa, com ênfase no plano da integração econômica, política, cultural e social, privilegiando seis pontos: educação, emprego, distribuição de renda, previdência social, assistência médica e gestão social. Em seguida, o governo definiu a administração social como uma de suas principais funções na economia socialista de mercado, transformando-a em atividade paralela — e não mais vinculada — à função econômica. Como resultado, muitos indicadores sociais importantes tiveram uma melhoria substancial, levando a China a migrar do grupo dos países de baixa renda para o dos países de renda média. O governo também estabeleceu preliminarmente mecanismos de vigilância preventiva e tratamento de crises públicas, e definiu que, no processo da construção social, deve haver equilíbrio entre reforma, desenvolvimento e estabilidade, sendo a qualidade de vida da população o parâmetro para a combinação desses três aspectos. Nesse sentido, a promulgação de uma série de leis e regulamentos sobre proteção aos interesses e direitos dos cidadãos e manutenção da estabilidade social criou o arcabouço legal para o desempenho das funções administrativas.

Nos últimos anos, o governo chinês vem aumentando permanentemente a oferta de serviços públicos. A exploração da reforma de mercado e a socialização da provisão dos serviços públicos básicos têm produzido efeitos notáveis, tanto no que diz respeito ao acesso da população quanto ao nível do atendimento oferecido.

2.5 Resultados da reforma institucional e da construção da área social

2.5.1 O progresso da reforma nas áreas de educação, saúde e habitação

A reforma do sistema de educação foi aprofundada ao longo dos 30 anos de mudanças, com a adoção de medidas como transferência de pagamento, além de projetos especiais ou políticas preferenciais de apoio ao setor no meio rural, sobretudo na Região Oeste, com ênfase na equidade educacional. Nas áreas do ensino obrigatório, profissional e superior, estimulou-se o apoio aos governos locais e segmentos sociais conforme suas condições específicas. No que toca à educação básica, a reforma do sistema vem avançando no sentido da transformação de políticas e da legislação do Estado. Melhora-se, gradualmente, o sistema de financiamento da educação e define-se com maior clareza a responsabilidade do governo. Com base na inclusão integral do ensino obrigatório nas garantias financeiras, aperfeiçoa-se o sistema de financiamento ao ensino não obrigatório, do qual os recursos do governo são a principal fonte, acompanhada de compartilhamento dos custos e financiamento de diversos canais. Foi também ampliada a cobertura da política de assistência financeira a estudantes. Anualmente, 20% dos universitários e 90% dos estudantes secundaristas e de escolas profissionalizantes podem receber essa assistência do Estado de diversos modos.

No que diz respeito ao setor de saúde, foram registradas importantes conquistas desde a reforma e abertura, tais como o estabelecimento fundamental do sistema dos serviços de saúde e assistência médica para os meios urbano e rural, o aprimoramento da capacidade de prevenção de doenças, a ampliação da cobertura gradual da população pelo seguro médico, a rápida elevação do nível científico-tecnológico e a melhora significativa do nível de saúde do povo. Com relação a esse último aspecto, os principais indicadores estão à frente dos países em desenvolvimento. Nos últimos anos, sobretudo, com o aumento dos gastos do governo nos diversos escalões, acelerou-se o desenvolvimento da saúde pública e da medicina no meio rural e nas comunidades urbanas. O novo sistema de assistência médica cooperativa no campo e o seguro básico de saúde da população urbana alcançaram avanço significativo.

Desde 1994, o Conselho de Estado promulgou uma série de documentos no sentido de aprofundar a reforma do sistema habitacional, acelerar a construção de moradias, solucionar as dificuldades de habitação das famílias urbanas de baixa renda e promover o desenvolvimento sadio do mercado imobiliário.

Com o aprofundamento da reforma do sistema habitacional urbano, o mercado imobiliário chinês tem crescido rapidamente, melhorando de forma significativa as condições de moradia da população e tornando-se um componente importante do consumo. A área construída de habitação *per capita* aumentou de 6,7 m^2, em 1978, para 27,1 m^2, em 2008, nas cidades, e de 8,1 m^2 para 32,4 m^2 no campo, no mesmo período.

2.5.2 O progresso da reforma do sistema de distribuição de renda

Outra reforma que experimentou avanços importantes entre 1978 e 2008 foi a referente ao sistema de distribuição de renda. O antigo modelo irracional vigente na economia planejada cedeu espaço ao sistema baseado no trabalho e na coexistência de diversos modos de distribuição, em conformidade com a economia socialista de mercado. As relações de interesses entre as principais entidades econômicas foram efetivamente redefinidas, tendo em vista a promoção do desenvolvimento socioeconômico sustentável.

A reforma do sistema de distribuição de renda começou no campo. O modelo de contrato de responsabilidade familiar em função da produtividade entusiasmou os agricultores. Desde o início da década de 1990, a migração de camponeses em busca de trabalho tornou-se uma via importante de aumento de renda. Em 2006, foram revogados os impostos agrícolas em todo o país, marcando o fim definitivo desses chamados "*impostos de grãos*", que duraram

2.600 anos. Ao mesmo tempo, o governo aumentou a intensidade dos subsídios diretos aos agricultores e os estudantes rurais começaram a desfrutar do ensino obrigatório gratuito.

Em sintonia com as exigências do moderno sistema empresarial, aprofundou-se ainda mais a reforma do modelo de distribuição salarial das empresas estatais, com aperfeiçoamento do mecanismo de formação de salário e renda. Sob o aspecto do controle dessa distribuição, foram aperfeiçoados os meios de regulação e controle do Estado, com adoção preliminar de um sistema de gestão formado pela orientação de preços salariais no mercado de trabalho e vigilância preventiva do custo de mão de obra.

2.5.3 O progresso da reforma do sistema de previdência social

Em 1978, a China começou a levar a cabo a reforma do sistema tradicional de previdência social, conseguindo realizar, progressivamente, a transformação da previdência empresarial para a previdência social. A estrutura preliminarmente formada foi a do sistema de *cobertura ampla, garantias básicas, multinível e sustentável,* que se adapta ao nível de desenvolvimento das forças produtivas sociais do país. Estabeleceram-se, fundamentalmente, os seguros de pensão e assistência médica básicas, de desemprego, de acidentes de trabalho e de maternidade para empregados urbanos, além do sistema inicial de seguro-saúde básico para a população urbana. Até o final de 2009, o número de beneficiários dos seguros anteriormente referidos na população urbana de todo o país alcançou 234,98 milhões, 400,61 milhões, 127,15 milhões, 148,61 milhões e 108,60 milhões, respectivamente. Foi criado também o sistema rural de previdência social, tendo como principais componentes o novo sistema médico cooperativo rural, bem como o sistema da previdência social dos trabalhadores migrantes e o de garantias mínimas de vida.

Além disso, foram iniciadas experiências-piloto do novo modelo de pensão social rural em 320 distritos de 27 províncias e em algumas áreas das quatro municipalidades. Inicialmente, adotou-se o programa coordenado provincial do seguro de pensão e desenvolveram-se experiências-piloto do seguro de pensão em instituições administradas pelo Estado em cinco províncias. Outras ações incluíram: estabelecimento de assistência médica urbana e rural; início de experiências-piloto de adoção de serviços de pensão básica; introdução do sistema de garantia habitacional; e disseminação do sistema habitacional de baixo aluguel na maioria absoluta das cidades de todo o país.

2.6 A formação básica do sistema legal adaptado à economia socialista de mercado

A economia de mercado é a economia da legalidade. Nesse sentido, os trabalhos legislativos voltados a responder às necessidades de mudanças na estrutura das empresas foram iniciados simultaneamente ao processo de reforma e abertura. Em 1992, no XIV Congresso Nacional do PCC, definiu-se que a reforma teria como objetivo a construção do sistema da economia socialista de mercado, fato que passou a exigir, com urgência, a correspondente construção do sistema legal adaptável a esse modelo econômico. Ao longo dos 30 anos entre 1978 e 2008, a China promulgou sucessivas leis: das Empresas, das Empresas Parceiras, das Empresas com Capital Individual, dos Bancos Comerciais e das Cooperativas Profissionais de Agricultores, entre outras, para confirmar a legitimidade das principais entidades de mercado e garantir a competição. Além disso, o governo adotou outras importantes providências regulatórias.

Foram elaboradas as leis Antimonopólio e Anticoncorrência Desleal, para normalizar o comportamento de concorrência de mercado, promover a reforma das indústrias de monopólio, reforçar o controle e a regulação por parte do Estado e a supervisão da sociedade, bem como definir o sistema de assistência jurídica para coexistência das esferas cível e administrativa. Formularam-se também as leis de Proteção aos Direitos e Interesses dos Consumidores e da Garantia de Qualidade dos Produtos, e foram eleboradas as leis dos Seguros, das Ações, da Gestão e Supervisão da Indústria Bancária, definindo o sistema de gestão e supervisão da indústria orientado pelo *fair play*, equidade e justiça, com o intuito de prevenir e minimizar efetivamente os riscos financeiros.

Por fim, formularam-se uma série de leis, como a das Empresas de Capital Misto Chinês e Estrangeiro, das Empresas da Cooperação Sino-Estrangeira, das Empresas de Capital Estrangeiro, do Comércio Exterior, para oferecer aos investidores estrangeiros diversos modelos organizacionais e garantir plenamente os direitos e interesses legítimos desses investidores em seu investimento e em suas atividades comerciais na China. Hoje, a China já dispõe de um sistema de leis e regulamentos com base na Constituição, o qual abarca mais de 230 leis, cerca de 600 regulamentos administrativos e mais de 7 mil regulamentos locais.

3. Futura orientação de políticas de reforma de mercado

Decorridos 30 anos da reforma, a China transformou-se de uma economia de mercado primária em uma economia de mercado madura. Não obstante, ainda são necessários esforços para impulsionar reformas em setores importantes, com vistas a estabelecer e aperfeiçoar o sistema da economia de mercado socialista.

3.1 Aperfeiçoar a microbase da economia de mercado

3.1.1 Promover a reforma das empresas estatais e o reajuste estratégico da economia estatal

É preciso continuar a promover a reforma nas médias e grandes empresas estatais, para introduzir o modelo acionário. Nesse processo, pode-se aprender com a prática bem-sucedida dos grandes bancos comerciais estatais, que passaram a ser listados em Bolsa. Feitas as transformações para o sistema de empresa social, há que se definir as atribuições da Assembleia de Acionistas, dos Conselhos Fiscal e de Administração e da equipe de executivos, para que seja formulada a estrutura de administração da pessoa jurídica com responsabilidade definida, funcionamento coordenado e interação efetiva. É necessário, particularmente, cuidar bem das relações entre a Assembleia de Acionistas, os Conselhos Fiscal e de Administração e o Comitê do PCC, assim como entre o Sindicato e a Assembleia de Representantes dos Empregados. Deve-se reforçar o poder do Conselho de Administração para a tomada de decisões em assuntos importantes da empresa, e separar, de forma ainda mais determinada, esse poder dos poderes de execução e supervisão, visando a uma interação mais equilibrada. Ademais, deve-se melhorar o novo mecanismo de seleção e recrutamento de funcionários de empresas modernas, e aperfeiçoar o sistema de seleção, recrutamento e nomeação de altos funcionários de administração nas megaempresas estatais em nível central.[4]

É preciso acelerar a reformulação do *layout* e da estrutura da economia estatal. Há que se estimular o capital estatal a concentrar-se em setores vitais da economia nacional e cruciais para a segurança nacional e o desenvolvimento econômico do país, de modo a formar um grupo de empresas que tenham a prerrogativa de deter propriedade intelectual, marcas mundialmente conhecidas e competitividade internacional relativamente elevada, e que possam retirar-se gradualmente de setores de competição geral. Deve-se limitar a uma centena a quantidade dessas estatais, podendo cada província, municipalidade ou região autônoma manter duas ou três grandes empresas de importância essencial. Deve-se, ainda, reestruturá-las, com controle de *equity* ou participação acionária, ou conforme seu setor, posição e desempenho operacional no desenvolvimento econômico. No domínio da competição geral, cabe impulsionar a participação de empresas não estatais na reorganização dos ativos das estatais, assegurando a complementaridade das respectivas vantagens, o desenvolvimento coordenado e o estímulo recíproco.

É preciso redobrar esforços para reformular e otimizar o *layout* e a estrutura da economia estatal, a fim de reforçar sua dinâmica e aumentar a capacidade de controle e influência, bem como aperfeiçoar o mecanismo de livre fluxo e razoável mobilidade de capital estatal. Ao mesmo tempo, é necessário melhorar o mecanismo institucional de gestão dos diversos tipos de ativos estatais e acelerar o estabelecimento do sistema de orçamento gerencial do capital estatal.

3.1.2 Acelerar a reforma em setores de monopólio

A ênfase da reforma dos setores de monopólio reside, sobretudo, em separar as funções administrativas do governo e a gestão das empresas e ativos estatais; introduzir o mecanismo de concorrência, inclusive de investidores estratégicos ou novas firmas (entidades do mercado); e, ao mesmo tempo, reforçar a supervisão governamental e da sociedade, a fim de aumentar a

4. Zhang Zhuoyuan, 30 years of SOEs reform in China: progresses, experiences and prospects, in *Journal of Economy and Management Studies*, n. 10, 2008.

eficiência da alocação de recursos e proteger de forma efetiva os interesses de consumidores.

A reforma nos setores de monopólio deve ser realizada de acordo com seu processo específico. Em primeiro lugar, ela deve ser aperfeiçoada e aprofundada em setores como os de aviação civil e petróleo, em que já estão separadas as funções governamentais e a gestão empresarial, bem como a administração governamental e a gestão dos ativos estatais. O passo inicial prevê o acesso ao mercado e a introdução de mecanismos de concorrência. Particularmente em relação aos negócios de monopólio não natural, é preciso abrir o mercado e permitir a participação de capital doméstico privado e capital estrangeiro, visando aumentar a eficiência.

No setor de energia elétrica, deve-se continuar a aperfeiçoar o sistema de licitação de preços para ter acesso à rede e realizar a concorrência efetiva na fase de geração; promover a compra direta de grandes consumidores; e reestruturar, caso necessário, a fase de distribuição, levando em consideração a reforma do sistema administrativo do abastecimento energético rural, com vistas a formar competição de mercado nessa etapa e também na venda de eletricidade. No setor de comunicações, o esforço é no sentido de alcançar a meta de "integração das três redes" — isto é, a ligação simétrica das redes de rádio e televisão com a de telecomunicações, promovendo, assim, a concorrência efetiva. Já no setor de aviação civil, deve-se aumentar o apoio às empresas privadas e quebrar o monopólio no mercado de combustíveis e materiais de aviação, de modo a reduzir o custo dessas empresas. Em relação aos negócios de monopólio natural (como produção e abastecimento de água canalizada, tratamento de esgoto etc.), pode-se leiloar publicamente a concessão especial para aumentar a competitividade e a eficiência.

Nos setores em que ainda não houve uma reforma institucional substancial, como o ferroviário e o de serviços públicos de algumas cidades, é necessário promover ativamente a separação entre as funções governamentais e a gestão empresarial, e entre a administração governamental e a gestão dos ativos estatais. No setor ferroviário, já teve início a reforma do sistema de investimento e financiamento. Os segmentos de construção de ferrovias, transportes, fabricação de equipamentos de transporte e negócios diversificados já estão abertos ao capital privado doméstico. No entanto, resta ainda por fazer a separação entre as funções governamentais e a gestão empresarial, bem como entre a administração governamental e a gestão dos ativos estatais. A indústria ferroviária deve acelerar esse processo para alcançar, o quanto antes, a separação completa entre a operação e a supervisão, definindo as empresas ferroviárias como agentes principais de mercado. Deve, também, promover a separação entre a rede e os elos de transporte que não dispõem de monopólio natural. Para quebrar o longo monopólio do setor, é preciso introduzir, de forma progressiva, a concorrência sob a premissa da equidade e justiça. Já no campo dos serviços públicos urbanos, a reforma deve ser realizada por meio de concessão especial e compra governamental, com vistas a formar gradualmente um ambiente de concorrência, caracterizado pela diversificação de fontes e modos de investimento e pela socialização da operação de negócios.

A introdução do mecanismo de concorrência nos setores de monopólio deve combinar-se com a consolidação da supervisão governamental e social. É preciso fortalecer a supervisão e regulação não apenas sobre a segurança, proteção ambiental e serviços gerais, mas também sobre os preços. Deve-se regulamentar e restringir, de acordo com o previsto na Lei Antimonopólio, a concorrência e as relações transacionais entre empresas, além de reforçar e melhorar a supervisão nos setores de monopólio.

3.1.3 Estimular a criação de ambiente para participação e concorrência equitativas e incentivar e orientar o desenvolvimento econômico não público

É preciso regularizar as relações entre as economias pública e não pública; promover o desempenho das funções governamentais de serviço, orientação, coordenação e supervisão; estabelecer um sistema de serviço altamente eficiente e rápido; e fomentar o desenvolvimento sadio da economia não pública. Além disso, é necessário aperfeiçoar, ainda mais, os regulamentos e políticas, as normas de comportamento e os arranjos institucionais a ela referentes, amparando o desenvolvimento econômico não público com garantias institucionais sobre bens, *status* social, acesso ao mercado e financiamento. Deve-se reforçar o apoio à inovação institucional e eliminar constrangimentos institucionais. É preciso regulamentar ainda mais os órgãos intermediários, bem como melhorar o sistema de serviços públicos direcionado às empresas não públicas em termos de garantias de financiamento, treinamento de emprego, serviços para abertura de negócios e exploração de mercados.[5]

5. Bai Yongxiu, Ren Baoping e Wu Zhenlei, 30 years of China's non-public economic

Deve-se, em particular, concentrar esforços na eliminação de barreiras institucionais no desenvolvimento econômico não público, e incentivar e apoiar a entrada de capital privado em serviços públicos, infraestrutura, finanças, programas sociais etc. É preciso acelerar o aprimoramento das leis e regulamentos que visam à proteção dos interesses legítimos da economia não pública e de todos os tipos de propriedade, inclusive propriedade privada legítima; formular políticas de competição; e criar um ambiente legal em que todos os agentes de mercado possam utilizar os fatores de produção e participar da concorrência de mercado em condições de igualdade. É necessário aprimorar o sistema de financiamento da economia não pública; melhorar os serviços financeiros para as pequenas e médias empresas, eliminando políticas discriminatórias à economia privada no processo de financiamento direto e indireto; e fortalecer os sistemas de crédito social e das empresas não públicas, para que os agentes individuais e empresários privados façam negócios com honestidade, e sejam verdadeiramente assegurados os direitos e interesses legítimos dos trabalhadores. Por fim, é essencial incentivar a inovação tecnológica nas empresas privadas; melhorar a gestão; garantir a segurança na produção; e acelerar a criação de um sistema padronizado de empreendimento moderno.

3.2 Aprimorar ainda mais o sistema de mercado

A transformação do modo de desenvolvimento somente será feita por meio de reformas que visem aumentar a produtividade total dos fatores (PTF). No passado, o desenvolvimento baseava-se principalmente na elevação expressiva de insumos. De agora em diante, passará a depender mais do aumento da eficiência de produção dos fatores existentes. O crescimento da PTF em ritmo superior ao do custo constitui-se em fator-chave para a competitividade industrial da China no futuro. Isso requer a aceleração das reformas científica e tecnológica, educacional e de outras áreas, a fim de aumentar a produtividade e, ao mesmo tempo, o aprimoramento dos diversos mercados, de forma a reduzir os custos de circulação e transação de fatores, além de melhorar a eficiência alocativa.[6]

development: retrospect and prospect, in *Journal of Jiangxi Social Sciences*, n. 7, 2008.
6. Jiang Xiaojuan, Solving developmental problems through reform, in *People's Daily*, April 1, 2009.

3.2.1 Acelerar e aperfeiçoar o desenvolvimento dos mercados dos fatores

É preciso desenvolver mais o mercado de trabalho da China, que ainda se caracteriza pela excessiva flexibilidade e falta de segurança. Por isso, o fator mais importante nessa reforma é o reforço da segurança e estabilidade do mercado.[7] Nesse sentido, deve-se eliminar barreiras institucionais que constrangem a livre circulação de mão de obra e melhorar os mecanismos institucionais que favorecem sua mobilidade, com o objetivo de estabelecer um novo sistema em que trabalhadores urbanos e rurais possam escolher seus empregos em condições de igualdade. Em particular, há que se aprofundar a reforma relacionada ao sistema de registro de residência (*hukou*); acelerar a reforma estrutural e a construção institucional pertinentes ao registro de *hukou*, gerenciamento de emprego, matrículas dos filhos de trabalhadores na escola e previdência social; e aperfeiçoar a gestão da população migrante e facilitar sua mobilidade racional e alocação otimizada nos meios urbano e rural, ou em diferentes regiões e setores.

No que diz respeito ao sistema de serviços sociais relativos ao emprego — incluindo o fornecimento de informação de mercado, formação e treinamento profissional, além de avaliação de habilidades profissionais —, o governo deve desempenhar efetivamente seu papel em termos de orientação e regulação. Deve-se intensificar a formação da mão de obra para aumentar sua capacidade; aprimorar leis e regulamentos para proteger os direitos fundamentais dos trabalhadores; impulsionar o sistema de referência salarial do mercado de trabalho, redefinindo a relação entre oferta e demanda; aperfeiçoar as políticas de apoio a trabalhadores que queiram criar seu próprio negócio, transformando mais empregados em empreendedores; aprimorar o sistema de assistência de emprego para populações de baixa renda; e ajudar a resolver as dificuldades enfrentadas pelas famílias sem emprego.

É preciso acelerar o estabelecimento de um mercado financeiro moderno, formando, o quanto antes, por meio da aceleração da reforma e do desenvolvimento, um sistema caracterizado pela coexistência de ampla variedade de formas de propriedade e operação, estrutura razoável, alta eficiência e segurança. Nesse sentido, é necessário regular e desenvolver o mercado de ações, melho-

7. Zhang Juwei, 30 years of economic growth and employment in China: constructing a flexible and safe labor market, in *Journal of China Industrial Economy*, n. 1, 2009.

rando os mecanismos de acesso e retirada do mercado; impulsionar o mercado de pequenas e médias empresas (SME); e acelerar a construção do Mercado de Empresas em Crescimento (Growth Enterprises Market — GEM). É preciso aprimorar os métodos de gestão da emissão de títulos empresariais; padronizar os procedimentos de emissão e ampliar sua envergadura; promover o desenvolvimento dos mercados primário e secundário de títulos; e desenvolver transações de títulos através de agências bancárias (inclusive *home banking*) com investidores, a fim de formar um mercado de títulos em diversos níveis, de modo a integrar o varejo com o atacado e as transações internas e externas da Bolsa, favorecendo o alinhamento das taxas de juros. Devem-se organizar, o mais rapidamente possível, as ideias de supervisão e controle, bem como integrar os mercados de emissão e distribuição, que se encontram segmentados. Deve-se, ainda, incentivar e apoiar o desenvolvimento de produtos como letras de câmbio emitidas por empresas e REITS (Real Estate Investment Trusts) e regular o mercado com antecedência.[8]

Deve-se aumentar a capacidade e a flexibilidade do mercado monetário, reforçar sua comunicação e interpenetração com o mercado de capitais e reduzir ainda mais as restrições à entrada das instituições financeiras não bancárias; aumentar o número de entidades de mercado; e elevar a amplitude das operações. É preciso também proceder a uma maior liberalização da regulação do acesso ao mercado, e desenvolver ativamente as instituições de microfinanças, como empresas de crédito de pequeno valor e bancos de aldeia ou vila no meio rural; melhorar as condições de funcionamento das instituições financeiras, particularmente as de pequeno porte, permitindo aos bancos comerciais estatais, bancos comerciais com participação acionária e outras grandes instituições financeiras conceder empréstimo atacadista a empresas de crédito de pequeno valor, a fim de formar uma conexão eficaz de capitais; e melhorar o estabelecimento do mecanismo de garantias de crédito. Além disso, deve-se promover continuamente a reforma para formação das taxas de juros pelo mercado; reforçar o mecanismo de definição de taxa de juros das instituições financeiras; e estabelecer um mecanismo aperfeiçoado de definição de preços de acordo com o princípio simétrico entre riscos e rendimentos. Atualmente, as taxas de juros, principalmente as praticadas em empréstimos entre instituições financeiras, já são formadas pelo mercado, incluindo o empréstimo

8. Zhang Chenghui, Coping with international financial crisis calls for acceleration of China's financial reform, in *Journal of Development Studies*, n. 6, 2009.

interbancário no mercado monetário, a taxa de *Repo* e a taxa de empréstimo interbancário entre bancos de Xangai (Shibor).

Os preços das letras do Tesouro, das obrigações financeiras e dos títulos privados no mercado de capitais também são praticamente definidos pelo mercado. Esse processo permanece muito lento somente no que diz respeito às taxas de juros para depósito e empréstimo (taxas de juros varejistas oferecidas por instituições financeiras a clientes). As autoridades responsáveis pela supervisão e controle continuam a exercer rigoroso controle sobre o piso da taxa para empréstimo e o teto para depósito. Enquanto se ajusta a política monetária, deve-se, em primeiro lugar, reduzir gradualmente a diferença entre as taxas de juros de empréstimo e depósito. Em segundo lugar, é preciso acelerar o processo de formação pelo mercado da taxa de juros varejista de forma planejada. Por exemplo, aumentar o espaço de flutuação da taxa de empréstimo para baixo e, em seguida, liberar todo tipo de controle; ou liberar primeiro o controle sobre a taxa de juros de depósito de grande valor, baixando, de forma progressiva, o limite, para depois liberar todo o controle.[9]

Do ponto de vista cambial, é preciso aprofundar a reforma do sistema e estabelecer, gradualmente, uma taxa de câmbio flexível. Deve-se fortalecer e melhorar a gestão das reservas internacionais; otimizar a estrutura de moedas de divisas; e efetuar a transição da venda compulsória para a voluntária, ampliando a base de mercado da formação de taxa cambial do RMB. É preciso expandir mercados atacadistas para transações de reservas internacionais; aumentar o número de entidades de mercado; desenvolver instrumentos de *hedge*; e ampliar a margem de flutuação de taxas de câmbio nos mercados interbancários.

Na esfera agrária, é preciso desenvolver o mercado de terras de forma regularizada. Deve-se implementar os direitos da propriedade coletiva de terras, com a revisão da Lei do Ordenamento das Terras e de outras leis e regulamentos, bem como resolver definitivamente a questão de acesso ao mercado das terras para construção coletiva e distribuição de interesses. Deve-se aperfeiçoar o sistema de reserva de terras, com a criação de órgãos responsáveis nos municípios acima do nível de sub-região (a jurisdição geralmente engloba certo número de distritos). A principal fonte de reserva deve ser o estoque de terras. Já as terras coletivas não devem ser expropriadas, salvo por necessidade

9. Zhang Chenghui, Coping with international financial crisis calls for acceleration of China's financial reform, in *Journal of Development Studies*, n. 6, 2009.

de interesse público.[10] É preciso substituir gradualmente o pagamento de taxa única de concessão de terras pelo sistema de aluguel anual. De acordo com os princípios de proteção dos direitos dos agricultores e de controle de terras expropriadas, deve-se reformar o sistema de expropriação, classificando os agricultores expropriados como entidades econômicas. Devem-se definir, de forma inequívoca, os direitos de uso da terra para construção coletiva; reformar o sistema de aquisição da terra pela coletividade; e regular a transferência da terra a ser utilizada na construção coletiva no meio rural, com aprimoramento do sistema de distribuição de lucros durante o processo de transferência, para garantir os direitos de renda coletiva.

Deve-se, ainda, estabelecer um sistema razoável de distribuição de rendimentos, de modo que governo, agricultores e outros envolvidos possam participar, de forma justa e equitativa, da distribuição dessa renda. É preciso, também, estabelecer um sistema unificado de gestão de terras, propriedades e registros nas zonas rurais e urbanas, bem como um sistema de supervisão do mercado. Deve-se implementar o planejamento unificado rural e urbano, com uma gestão rigorosa que coordene as terras de construção coletiva, consolide as terras agrícolas e proteja as de cultivo, aumentando a eficiência do uso do solo. É necessário aperfeiçoar o sistema tributário agrário e o da gestão de fundos especiais dos seus rendimentos, além de otimizar a estrutura de despesa, de sorte a promover o uso sustentável das terras.

3.2.2 Acelerar a reforma de preços dos produtos baseados em recursos

Deve-se acelerar o mecanismo de formação de preços dos fatores de produção e dos produtos baseados em recursos (*resource-based product*), para que reflita a relação entre oferta e demanda, o grau de escassez de recursos e o custo de danos ambientais. Dessa forma, o preço passaria a desempenhar plenamente seu papel na economia de energia e recursos, proteção ambiental, inibição de "poluição elevada e alto consumo", expansão cega do setor e reformulação da estrutura econômica.[11]

10. Gao Ping, Mechanism defects in China's land market supply and future policy trend, in *China Natural Resource Economics*, n. 6, 2009.
11. Ma Kai, Accelerating economic restructure in response to international financial crisis, in *Qiushi*, n. 20, 2009.

Deve-se priorizar a reforma do preço da água, melhorando o mecanismo que o define. Sob esse aspecto, é preciso aumentar adequadamente a tarifa de recursos hídricos e ampliar o âmbito de cobrança; elevar gradualmente o preço da água para uso agrícola e implantar o sistema de preço terminal de água para os agricultores; aumentar razovelmente o preço da água para as obras hidráulicas e o abastecimento urbano; acelerar a implementação dos regulamentos que visam poupar o recurso hídrico, adotando o sistema de escala de preços; e elevar a tarifa sobre quotas extras. Deve-se planejar o uso da água não residencial, com volume predefinido, de modo a estimular a sociedade a economizar esse recurso; introduzir, de forma abrangente, a tarifa de tratamento de esgoto, elevando-a, em seguida, para um nível que possa garantir discreto lucro; estudar o estabelecimento de um sistema nacional de direitos de água, explorando o mercado desses direitos; e aproveitar o mecanismo de mercado para otimizar a alocação de recursos hídricos.[12]

Também é necessário aprofundar a reforma do preço da energia elétrica, racionalizando-o de acordo com os princípios de compensação do custo, encargos justos e lucros razoáveis. Deve-se distinguir o monopólio natural do não natural e estabelecer gradualmente um mecanismo em que os preços de geração e venda de eletricidade sejam definidos pela concorrência de mercado, e os de transmissão e distribuição, fixados e supervisionados pelo governo. É preciso aprimorar e regulamentar o controle do preço da distribuição da eletricidade, para que haja um mecanismo justo de definição e reajuste desse valor. Deve-se reformar a classificação e a estrutura da venda de energia elétrica, com vistas a estabelecer um mecanismo favorável ao compartilhamento justo de encargos.

É preciso melhorar a definição de preços do petróleo e gás natural, estabelecendo mecanismos que reflitam não apenas as flutuações de preços no mercado internacional, mas também a oferta e a demanda doméstica, os custos de produção e a capacidade de absorção dos diversos segmentos sociais. Devem-se fixar critérios de reajuste que contemplem com justiça os interesses das empresas petrolíferas, tanto as mais relevantes quanto setores e grupos mais vulneráveis, que necessitam de subsídios. Deve-se, ainda, aumentar oportunamente os preços do petróleo, acelerando o ritmo de sua conexão com o mercado internacional e alterando o fenômeno de inversão do preço do óleo

12. Wang Jun e Dong Fangjun, Timely accelerate the price reform of resource products, in *China's Urban Economy*, n. 3, 2009.

bruto e dos produtos de óleo. Como os preços do gás natural estão relativamente baixos, é preciso aumentá-los gradualmente e racionalizar sua relação com os preços das energias alternativas, de modo a estabelecer um mecanismo de reajuste coordenado. Deve-se fixar uma quota para os usuários de gás natural e aumentar a cobrança da tarifa sobre o volume extra de consumo, a fim de incentivar a economia e o uso eficiente de recursos, bem como promover o desenvolvimento rápido e sadio da indústria do gás natural.

Os preços do carvão também devem ser orientados pelo mercado, com diluição gradativa da intervenção governamental em sua formação. É preciso estabelecer um sistema de contabilidade científica de custo total do carvão e criar um mecanismo de formação de preço que o reflita. Somente assim será possível explicitar os custos dos recursos, de produção, de segurança e ambiental; melhorar os métodos de encomenda e promover a execução dos contratos comerciais de longo prazo; reforçar a supervisão de preços e estabelecer um serviço de informação efetivo; e aprimorar a interação entre os preços do carvão e da eletricidade, por meio dos parâmetros de mercado.

3.3 Aprofundar a reforma do sistema administrativo do governo

3.3.1 Reformar e aperfeiçoar o sistema fiscal e tributário

É preciso acelerar a reforma do sistema tributário, obedecendo aos princípios de simplificação, ampliação da base, redução de alíquotas e cobrança rigorosa. Deve-se aumentar gradualmente a proporção de impostos diretos do país; impulsionar com vigor o sistema de crédito social que inclui declaração de renda e registro de propriedade, em combinação com a administração do registro de residência; e promover a reforma do sistema de imposto de renda pessoal. Deve-se aperfeiçoar as formas de financiamento para a previdência social, elevar o nível do programa coordenado social e estudar a cobrança do imposto de previdência social.

Deve-se fortalecer o papel dos impostos no sentido de incentivar a conservação de recursos, a economia de energia e a proteção ambiental, com vistas a impulsionar a transformação do modelo de desenvolvimento econômico.

A ênfase deve recair na reforma e no aprimoramento dos sistemas de impostos sobre recursos e consumo, bem como na possível cobrança de imposto ambiental. Nesse sentido, recomenda-se ampliar a cobrança do imposto sobre valor adicionado (IVA), estimular o desenvolvimento de indústrias relevantes e promover a reestruturação industrial e tecnológica. É preciso avaliar a possibilidade de atribuir parte do poder de administração da política tributária às autoridades locais, sob a premissa de unificação dessa política.[13]

Deve-se promover a equalização dos serviços públicos básicos e a construção das principais áreas funcionais, bem como aprimorar o sistema em que os poderes administrativo e fiscal dos governos central e locais sejam correspondentes. É preciso repartir com equidade as responsabilidades administrativas e de despesas, acelerando a transformação das funções governamentais, definindo com maior clareza o papel do governo, os limites das funções do mercado e, de acordo com as leis, a gama de beneficiários, a eficácia de custos e a prioridade às bases. Deve-se melhorar o sistema de transferência de pagamento financeiro, instituir cientificamente itens de transferências e fazer arranjos razoáveis de transferências de pagamento regulares e especializadas. É preciso melhorar o sistema financeiro provincial e os níveis inferiores, acelerar o estabelecimento de mecanismo de garantia financeira distrital e reforçar a capacidade dos governos locais para fornecer serviços públicos básicos. Devem-se reduzir os níveis de gestão financeira e aumentar a eficiência administrativa.

É preciso aprimorar o sistema orçamentário governamental, aumentando sua integridade e transparência, e tornando-o mais completo e orgânico, composto pelos orçamentos público e operacional do capital estatal, fundo governamental e previdência social. Deve-se elaborar, de forma abrangente, o orçamento do fundo de governo em níveis central e local, detalhando seu conteúdo; e ampliar progressivamente a esfera em que se aplica, em caráter experimental, o orçamento operacional do capital estatal em âmbito local. Deve-se promover, de forma ativa e segura, a transição progressiva da elaboração experimental do orçamento dos fundos de seguro social para a elaboração formal do orçamento da previdência social.

13. Xie Xueren, Firmly deepening the reform of fiscal and taxation system, in *Qiushi*, n. 7, 2010.

3.3.2 Aperfeiçoar o sistema de investimento

Para estabelecer a posição da empresa como entidade de investimento, é preciso descentralizar, reduzir e definir cientificamente a competência de aprovação. O índice de aprovação deve consistir, principalmente, de grandes projetos. Os demais, sujeitos a restrição, devem ser objeto de medidas legais, tais como políticas industriais e de acesso ao mercado, além de normas técnicas (consumo de energia, proteção ambiental etc.). A esses projetos, não se aplicam — ou aplicam-se em menor escala, em princípio — medidas de aprovação. É preciso atribuir aos governos locais mais funções administrativas e responsabilidades, dispensar maior atenção ao papel dos departamentos competentes que supervisionam o setor e ampliar ainda mais o poder decisório de investimento das grandes empresas. Devem-se regularizar, a rigor, a gestão e o registro, com unificação de regulamentos, para evitar que o processo se torne mera formalidade.

É necessário regular, ainda mais, a gestão governamental em termos de investimento, e dividir razoavelmente as atribuições de aprovação de projetos. Deve-se definir o âmbito de investimento governamental; fortalecer a construção de instalações de bem-estar e de infraestrutura públicas; proteger e melhorar o ambiente ecológico; promover o desenvolvimento das zonas menos desenvolvidas; e fomentar o progresso científico e tecnológico e de industrialização de alta e nova tecnologia. Deve-se aprimorar constantemente o mecanismo de tomada de decisão sobre projetos de investimento governamental, implementar ativamente o sistema de anúncio público desses grandes projetos e instituir gradualmente um sistema para que eles sejam avaliados por peritos. É preciso continuar a reforçar a gestão dos projetos de investimento governamental, acelerando a implementação do sistema de construção por agente (*agent-construction system*).

Devem-se estabelecer equitativamente as competências de aprovação e definir as atribuições e posições de cada departamento governamental na gestão de investimento. É preciso distribuir, de forma científica, as competências de aprovação entre departamentos, com definição mais clara de suas responsabilidades e das relações entre eles, cabendo às autoridades setoriais desempenhar plenamente seu papel na gestão de investimento. Além de serem aprovados pela Comissão de Desenvolvimento e Reforma e pelo Conselho de Estado, os projetos com investimentos do governo central, incluídos no planejamento nacional e anual, devem também submeter-se à aprovação das autoridades setoriais, conforme o caso.

É preciso melhorar e aperfeiçoar o sistema de macrocontrole e regulação sobre o investimento e aprimorar a supervisão. Nesse último caso, deve-se estabelecer um sistema de vigilância preventiva ao risco e reforçar a análise da operação de investimento, em especial dos setores-chave, de modo a proporcionar uma base precisa para a tomada da decisão científica. É necessário reforçar o serviço estatístico de informações sobre investimento, criar um sistema de divulgação dessas informações e fortalecer, ainda mais, o planejamento do desenvolvimento, a elaboração de políticas industriais e o critério setorial de acesso, para orientar efetivamente as atividades de investimento social. Deve-se atualizar constantemente o conceito de controle e regulação, analisar a conjuntura diversificada de interesses no contexto da economia de mercado e elaborar medidas de controle direcionadas ao investimento, com vistas a fomentar a concretização das metas de macrocontrole. É preciso reforçar efetivamente a supervisão e a gestão de investimento. Deve-se estabelecer e aprimorar a gestão de novos projetos, com definição bem clara de suas etapas iniciais e condições para implementação; fortalecer a conexão e comunicação entre os diferentes departamentos pertinentes; e reforçar a supervisão e gestão sobre investimentos empresariais. Deve-se estabelecer e aperfeiçoar progressivamente o mecanismo de responsabilização da decisão de investimento do governo central, elaborando parecer de orientação, reforçando a auditoria e criando mecanismo de supervisão social sobre tal conduta; e instituir sistema de pós-avaliação.

É preciso estudar e elaborar, sem demora, regulamentos sobre aprovação e registro dos projetos de investimento empresarial e regulamentos sobre o investimento governamental, no sentido de consolidar os resultados da reforma e incorporar a gestão de investimento à órbita da legalidade.

3.3.3 Promover mudanças nas funções do governo

Devem-se melhorar as funções de regulação econômica. É preciso aumentar a previsibilidade, a pertinência e a eficácia de macrocontrole, tomando como meta principal a promoção do crescimento econômico, aumento do número de postos de emprego, estabilização de preços e equilíbrio da balança de pagamentos internacional. Devem-se tomar, como temas básicos, o controle macroeconômico e o tratamento correto das relações entre a reforma, o desenvolvimento e a estabilidade, assim como a promoção do crescimento econômico rápido e sustentável. Além disso, são necessários esforços para alcançar a combinação do equilíbrio do volume total econômico com a transformação do modo de desenvolvimento econômico e otimização da estrutura industrial. É preciso pôr em jogo o papel regulatório da alavanca econômica das políticas monetária e fiscal, intensificando a coordenação de ambas.

Deve-se melhorar a função de supervisão e controle sobre o mercado. É preciso formular regras favoráveis à promoção da concorrência justa e equitativa, e estabelecer mecanismos de acesso e saída do mercado. Deve-se aprimorar o sistema de crédito social e criar instrumentos de incentivo e restrição ao cumprimento da responsabilidade moral. Deve-se, ainda, aprimorar o sistema de supervisão e avaliação quanto ao crédito das entidades de mercado e, sobretudo, reforçar a supervisão e controle dos setores que envolvem a segurança da vida e dos bens da população, protegendo direitos e interesses legítimos dos consumidores. É preciso esforço pelo cultivo e regularização das diversas organizações intermediárias de mercado e organizações de serviços específicos, para promover e orientar as forças sociais a participar da supervisão e controle sobre o mercado.

A riqueza nacional deve ser mais utilizada para o fornecimento de bens e serviços públicos. Nesse sentido, deve-se fortalecer a construção de infraestrutura, instalações de cultura e saúde e estabelecimentos de ensino públicos, entre outras iniciativas. É preciso desenvolver ativamente o ensino obrigatório; melhorar a saúde pública; estabelecer e aprimorar o sistema de previdência social; garantir a segurança social e defesa nacional; e ampliar os esforços de proteção ambiental, para formar um sistema completo de funções de serviços públicos. É necessário aumentar substancialmente o volume total e a qualidade dos serviços públicos fornecidos pelo governo.

Deve-se reforçar a função de gestão social. É preciso integrar as relações sociais; estabelecer uma conjuntura harmoniosa de distribuição de renda, com vistas a promover a igualdade social; tomar medidas ativas para criar mais empregos; e melhorar rapidamente o sistema de previdência social. Deve-se aprimorar o contexto da administração social caracterizada pela direção do PCC, responsabilidade do governo, coordenação social e participação popular.[14]

3.4 Acelerar a reforma e construção institucional na área social

3.4.1 Aprofundar a reforma da educação, da saúde e de outros setores públicos e de instituições públicas

Deve-se acelerar a reforma educacional. É preciso efetuar mudanças no conteúdo e nos métodos de ensino, bem como no sistema de avaliação e exames, para promover a educação de qualidade. Deve-se explorar ativamente um sistema que se adapte a diferentes tipos de escolas, promover a igualdade educacional e resolver o desequilíbrio existente na alocação de recursos educacionais no ensino obrigatório. Deve-se aperfeiçoar, ainda mais, o sistema nacional de assistência escolar, o ensino profissionalizante e a qualidade do ensino superior.

É preciso aprofundar a reforma do sistema de saúde e de assistência médica, com ênfase na saúde pública — cujos serviços básicos devem ser gradualmente assegurados e aperfeiçoados, tanto no meio urbano e rural —, bem como reduzir o ônus com despesas de consultas e medicamentos.

É preciso, ainda, separar as funções do governo e das instituições públicas, bem como as das instituições públicas e das empresas, estabelecendo limites entre gestão e execução. As instituições públicas que desempenhavam funções administrativas devem ser transformadas em órgãos administrativos, ou transferir para eles tais funções. As que se dedicavam às atividades de produção e negócio devem ser gradualmente transformadas em empresas. Já as voltadas aos serviços públicos devem ter essa característica reforçada. Ao mesmo tempo, porém, deve-se reformar o sistema de gestão e o mecanismo de funcionamento; explorar a possibilidade de criar uma estrutura da administração corporativa, reformular o sistema de recursos humanos, distribuição de renda e previdência social; e melhorar a política de apoio financeiro.[15]

14. Tang, Tiehan, Accelerating the transformation of government function, in *Journal of China Administration*, n. 8, 2009.
15. Ex-primeiro-ministro Wen Jiabao, Several problems with developing social undertakings and improving people's livelihood, in *Qiushi*, n. 7, 2007.

3.4.2 Aprofundar a reforma do sistema de distribuição de renda

É preciso acelerar a reforma da distribuição de renda e aumentar, de forma progressiva, a participação do rendimento dos cidadãos na renda nacional, bem como a da remuneração do trabalho na distribuição primária de renda. Deve-se reforçar o papel regulador dos impostos na distribuição de renda, melhorando o sistema de imposto de renda individual e estabelecendo um sistema abrangente de IR para pessoa física. Deve-se estudar a cobrança oportuna de impostos sobre propriedades; aprofundar a reforma do sistema de distribuição da renda nos setores de monopólio; e assegurar condições básicas de vida para a população de baixa renda nas zonas urbanas e rurais. É preciso dar continuidade ao trabalho de redução da pobreza no meio rural e conectar, de forma efetiva, o sistema de garantias mínimas para a população de baixa renda no campo às políticas de desenvolvimento e eliminação de pobreza.[16]

3.4.3 Aperfeiçoar o sistema de previdência social

É preciso continuar aperfeiçoando o sistema de seguros de pensão para idosos nas áreas urbanas, com efetivação da conta individual, e estender sua cobertura a todos os trabalhadores, inclusive os migrantes. É necessário reformar o sistema de aposentadoria das instituições públicas e do governo. Deve-se desenvolver com vigor o sistema de anuidade corporativa e anuidade de ocupação nas empresas. Deve-se aperfeiçoar o sistema de garantias mínimas para habitantes urbanos e rurais e elevar de forma sustentável o critério de garantia. É preciso acelerar a integração e unificação dos sistemas básicos de previdência social urbano e rural, bem como o estabelecimento do sistema nacional unificado de serviços sociais, assegurando a continuidade da previdência social, independentemente do deslocamento do beneficiário. Deve-se completar o sistema informatizado da gestão da previdência, estabelecer uma conta individual vitalícia para cada beneficiário e concluir, o quanto antes, o processo de conexão via internet em escala nacional.

16. Ibid.

Referências

CHENGHUI, Zhang. Coping with international financial crisis calls for acceleration of China's financial reform. *Journal of Development Studies*, n. 6, 2009.

DONGQI, Chen. *Approach of a new round of financial and tax reform*. Beijing: Economic Sciences Press, 2009.

FENGQI, Cao. On the reform, development and innovation of China's capital market. *Securities Times*, Feb. 10, 2009.

FRASER INSTITUTE. *Report on economic freedom 2009*. Disponível em: <http://fraserinstitute.org>.

FUQUN, Luo. Attach importance to solving the problems of social security. *Yangcheng Evening News*, Apr. 14, 2005.

GUIXIAN, Wang. Problems of current RMB exchange rate regime and the solutions. *Frontier*, n. 3, 2007.

HAINAN, Su. Main problems in China's income distribution and countermeasures. *Theoretical Frontier*, n. 15, 2009.

HENGSHAN, Fan. 30 years of experiences in China's economic reform. *Journal of the Frontier*, n. 2, 2009.

HERITAGE FOUNDATION. *Report on index of economic freedom 2009*. Disponível em: <http://heritage.org>.

JIAN, Ding. Problems with RMB exchange rate system and reform direction. *Bankers*, n. 7, 2008.

JIANGHONG, Suo. Improving system is the fundamental way to solve the land market problems. *Frontier*, n. 12, 2006.

JIANING, Wei. Challenges faced by China's macro-control system. *China Economic Information Network*, Apr. 13, 2005. Disponível em: <www.cei.gov.cn/>.

JIE, Wang. Marketization of interest rate is the key to China's financial reform. *Management World*, n. 1, 2001.

______. Private economy calls for wise politics. *Journal of China Private Technology and Economy*, n. 6, 2007.

JUN, Wang; FANGJUN, Dong. Timely accelerate the price reform of resource products. *China's Urban Economy*, n. 3, 2009.

LARDY, Nicholas R. *Integrating China into world economy*. Washington: Brookings Institution Press, 2002.

MIN, Tang; YUSHI, Mao. *Frontier monographic of modern economics*, v. 1, Beijing: Commercial Press, 2002.

PING, Gao. Mechanism defects in China's land market supply and future policy trend. *China Natural Resource Economics*, n. 6, 2009.

TIEHAN, Tang. Accelerating the transformation of government function. *Journal of China Administration*, n. 8, 2009.

WEI, Liu. *Report on China's economic growth 2007*. Beijing: China Developmental Economy Press, 2007.

XIAOJUAN, Jiang. Solving developmental problems through reform. *People's Daily*, April 1, 2009.

XIAOXI, Li. *The progress of China's marketization*. Beijing: People's Publishing House, 2006.

______. Research on China's economic development stages. *Journal of the Central University of Finance and Economics*, n. 3, 2007.

______. The progress of China's marketization: boundary of planned economy and market-oriented economy. *Journal of Reform*, n. 12, 2009.

______ (Ed.). *Report on China's market economy development*. Beijing: Beijing University Press, 2010.

XINPING, Tao; JIANGHONG, Li. Causes of generalization of public purpose in land acquisition and countermeasures: a preliminary idea on opening collective land market. *Journal of Rural Economy*, n. 6, 2006.

XIUHUA, Han; XUESONG, Chen. On China's labor market segmentation. *Journal of Contemporary Economic Sciences*, n. 4, 2008.

XIWEN, Chen. Further deepening rural reform. *Chinese Cadres Tribune*, n. 4, 2008.

XUE, Tang. *Financial reform in China: theories, approaches and frameworks*. Beijing: China Finance Press, 2008.

XUEREN, Xie. Firmly deepening the reform of fiscal and taxation system. *Qiushi*, n. 7, 2010.

XUEWEN, Zeng. Measuring the degree of marketization in China. *Guangming Daily*, Mar. 21, 2003.

______. The degree of China's economic marketization keeps improving. *Renmin Daily*, Aug. 15, 2005.

YONGXIU, Bai; BAOPING, Ren; ZHENLEI, Wu. 30 years of China's non-public economic development: retrospect and prospect. *Journal of Jiangxi Social Sciences*, n. 7, 2008.

ZHONGYUAN, Lu. *Economics thinking of reform era*. Beijing: People's Publishing House, 2006.

______. *30 years of China's economics*. Beijing: China Social Science Press, 2008.

______. 30 years of SOEs reform in China: progresses, experiences and prospects. *Journal of Economy and Management Studies*, n. 10, 2008.

ZONGSHENG, Chen; ZHONG, Ren; YUNBO, Zhou. Nature and characteristics of China's economic miracle: analysis based on path evolution of 30 years reform and opening-up. *Journal of Financial and Economic Studies*, n. 5, 2009.

Capítulo 9

Mercado financeiro, investimento e financiamento de empresas na China*

Zhang Yu**

Resumo

À medida que a China migra para o sistema de economia de mercado, vai-se formando o mercado financeiro do país, caracterizado por reformas institucionais gradativas. No contexto dessa mudança institucional, este artigo apresenta a história e os êxitos do setor bancário e do mercado de ações da China. Além disso, sugere que o país adote uma estrutura de financiamento composta principalmente por empréstimos bancários e complementada por financiamento direto. O artigo faz, ainda, uma análise do comportamento de empresas chinesas no que diz respeito ao microfinanciamento. Em termos de empréstimos bancários, os microdados comprovam uma mudança de critério, da propriedade da empresa para o seu porte. O artigo também verifica que as restrições ao financiamento produzem impacto negativo sobre a Produtividade Total dos Fatores (PTF) corporativa. No aspecto de financiamento de *equity*, o texto analisa as características preferenciais das empresas chinesas listadas em Bolsa e fatores institucionais. A análise do comportamento de empresas chinesas no que se refere a financiamento pode ajudar a compreender o papel desempenhado pelo mercado financeiro no desenvolvimento da economia do país.

* Tradução: Han Songyu.

** Professor adjunto da Escola de Gestão de Crédito Dagong da Universidade de Finanças e Economia de Tianjin.

1. Introdução

Desde 1978, a reforma financeira da China tem adotado o mercado como orientação e seguido a linha da mudança progressiva. Com o desenvolvimento da economia nacional, o sistema financeiro chinês passou por grandes transformações, estando hoje bastante sedimentado. A figura 1 ilustra o sistema financeiro básico da China e o relacionamento entre seus principais agentes.

Figura 1
O sistema financeiro da China

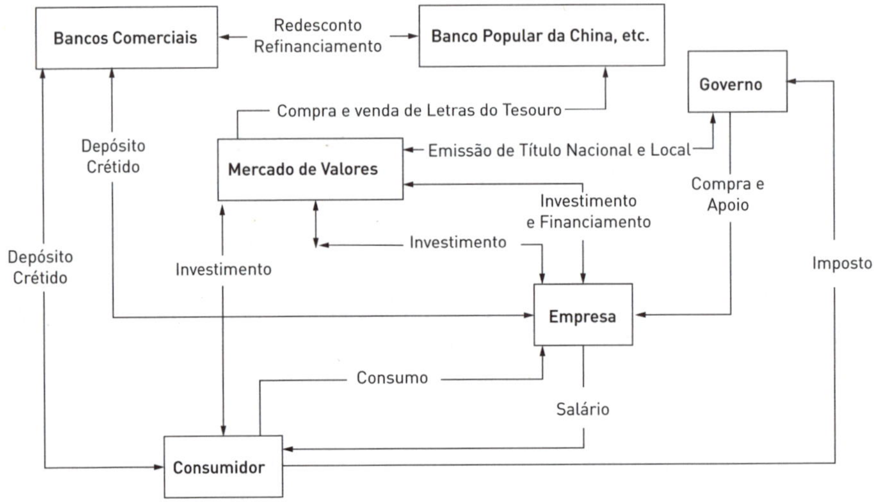

Fonte: Autor.

O sistema financeiro chinês conta com seis agentes principais, entre os quais as mais altas autoridades monetárias: o Banco Popular da China, a Comissão Regulatória Bancária (CBRC na sigla em inglês, doravante adotada), a Comissão Regulatória de Valores da China (CSRC) e a Comissão Regulatória de Seguros da China (CIRC). Na esfera de competência, essas entidades supervisionam, de acordo com a divisão da gestão operacional, bancos comerciais e de fomento, empresas de seguros e de valores, instituições cooperativas de crédito, casas de investimento e sociedades de locação financeira, entre outros.

Entre os seis agentes, o mais importante são as empresas, que se relacionam com o setor bancário e o mercado de valores. Elas não apenas constituem o símbolo e a base de prosperidade econômica de um país, como também estão estreitamente ligadas ao nível de renda, estrutura e bem-estar da população. O artigo pretende analisar, tanto do lado da oferta quanto da demanda no mercado financeiro, a transformação e as características de financiamento das empresas chinesas, bem como seu relacionamento com o sistema como um todo. Por meio da apresentação do mercado financeiro chinês, o artigo nos ajuda a entender melhor o comportamento de microfinanciamento das empresas chinesas — e, pela análise deste, a compreender o papel desempenhado pelo sistema financeiro no processo do desenvolvimento econômico da China. O artigo possui a seguinte estrutura: a seção 2 apresenta, de forma geral, a situação atual do setor bancário e do mercado de ações, com os progressos alcançados; a seção 3 estuda, com base na seção 2, o sistema e os canais de financiamento das empresas chinesas, abordando os fatores institucionais existentes por trás desses canais; e a seção 4, que antecede as conclusões, discute os efeitos macro e micro das formas e da estrutura de financiamento empresarial.

2. Apresentação geral do sistema financeiro da China

2.1 História de desenvolvimento dos bancos comerciais da China

2.1.1 História de desenvolvimento

Os bancos comerciais são os componentes mais importantes da indústria financeira da China. Desde 1979, a economia chinesa embarcou em uma longa viagem de transformação gradual, que resultou em um avanço progressivo da reforma e abertura do setor bancário.

De 1979 a 1993, foram restaurados ou estabelecidos os quatro bancos especializados: Banco Agrícola da China, Banco da China, Banco de Construção da China e Banco Industrial e Comercial da China. Nesse período, também surgiram bancos comerciais de regime acionário. Uma década depois, o setor bancário do país concluiu a reforma de especialização. Em dezembro de 1993, o Conselho de Estado promulgou o Regulamento sobre Reforma do Sistema Financeiro, propondo que os bancos especializados fossem transformados em bancos estatais verdadeiramente comerciais. Em 1994, foram criados três bancos de fomento: Banco de Desenvolvimento da China, Eximbank e Banco de Desenvolvimento Agrícola, estabelecendo, assim, a separação entre as finanças comerciais e o financiamento para desenvolvimento. Em julho de 1995, foi promulgada a Lei dos Bancos Comerciais da China, definindo explicitamente os quatro bancos especializados como bancos comerciais com capital exclusivamente estatal. Era o primeiro passo da reforma dos bancos comerciais estatais. No entanto, como o governo ainda detinha o controle efetivo dessas instituições, era inevitável que seu funcionamento fosse afetado por questões políticas, o que os impedia de operar de forma independente.

Por isso, a reforma progressiva de quase duas décadas não curou a doença crônica dos bancos chineses. Em 1997, a tempestade financeira da Ásia revelou os problemas de maus ativos e riscos financeiros do setor bancário na China. A fim de melhorar a qualidade desses ativos, o governo chinês emitiu, em 1998, letras especiais do Tesouro Nacional do Estado, na ordem de RMB ¥ 270 bilhões, para capitalizar os bancos comerciais estatais. Em 1999, com a criação de quatro empresas de gestão de capital, foram extirpados os créditos podres em RMB ¥ 1,4 trilhão dos quatro bancos comerciais estatais. Lamentavelmente, essas duas medidas não foram suficientes para livrar os bancos estatais de sua doença crônica. A taxa de créditos podres dos quatro grandes bancos principais crescia em torno de 20% a 30%. Em conformidade com o princípio prudente contábil, a taxa de suficiência de capital dessas instituições já era negativa. A "falência tecnológica" dos bancos comerciais estatais tornou-se foco da mídia dentro e fora do país.

Em 2002, por exemplo, o *paid-in capital* do Banco da China era de RMB ¥ 142,1 bilhões, e o *total owner's equity*, de RMB ¥ 219,6 bilhões. Em 2003, o *paid-in capital* era de RMB ¥ 186,4 bilhões. Em dezembro do mesmo ano, o Banco Popular da China injetou US$ 22,5 bilhões (equivalente a RMB ¥ 186,4 bilhões), o que significava que o *paid-in capital* de RMB ¥ 142,1 bilhões do ano anterior deixava de existir após a "reauditoria" e o reajuste de contas. Cabe lembrar que, antes de 2000, já haviam sido extirpados do Banco da China mais de RMB ¥ 200 bilhões de empréstimos inadimplentes. Sem essa providência, os US$ 22 bilhões injetados pelo Estado teriam se esgotado.[1] Para combater essas "doenças", os bancos comerciais estatais passaram por

1. Fonte: Website do People's Bank of China (<http://pbc.gov.cn/>); website do China Banking Regulatory Committee (<http://cbrc.gov.cn/index.html>).

uma reforma do sistema de participação acionária (*shareholding*), da qual resultaram o mecanismo e a base institucional para o rápido desenvolvimento da indústria bancária chinesa. A seguir, o artigo fará uma apresentação detalhada sobre a reforma do sistema de participação acionária dos bancos comerciais.

2.1.1.1 Pensamento para reforma do sistema de participação acionária

Em fevereiro de 2002, foi realizada em Pequim a II Conferência Financeira Nacional, que teve como objetivo promover a reforma do sistema de participação acionária dos bancos estatais, em conformidade com o perfil das empresas financeiras modernas, apontando, assim, para uma transformação mais profunda dessas instituições. Esse processo requeria a introdução de capital estrangeiro, com capacidade de atender às seguintes condições: mobilizar recursos em pouco tempo para adquirir ações dos bancos estatais; deter ações por determinado período, a fim de garantir a estabilidade da estrutura acionária dessas instituições; e dar apoio financeiro e assistência tecnológica aos bancos, para efetuar sua reestruturação interna, integração de ativos e inovação de produtos. Segundo as condições supracitadas, foram finalmente selecionados alguns investidores estrangeiros, mas essa escolha encontrou grandes obstáculos e foi muito questionada.

2.1.1.2 Caminho para a reforma de participação acionária

Em setembro de 2003, o Estado apresentou um plano com quatro passos: reestruturação financeira, reforma de participação acionária, introdução de investidores estrangeiros e listagem em Bolsa. Propôs, ainda, que os bancos tivessem que se basear em sua própria realidade e adotassem a filosofia de "uma política para um banco".

Para compensar perdas históricas patrimoniais e a alienação dos maus ativos, o governo chinês gastou, no final de 2003, grande quantidade de reservas internacionais, injetando, por meio da recém-fundada Corporação Financeira Huijin, US$ 45 bilhões no Banco da China e no Banco de Construção da China. O objetivo era iniciar a experiência-piloto da reforma de participação acionária, de modo a transformar esses bancos comerciais de capital exclusivamente estatal em bancos verdadeiramente comerciais. A medida inaugurou uma nova rodada de reformas no sistema bancário. No início de 2004, foi realizada em grande escala a reestruturação financeira desses dois bancos, com novo saneamento dos ativos podres em valor aproximado de RMB ¥ 100 bilhões. Em novembro de 2008, a Corporação Huijin injetou RMB ¥ 130 bilhões no Banco Agrícola da China.

Após a conclusão da reestruturação financeira, o Banco da China, o Banco de Construção da China, o Banco Industrial e Comercial da China e o Banco Agrícola da China converteram-se em sociedades limitadas, em agosto e setembro de 2004, outubro de 2005 e janeiro de 2009, respectivamente. Injeção de fundos, absorção de prejuízos e extirpação de maus ativos — o processo lembrava o início da reforma dos bancos comerciais estatais em 1998. Dessa vez, porém, a reestruturação financeira era apenas um prelúdio da reforma, que tinha como cerne transformar a estrutura de gestão moderna por meio da participação acionária, promover a reestruturação interna de bancos — sobretudo os comerciais estatais, com a introdução estratégica de capital estrangeiro — e atingir a meta final da listagem no mercado de Bolsa.

De acordo com o princípio de "uma política para um banco", as negociações com investidores estrangeiros foram conduzidas pelos bancos comerciais estatais separadamente. Além de recursos, esperavam receber do investidor estratégico externo tecnologia avançada e experiência de gestão. No dia 8 de dezembro de 2003, a CRBC emitiu o Regulamento de Administração para Investimento do Capital Estrangeiro nas Ações das Instituições Financeiras da China (doravante referido como "o Regulamento"). Pela primeira vez, o Regulamento definiu claramente as qualificações e condições para participação acionária de investidores estrangeiros nas empresas chinesas, alterou a prática antiga de solicitar aprovação caso a caso e flexibilizou os limites para essa participação.

De acordo com o Regulamento, a taxa de participação de uma instituição financeira individual estrangeira em uma instituição financeira chinesa não pode ultrapassar 20%. Quando a soma da participação de várias instituições estrangeiras em uma única instituição financeira chinesa não listada em Bolsa atingir ou exceder 25%, esta será supervisionada e administrada como instituição financeira de capital estrangeiro. Até 2010, havia 31 bancos com participação de capital estrangeiro. O Banco Industrial e Comercial da China, o Banco da China, o Banco de Construção da China e o Banco de Comunicações introduziram nove investidores estrangeiros; 24 pequenos e médios bancos introduziram 33 investidores externos; e três instituições financeiras cooperativas rurais, outros três investidores de fora, absorvendo o total de US$ 32,78 bilhões.

2.1.1.3 Breve avaliação da reforma de sistema de participação acionária

A reforma do sistema bancário alcançou resultados notáveis, tendo alterado significativamente a fisionomia dos bancos chineses. Até o final do terceiro trimestre de 2010, o saldo de créditos inadimplentes dos bancos comerciais da China recuou para RMB ¥ 435,42 bilhões, o menor nível da história. A taxa de créditos "podres" foi de 1,2%, e o índice de cobertura de provisão, de 203%. Em 2011, no *ranking* dos mil melhores bancos mundiais, o setor bancário chinês conseguiu resultados surpreendentes. A classificação mostrou que não houve apenas expansão numérica em dados absolutos, mas também otimização da estrutura e aumento da competitividade. No que foi considerado uma conquista inédita pelas contrapartes internacionais, nada menos do que três bancos chineses entraram no top 10 do Top 1.000 World Banks: Banco da Indústria e Comércio da China (sexto lugar), Banco de Construção (oitavo) e Banco da China (nono). Ao mesmo tempo, mais de cem bancos chineses ascenderam ao *ranking* dos mil melhores bancos do mundo, o que representou aumento de 17 instituições em relação ao ano anterior, equivalendo a 10% do *ranking* mundial.[2]

Além disso, pequenos e médios bancos também obtiveram resultados positivos: entre os 25 com crescimento mais rápido no Top 1.000 World Banks, 15 são chineses. Além do Banco da Agricultura da China, figuram nesse *ranking* o Banco de Suzhou, Banco de Jining e o Banco Comercial Rural de Chongqing, ocupando o segundo, terceiro e quarto lugares, respectivamente. A ascensão dos pequenos e médios bancos chineses reflete a otimização da indústria bancária do país, demonstrando a tendência de desenvolvimento benigno de todo o setor.

2. Citado em Ranking perspective of Top 1.000 banks worldwide 2011, in *Bankers*, n. 10, Oct. 2011.

2.1.2 Avaliação da eficiência

A fim de avaliar com precisão as mudanças em bancos comerciais da China, usamos o Índice de Produtividade Metafrontier-Malmquist (ML) desenhado pelo Rambaldi et al. (2007). Foram selecionados 17 bancos comerciais para comporem a amostra da pesquisa. Com o método DEA (*data envelopment analysis* — análise envoltória dos dados) foi analisada a eficiência de produtividade da amostra, tomando como base indicadores de *input* e *output*. Segundo critério adotado pela maioria dos especialistas, e devido a restrições de seleção dos dados, definiu-se como *input* esperado a receita sem juros (*non-interest income*) e o lucro antes do pagamento de impostos, e como *output* não esperado os empréstimos inadimplentes. O número de empregados e os ativos fixos foram escolhidos como elementos de *input*.[3] O índice ML das amostras entre 2004 e 2010 foi decomposto para avaliarmos os dados bancários relativos às mudanças na PTF. Pelo resultado empírico, podemos concluir que, durante o período de amostragem, o índice ML sempre superior a 1 indicou tendência geral de melhoria do setor bancário como um todo (figura 2).

Em geral, o aprofundamento permanente da reforma financeira e a modernização do sistema de pagamentos da China promoveram a elevação da eficiência produtiva do setor bancário. A crise do *subprime* fez o nível geral de produtividade da indústria bancária do país cair significativamente, afetando principalmente os bancos comerciais municipais. No entanto, após 2009, essas instituições voltaram a crescer rapidamente.

Na composição do índice Malmquist, a mudança tecnológica foi a mais significativa: enquanto a alteração média do indicador foi de 0,931, o índice de mudança de eficiência tecnológica atingiu 1,003 durante seis anos — as transformações mais significativas sob esse aspecto ocorreram em 2005 e 2008. No caso dos bancos comerciais, a mudança tecnológica estava mais relacionada à evolução dos meios de comunicação e equipamentos de computação, bem como do ambiente macroeconômico e de suas respectivas políticas. Como era previsível que os meios de comunicação deveriam sempre avançar ao longo do período de amostragem, o que faria diferença no progresso tecnológico seriam, sobretudo, os fatores da política e do ambiente macroeconômicos. A principal explicação para o declínio do índice tecnológico em 2005 foi a dimi-

3. Wang Bing, Zhu Ning, Total factor productivity growth of China's banking industry under constraints of non-performing loans, in *Journal of Economic Studies*, n. 5, 2011.

Figura 2
Tendência de mudança do índice ML dos 17 bancos comerciais no período de 2004 a 2010

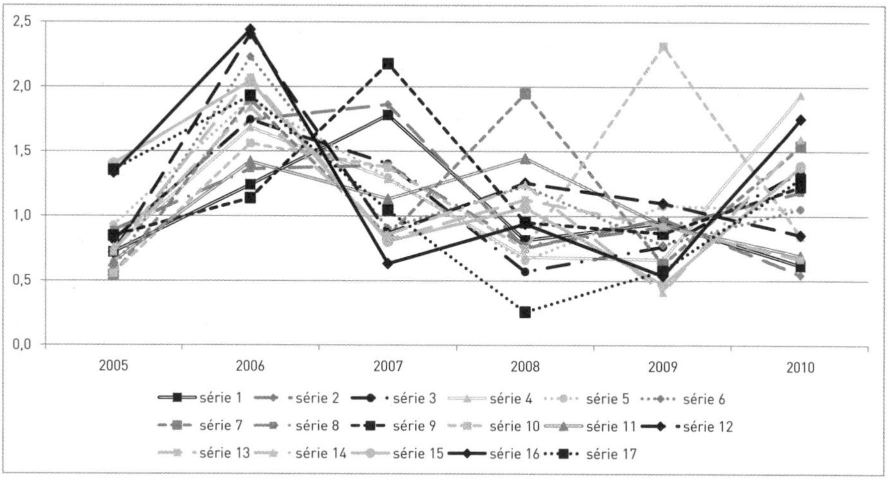

Fonte: Livros financeiros anuais da China, elaborados pelo Banco Popular da China.

Nota: As séries de 1 a 17 obedecem à seguinte ordem: Banco Industrial e Comercial da China, Banco de Construção da China, Banco da China, Banco Agrícola da China, Banco Jiaotong, Banco CITIC, Banco Xingye, Banco Huaxia, Banco de Desenvolvimento de Pudong, Banco de Desenvolvimento de Guangdong, Banco de Desenvolvimento de Shenzhen, Banco de Minsheng da China, Banco de Pequim, Banco de Nanquim, Banco de Ningbo, Banco Prudential e Banco de Xangai.

nuição da razão entre a taxa de poupança da sociedade e o volume de empréstimos bancários, e entre a taxa de juros da poupança e de empréstimos.[4] Já em 2008, o declínio deveu-se à crise das hipotecas de *subprime*.

Observando-se três tipos de bancos, no que diz respeito à PTF, o índice ML dos bancos *joint-stock* comerciais era de 1,071, maior do que o dos bancos comerciais estatais e municipais — comparado a estes últimos, os bancos comerciais estatais ainda atravessavam uma fase de baixo desenvolvimento (figura 2). A partir do final de 2006, os bancos comerciais municipais começaram a apresentar tendência decrescente, talvez em função da queda brusca de sua vantagem como instituições citadinas — teriam menos experiência e menor capacidade de se prevenir contra choques externos dos que os outros dois tipos de banco. Em termos de eficiência tecnológica (EFFCH), porém, o

4. Cai Yuezhou, Guo Meijun, Empirical analysis of the total factor productivity of Chinese listed commercial banks, in *Journal of Economic Studies*, n. 9, 2009.

Figura 3

A mudança do índice de ML para três tipos de bancos

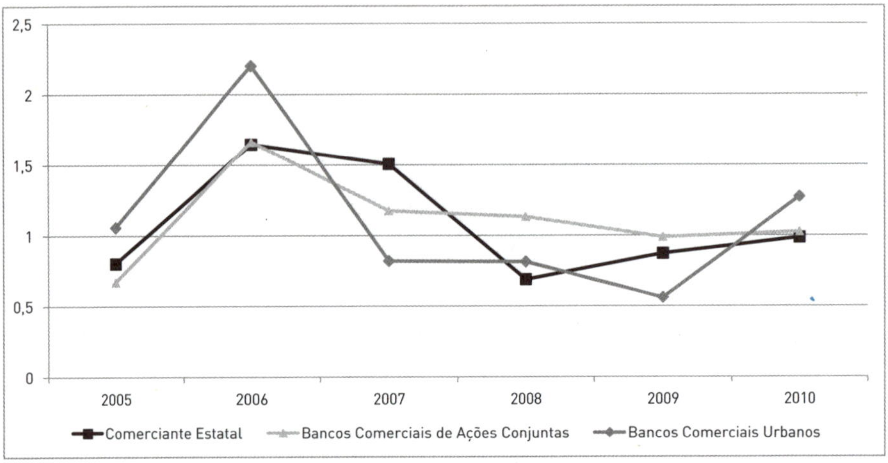

Fonte: Livros financeiros anuais da China, elaborados pelo Banco Popular da China.

valor médio mais elevado era o dos bancos comerciais municipais.[5] O valor de EFFCH dos outros dois tipos de banco era inferior a 1, o que significava que ambos não contribuíam positivamente para aumentar a PTF.

O crescimento da eficiência tecnológica dos cinco bancos comerciais estatais verificado após 2006 deveu-se, principalmente, à função de sua estrutura de administração. O nível de eficiência tecnológica dos bancos de *joint-stock* no período de amostragem girava em patamar relativamente baixo. No que toca ao progresso tecnológico, os bancos comerciais estatais e os de *joint-stock* tiveram evolução diferenciada, com destaque para esses últimos. Enquanto isso, o índice de mudança tecnológica (TECHCH) dos diversos bancos elevou-se em 2007, possivelmente em função da abertura oficial do sistema financeiro chinês a bancos estrangeiros e do efeito da competitividade dessas instituições em operações de RMB (Bing; Ning, 2011).[6]

5. O indicador EFFCH mede a eficiência da mudança tecnológica (difusão e *catch-up*).

6. O indicador TECHCH mede o grau de inovação.

2.2 A história do desenvolvimento do mercado de capitais da China

2.2.1 Tendência de desenvolvimento

O surgimento e a expansão do mercado de ações na China deveram-se, em grande medida, à reforma do sistema econômico e financeiro. Embora esse mercado tenha sido fundado há apenas 20 anos, com o aperfeiçoamento progressivo e a expansão do sistema, é cada vez mais evidente sua função social como instrumento de otimização da alocação de recursos do mercado. O aumento de sua escala ampliou os canais de financiamento para empresas e acelerou o processo de estabelecimento do sistema de empresas modernas.

Desde que foi criado, esse mercado cresceu de forma vertiginosa. Até o final de 2010, o número de empresas listadas em mercado de bolsa de Shenzhen e Xangai chegou a 1.736. Ao longo de 19 anos, esse volume aumentou 115 vezes, atingindo valor total de mercado de RMB ¥ 26,5423 trilhões, correspondentes a 66,69% do PIB chinês. O valor circulado de mercado (*CSV—Circulated Stock Value*) atingiu RMB ¥ 19,311 trilhões, ou 48,52% do PIB. É o terceiro maior do mundo.

Tabela 1
Valor das empresas listadas no mercado de Bolsa na China entre 1993 e 2010 (US$ 100 milhões)

Ano	Financiamento Inicial	Financiamento Adicional	Distribuição de Ações	Financiamento Total	Total de Capitalização do Mercado	Taxa de Securitização
1994	--	--	--	326,78	3690,61	0,08
1995	--	--	--	150,32	3474,28	0,06
1996	--	--	--	425,08	9842,38	0,14
1997	--	--	--	1293,82	17529,23	0,22
1998	--	--	--	841,52	19505,64	0,23
1999	581,26	23,23	302,76	925,81	26471,17	0,30
2000	813,58	177,74	519,88	1552,98	48090,94	0,49
2001	575,15	235,00	430,62	1240,78	43522,20	0,40
2002	515,95	164,68	56,60	778,73	38329,12	0,32
2003	472,42	116,12	76,53	846,28	42457,71	0,31
2004	387,28	159,73	104,77	877,79	37055,56	0,23
2005	57,63	278,78	2,62	339,03	32430,28	0,18
2006	1341,68	989,22	4,32	2379,09	89403,90	0,42

(continua)

(continuação)

Ano	Financiamento Inicial	Financiamento Adicional	Distribuição de Ações	Financiamento Total	Total de Capitalização do Mercado	Taxa de Securitização
2007	4809,85	2754,04	227,68	7898,05	327141,07	1327,00
2008	1034,38	2271,80	151,57	3534,95	121366,41	0,39
2009	1228,92	2948,44	1060,00	4466,00	243939,00	0,72
2010	4437,00	3708,00	1438,00	5653,00	265423,00	0,67

Fonte: *Anuário de estatísticas de valores e futuros da China.*

Na China, o mercado da bolsa de valores resultou da reforma de participação acionária das empresas estatais. Em meados dos anos 1980, o processo de reforma estrutural e institucional do sistema econômico chinês gerou diversos problemas e contradições. De um lado, em razão de falhas no mecanismo de planejamento, as empresas estatais enfrentavam dificuldades operacionais, taxa elevada de endividamento e estrutura irracional de seus ativos. De outro, no setor financeiro, devido à implementação do sistema único de crédito bancário e à "restrição orçamentária suave" adotada em relação às empresas estatais durante longo período, os riscos financeiros enfrentados pelos bancos estatais aumentavam a cada dia.

Para resolver essas contradições e problemas, a China empreendeu uma série de reformas nessas empresas, entre elas a descentralização de poder e transferência de lucros, implantação dos sistemas de *leasing* e do contrato de responsabilidade, e a conversão de mecanismo de gestão. Nos bancos estatais, foi feita a separação entre instituições especializadas e o Banco Central, além da reforma empresarial e da adoção de outras medidas. Nesse contexto, as Zonas Econômicas Especiais (ZEE), vanguardas da reforma e abertura, tomaram a dianteira para experimentar o sistema de participação acionária, obtendo sucesso em prazo relativamente curto. Em seguida, com forte fomento dos governos locais e Central, a reforma do sistema de participação liderou a mudança de todo o sistema econômico e social, e o mercado de ações virou o foco das atenções da sociedade. Pode-se afirmar que, embora a reforma do sistema de participação acionária tenha começado em meados dos anos 1980, seu auge ocorreu somente na década de 1990, após o surgimento da bolsa de valores.

A reforma da separação da participação acionária (*split-share* ou *division equity*),[7] iniciada em maio de 2005, significou a reconstrução do mercado de

7. A reforma de "separação da participação acionária" é um esquema para eliminar diferenças no sistema de transferência acionária por meio de um mecanismo de coordenação entre

Bolsa da China. Como uma deficiência institucional histórica, o *split-share* restringiu o desenvolvimento normal do mercado de capitais chinês e a reforma fundamental do sistema de gestão dos ativos estatais. Até o final de 2007, 98% das empresas que deveriam fazer reformas de sistema da participação acionária em Xangai e Shenzhen já haviam concluído ou iniciado esse processo (relação específica apresentada na linha 2 da tabela 4). A reforma de *split-share* foi concluída basicamente em dois anos. Desde então, o mercado de bolsa da China ingressou em uma era de desenvolvimento vigoroso, desviando o foco da alocação e recursos dos bancos para o financiamento direto. Ou seja, somente após a reforma de *split-share* é que o mercado de capitais chinês passou a desempenhar, de fato, a função de instrumento de financiamento e alocação de recursos.

Nesse contexto, um grande lote de empresas entrou com sucesso na lista da Bolsa. Sobretudo, a emissão bem-sucedida de "super-ações" do Banco da China, do Banco Industrial e Comercial da China e da Air China, entre outros, marcou a entrada desse mercado na era das *blue-chips* após a reforma. Além disso, foi realizada uma série de outras reformas, tais como a elevação de qualidade da empresa listada, o desenvolvimento de investidores institucionais e a reforma do sistema de emissão.

2.2.2 Análise de eficiência

Desde a expansão acelerada do mercado de Bolsa da China, tanto o número de empresas listadas quanto o volume de capitalização tiveram expansão considerável. Uma análise do indicador de rendimento revela forte crescimento

---

ações não transacionáveis e transacionáveis, onde os detentores de ações não transacionáveis de companhias selecionadas devem pagar certa compensação para os detentores de ações transacionáveis a fim de obter o direito de comercialização das ações. O esquema da reforma incluiu cinco instrumentos: emissão de bônus; consolidação de ações; garantias; pagamento de dividendos; e emissão de ações. No entanto, consolidação de ações não é factível na medida em que significa redução no capital registrado. Isso requer procedimentos legais complicados e aumenta o custo da reforma acionária. Garantias também são complicadas e enfrentam muitas incertezas. Aumento do número de ações é, portanto, a fusão de dois procedimentos: a companhia transfere parte do seu capital para todos os acionistas com fundos de capital ou uma companhia selecionada garante emissão de bônus para suas ações transacionáveis com rendimentos retidos e detentores de ações não transacionáveis pagam as ações transferidas para detentores de ações transacionáveis como pagamento.

durante mais de uma década — o lucro por ação (*EPS*, relação entre lucro líquido e capital total), por exemplo, passou de 0,22, em 1998, para 0,46, em 2010, com aumento de 1,09 vez em 13 anos. No entanto, os indicadores de rentabilidade bruta e líquida de capital, bem como de retorno de vendas, não acusaram evolução tão expressiva, chegando a registrar, em alguns casos, recuos e grande flutuação no transcurso do período de amostragem.

De acordo com o relatório Competitividade Empresarial da China de 2005, o ano de 2001 foi o divisor de águas de competitividade entre empresas listadas e não listadas na Bolsa. Segundo a análise de indicadores de taxas de rentabilidade líquida e bruta, e de movimento líquido e bruto dos ativos (*assets turnover rate*) após 2001, a competitividade geral das empresas listadas na Bolsa começou a ser inferior à das empresas não listadas. Duas razões podem explicar esse fenômeno: em primeiro lugar, como a maioria das empresas listadas era de estatais, sua eficiência era baixa, comparada às empresas de pequeno e médio porte; em segundo lugar, porque sua estrutura de gestão não foi radicalmente melhorada, e nelas pouco funcionava o mecanismo de empresa moderna.

Ademais, visto que o modo de crescimento da economia chinesa privilegiava o investimento e, principalmente, as exportações, o desempenho geral das empresas listadas apresentava correlação positiva com a taxa de crescimento do PIB e dos ativos, bem como com outros indicadores macroeconômicos e com a situação econômica internacional. A partir de 2005, por exemplo, com o ingresso da economia chinesa em uma fase de desaceleração, a taxa de rentabilidade líquida de ativos, em especial a de retorno de venda, caiu significativamente. Em 2008, de um lado, a aplicação da alíquota unificada de Imposto de Renda de 25% favoreceu a alta do lucro nos três primeiros trimestres; de outro, devido ao impacto da crise financeira mundial, o indicador de rentabilidade recuou drasticamente no quarto trimestre. O duplo impacto provocou efeito inverso nos indicadores de rentabilidade das empresas listadas: enquanto a taxa de rentabilidade de retorno de venda subiu significativamente, 40 vezes mais do que a de 2007, a taxa de rentabilidade líquida dos ativos caiu significativamente.

Tabela 2
Indicadores de rentabilidade das empresas listadas entre 1998 a 2010

	1998	1999	2000	2001	2002	2003	2004	2005	2006	2007	2008	2009	2010
tshr	0,34	0,36	0,38	0,39	0,4	0,4	0,4	0,42	0,49	0,54	0,59	0,71	0,8
roa	0,04	0,04	0,03	-0,02	-0,02	0	-0,02	-0,02	-1,38	0,53	13,71	0,01	0,05
roe	0,02	0,06	0,02	0	0,19	0,01	-0,01	-0,04	0,7	0,17	-0,58	-0,03	0,01
eps	0,22	0,19	0,2	0,12	0,11	0,14	0,11	0,07	0,19	0,38	0,24	0,32	0,46
ros	-0,02	0,09	-0,29	-0,81	-0,61	-0,71	-1,6	-177,08	-2,69	1,05	45,84	-0,01	-0,07

Fonte: CCER (banco de dados financeiros econômicos da China, disponível em: <http://ccerdata.com>).
Nota: tshr = capital/valor total, roa = lucro líquido/capital, roe = lucro líquido/patrimônio líquido, eps = lucro líquido/equidade, ros = lucro líquido/receita principal.

2.3 Comparação entre crédito bancário e financiamento de equity

Em 1993, no início do estabelecimento do mercado de capitais na China, o volume de financiamento por meio desse mercado foi de RMB ¥ 37,55 bilhões, contra RMB ¥ 3,290 trilhões do montante de financiamento bancário. O financiamento direto correspondia a apenas 0,01% do crédito. Com a ampliação de escala do mercado de Bolsa, essa participação aumentou para 3,79% em 2010: RMB ¥ 2,6 trilhões de financiamento bancário, para RMB ¥ 985,7 bilhões de financiamento direto pelo mercado de Bolsa.

Entre 1992 e 2009, somente 11,7% das empresas não financeiras obtiveram financiamento no mercado de Bolsa através de *equity* — o restante recorreu ao crédito bancário. Embora, a partir de 2006, o mercado de capitais tenha crescido significativamente e concorrido para elevar essa porcentagem, com o advento da crise do *subprime*, o governo chinês foi levado a adotar um plano de incentivo à economia, o que significou a injeção de grande volume de crédito no mercado, voltando a reforçar o sistema de financiamento via crédito bancário. Já o sistema que tinha como vetor o financiamento indireto ainda não havia sofrido alterações essenciais.

Figura 4
Variação da razão entre financiamento direto e indireto desde 1994

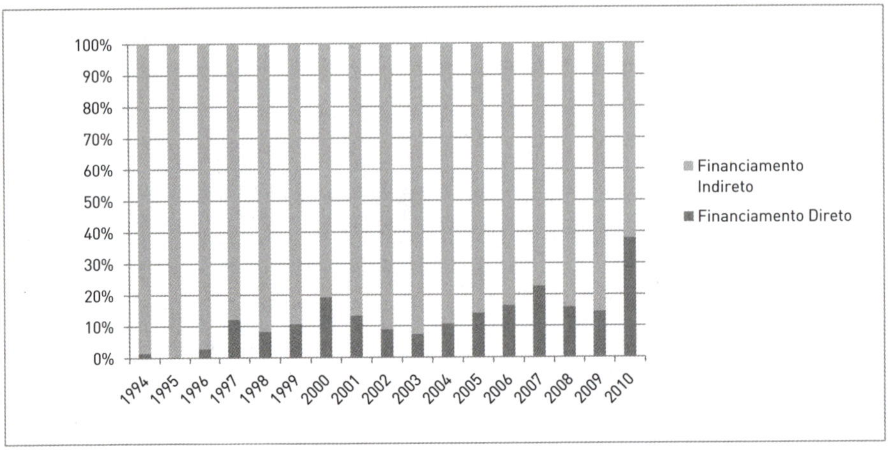

Fonte: Anuários das estatísticas financeiras da China.

Figura 5
Variação de proporção entre financiamento direto e novos créditos

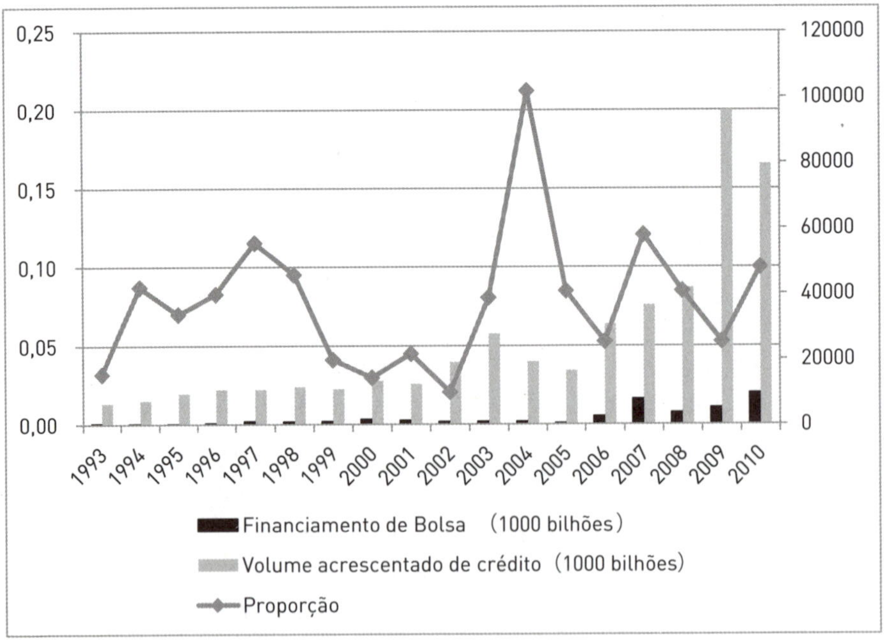

Fonte: Anuários das Estatísticas Financeiras da China.

3. Análise do sistema e dos canais de financiamento da China

3.1 Características do sistema financeiro

3.1.1 Discriminação por propriedade e tamanho

Devido às distorções existentes no sistema financeiro da China, a alocação de recursos baseia-se mais na política do que em interesses econômicos. Isso faz com que os bancos comerciais estatais detenham a maioria de créditos, ao passo que as empresas não estatais encontrem dificuldades para obter financiamento junto aos bancos comerciais estatais. Trata-se da discriminação por propriedade.[8]

Os dados mostram que, entre 1999 e 2003, o volume de crédito bancário recebido pelas empresas estatais superou o de qualquer empresa de outro tipo de propriedade. Esse volume aumentou subitamente de 16,2%, em 2003, para 92,3%, em 2004, enquanto os créditos aos bancos de outros tipos de propriedade não tiveram alteração significativa. De 2005 a 2007, o crédito bancário às estatais entrou em declínio. Embora o montante por elas obtido ainda fosse bem maior do que o direcionado a outros tipos de empresa, essa diferença diminuía gradualmente, dando mostras de que a discriminação por tipo de propriedade aplicada pelo sistema bancário começava a perder fôlego e a desaparecer progressivamente. Esse tipo de discriminação, portanto, talvez seja um assunto transitório: pode merecer destaque em certa fase do processo de transformação, mas, no longo prazo, com o aprofundamento da economia de mercado e da reforma financeira, seu impacto será enfraquecido.

Na fase atual, contudo, sobressaiu o problema da "discriminação por tamanho". Estudos de especialistas demonstram que, com o aumento do desenvolvimento econômico, as dificuldades que as empresas de pequeno e médio porte encontram no financiamento mudam do obstáculo estrutural (discriminação por propriedade) para barreiras de mercado (discriminação

8. Zhang Jie, Bank discrimination, commercial credit and enterprise development: micro empirical evidence from China's enterprises, artigo para *The youth forum on 40 years of China's finance industry, 2011*; Huang, Y. S., *Selling China: foreign direct investment during the reform era*, publicado pela Cambridge University Press, 2003.

por tamanho).[9] Em comparação com grandes empresas, as operações comerciais das pequenas empresas não são tão regulares. Existe um alto grau de assimetria de informações entre bancos e empresas de pequeno porte, dificultando a concessão de créditos. Além disso, em relação às grandes empresas, as pequenas são mais suscetíveis a flutuações econômicas, com grau de incerteza e risco maiores. O elevado custo leva os bancos a não querer conceder-lhes crédito.

Uma avaliação retrospectiva mostra que, em se tratando de concessão de crédito, a discriminação de tamanho pode ter prevalecido em função da predominância dos bancos no sistema financeiro. Com isso, o canal de financiamento se torna frágil e falta, por parte dos bancos com vantagens de monopólio, o impulso para conceder linhas de crédito às pequenas empresas. O baixo volume de crédito e as limitações de informação qualificada sobre pequenas empresas agravam, cada vez mais, o comportamento dos bancos de reter o dinheiro (*loan-cherishing behavior*), em vez de conceder créditos.[10] A seguir, o artigo examina, por meio dos microdados empresariais, a discriminação por propriedade e tamanho por parte dos bancos comerciais.

3.1.2 Equação de fatores que determinam a obtenção de crédito bancário

3.1.2.1 Fonte de dados

Os dados pesquisados por este artigo originam-se do Banco de Dados Industriais e Empresariais entre 1999 e 2007, do Birô Nacional de Estatística da China, abrangendo empresas estatais e outras de grande escala (com renda do negócio principal acima de RMB ¥ 5 milhões). Os dados mostram que 67,8% das empresas industriais têm despesas líquidas com juros, e que mais de dois terços das empresas industriais obtiveram créditos bancários. No entanto, o volume da despesa líquida de juros não é alto, ocupando 4,3% da percentagem

9. Zhang Jie, Wang Xiao, SMEs financial cycle and changes in their financial structure, in *World Economy*, n. 9, 2002.
10. Citado do *Report on China SMEs financing and guarantee 2009*. Disponível em: <http://jste.gov.cn/gdzxqy/110161785.htm>.

média de vendas, e há uma grande variação, indicando que os volumes de crédito são muito mal distribuídos.

3.1.2.2 Introdução do modelo

De acordo com as características do sistema bancário chinês e do objetivo deste estudo, o modelo é definido da seguinte forma:

$$bank_{it} = \beta_0 + \beta_1 size_{it} + \sum ownership_{it} + \beta_3 age_{it} ++ \beta_4 capital_{it} + \beta_5 cash_{it} + \beta_6 TPF_{it} + \beta_7 coll_{it} + \beta_8 HII_{it} + \sum industry_{it} + \sum province_{it} + \sum year_{it} + \varepsilon_{it} \quad (1)$$

O modelo econométrico (1) adota os empréstimos bancários como variável explicativa. A fonte mais importante do investimento das empresas chinesas é o crédito bancário oriundo de bancos e de outras instituições financeiras não bancárias. Até o momento, porém, no banco de dados que utilizamos não consta informação direta de valor exato obtido por empresa.

Por isso, de acordo com a teoria relativa de Cull et al. (2009), vamos escolher a taxa da despesa de juros em relação à venda como agente variável. E, com base nos juros do crédito obtido por uma empresa junto a bancos e outras instituições bancárias, podemos calcular o estoque de créditos dessa empresa.

No modelo (1), os agentes variáveis explicativos essenciais são tamanho (*size*) e tipo de propriedade da empresa (*ownership*). Com relação ao tamanho da empresa ao conceder empréstimo, a referência mais importante para o sistema bancário chinês é examinar a capacidade da companhia de superar risco e pagar sua dívida. Quanto ao tipo de propriedade, seguimos a linha de proporção (≥ 50%) de capital no registro de uma empresa para fazer a distinção entre empresa estatal (*state*), coletiva (*collective*), pessoa jurídica independente (*legal-person*) e privada (*private*), de Hong Kong, Macau e Taiwan (TMH), e investimento estrangeiro (*foreign*). Outras variáveis de controle incluem: capacidade empresarial de garantia (*coll*), fluxo de caixa da empresa (*cash flow*), PTF (*Total Factor Productivity*), fator de intensidade de capital (*capital*) e idade (*year*), além dos fatores de indústria (*industry*), de províncias ou regiões (*province*) e de ano (*year*).

3.1.2.3 Análise empírica de resultado

A tabela 3 mostra o resultado e os fatores mais importantes para uma empresa conseguir crédito bancário. Em primeiro lugar, percebe-se que o volume de crédito obtido por empresas estatais é significativamente maior do que o de empresas de outros tipos de propriedade. Em segundo lugar, nota-se que existe amplamente o fenômeno de "discriminação por tamanho" no sistema bancário chinês. Os coeficientes de regressão na equação da tabela 3 são positivos, indicando que, quanto maior a escala do capital, tanto mais fácil será a obtenção de crédito no sistema bancário chinês. Para outros índices, a variável de controle supõe que quando o coeficiente de regressão da capacidade de garantia de uma empresa for positivo, ela terá maior facilidade de obter crédito bancário. O mesmo acontece quando o coeficiente de regressão de competitividade da empresa for positivo, mas, com efeito, não muito perceptível. O coeficiente positivo de regressão de idade da empresa indica que, quanto maior a idade, melhor a reputação e maior a facilidade de obter empréstimo bancário. Essas informações, que refletem características básicas para a concessão de empréstimos bancários no sistema financeiro chinês, demonstram que é razoável e correta a escolha de índice de relação de despesa de juros/volume de venda da empresa como o agente de empréstimo bancário.

Tabela 3
Resultados da regressão da equação de empréstimos bancários

Agente Variável	Amostra completa	Ano<2004	Ano>2004
Coletivo	-0,089(0,028)***	-0,064(0,017)***	-0,004(0,003)
Pessoa Jurídica	-0,080(0,023)***	-0,059(0,016)***	-0,002((0,002)
Privado	-0,083(0,023)***	-0,060(0,015)***	-0,004(0,003)
hmt	-0,089(0,025)***	-0,066(0,017)***	-0,006(0,003)**
Estrangeiro	-0,083(0,021)***	-0,064(0,017)***	-0,008(0,003)***
Tamanho	0,038(0,019)**	0,006(0,003)*	0,060(0,002) ***
Colateral	0,084(0,026)***	0,118(0,045)***	0,015(0,001)***
Cash-flow	-0,065(0,018) ***	-0,106(0,055)**	0,0003(0,43)
TFP	0,077(0,056)	0,000(0,000)	0,008(0,005)

(continua)

(continuação)

Agente Variável	Amostra completa	Ano<2004	Ano>2004
Capital	6,48 e-07(4,41e-07)	0,000(0,000)	2,28e-07(1,07e-07)**
Herfind	-0,028(0,068)	-0,091(0,117)	0,016(0,007)**
Constante	0,300(0,145)**	0,396(0,216)*	0,016(0,033)***
Setor	Controle	Controle	Controle
Província	Controle	Controle	
Ano	Controle	Controle	Controle

Nota: O número entre parênteses indica a diferença, com o padrão da variável correspondente. *, ** e *** representam a diferença significativa acima de 10%, 5% e 1%, respectivamente.

A figura 6 mostra que, antes de 2004, o volume de crédito bancário obtido por empresas estatais experimentou mudança notável, e era bem maior do que o concedido a empresas de outros tipos de propriedade. Após 2004, a diferença entre volumes de crédito bancário para empresas estatais e de outros tipos de propriedade foi sensivelmente reduzida. Por isso, dividimos as amostras em duas partes: antes e depois de 2004. Com base nos resultados de regressão de subamostras, podemos concluir que o efeito do tipo de propriedade está enfraquecendo, enquanto o efeito de tamanho se fortalece, gerando forte influência na obtenção de créditos pelas empresas.

Figura 6

A proporção do crédito bancário concedido a empresas estatais de grande escala entre 1999 a 2007

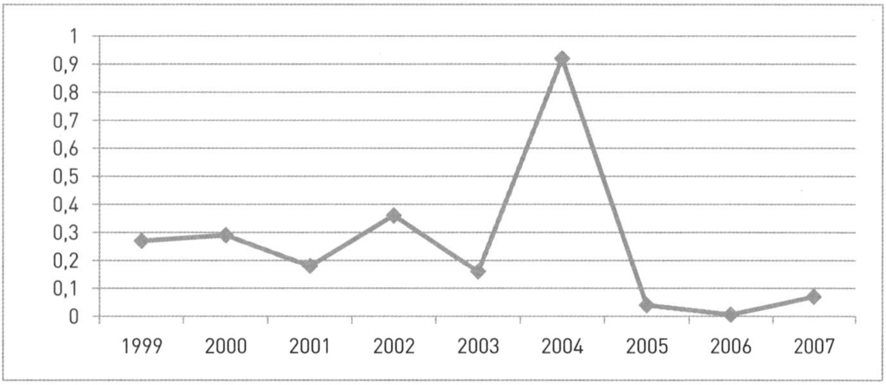

Fonte: Anuários de estatísticas financeiras da China.

Nota: Proporção de créditos bancários é calculada pela relação entre a despesa líquida de juros e as vendas das empresas.

3.2 Fatores institucionais do mercado de valores

No estudo do comportamento de financiamento de empresas listadas no mercado de bolsa, o fenômeno notável é a chamada preferência por financiamento por meio da emissão de ações (*equity financing preference*). Isso significa que as ações ocupam posição predominante e o ponto de partida dessa análise é comprovar a preferência das empresas chinesas listadas por essa modalidade de financiamento.[11]

3.2.1 A preferência das empresas pelo financiamento por meio de ações

3.2.1.1 Fontes de dados e informações estatísticas

Os dados são do Banco de Dados das Empresas Listadas na Bolsa e do Banco de Dados Detalhados de Custo Financeiro das Empresas Listadas na Bolsa, elaborados por CCER, sendo a amostra constituída por empresa listada da categoria A, nas Bolsas de Xangai e de Shenzhen. No artigo, usamos o valor contábil para avaliar a taxa de dívida, adotando quatro fatores do artigo de Rajan and Zingales para definir vetores que influenciam caraterísticas da estrutura de capital da empresa-alvo, a saber: rentabilidade das empresas (lucro líquido + despesas financeiras/ total contábil dos ativos); relação contábil do valor de mercado (total contábil dos ativos — total de *equity* dos acionistas + valor total de mercado das ações)/total contábil dos ativos; tamanho de empresa (logaritmos naturais do total contábil dos ativos); e ativos tangíveis (total dos ativos fixos /total contábil dos ativos).[12]

11. Shyam Sunder, Lakshimi e Myers, Stewart, Testing static tradeoff against pecking order models of capital structure, in *Journal of Financial Economies*, n. 51, p. 219-44, 1999.
12. Raghuram G. Rajan, Luigi Zingales, Financial dependence and growth, NBER Working Paper n. 5758.

3.2.1.2 Análise empírica e resultados

Para a avaliação de preferência de financiamento, usamos a metodologia de sequência de preferência, feita por Sunder e Myers (1999).[13]

A tabela 4 mostra o resultado estimado quando os dados anuais são incluídos na equação (2). No período de 1999 a 2010, o valor estimado de fator preferencial (coeficiente de financiamento) foi de 0,301. O R^2 ajustado da equação de regressão foi de 0,31. Na estimativa do ano individual, os agentes de maior preferência eram os dos anos de 2003, 2007 e 2009, respectivamente. O menor valor apareceu em 1999: apenas 0,175. Esses números mostram que a fonte de financiamento de capital externo era ação, mas não dívida.

Tabela 4
Resultados da regressão de financiamento preferencial de *equity*

Variável	Amostra	1999	2000	2001	2002	2003	2004
DEF	0,301	0,175	0,21	0,149	0,297	0,486	0,452
	(0,018)***	(0,,031)***	(0,033)***	(0,022)***	(0,030)***	(0,059)***	(0,053)***
Con	0,01	0,005	0,012	0,017	0,018	0,019	0,007
	(0,002)***	-0,004	(0,004)***	(0,004)***	(0,003)***	(0,004)***	(0,004)**
R2	0,31	0,19	0,12	0,26	0,25	0,29	0,35
Variável	2005	2006	2007	2008	2009	2010	-
DEF	0,351	0,239	0,479	0,364	0,495	0,354	-
	(0,020)***	(0,037)***	(0,040)***	(0,031)***	(0,040)***	(0,027)***	-
Con	0,009	-0,005	0,019	0,016	0,021	0,019	-
	(0,001)***	-0,003	(0,002)***	(0,002)***	(0,004)***	(0,002)***	-
R2 ·	0,37	0,55	0,4	0,29	0,35	0,27	-

Nota: Valores entre parênteses representam a diferença com padrão, *, ** e *** indicam que as estatísticas são significantes, respectivamente, a 1%, 5% e 10%.

3.2.2 Razões mais profundas da preferência por ações das empresas chinesas

1. Poucas restrições ao financiamento via ações. A Lei das Empresas da China prevê que, na distribuição de lucro das empresas listadas na Bolsa após o

13. Shyam Sunder, Lakshimi e Stewart Myers, Testing static tradeoff against pecking order models of capital structure, in *Journal of Financial Economies*, n. 51, p. 219-44, 1999.

pagamento do imposto, 10% do resultado deve entrar em seu fundo de reserva legal, e de 5 a 10%, no fundo público de previdência (*statutory welfare reserve*). Em seguida, após decisão da assembleia de acionistas, a empresa pode sacar parte do lucro como fundo público à sua livre disposição. Por isso, a distribuição de dividendos é de, no máximo, 85% do rendimento por ação. Conforme a política da China sobre a distribuição de dividendos de empresas listadas, muitas empresas não distribuem dividendos ou simplesmente fazem uma distribuição simbólica — e pouquíssimas distribuem o total de seu lucro anual. Em 2010, por exemplo, as empresas listadas obtiveram financiamento no total de RMB ¥ 985,5 bilhões por meio de IPO, aumento de ações e *lote de ações*, mas a distribuição de dividendos caiu muito.

Devido aos regulamentos da CSRC sobre a distribuição obrigatória de dividendos, houve uma queda do número de empresas de distribuição, de 1.158 para 840, mas o valor distribuído recuou ainda mais, de RMB ¥ 388,3 bilhões para RMB ¥ 76,2 bilhões, com redução de RMB ¥ 312,1 bilhões. Como as empresas listadas possuem muito capital acionário, em situações de fraqueza de mercado de capitais e insuficiência de investimento, o custo de financiamento por ações é caracterizado por poucas restrições — sob certo aspecto, um custo zero. Em contrapartida, o custo de financiamento da dívida é uma restrição forte, e o custo de financiamento de dívida de longo prazo é muito mais elevado do que o custo de dívida corrente.

2. Como o sistema de avaliação para empresas listadas no mercado de Bolsa não é razoável, a empresa não prioriza a otimização da estrutura de financiamento. Seu objetivo é maximizar os lucros dos acionistas. Para avaliação de desempenho das empresas chinesas, ainda se utiliza como principal referência o critério do lucro pós-imposto. Porém, como esse índice só permite avaliar o custo de dívida de financiamento indireto entre empresas, e não o custo de financiamento da ação para as empresas, a avaliação gerou resultados sempre muito baixos, ou mesmo zero. Essa é a razão pela qual as empresas preferem o financiamento via ação no lugar de dívida. O sistema de contabilidade que toma o lucro como fator principal não reflete completamente a gestão e o resultado da performance operacional.

3. Resultado de controle por "internos". O controle da empresa pelos "internos" é o resultado endógeno do peso excessivo de ações do Estado e da pessoa jurídica estatal. O pano de fundo sistemático da proporção excessiva de ações estatais decorre do peso do Estado na economia chinesa. A maioria das

empresas listadas na Bolsa foi transformada em empresas estatais. Nas empresas listadas dessa natureza, aparecem com facilidade casos de controle por "internos". Isso porque, em primeiro lugar, a gestão das ações estatais é feita por agentes multinível, tornando, assim, difícil a supervisão do Estado sobre esses agentes e gestores. Em segundo lugar, também é difícil, ou não vale a pena, para os demais acionistas minoritários, controlar a direção de empresa.

Nesse contexto, o controle recai inevitavelmente nas mãos de "internos" da empresa. Em terceiro lugar, o regime diretivo e a estrutura de gestão atuais das empresas listadas são pouco convencionais: não existe divisão clara das funções entre o Comitê do Partido Comunista, o Conselho de Administração e a Diretoria Geral, e ainda há casos de integração desses três órgãos. No Conselho de Administração, a maioria são "internos": membros ou presidente do Conselho que representam proprietários e membros do Comitê do Partido, originalmente supervisores e "externos", converteram-se todos em "internos" da empresa. Esses "internos" não se sujeitam ao controle dos acionistas, nem são restringidos pelo mercado.

4. Efeitos de estrutura de financiamento de empresa

A terceira seção analisa as características do financiamento e seus respectivos fatores institucionais. Baseada nisso, esta parte faz uma análise sobre macro e microefeito do sistema de financiamento de empresa.

4.1 Efeito microeconômico

4.1.1 Discriminação de propriedade e tamanho e seu impacto sobre eficiência da empresa

Primeiro, analisa-se a influência que o tipo de propriedade e o tamanho da empresa têm sobre o seu desempenho, utilizando-se a eficiência da PTF como indicador principal de competitividade. A discriminação de propriedade e de tamanho é um tipo de restrição para aquelas empresas que não dispõem de vantagem. Esta parte avalia o impacto da restrição de financiamento sobre a eficiência da PTF da empresa. As amostras selecionadas são iguais às do ponto 3.1.1.

4.1.1.1 Avaliação de restrição de financiamento

A impossibilidade de observar a restrição de financiamento diretamente por meio de dados dificulta a medição do grau dessa variável para uma empresa. Este artigo adota o método, amplamente consagrado, que considera a restrição de financiamento como sendo a diferença de custo entre o financiamento interno e externo da empresa, em função das respectivas taxas de juros.[14] O custo de capital interno é a taxa de juros sem risco, enquanto o de capital externo é a taxa de juros sem riscos de mercado, mais com prêmio de risco causado por assimetria de informações e de agentes.[15]

4.1.1.2 Análise empírica dos resultados

Como a variável dependente da regressão utilizada por este artigo é a PTF (TFP), torna-se essencial medir seu fator com precisão.

Para examinar a relação entre restrições financeiras e PTF (TFP) do setor, estabelece-se o seguinte modelo econométrico:

$$TFP\%_{it} = \beta_0 + \beta_1 TFP\%_{it-1} + \beta_2 RZ_{it} * Cost_{it} + \theta X_{it} + \omega_i + \eta_t + \mu_{it} \qquad (2)$$

Como variáveis explicativas definem-se agentes de mudanças internas como: produtividade ($TFP\,\%_{it-1}$), de grau de dependência de financiamento externo (RZ_{it}) e de restrição de financiamento da empresa (*Cost*) e, como agentes de mudanças externas, outros agentes de controle e de tempo. Assim, X_{it} representa uma série de agentes variáveis de controle: seja variável virtual de uma empresa de exportação, seja de investimento direto estrangeiro ou de empresa estatal. Os resultados empíricos são apresentados na tabela 5.

14. Kaplan, S. N. e L. Zingales, Do investment-cash flow sensitivities provide useful measures of financing constraints?, in *The Quarterly Journal of Economics*, v. 112, n. 1, p. 169-215, 1997.
15. Xiaohui, Cai, Measurement of Financial Constraint and Its Test, artigo para o *National Doctoral Academic Forum and Young Scholars Forum on Macroeconomics, 2011.*

Tabela 5
Cálculo do GMM (variável dependente é da PTF)

Agente Variável	GMM-Método generalizado de momentos	FE	OLS
TFP $\%_{it\ 1}$	0,4678(0,0995)***	0,6240(0,1677)***	0,4491(0,0946)***
FC	-0,8778(0,0502)***	-0,2722(0,0984)***	-0,2823(0,1465)*
Pseudoagente de SOE	-0,0781(0,0688)	-0,0696(0,0840)	-0,0814(0,0675)
Pseudoagente de FDI	0,0402(0,0562)	0,0691(0,0403) *	0,0624(0,0285) **
Pseudoagente de	0,0162(0,0207)	-0,0009(0,0080)	0,0178(0,0208)
Constante	1,5853(0,2979)***	0,0185(0,000)***	1,6414(0,2837)***
AR(1)	-4,26(0,000)	-4,00(0,000)	-4,24(0,000)
AR(2)	1,94(0,052)	1,46(0,143)	1,90(0,592)
Exame de Hansen	15,48(0,561)	8,01(0,784)	15,04(0,592)
Exame de diferença Sargan	12,28(0,658)	4,95(0,895)	12,32(0,655)
Valor F	24,90	17,34	24,78

Nota: A hipótese nula da correlação residual serial significa que não há correlação serial de segunda ordem (se resíduos diferenciados existem na correlação serial de primeira ordem, o GMM diferenciado ainda é válido; se existe a correlação serial de segunda ordem, o GMM é inválido).

O indicador que avalia a restrição de financiamento de empresa e o coeficiente de indicador de financiamento externo é significativamente negativo — o valor estimado, de -0,8778, está acima do nível convencional. Já o valor médio de dependência de financiamento externo das empresas chinesas é de 0,539. Os resultados da regressão mostram que, em comparação com a dependência média de financiamento externo, uma unidade de erro de financiamento acarretará a queda do valor da variação de produtividade em 0,473 ponto do valor padrão. Isso indica que as restrições financeiras causam efeito negativo sobre a PTF, e que, quanto maior a dependência de financiamento externo, mais elevado será seu impacto sobre a produtividade.

4.1.2 O impacto do desenvolvimento de mercado de bolsa sobre a estrutura de gestão da empresa

Uma das funções mais importantes do desenvolvimento e da construção do mercado de Bolsa da China é induzir a reforma do sistema de participação acionária das empresas estatais. A restrição à alocação de recursos via mercado acionário faz com que a governança corporativa mereça grande atenção por parte das empresas listadas na Bolsa. Com a orientação pelo mercado, essas empresas têm constituído estruturas de gestão empresarial modernas, compostas por assembleias de acionistas, conselhos de administração e fiscal etc. O grau de participação em supervisão e gerenciamento por pequenos e médios investidores é cada vez maior, aumentando a abertura e transparência da administração e promovendo a melhora do nível de gestão. Além disso, o avanço gradual do regime de diretor independente dentro do conselho de administração e as restrições coercitivas à divulgação de informação, bem como o aperfeiçoamento da supervisão e fiscalização, consolidam o monitoramento externo do mercado de ações, favorecendo a elevação de capacidade operacional e gestão das empresas. Como parte microeconômica importante do desenvolvimento macroeconômico, o aprimoramento da gestão e inovação já assentou uma sólida base para o crescimento sadio da economia chinesa.

Embora viva uma fase de crescimento e expansão, o mercado de ações da China ainda tem muitos problemas urgentes a resolver, e a questão dos fatores institucionais, em particular, não sofreu mudanças essenciais. Nas empresas listadas no país, o Estado, em geral, é o maior acionista, detendo o controle absoluto. Tal situação gera monopólio do poder, decisões arbitrárias, ocupação de capital das empresas, transferência de ativos e lucros por meio de transações relacionadas e fornecimento de aval a empresas. As estatísticas mostram que as empresas estatais são majoritárias em 65% das companhias listadas, e as pessoas jurídicas, 31%. A soma de ambas atinge 96%. O fato de o Estado ser o maior acionista e controlador provoca manipulação e "roubo" nas empresas, que são transformadas em seu "caixa". Em transações relacionadas, grandes acionistas detêm recursos de empresas listadas na Bolsa — o que também pode ser definido como "roubo". Esse fenômeno é muito comum no mercado de capitais chinês. O caráter de patrimônio estatal e a relação entre agentes de múltiplos níveis dificultam a simples supervisão interna de gestores, o que se reflete na baixa eficiência da estrutura gerencial da empresa.

4.2 Impacto macroeconômico

O desenvolvimento financeiro é avaliado principalmente por indicadores de evolução dos intermediários financeiros e do mercado de ações. O avanço da intermediação é medido, separadamente, pelo volume total de créditos concedidos a bancos e a setores não estatais, em relação ao PIB. Os primeiros indicadores são oriundos dos livros anuais de estatísticas financeiras, enquanto os demais procedem de trabalho elaborado por Fan Gang e Wang Xiaolu.[16] O indicador de avanço do mercado de capitais consiste na relação entre volume de empresas listadas e PIB. Devido ao curto período de tempo de observação de amostra, para que sejam obtidos resultados mais precisos, este artigo divide os índices por região e produtividade total de cada província. Os dados demonstram que, entre 1999 e 2010, o crescimento acumulado da PTF foi de 1,022, e nota-se uma clara diferença entre as províncias (figura 7). Aprofundando a análise, podemos concluir que o crescimento da produtividade total dos fatores deveu-se ao progresso tecnológico (TRCH), mas não por melhorias de eficiência tecnológica (EFFCH): a taxa média anual de crescimento do progresso tecnológico foi de 3,6%, enquanto a de crescimento anual de melhorias de eficiência tecnológica foi de -1,6%.

Figura 7

Valor médio de indicador PTF das províncias durante a amostra e sua análise

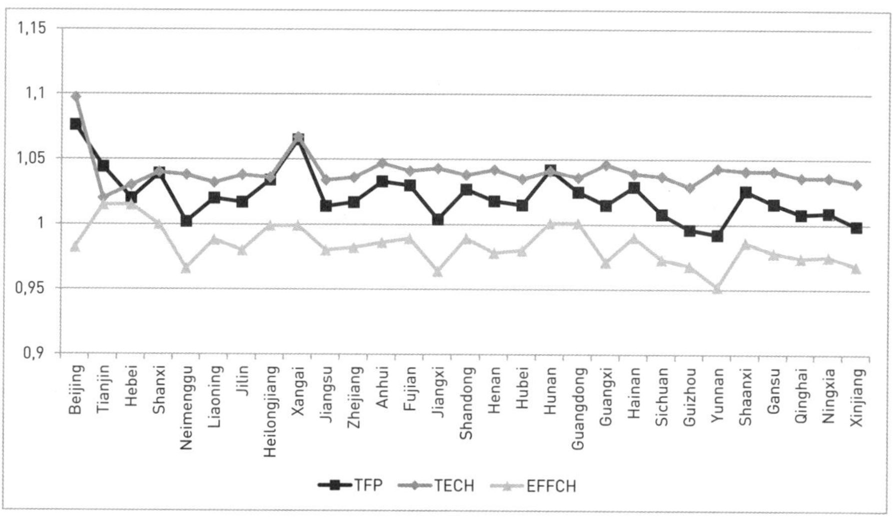

Fonte: Autor.

16. Fan Gang, Wang Xiaolu, Zhu Hengpeng, *China's marketization index: report on comparative progress of regional marketization 2011*, Beijing: Economic Sciences Press, 2012.

Para analisar o impacto de desenvolvimento financeiro sobre a PTF, é utilizado o modelo de autorregressão vetorial de painel (PVAR)[17] apresentado por Holtz-Eakin. Antes de efetuar a autorregressão, é preciso examinar a unidade e todo painel. Porém, devido ao espaço limitado, essa parte foi omitida. Neste artigo, usamos o $T^{1/3}$ como coeficiente de desfasamento de desvio máximo. Foram feitas 500 simulações, usando o método Monte-Carlo. Na figura 8, o eixo das abscissas representa o intervalo de tempo após o impacto (ano), e a linha sólida na figura representa a extensão da reação e a curva. O resultado da função de resposta é apresentado nas figuras abaixo. A primeira mostra o impacto da alteração do tamanho de crédito (fd1) sobre a PTF. O impacto de uma unidade de taxa de crescimento de crédito bancário gerou efeito negativo, e esse valor negativo vem crescendo, chegando a taxa 0 depois da fase 3. Em seguida, analisa-se o impacto causado pelo desenvolvimento financeiro (fd2) sobre a PTF, de uma perspectiva da alocação de recursos. O impacto de uma unidade de desenvolvimento financeiro vai produzir efeito positivo sobre a PTF, mesmo que o valor máximo tenha começado a diminuir. O valor de resposta é sempre maior do que 0, e estabiliza-se gradualmente. Por fim, considerando-se o grau de evolução do mercado de bolsa (fd3), o desenvolvimento financeiro pode ter efeito negativo sobre mudança da PTF em um período curto, mas, no longo prazo, pode promover a melhora da produtividade.

5. Conclusão

Este artigo contempla o financiamento de empresas como *background* de transformações de mercado financeiro e principal linha de estudos, utilizando o desenvolvimento do sistema financeiro como instrumento de compreensão do microcomportamento do crédito a empresas chinesas. Da mesma forma, esta análise ajuda-nos a entender melhor o papel desempenhado pelo mercado financeiro no processo de desenvolvimento da economia chinesa. A primeira parte traz um resumo histórico do desenvolvimento dos bancos comerciais e do mercado de ações, apresentando, com base nesse cenário, a estrutura de financiamento, na qual o crédito bancário é a fonte principal, e o financiamento

17. Holtz-Eakin, Whitney, N. e Harvey, S. R, Estimating vector auto regressions with panel data, in *Econometrica*, n. 56, p. 1.371-95, 1988.

Figura 8

O nível de desenvolvimento financeiro e o impulso sobre a PTF — equação de resposta

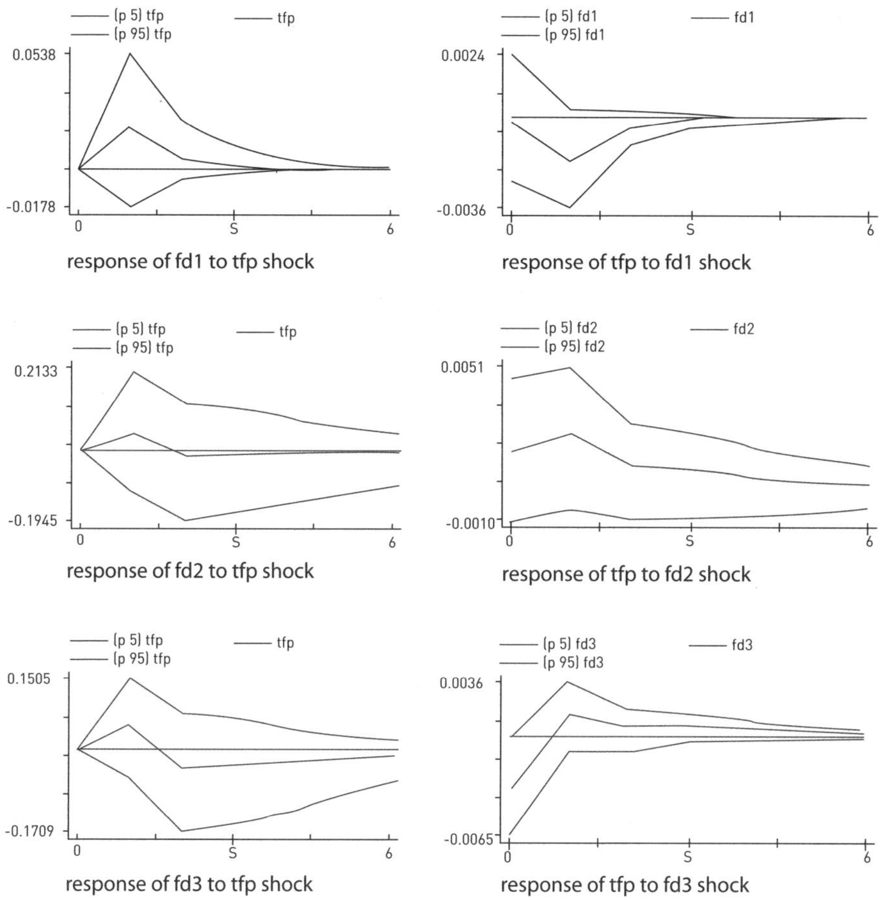

direto, a complementar. Sobre essa base, fazem-se ainda testes distintos sobre financiamento bancário e de ações.

No aspecto do crédito bancário, adotamos microdados econômicos de empresas chinesas para comprovar a mudança de discriminação de propriedade para a descriminação de tamanho, verificando-se as restrições de financiamento e o impacto negativo sobre a PTF dessas companhias. No aspecto de financiamento via ações, são analisadas as características preferenciais da China e os fatores institucionais do financiamento das empresas listadas em Bolsa. Por fim, o artigo comprova, de forma empírica, o impacto causado pela evolução do mercado financeiro sobre a PTF da China — a ampliação de escala de bancos impede a modificação da PTF e o aumento da eficiência de intermediários financeiros promove mudanças. As alterações da escala de mercado de ações podem impedir a modificação da PTF a curto prazo, mas vão promovê-la no longo prazo.

Vale a pena ressaltar que, embora o financiamento de dívida de empresas represente, no momento, uma pequena proporção do volume total de financiamento, a importância atribuída a esse fator nos últimos dois anos levou a um crescimento significativo da parcela dos títulos empresariais. Esse rápido desenvolvimento dos títulos corporativos deve-se, por um lado, ao grande entusiasmo empresarial em emitir dívida, somado ao fato de o Banco Central chinês ter elevado, consecutivamente, as taxas de juros e a porcentagem de depósito compulsório, apertando gradualmente a liquidez do mercado, o que resultou na elevação do custo de financiamento indireto das empresas. Por outro lado, o avanço dos títulos de dívida corporativa resulta de uma política governamental: o Documento nº 7 da Comissão Nacional de Desenvolvimento e Reforma (CNDR), de 2008, simplificou a aprovação da emissão desses títulos, de forma a ampliar os canais de captação de recursos. Além disso, o mecanismo de restrição e mercado foi aperfeiçoado, liberando as empresas para emitir bônus sem exigência de aval (*unsecured credit bonds*), bônus com ativos penhorados (*asset mortgage bonds*) e títulos com garantia de terceiros. Em 2010, a CNDR propôs, ainda, que se desse prioridade à emissão de títulos de dívida industrial. Essa série de políticas favoráveis propiciou uma rápida expansão da capacidade de absorção do mercado e do volume de bônus corporativos.

Referências

BING, Wang; NING, Zhu. Total factor productivity growth of China's banking industry under constraints of non-performing loans. *Journal of Economic Studies*, n. 5, 2011.

CHINA BANKING REGULATORY COMMITTEE. Disponível em: <http://cbrc.gov.cn/index.html>.

GANG, Fan; XIAOLU, Wang; HENGPENG, Zhu. *China's marketization index: report on comparative progress of regional marketization 2011*. Beijing: Economic Sciences Press, 2012.

GUARIGLIA, A.; MATEUT, S.; CREDIT CHANNEL. Trade credit channel and inventory investment: evidence from a panel of UK firms. *Journal of Banking and Finance*, n. 30, p. 2.835-56, 2006.

HOLTZ-EAKIN; WHITNEY, N.; HARVEY, S.R. Estimating vector auto regressions with panel data. *Econometrica*, n. 56, p. 1.371-95, 1988.

HONGXIAO, Jiang; QI, Wu; KAN, Xiong. *Parsing new terms of securities market*. Wuhan: Wuhan University Press, 2007.

HUANG, Y.S. *Selling China: foreign direct investment during the reform era*, Cambridge University Press, 2003.

JIE, Zhang. Bank discrimination, commercial credit and enterprise development: micro empirical evidence from Chinese enterprises. Artigo para The Youth Forum on 40 Years of China's Finance Industry, 2011.

______; XIAO, Wang. SMEs financial cycle and changes in their financial structure. *World Economy*, n. 9, 2002.

KAPLAN, S.N.; ZINGALES, L. Do investment-cash flow sensitivities provide useful measures of financing constraints? *The Quarterly Journal of Economics*, v. 112, n. 1, p. 169-215, 1997.

OLLEY, G.S.; PAKES, A. The dynamics of commodity trade. *American Economic Review*, v. 64, n. 6, p. 1.263-96, 1996.

PEOPLE'S BANK OF CHINA. Disponível em: <http://pbc.gov.cn/>.

RAJAN, Raghuram G.; ZINGALES, Luigi. Financial dependence and growth. NBER Working Paper n. 5758.

RAMBALDI, A.N.; RAO, D.S.P.; DOLAN, D. Measuring productivity growth performance using metafrontiers: with applications to regional productivity growth analysis in a global dontext. In: O'DORNELL, C.J. *Australian Meeting of the Econometrics Society ESAM07*, Brisbane, 2007, p. 1-33.

RANKING PERSPECTIVE OF TOP 1000 BANKS WORLDWIDE 2011. *Bankers*, n. 10, Oct. 2011.

SHYAM SUNDER, Lakshimi; MYERS, Stewart. Testing static tradeoff against pecking order models of capital structure. *Journal of Financial Economies*, n. 51, p. 219-44, 1999.

WEIBIN, Huang. *Stock market and enterprises financing behavior*. Tese de Doutorado da Xiamen University, 2008.

XIAOHUI, Cai. Measurement of financial constraint and its test. Artigo para National Doctoral Academic Forum and Young Scholars Forum on Macroeconomics, 2011.

YUEZHOU, Cai; MEIJUN, Guo. Empirical analysis of the Total Factor Productivity of Chinese listed commercial banks. *Journal of Economic Studies*, n. 9, 2009.

Capítulo 10

O crescimento da economia verde na China*

Yang Wanping**

Resumo

Atualmente, a China busca transformar seu modelo de crescimento econômico com o objetivo de promover internamente o desenvolvimento tecnológico, inserida em um contexto de turbulência da economia global. Este capítulo estuda as restrições impostas pela economia verde, tendo em vista que o crescimento econômico chinês, até este momento, foi caracterizado por elevado consumo de energia e forte emissão de gases. Questões de sustentabilidade, consumo de energia e emissão de poluentes são fatores que restringem o crescimento econômico. Ao realizar uma decomposição verde do crescimento econômico chinês, observa-se que a acumulação de fatores tem sido o principal motor do crescimento econômico chinês, enquanto a contribuição da Produtividade Total dos Fatores (PTF) não só é menor como mostra uma tendência decrescente. Isso indica que a sustentabilidade do crescimento econômico da China está deteriorando-se gradualmente. Porém, dadas as restrições energéticas e ambientais, o país deveria evitar seguir o caminho de uma economia extensiva. Transformar o modelo de crescimento econômico é, portanto, crucial para a promoção de um desenvolvimento mais sustentável na China.

* Tradução: He Luyang.

** Professor associado da Escola de Economia e Finanças da Universidade Jiaotong de Xi An.

1. Introdução

Depois de mais de 30 anos com uma taxa média anual de crescimento de 10%, o PIB da economia chinesa atingiu, em 2010, RMB ¥ 29,8 trilhões, tornando-a a segunda maior economia do mundo, respondendo por 8,5% da economia global. No entanto, o atual modelo de desenvolvimento e esse ritmo de crescimento serão difíceis de manter, pois se baseiam em muitos recursos baratos e degradam o meio ambiente. Considerando, então, o estágio de desenvolvimento já alcançado pelo país e as mudanças dos últimos anos na conjuntura externa, a China agora busca transformar seu modelo de desenvolvimento, de modo a alcançar um crescimento mais sustentável, onde se poupe recursos e se promova um ambiente mais aprazível. No entanto, a realidade é preocupante.

Primeiro, a contradição entre a limitação de recursos energéticos e as demandas associadas ao desenvolvimento econômico tem sido cada vez mais acirrada. A China possui a terceira maior reserva do mundo de carvão mineral e é a maior consumidora deste produto. As reservas de carvão bruto representam 52,6% do volume total de energia do país. Atualmente, o carvão responde por aproximadamente 67% do consumo interno de energias primárias, nível bem mais alto do que o nível médio internacional de 24,4%. As reservas de petróleo, por sua vez, de aproximadamente 24 bilhões de barris na China, representam apenas 2,3% total mundial, e no caso de gás natural, a proporção cai para 1,2%. Em 2009, o PIB chinês representou 8% do mundial, ao passo que o país consumiu 18% da energia, 44% do aço e 53% do cimento produzidos. Em 2010, o consumo de energia da China foi equivalente a 3,25 bilhões de toneladas de carvão padrão (TCE), tornando-a a maior consumidora mundial de energia.

Prevê-se que, até 2020, a demanda de energia da China ficará entre 2,89 a 3,88 bilhões de TCE, o que implica uma escassez de carvão bruto de 321 a 1.174 milhões de toneladas, sendo ainda maior no caso de petróleo e gás natural. Assim, a limitação de energia restringirá o crescimento econômico. Concomitantemente, o crescente grau de dependência de fontes estrangeiras de energia traz desafios severos para a segurança econômica. Com a produção de 189 milhões de toneladas de petróleo na China e a importação líquida de 199 milhões de toneladas em 2009, o grau de dependência do petróleo exterior atingiu 51,3%, sendo 50% maior que a linha de alerta internacional. Como o país ainda está em desenvolvimento, a demanda por energia continuará a subir. Segundo previsões, daqui a 10 anos o grau de dependência do petróleo estrangeiro deverá atingir 64,5%. Sem o poder de afetar o preço internacional, isso representa um desafio cada vez maior para a segurança energética da China, sendo uma importante influência para o futuro do desenvolvimento sustentável de sua economia.[1]

Outro aspecto que chama a atenção são as pesadas emissões de poluentes, que representam um custo alto do crescimento econômico para o meio ambiente. Com 30 anos de reforma e abertura, a China alcançou um êxito econômico equivalente ao de mais de 100 anos de alguns países ocidentais; porém, também pagou um alto preço ambiental para tal. Em 2007, as emissões de dióxido de carbono do país chegaram a 6,7 bilhões de toneladas, o dobro da quantidade de 2000, contribuindo com 64% do aumento das emissões mundiais e atingindo 24,3% do total mundial das emissões.[2]

Em 2010, registrou-se, no setor industrial, 23,7 bilhões de toneladas de águas contaminadas, 51,9 trilhões de metros cúbicos de gases tóxicos e 2,4 bilhões de toneladas de resíduos sólidos. A poluição ambiental causa enormes prejuízos econômicos. Em 2010, investiu-se na China RMB ¥ 665,24 bilhões — 1,55% do PIB — no controle da poluição ambiental. Ainda assim, o Banco Mundial apontou que a poluição atmosférica na China provoca uma perda de US$ 50 bilhões por ano, correspondendo a 8% do Produto Nacional Bruto (PNB). Consequentemente, a poluição ambiental é uma forte ameaça ao crescimento econômico sustentável do país, sendo um desafio também para o crescimento econômico sustentado.

O caminho para eliminar essas pressões sobre o meio ambiente e os recursos, bem como as contradições socioeconômicas enfrentadas pelo desenvolvimento sustentável, consiste em acelerar a transformação do modelo de desenvolvimento econômico. Nos últimos 20 anos, essa transformação não apresentou melhorias evidentes. Para a construção de uma sociedade com uma economia amigável aos recursos e ao meio ambiente, a China ainda tem um longo caminho a percorrer. Nesse percurso, dois desafios se destacam:

1. Dados do Instituto Nacional de Estatísticas da China. Disponível em: <http://stats.gov.cn/tjsj/>.
2. Lin Boqiang, Yao Xin, Liu Xiying, Strategical restructure of China's energy, in *China Social Sciences*, n. 1, 2010.

1. a existência de grandes diferenças regionais no país. Não só em termos do nível de desenvolvimento econômico e da capacidade de gestão social, como também devido a dotações de recursos e condições ambientais muito distintas;

2. a falta de políticas ou orientações pertinentes do governo central levando em conta as características de cada região.

Focando na questão de como acelerar a transformação do modelo de desenvolvimento econômico sob restrições duplas de consumo energético e poluição ambiental, este artigo tem por objetivo estudar as unidades econômicas em nível provincial e regional. Por meio de uma decomposição de crescimento da economia verde na China, avalia-se a sustentabilidade do crescimento econômico do país e a sua força motriz, de modo a fornecer bases científicas e recomendações políticas para uma estratégia de desenvolvimento sustentável condizente com a realidade chinesa.

2. A evolução da política de proteção ambiental na China

Desde a reforma e abertura da China, ao fim dos anos 1970, com o desenvolvimento econômico rápido e sustentado que se seguiu e a aceleração dos processos de industrialização, modernização e urbanização, surgiram também os problemas ambientais, tais como a poluição do ar e da água e o aumento dos resíduos sólidos. Essas questões são uma ameaça não só à segurança da economia, mas da sociedade como um todo, tornando cada vez mais relevantes as contradições entre o meio ambiente e o desenvolvimento. A relativa escassez de recursos e a vulnerabilidade ambiental e ecológica são fatores preponderantes para o desenvolvimento da China. Após mais de 30 anos de esforços, a construção de um sistema de proteção ambiental alcançou consideráveis progressos, tendo fixado as bases para uma melhoria da qualidade ambiental no futuro. No entanto, o tamanho da população chinesa e a carência de recursos *per capita*, além de outras condições específicas, fazem com que a questão ambiental na China ainda enfrente sérios desafios. Esta seção resume as características e deficiências da política de proteção ambiental desenvolvida nas diferentes fases dos 30 anos de reforma e abertura da China, bem como as experiências e lições aprendidas nesse período, com o objetivo de servir de referência para futuros trabalhos no âmbito da questão ambiental.

2.1 O desenvolvimento da política de proteção ambiental da China e suas principais características

A Constituição chinesa define explicitamente que "o Estado é responsável pela proteção e melhoria da ecologia e das condições ambientais, devendo prevenir e controlar a poluição e outras ameaças ao meio ambiente". À medida que a reforma e abertura da economia chinesa foram se aprofundando, as medidas de proteção ambiental foram sendo pautadas, em parte, pelas condições locais, pela orientação governamental nos diversos escalões (central e regionais), e também por recomendações internacionais que pudessem ser adaptadas à China.

2.1.1 O período de desenvolvimento da proteção ambiental da China: 1979-91

Desde a reforma e abertura da economia chinesa, com a mudança nas estratégias nacionais de desenvolvimento, a construção de sistemas de controle e regulação ambiental contou com vários elementos:

1. A instauração de leis e regulamentos relativos à proteção ambiental: Até 1991, o país já tinha formulado e promulgado 12 leis sobre recursos naturais e meio ambiente; mais de 20 regulamentos administrativos; mais de 20 portarias setoriais, 127 legislações locais, 733 regulamentos locais, bem como um grande número de documentos normativos, formando um regime regulatório na área de proteção ambiental, que estabeleceu uma base legal para o fortalecimento da gestão ambiental.[3]

2. A definição da proteção ambiental como uma política básica nacional. Esta decisão foi anunciada na II Conferência Nacional de Proteção Ambiental, e teve um profundo impacto para o desenvolvimento da questão ambiental no país.

3. Zhang Kunmin, *Policies and actions on China's sustainable development*. Beijing: China Environmental Sciences Press, 2005.

3. A formação de três políticas e oito regimes[4] com diretrizes para atingir o objetivo de proteção ambiental, elaborados durante a III Conferência Nacional de Proteção Ambiental realizada no final de abril de 1989. Nesse contexto, também foram propostos os objetivos de "planejamento e implementação do desenvolvimento econômico, urbano e rural, levando em conta as questões ambientais", mas tendo como base um modelo de proteção ambiental que considerasse as particularidades da China.

4. A inclusão da proteção ambiental no Plano Nacional de Desenvolvimento Socioeconômico. Em 1982, o Plano Econômico Nacional foi renomeado como Plano Nacional de Desenvolvimento Econômico e Social, sendo criado um capítulo independente para a proteção ambiental no VI Plano Quinquenal. Desde 1983, a proteção ambiental foi incluída no Informe de Trabalho do Governo, garantindo a implementação de projetos ambientais e a realização de seus objetivos.

5. A transformação do órgão competente de proteção ambiental em uma instituição diretamente subordinada ao Conselho de Estado. Fundada em 1984, a Comissão de Proteção Ambiental do Conselho de Estado se encarrega de "estudar e decidir as orientações e políticas de proteção ambiental, propor exigências de planejamento, bem como dirigir, organizar e coordenar o trabalho de proteção ambiental da China".[5] Desde o fim de 1984, a Agência de Proteção Ambiental, subordinada ao Ministério da Construção Urbana e Rural e Proteção Ambiental (MCURPA), tornou-se a Agência Nacional de Proteção Ambiental (Anpa). Durante a reforma institucional do Conselho de Estado em 1988, a Anpa separou-se do MCURPA, ficando diretamente subordinada ao Conselho de Estado de modo a fortalecer o planejamento nacional de proteção ambiental, bem como sua gestão e supervisão.

6. A divulgação geral de educação ambiental. Em 1980, o grupo dirigente de Proteção Ambiental do Conselho de Estado e os departamentos relevantes estudaram e elaboraram o Plano de Desenvolvimento de Educação Ambiental, incluído em programas nacionais de educação. Em 1981, o Gabi-

4. As três políticas incluem: "Prioridade na prevenção, combinando prevenção e controle"; "Quem poluir, paga"; e "Reforçar a gestão ambiental". Os oito regimes incluem: as três políticas simultâneas, tarifas de emissão de poluentes, um sistema de avaliação de impacto ambiental, um sistema de responsabilidade de metas ambientais, um sistema de avaliação para a melhora sistemática do ambiente urbano, um sistema de licenciamento de emissão, um sistema de controle da poluição centralizado e um prazo para a observação de melhorias ambientais.

5. Qu Geping, *Collected works of Qu Geping*. Beijing: China Environmental Sciences Press, 2007.

nete de Proteção Ambiental do Conselho de Estado sugeriu adicionar a proteção ambiental na formação de funcionários, criando a Escola de Funcionários de Gestão Ambiental em Qinhuangdao. Em 1990, o Conselho de Estado exigiu que as áreas de publicidade e educação incluíssem em seus programas de divulgação e ensino a questão da proteção ambiental. Em 1991, a Comissão Nacional de Educação discutiu a inclusão da cadeira de Ciências Ambientais como uma disciplina do ensino superior.

Todos esses esforços mostram o rápido desenvolvimento da educação ambiental na China com o objetivo de regularizar, padronizar e institucionalizar a preocupação com esse aspecto. Nesse período (1979-91), porém, a poluição ambiental já começou a se revelar, por exemplo, pela deterioração da qualidade da água fluvial urbana. Somadas, as perdas ambientais corresponderam a cerca de 10% a 17% do PIB.[6]

2.1.2 A fase do desenvolvimento acelerado de proteção ambiental: 1992-2002

Após o discurso proferido por Deng Xiaoping durante a viagem de inspeção ao sul do país em 1992, a questão da proteção ambiental entrou em uma fase de desenvolvimento acelerado. A seguir, estão listados alguns dos avanços do período:

1. O tema de proteção ambiental foi incluído no Seminário Nacional de Trabalho sobre População. Ciente das contradições que já se acumulavam entre os recursos naturais e a população, o secretário-geral[***] Jiang Zemin sugeriu, em 1991, a criação do referido seminário durante o período da Assembleia Popular Nacional e da Conferência Consultiva Política. Em 1997, então, o tema da questão ambiental foi incorporado às discussões. Durante o seminário de 1999, Jiang Zemin enfatizou que o crescimento econômico, os recursos naturais e o meio ambiente deveriam ser mais bem avaliados e vistos como uma questão estratégica para o desenvolvimento chinês. Em 2010, vol-

---

6. Li Yining et al. *China's enviroment and sustainable development — summary of CCICED enviromental economics workgroup's research*. Beijing: Economic Sciences Press, 2004.

[***] Jiang Zemin foi secretário-geral do Partido Comunista da China de 1989-02, e presidente do país entre 1993 e 2003. (*T. da R.*)

tou a afirmar a necessidade de se ter um plano integrado para harmonizar o crescimento, os recursos naturais e o meio ambiente.

2. Acelerou-se o processo de legislação ambiental. Após 1992, a China formulou e promulgou a Lei de Promoção de Produção Limpa, além de outras quatro novas leis, e revisou a Lei de Prevenção e Controle de Poluição Atmosférica, além de duas outras leis. O Conselho de Estado formulou ou revisou mais de 20 regulamentos ambientais, incluindo o Regulamento sobre Reservas Naturais, e mais de 200 normas ambientais.

3. Houve uma transformação gradual das estratégias de proteção ambiental. Desde 1992, foram propostas *Dez medidas sobre meio ambiente e desenvolvimento*, *Agenda do século XXI* e outros documentos. Foi aprovada na quarta sessão da Oitava Assembleia Popular Nacional o IX Plano Quinquenal do Desenvolvimento Econômico e Social e o Programa das Metas de Longo Prazo para 2010, integrando a proteção ambiental no desenvolvimento nacional econômico e social.

4. Surgiram propostas de um controle com limites quantitativos e de um projeto verde transsecular. A IV Conferência Nacional de Proteção Ambiental de 1996 e o Conselho de Estado propuseram estabelecer a meta de "um controle e dois objetivos",[7] implementar os "332 projetos"[8] e fechar "15 tipos de pequenas empresas",[9] além de estabelecer "quatro obrigações" para alcançar os objetivos de proteção ambiental.[10]

5. Estabeleceu-se o uso de instrumentos econômicos para proteger o meio ambiente. Nas políticas industrial, fiscal, de investimentos, preços, importação e exportação, entre outras, os maiores incentivos financeiros passaram a ser direcionados às empresas que poupassem e utilizassem de forma correta os recursos naturais.[11]

---

7. "Um controle e dois objetivos" significa que o controle de emissão dos principais poluentes deveria seguir o padrão das regulações nacionais. Para as municipalidades, capitais provinciais, zonas econômicas especiais, cidades litorâneas abertas e principais cidades turísticas, a qualidade do ar e da água deveria cumprir os padrões nacionais correspondentes a sua região.

8. "332 Projetos" refere-se ao projeto de gestão ambiental de três lagos (Taihu, Chaohu, Dianchi), três rios (Huaihe, Haihe, Liaohe) e duas regiões (regiões de controle de poluição de chuva ácida e dióxido de enxofre).

9. "15 tipos de pequenas empresas" abrangem pequenas empresas caracterizadas pelo elevado consumo de recursos naturais, muito poluentes e que fracassaram em cumprir as políticas industriais. Elas incluem pequenas empresas de carvão, carvão coque, fábricas de papel etc.

10. As "quatro obrigações": deve-se administrar com rigor, promover ativamente a transformação do modelo de crescimento econômico, aumentar progressivamente a proteção ambiental e deve-se consolidar a legislação ambiental.

11. Isso significa que passou a estabelecer-se políticas industriais que estimulassem a economia

6. Desenvolveu-se um sistema-piloto de licenças de emissão de poluentes. Em 1992, com exceção do Tibete, Qinghai, Taiwan e outras poucas províncias ou regiões autônomas, aplicou-se no resto do país um sistema de licenças que autorizava a emissão controlada de resíduos na água. Também foram escolhidas seis cidades-piloto — Taiwan, Liuzhou, Guiyang, Pingdingshan, Kaiyuan e Baotou — para aplicar políticas de venda de emissões de poluentes atmosféricas. Em 1993, foram selecionadas empresas-piloto para realizarem investimentos ambientais em 21 províncias, municípios e regiões autônomas no país.

7. Promoção da produção limpa e desenvolvimento ativo da indústria de proteção ambiental. Em 1997, as autoridades nacionais exigiram que as empresas utilizassem a produção limpa como forma de controle da quantidade de emissão de poluentes. A decisão do Conselho de Estado sobre Questões de Proteção Ambiental e as leis e regulamentos pertinentes recém-formulados ou revisados apontaram para a necessidade de aumentar os esforços para o desenvolvimento de práticas de melhoria ambiental com políticas preferenciais de benefícios fiscais às indústrias que não agredissem o meio ambiente.

8. Formulação de políticas tecnológicas para melhorar a eficiência da utilização de recursos e reduzir as emissões de resíduos. De acordo com a Política Nacional de Tecnologia Industrial de 2002, deve-se dar ênfase ao desenvolvimento de tecnologias de ponta, além de transformar e modernizar as indústrias tradicionais com tecnologias mais modernas. Essa política fixou regras para o desenvolvimento de novas tecnologias nas áreas energética, de matérias-primas, construção, proteção ambiental, entre outros. Entre 1996 e 2005, as autoridades competentes do Estado apresentaram uma série de políticas de tecnologias relacionadas ao meio ambiente e recursos naturais, como o Programa de Tecnologia de Economia de Energia.

9. Reforma do sistema de avaliação de impacto ambiental e abandono do sistema de responsabilidade de metas ambientais empresariais. A Anpa implementou a reforma do sistema de avaliação de impacto ambiental para projetos de construção, introduziu a gestão classificada para a exploração e construção de projetos e o mecanismo de concorrência e de licitação em caráter experimental e promoveu a avaliação de impacto ambiental regional. A partir de

de recursos e a proteção ambiental, oferecendo tarifas preferenciais para empresas que utilizassem os recursos de forma comedida; ajustando o comportamento empresarial por meio de políticas de preços; incluindo a poluição ambiental nos impostos de consumo; criando um fundo especial para a proteção ambiental e um sistema de taxação pela emissão de poluentes.

1992, o Conselho de Estado decidiu não mais aplicar o sistema de avaliação empresarial, cancelando a respectiva avaliação ambiental.

10. Implementação do sistema de rotulagem ambiental. Em 1994, a Conferência Nacional de Trabalho de Proteção Ambiental propôs a criação e implementação do sistema de rotulagem ambiental. Em maio de 1994, fundou-se a Comissão de Certificação para Rotulagem Ambiental da China. Em janeiro de 1996, foi estabelecido um órgão auxiliar da Anpa — o Centro de Auditoria do Sistema de Gestão Ambiental — para implementar os padrões de gestão ambiental ISO 14000.

11. Foi fundada, em 1992, a Comissão para a Cooperação Internacional sobre Meio Ambiente e Desenvolvimento (CCIMAD). Em 1998, a Anpa foi promovida a Administração Geral Estatal de Proteção Ambiental (Agepa), em nível ministerial.

12. Reforçou-se a educação de proteção ambiental. Em 1992, a Anpa e a Comissão Estadual de Educação realizaram sua primeira Conferência Nacional de Educação Ambiental durante a qual se afirmou que "a proteção ambiental tem a educação como fundamento". Após anos de pesquisa, a educação ambiental passou a fazer parte da educação básica, educação profissional, educação de adultos e educação social, formando basicamente o sistema de educação ambiental com características chinesas. Graças a essa medida, a qualidade ambiental do país melhorou de forma parcial, mas a situação geral continuou em processo de degradação.

2.1.3 O aprofundamento das medidas de proteção ambiental: de 2003 até o presente

Desde o início do século XXI, houve um aprofundamento da proteção ambiental, como sugerem as seguintes medidas tomadas ao longo dos últimos anos:

1. Reforço na aplicação de leis. Em 2006, a Agepa e o Ministério da Supervisão publicaram o Regulamento Provisório para Punição à Violação de Leis e os Regulamentos de Proteção Ambiental, aumentando a responsabilidade ambiental das empresas e dos órgãos administrativos em todos os níveis, como forma de inibir os infratores. Entre 2003 e 2006, a Agepa e outros seis órgãos executaram ações especiais de grande escala por todo o país para

notificar empresas com emissões ilegais. Em 18 de janeiro de 2005, a Agepa mandou paralisar 30 projetos de construção ilegais, desencadeando a primeira rodada de "tempestade de proteção ambiental". Entre 2005 e 2006, investigou e puniu 22 projetos de construção. Em janeiro de 2007, publicou uma circular acusando de infrações 82 projetos de construção e colocou em prática a medida de "limite de aprovação regional".

2. Introdução de políticas industriais para promover a conservação de recursos e proteger o meio ambiente. Em 2006, a Comissão Nacional de Desenvolvimento e Reforma (CNDR) introduziu várias restrições para indústrias de alto consumo energético e elevada poluição. Nos setores de aço e cimento, por exemplo, houve controle de crédito e investimentos, e promoção de sua reestruturação industrial e modernização. Em 2004, o Ministério das Finanças e a Administração Estadual de Tributação emitiram uma notificação que cancelava o abatimento da taxa de exportação para coque e carvão coque. Em 2005, sete órgãos, incluindo a CNDR, publicaram em conjunto um artigo no qual se destacava o controle da exportação de alguns produtos de alto consumo de energia e de elevada poluição, bem como da exportação de recursos naturais.

Nesse ano, o Estado toma a conservação de recursos, a economia renovável e a proteção ambiental como um dos focos de investimento através de letras do Tesouro Nacional. Nesse contexto, passa a apoiar a economia de energias e água, a utilização compreensiva de recursos e os projetos-piloto de economia renovável. Em 2007, o país colocou RMB ¥ 23 bilhões para a conservação de energia e redução de emissões. Além disso, nos últimos anos, investiu-se, nas zonas rurais, em projetos de renovação para poupar água, e foram desenvolvidos uma série de projetos relacionados a tecnologias para poupança e uso progressivo de energia, fontes alternativas de energia, materiais recicláveis e tecnologia de reciclagem, tecnologias para reaproveitamento de recursos, "emissão zero" etc.

3. Promoção do desenvolvimento de economia renovável e parques ecoindustriais. Em 2003, a Agepa exigiu que fossem estabelecidas empresas de reciclagem, promovendo a utilização circular de materiais, o uso progressivo de energia, e a transformação de materiais usados ou abandonados em recursos, de modo a criar uma cadeia ecoindustrial de reciclagem de resíduos e subprodutos. Além disso, regulamentou o uso e gestão do fundo especial de subsídios fornecidos pelo governo central aos locais para apoiar a produção

limpa, concedendo subsídios de produção limpa a pequenas e médias empresas em setores-chave, como petroquímica, metalurgia, indústria química, materiais de construção, entre outros. No fim de junho de 2007, 23.197 empresas em todo o país passaram a ter a certificação de ISO 14001 para estimular as empresas a darem maior atenção à proteção ambiental durante todo o processo produtivo.

4. Implementação de avaliações de impacto ambiental para orientar o planejamento. Em 13 de abril de 2005, foi realizada pela Agepa a primeira audiência em relação ao projeto de reparação ambiental do Parque Yuanmingyuan após a aplicação da Lei de Avaliação de Impacto Ambiental. Em março de 2006, a Agepa emitiu o primeiro documento normativo sobre a participação da população nas questões de proteção ambiental: as Regras Provisórias sobre a Participação Pública em Avaliações de Impacto Ambiental. Em 2006, por meio da averiguação rigorosa da Agepa, 163 projetos que sofreram avaliação de impacto ambiental não tiveram aprovação ou tiveram a aprovação adiada.

5. Criação de agências regionais de monitoramento ambiental. Em 2006, a Agepa criou 11 agências locais de supervisão e execução de leis, implementando o sistema de monitoramento ambiental de "supervisão estadual, monitoramento e gestão local e responsabilização por unidade". Foram inaugurados pontos-piloto de monitoramento ecoambiental em 107 sub-regiões em todo o país. Formou-se preliminarmente uma rede nacional de reservas naturais e um controle da gestão de energia nuclear e radiação, com relativo sucesso até o momento. Na reforma institucional do governo central de 2008, a Agepa tornou-se o Ministério de Proteção Ambiental (MPA), fazendo diretamente parte do Conselho de Estado.

6. Em junho de 2004, a ainda Agepa e o Instituto Nacional de Estatísticas da China iniciaram uma pesquisa sobre PIB verde, com levantamento em 10 províncias e municípios sobre economia verde e poluição ambiental. Foram feitas alterações no cálculo do PIB e incorporou-se a proteção ambiental na avaliação de desempenho governamental.

7. Em dezembro de 2007, a China aprovou duas áreas-piloto para realizar uma reforma com o objetivo de poupar recursos naturais e ter um meio ambiente mais saudável: o círculo metropolitano de Wuhan e o aglomerado urbano de Changsha-Zhuzhou-Xiangtan. Utilizando a experiência de outras regiões, foram aplicados mecanismos que possibilitassem maior conservação

de energia, redução de gases poluentes e melhoria do meio ambiente. Nos três anos seguintes, foram obtidos progressos substanciais em termos de aprimoramento e modernização da estrutura industrial, desenvolvimento de uma economia renovável e tratamento das questões ambientais. Desde 2010, a China selecionou 121 empresas de nove setores — siderurgia, metal não ferroso, química e petroquímica e materiais de construção — para experiências-piloto da mesma natureza. Com o estabelecimento de um sistema de critérios e índices de avaliação das empresas, cresceu o nível de conservação de energia e a proteção ambiental em vários setores industriais, criando as condições para um caminho de desenvolvimento mais sustentável.

2.2 Síntese da experiência de proteção ambiental

Depois de 30 anos de desenvolvimento de proteção ambiental na China, o volume de gases tóxicos emitidos para cada RMB ¥ 10 mil caiu de 10,8 Nm^3 (1985) para 6,80 Nm^3 (2006), e o de água contaminada baixou de 0,5 tonelada para 0,11 tonelada, no mesmo período. Em geral, houve uma diminuição significativa de poluentes emitidos por unidade de PIB.

Vários aspectos contribuíram para esses resultados. O avanço das questões legislativas, a grande importância atribuída pelo Comitê Central do Partido Comunista da China (CCPCC) e pelo Conselho de Estado ao tema, o aprimoramento e a extensão gradual do sistema de proteção ambiental, com mudanças progressivas de estratégia, e a inclusão dos impactos no meio ambiente nas decisões macroeconômicas, como descrito mais detalhadamente anteriormente, são alguns desses aspectos. Além disso, outros dois elementos que merecem menção são: a crescente conscientização ambiental da população e o reforço da cooperação e intercâmbio internacionais.

Em 1993, o país inaugurou a atividade de Peregrinação Secular de Proteção Ambiental da China, que se tornou uma plataforma importante para a denúncia e divulgação de informações ambientais, resultando na resolução de numerosos problemas, como, por exemplo, a redução do fluxo do rio Amarelo, a poluição do rio Huaihe, do mar Bohai, do "triângulo negro" de Shanxi, Shaanxi e Mongólia Interior, e a caça predatória de animais silvestres. Desde então, a Peregrinação Secular de Proteção Ambiental da China expandiu-se gradualmente por todo o país.

No início, a preocupação com a proteção ambiental limitava-se ao governo, enquanto era pequena a participação da sociedade. Atualmente, contudo, o número de ONGs de proteção ambiental vem crescendo, começando a se tornar uma força importante. As organizações civis desempenham um papel positivo na divulgação da proteção ambiental, conscientizando a sociedade, realizando supervisão, oferecendo propostas e sugestões para a causa ambiental, auxílio aos pobres, promoção para o desenvolvimento da economia verde, defesa dos direitos e interesses ambientais do público e da sociedade, proteção de animais selvagens raros ou em perigo de extinção etc. Entretanto, as ONGs são geralmente pequenas, com péssimas condições de trabalho, e 60% delas não têm nem escritório próprio. Isso é um problema ao qual as autoridades precisam prestar atenção.

Ao longo dos anos, a China também passou a dar maior importância ao reforço da cooperação ambiental com os países vizinhos e com os países em desenvolvimento e ao aprofundamento do engajamento com o Programa das Nações Unidas para o Meio Ambiente (Pnuma), o Banco Mundial, o Fundo Global para o Meio Ambiente e outras organizações internacionais. Com a introdução de capital estrangeiro, tecnologia e experiência de gestão, elevou-se o nível da tecnologia e gestão de proteção ambiental no país. Fortaleceu-se também a coordenação entre o meio ambiente e o comércio para lidar com as barreiras do comércio verde. Pelo aperfeiçoamento das normas ambientais para os produtos de comércio exterior e a implantação de mecanismos de avaliação dos riscos ambientais e do sistema de monitoramento das substâncias perigosas para as mercadorias importadas, foi barrada a entrada de poluentes, a importação ilegal de resíduos, a invasão de espécies nocivas e a perda de recursos genéticos.

Em nível internacional, também foi reforçada a cooperação para reduzir as emissões de gases de efeito estufa, bem como elevou-se a participação da China nas convenções ambientais internacionais e nas negociações sobre meio ambiente e comércio da Organização Mundial do Comércio (OMC). Cumpriram-se as obrigações compatíveis com o nível de desenvolvimento da China, acelerando o processo de eliminar as substâncias que afetam a camada de ozônio. Com o reforço da publicidade no exterior, cresceu o reconhecimento da comunidade internacional sobre os esforços da China em reduzir os efeitos adversos da chamada "ameaça chinesa". Nesse período, a China assinou mais de 50 tratados internacionais relativos à proteção ambiental.

2.3 A estratégia de proteção ambiental no futuro

Tendo em conta a gravidade e complexidade dos problemas ambientais, a China precisa de empenhos incansáveis e prolongados para enfrentar a questão. Para a próxima década ou um período mais longo, deve-se trabalhar em três prioridades estratégicas: a melhoria do ambiente urbano, a proteção dos mananciais de água e o tratamento da degradação do solo, cumprindo as metas de desenvolvimento estabelecidas para o longo prazo. Em geral, o volume total de emissão de poluentes e a qualidade ambiental ainda não alcançaram um ponto de inflexão.

Hoje em dia, um país não opta por querer ou não se desenvolver, e sim busca como se desenvolver bem e rápido. Os problemas ambientais não podem ser resolvidos com a interrupção do desenvolvimento, mas devemos persistir em alcançar o desenvolvimento socioeconômico com o menor custo ambiental e de recursos possível. Para isso, não é possível simplesmente copiar as decisões equivalentes de outros países que dizem respeito à questão ambiental. A população chinesa é enorme e a insuficiência de recursos *per capita* não se compra a baixo preço. O tratamento compreensivo das bacias regionais não depende de outros países. Portanto, a China deve formular estratégias e políticas ambientais baseadas nos fatores locais, tais como a estrutura industrial, a população e o emprego, o nível de tecnologia e o equilíbrio entre o desenvolvimento e a proteção, em vez de apenas copiar o que é feito no exterior. Evidentemente, isso não significa que as experiências acumuladas pelos países desenvolvidos não possam servir como referência.

Atualmente, a China dispõe de uma série de leis e regulamentos, políticas e sistemas, bem como de uma equipe suficiente para a aplicação das leis na área de proteção ambiental. Contudo, uma das dificuldades ainda enfrentadas é "a fraca capacidade executiva dos órgãos governamentais". Embora haja uma série de leis e regulamentos formulados pelo Conselho de Estado e pela Agepa, é baixa a eficácia em sua aplicação. Deve-se combinar a ênfase na construção do sistema com sua implementação, introduzindo incentivos de mercado para proteger o meio ambiente. Além disso, o país já importa equipamentos de grande porte de proteção ambiental. Com base na introdução, conhecimento e absorção dessa tecnologia, deve desenvolver e produzir tais equipamentos oferecendo direitos de propriedade, de modo a acelerar o ritmo de nacionalização, e adotar medidas para criar indústrias de proteção ambiental.

A experiência tem demonstrado que, sem a atenção dos principais dirigentes, é difícil implementar as medidas de proteção, por melhores que sejam. Portanto, durante a formulação do sistema, deve-se definir que os governos locais assumam a responsabilidade global nas questões de meio ambiente, integrando as metas ambientais no planejamento do desenvolvimento econômico e social e na avaliação de desempenho governamental.

A proteção ambiental necessita da participação ativa da sociedade e da ação de todos. Segundo levantamentos sobre a consciência ambiental dos cidadãos nos últimos anos, mais da metade das pessoas quer ter um bom ambiente, mas não está disposta a se esforçar para protegê-lo. O nível de vida material fica cada vez mais "rico", enquanto a consciência ambiental é relativamente "pobre". É necessário, portanto, fazer pleno uso dos meios de comunicação, realizar amplamente a educação ideológica de proteção ambiental e de desenvolvimento sustentável, reforçar o papel das ONGs ambientais, e fortalecer a capacidade de proteção ambiental para que se avance nessa seara.

3. O crescimento da economia verde da China sob as duplas restrições de consumo energético e emissão de poluentes

Desde a década de 1970, com diversos países engajados em impulsionar o seu crescimento econômico, o consequente consumo excessivo de recursos não renováveis e a deterioração constante do meio ambiente resultaram em frequentes crises energéticas e catástrofes ambientais, dificultando o crescimento constante e estável da economia mundial, e colocando em risco a sobrevivência dos seres humanos. Tudo isso deu origem à teoria do desenvolvimento sustentável. Utilizada em diversas áreas, as definições de desenvolvimento sustentável são variadas, sendo a maioria de dimensões econômica, técnica, ambiental e social. Também se usam modelos diferentes para medir sustentabilidade, envolvendo indicadores, tais como avanço tecnológico, conservação energética, redução das emissões, distribuição de renda, justiça e regimes.[12]

Sob esse prisma, a Produtividade Total dos Fatores (PTF) é julgada como indicador importante para avaliar o modelo de crescimento econômico:

12. Lin, Justin Yifu. Is China's growth real and sustainable?, in *Asian Perspective*, n. 3, p. 5-29, 2004; Jinghai Zheng, Arne Bigsten e Angang Hu. Can China's growth be sustained? A productivity perspective, in *World Development*, n. 4, p. 874-88, 2009.

apenas o crescimento intensivo cuja produtividade se eleva constantemente é sustentável. Existem quatro tipos principais de medição de produtividade: função de produção, método de índice, análise de fronteira estocástica (SFA, em inglês) e análise por envoltória de dados (DEA, em inglês). A função de produção e a SFA são métodos paramétricos, enquanto o método de índice e a DEA são não paramétricos. Os métodos paramétricos exigem suposição quanto à forma da função de produção, assim uma definição inadequada afetará a precisão das conclusões; a DEA tem as vantagens de não necessitar de hipótese prévia em relação à estrutura de função de produção, nem precisar estimar os parâmetros, mas permite a existência de comportamento ineficaz e a decomposição da mudança da PTF.

Para o crescimento econômico, o que importa não é o valor da PTF mas o da taxa de crescimento da PTF. Em 1994, Fare et al. estabeleceram o índice de produtividade de Malmquist,[13] decompondo o crescimento da PTF em produto de mudança de tecnologia e de eficiência técnica, que conseguiu uma aplicação ampla, incluindo de acadêmicos chineses.[14] No entanto, esses estudos não levaram em consideração a influência de fatores energéticos e ambientais sobre o crescimento, contrariando o fato de que o conceito de desenvolvimento sustentável é baseado em preocupações com questões energéticas e ambientais. O resultado foram recomendações de políticas errôneas.[15]

No estudo da sustentabilidade do crescimento, a abordagem que inclui a variável de energia é relativamente simples. Reconhece-se amplamente que o fator energético é essencial para o comportamento de crescimento econômico, de modo que esse passa a ser considerado como um novo fator de produção.[16] Porém, é complicado lidar com a poluição ambiental. Por causa da ausência de preços de mercado de poluição ou de políticas ambientais sobre tributação de poluição, é muito difícil incluir as emissões de poluentes no custo de produção, de modo que essas foram ignoradas nos modelos por um longo tempo.

13. Fare et al. Productivity growth, technical progress, and efficiency change in industrialized countries, in *American Economic Review*, n. 84, p. 66-83, 1994.
14. Zheng Jinghai, Hu Angang. Empirical analysis of the changes in provincial productivity growth during China's reform period (1979-01), in *Quarterly Journal of Economics*, n. 4, 2005; Zhang Xiangsun, Gui Binwei. Analysis of China's total factor productivity: commentary and application of Malmquist, in *Journal of Quantitative and Technical Economic Studies*, n. 3, 2009.
15. Hailu, A., Veeman, T. S. Environmentally sensitive productivity analysis of the Canadian pulp and paper industry, 1959-1994: input distance function approach, in *Journal of Environmental Economics and Management*, n. 40, p. 251-74, 2000.
16. Dale, Jorgenson W. e Stiroth, Kevin J. U.S. Economic growth at the industry level, in *American Economic Review* (Papers and Proceedings), n. 90, p. 161-67, 2000.

O exercício realizado no apêndice A deste artigo tenta integrar os produtos esperados do processo econômico (como o PIB) com aqueles não esperados (como emissões de poluição), num quadro de análise para investigar a sustentabilidade do crescimento econômico e sua força motriz na China. Desse modo, pode-se evitar não só a insuficiência do método de medição tradicional que considera um único produto, como também a abordagem que considera as emissões de poluentes como insumo, o que não corresponde à realidade do processo de produção.

Embora haja estudiosos que consideraram o impacto das emissões na produtividade, é possível identificar as seguintes limitações: 1. expressar as pressões ambientais com um indicador único gera erros;[17] 2. não existe nenhum mecanismo de transmissão para investigar as restrições de consumo de energia e emissão de poluição ao crescimento econômico. Portanto, este artigo tenta introduzir os fatores energéticos e ambientais à análise do desenvolvimento sustentável.

Por meio do modelo de fronteira de produção ambiental não paramétrica faz-se uma "decomposição verde" do crescimento econômico da China, sob as restrições de consumo de energia e emissão de poluentes. Utilizando um banco de dados de 1995 a 2006 das províncias chinesas, o artigo revela os condutores e a sustentabilidade do atual modelo de crescimento econômico do país, além de indicar os mecanismos de transmissão das restrições de consumo de energia e emissão de poluição ao crescimento econômico. Mais detalhes sobre os exercícios podem ser encontrados nos apêndices deste artigo.

3.1 Resultados da decomposição verde do crescimento econômico

Utilizando o modelo descrito no apêndice A, foi feita uma decomposição verde do crescimento econômico em 28 províncias chinesas de 1995 a 2006. Os resultados mostram que a contribuição da PTF verde para o crescimento econômico declinou ao longo dos anos.[18] Por outro lado, a taxa de contribuição da acumulação dos fatores de produção para o crescimento econômico, além de

17. Grossman, G. M.; Krueger A. B. Environmental impacts of a North American Free Trade Agreement, NBER Working Paper 3914, Cambridge M. A., 1991.
18. A contribuição da PTF verde, representada por TCP e TEC, pode ser vista na tabela 1 do apêndice.

dominante, aumenta progressivamente; sendo mais relevante nas regiões subdesenvolvidas do que nas desenvolvidas. O modelo de crescimento econômico da China é, portanto, de elevada acumulação e baixa eficiência. Ou seja: um modelo de crescimento econômico extensivo, que apresenta uma deterioração progressiva da qualidade do crescimento econômico e da sua sustentabilidade.

Do ponto de vista nacional, registra-se uma taxa média de crescimento da PTF de 2,71% durante o período de amostragem, impulsionado, predominantemente, pelo progresso tenológico e menos por um aumento da eficiência na utilização de fatores de produção, o que implica desperdício de recursos. Cabe lembrar que o progresso tecnológico obtido nesse período deveu-se à introdução de tecnologias estrangeiras, sendo pequena a participação da inovação doméstica. Além disso, a taxa de crescimento da PTF é decrescente. Isso se explica pela diminuição da velocidade do progresso tecnológico e da eficiência técnica, e também é resultado das transformações do modelo de crescimento econômico da China. O que se conclui é que esse modelo de desenvolvimento adotado no período analisado, de "alto crescimento com baixa eficiência", não pode garantir um crescimento econômico sustentável.

Na perspectiva regional — leste, centro e oeste[19] —, entre 1995 e 2006, o maior crescimento da PTF foi registrado no leste, e o menor no oeste, com enorme disparidade regional. Na Região Leste, o crescimento anual médio da produtividade foi de 5,68%, bem superior ao nível nacional. Esse crescimento é explicado, principalmente, pelo avanço tecnológico, cujo crescimento médio anual é de 4,95%. Já o papel da melhoria da eficiência é fraco, de apenas 0,70%. A Região Central possui um crescimento da produtividade ligeiramente superior ao nível nacional, de 2,90%, impulsionado por progresso tecnológico e aumento da eficiência, com menor participação do segundo fator. Por fim, a Região Oeste mostra uma taxa negativa de crescimento da produtividade, com uma queda média anual de 0,40%. Em relação às razões da diminuição, o impacto da queda do avanço tecnológico ultrapassa a influência do aumento de eficiência.

Definindo convergência como a diferença da taxa média de crescimento da PTF entre o centro-oeste e o leste, entre 1995 e 2006, observa-se que não

19. O leste abrange 10 províncias: Pequim, Tianjin, Hebei, Liaoning, Xangai, Jiangsu, Zhejiang, Fujian, Shandong e Guangdong. O centro inclui oito: Shanxi, Jilin, Heilongjiang, Anhui, Jiangxi, Henan, Hubei e Hunan. O oeste, outras 10: Sichuan, Guizhou, Yunnan, Shaanxi, Gansu, Qinghai, Ningxia, Xinjiang, Guangxi e Mongólia Interior.

há, em geral, um efeito de convergência, cujo índice é de -4,44%. O desequilíbrio regional mostra uma tendência crescente, sendo cada vez maior a diferença entre o leste e o centro-oeste. O atraso do centro-oeste pode ser explicado pelo desequilíbrio estrutural do progresso tecnológico. Mesmo que o centro e o oeste tenham vantagens em termos de melhoria da eficiência técnica, essas não são suficientes para impedir a divergência. Assim, para alterar a situação do desenvolvimento econômico regional desequilibrado, é preciso mudar essa situação desfavorável onde o progresso técnico não é adequado para as regiões centro e oeste. Isso requer um aumento do apoio científico e tecnológico do Estado para promover um avanço tecnológico adaptado às realidades dessas regiões.

No que diz respeito à tendência decrescente da taxa de crescimento da produtividade na China desde meados da década de 1990, a conclusão preliminar deste artigo é que a China ainda é um país em desenvolvimento, em fase de transição econômica. Por um lado, devido à capacidade produtiva excedente formada por investimento excessivo na década de 1990, o mercado doméstico sofreu a transição de uma economia de carestia para uma economia de excedentes. Por outro lado, mesmo após a reforma do sistema econômico na década de 1980 destinada a prover ganhos de produtividade, ainda há um gargalo institucional que dificulta a reforma do sistema. Por exemplo: as questões sobre empresas estatais e sistema financeiro, bem como a existência da interferência inadequada de governos locais no desenvolvimento econômico regional, resultam em ineficiência do sistema de produção, diminuindo o crescimento da produtividade.

Resumindo e concluindo: a redução significativa do crescimento da produtividade da China tem uma razão estrutural e outra institucional. Tal conclusão também pode ser usada para explicar a elevada correlação entre as mudanças da produtividade e do PIB da China — fenômeno observado por pesquisadores. Isso quer dizer que desde meados da década de 1990, quando o crescimento da produtividade diminuiu, o crescimento do PIB acompanhou esse movimento e, nos anos de alto crescimento do PIB, houve também uma alta taxa de crescimento da produtividade. Isso provoca duas reflexões: desde a década de 1980 até meados da década de 1990, a reforma alcançou resultados significativos com uma elevação rápida da produtividade. Porém, após meados da década de 1990, a reforma encontrou um gargalo, sendo mais lento o crescimento da produtividade. Em termos de oferta e demanda do mercado, existia uma demanda forte entre a década de 1980 e meados da década de 1990, o que resultou em um elevado crescimento da produtividade, acompanhado por uma alta taxa de crescimento. Desde meados de 1990, o excesso de capacidade produtiva levou a eficiência técnica e a taxa de crescimento da produtividade a caminharem mais lentamente.

3.2 O mecanismo de transmissão das restrições energética e ambiental ao crescimento econômico

No apêndice D deste capítulo, usou-se o modelo Tobit para tentar identificar os mecanismos de transmissão das restrições energética e ambiental ao crescimento econômico. Segundo os resultados econométricos (tabela 2), na China o crescimento do estoque de capital não eleva automaticamente a eficiência técnica. Porém, a eficiência técnica sofre significativamente com o crescimento do consumo energético. Além disso, como o país ainda não conseguiu construir um sistema apropriado de tratamento da poluição, algumas empresas e governos locais preferem a emissão de poluentes e o pagamento de multas, em vez de aperfeiçoarem a eficiência técnica para reduzir suas emissões.

Em princípio, o aumento do estoque de capital e da emissão de poluentes não afeta significativamente o efeito de progresso tecnológico, mas o crescimento do consumo de energia inibe notavelmente o avanço tecnológico. A posição dominante do carvão no consumo de energia e seu preço energético relativamente baixo são desfavoráveis ao progresso tecnológico. À medida que se reforça a necessidade do tratamento de emissões de poluentes, o crescimento demasiadamente rápido das emissões leva empresas e governos locais a melhorarem o tratamento de elementos poluentes, promovendo com eficácia o progresso tecnológico.

A análise anterior mostra que ultimamente o crescimento econômico da China é notavelmente afetado pelo consumo de energia e pela emissão de poluentes, que, por sua vez, influenciam o crescimento por meio do efeito de eficiência tecnológica, avanço tecnológico e acumulação de fatores. Por isso, com restrições energética e ambientais, transformar o modelo de crescimento econômico chinês e seguir o caminho de desenvolvimento com preservação de recursos naturais e ações amigáveis ao meio ambiente com características de "baixa entrada, baixa emissão, baixa poluição" são essenciais para garantir o desenvolvimento sustentável da China.

4. Conclusões e recomendações de políticas

Utilizando dados de 1995 a 2006 de 28 províncias da China, foi feita uma decomposição verde do crescimento econômico da China para determinar o modelo de crescimento econômico e seus condutores, além de um estudo sobre os mecanismos de transmissão das restrições do consumo energético e das emissões de poluentes ao crescimento econômico. As conclusões básicas e recomendações políticas deste artigo são as seguintes:

1. Ao calcular mudanças da PTF sob as restrições de energia e de poluição pela decomposição do índice de Malmquist do modelo DEA, descobriu-se que a taxa de crescimento médio da PTF é de 2,71%, impulsionada, em conjunto, pelo progresso tecnológico e pelo aumento da eficiência, entre os quais predomina o primeiro. A eficiência técnica mostra a eficiência do uso intensivo de diversos fatores de produção. Assim, esta análise chegou à conclusão preliminar de que embora a PTF da China apresente certa melhoria entre 1995 e 2006, sua fonte principal não é a eficiência do uso de fatores de produção. Isso significa que enfatizar só o progresso tecnológico resulta em ineficiência de produção e desperdício de recursos.

Em geral, registrou-se um declínio anual da taxa de crescimento da PTF. Isso marca as grandes mudanças das fontes de crescimento econômico na China e também simboliza uma alteração importante do modelo de crescimento econômico chinês. Obviamente, esse modelo tem muita dificuldade em gerar um crescimento econômico sustentável. Geralmente, o resultado da estimação empírica deste artigo corresponde à impressão geral sobre a economia chinesa até recentemente, que é de "alto crescimento com baixa eficiência".

2. Com base no exercício desenvolvido, a acumulação de fatores ocupa sempre uma posição dominante no crescimento econômico, e sua taxa de contribuição para o crescimento econômico aumenta progressivamente. Isso revela não só uma característica do modelo chinês, que depende fortemente da acumulação de fatores, mas também sinaliza a deterioração progressiva da qualidade do crescimento econômico e da sua sustentabilidade. Portanto, de 1995 a 2006, o modelo de crescimento econômico chinês pode ser considerado extensivo com baixa eficiência, mostrando que a China ainda não transformou totalmente esse modelo de "acumulação de fatores, alto gasto, alta emissão, falta de coordenação, reciclagem difícil e baixa eficiência", e que o crescimen-

to econômico foi significativamente afetado pelas restrições de consumo de energia e poluição ambiental. Os resultados oferecem importantes lições para os formuladores de política que se dedicam a desenvolver a economia chinesa para que o país se torne inteiramente industrializado no futuro.

3. Com o modelo Tobit, o artigo analisou o mecanismo de transmissão das restrições do consumo energético e as emissões de poluentes ao crescimento econômico de 1995 a 2006. O exercício demonstra: o efeito da eficiência técnica diminui à medida que o consumo energético e a emissão de poluentes aumentam, mas não tem influência significativa para a alteração do estoque de capital; o efeito do avanço tecnológico não tem relação considerável com o estoque de capital, nem com a emissão de poluentes. Porém, tem relação negativa notável com o consumo energético. Isso mostra que o simples aumento do estoque de capital não eleva automaticamente o teor tecnológico no crescimento econômico e que a posição dominante de carvão no consumo de energia a longo prazo e o preço energético relativamente baixo são desfavoráveis ao progresso tecnológico. Tanto o capital como a energia são importantes, mas a energia possui um coeficiente maior do que o capital, o que implica que a energia é mais importante do que o capital. Portanto, sob as restrições energética e ambiental, o modelo de crescimento econômico chinês deve evitar o caminho de crescimento econômico extensivo de "alto gasto, alta poluição e alta emissão". Para alcançar o desenvolvimento sustentável, a transformação do modelo de crescimento é crucial.

As conclusões anteriormente mencionadas têm significados importantes em nível político:

a) É preciso reforçar efetivamente as inovações administrativa e institucional, bem como elevar a qualidade profissional. Deve-se prestar atenção ao tratamento das emissões de poluentes. Ao mesmo tempo, é necessário melhorar a inovação científica e tecnológica e fortalecer a tecnologia de produção limpa.

b) Sendo a energia um fator estimulante no crescimento econômico da China, a implementação de políticas de conservação de energia pode comprometer seriamente o crescimento econômico do país. Portanto, deve-se manter em alta vigilância as potenciais flutuações e escassez causadas pela oferta energética ao elaborar políticas energéticas relativas à redução de emissões de gases de efeito estufa. Por meio de um planejamento sofisticado, da elaboração e implementação ativa de políticas energéticas de desenvolvimento sustentável, deve-se internalizar os custos ambiental e energético e aperfeiçoar a estrutura industrial e de consumo energético.

c) Ao se atingir um nível de desenvolvimento econômico satisfatório, deve-se acelerar o aperfeiçoamento da estrutura industrial e elevar a eficiência de uso energético, combinando desenvolvimento sustentável de economia com conservação energética e redução de emissões.

d) Em avaliações do desempenho de funcionários de governos locais, o indicador de conservação energética e redução de emissões já foi incorporado, mas indicadores de desenvolvimento econômico ainda ocupam uma posição mais importante. A concepção de desempenho governamental baseado no PIB fez com que muitos funcionários de governos locais ignorassem a importância da conservação energética e a redução de emissões. Portanto, deve-se aumentar o peso desses aspectos nas avaliações.

Apêndice A: O modelo teórico de fronteira de produção ambiental não paramétrica

O exercício dessa seção tem como principal objetivo levar em consideração num mesmo quadro os produtos positivos, como o PIB, e os negativos, como a emissão de poluentes, dos processos de produção econômicos. Usa-se o método da DEA para que se possa considerar múltiplos insumos e múltiplos.

Apêndice A.1: O modelo de decomposição verde do crescimento econômico

Para incluir a emissão de poluentes no quadro de produtividade, é necessário construir um conjunto de possibilidades de produção incluindo os produtos "bons" e "ruins". Começamos por definir alguns conceitos:

O conjunto de fatores definido como $x=(x_1,x_2,\cdots,x_k)\in R_+^K$ é utilizado para a produção de produto "bom" (como o PIB): $y^g=(y_1^g,y_2^g,\cdots,y_m^g)\in R_+^M$. Para a produção do produto "ruim", ou produtos não esperados (como emissão de poluentes), $y^b = (y_1^b, y_2^b, \cdots, y_j^b) \in R_+^J$, o conjunto $P(x) = \{(y^g, y^b) : x$ pode produzir $(y^g, y^b)\}$, $x \in R_+^K$ é o conjunto de entradas, determinado um fator de entrada x, onde $P(x)$ significa todas as combinações de produtos "bons" e "ruins" com esse insumo.

Além disso, assume-se que ao produzir um bom produto, produtos ruins também serão produzidos. Logo, para reduzir a produção de produtos ruins, também se deve reduzir a produção de produtos bons. Desse modo, define-se $P(x)$ como conjunto de produção sob o controle ambiental. Para facilitar as discussões sem perda de generalidade, supõe-se que y^g é um vetor unidimensional definindo a partir da função de produção ambiental:

$$F(x; y^b) = \max\{y^g : (y^g, y^b) \in P(x)\} \qquad (1)$$

Esta função mede o número máximo de produtos bons que se consegue produzir fazendo uso de determinado insumo x e emitindo poluentes y^b. Assim, é possível definir a função de produção $F(x; y^b)$ com o conjunto de produção sob o controle do ambiente $P(x)$, ou pode-se definir o conjunto de produção sob o controle do ambiente de acordo com a função de produção $F(x; y^b)$:

$$P(x) = \{(y^g, y^b) : y^g \leq F(x; y^b)\} \qquad (2)$$

Com base na função de produção ambiental, a relação insumo-produto

$(x_i, y_i^b, y_i^g), i = 1, 2, \cdots, N$, para o produtor i, é, portanto:

$$Fu(x, y^b) = \max \sum_{i=1}^{N} z_i y_i^g$$

$$\text{sujeito a} \sum_{i=1}^{N} z_i y_{ij}^b \geq y_{i,j}^b, \quad j = 1, 2, \cdots, J \qquad (3)$$

$$\sum_{i=1}^{N} z_i x_{ik} \leq x_{i,k}, k = 1, 2, \cdots, K \quad z_i \geq 0, i = 1, 2, \cdots, N$$

onde z_i reflete o peso da fronteira de produção. A função objetiva indica, com as tecnologias de referência, o insumo e o volume de emissão de poluentes sob restrições y_i^b, o número máximo de produtos "bons" que se consegue produzir.

A fronteira de produção sem restrições ambientais definida como $Fu(x_i; y_i^b \mid P(x))$ indica que os produtos ruins podem ser tratados de qualquer forma sem controles ambientais, ou seja, a produção não tem barreiras ambientais.

Sob controle ambiental e restrição ao fornecimento de fatores, define-se a função de distância ambiental como $D_0(x_i, y_i^b, y_i^g) = \dfrac{y_i^g}{F(x_i, y_i^b)}$, que mede a eficiência técnica e o potencial produtivo de indivíduos sob tecnologia ambiental, y_i^g representa o produto real, $F(x_i, y_i^b)$ representa o produto sob restrições do ambiente e de fatores.

Sob restrições do ambiente e de fatores, a força produtiva de produtor no período t e $t+1$ pode ser decomposta em três partes:

$$\frac{y_{t+1}^g}{y_t^g} = \frac{D_0^{t+1}(x_{t+1}, y_{t+1}^b, y_{t+1}^g)}{D_0^t(x_t, y_t^b, y_t^g)} \times \left[\frac{F_{t+1}(x_{t+1}, y_{t+1}^b)}{F_t\ (x_{t+1}, y_{t+1}^b)} \frac{F_{t+1}(x_t, y_t^b)}{F_t\ (x_t, y_t^b)}\right]^{\frac{1}{2}} \times \left[\frac{F_{t+1}(x_{t+1}, y_{t+1}^b)}{F_{t+1}(x_t, y_t^b)} \frac{F_t\ (x_{t+1}, y_{t+1}^b)}{F_t\ (x_t, y_t^b)}\right]^{\frac{1}{2}}$$

$$= TEC*TCP*INC \qquad (4)$$

Onde $\dfrac{D_0^{t+1}(x_{t+1}, y_{t+1}^b, y_{t+1}^g)}{D_0^t(x_t, y_t^b, y_t^g)}$ representa o efeito da mudança da eficiência técnica em relação à força produtiva. Se o valor for maior que 1, isso significa que os produtores estão aproximando-se gradualmente da fronteira de produção. $\left[\dfrac{F_{t+1}(x_{t+1}, y_{t+1}^b)}{F_t\ (x_{t+1}, y_{t+1}^b)} \dfrac{F_{t+1}(x_t, y_t^b)}{F_t\ (x_t, y_t^b)}\right]^{\frac{1}{2}}$ mede o efeito do progresso tecnológico na força produtiva. $\left[\dfrac{F_{t+1}(x_{t+1}, y_{t+1}^b)}{F_{t+1}(x_t, y_t^b)} \dfrac{F_t\ (x_{t+1}, y_{t+1}^b)}{F_t\ (x_t, y_t^b)}\right]^{\frac{1}{2}}$ calcula a contribuição da substituição de insumos para a força produtiva — o efeito desses fatores. Para demonstrar o impacto das restrições de fornecimento energético e ambientais, e tendo em conta a conveniência analítica sem perda de generalidade, este artigo considera apenas três fatores de produção — capital humano, capital e energia — para o PIB (produto bom) e, para a emissão de poluição (produto ruim), o vetor de fatores é $x = (X_{Labor}, X_{Capital}, X_{Energy}) \in R_+^3$. Por isso, as restrições acima podem ser reescritas como:

$$,s.t. \sum_{i=1}^{N} z_i y_{ij}^b \geq y_{i,j}^b, j = 1,2,\cdots,J$$

$$\sum_{i=1}^{N} z_i x_{ik} \leq x_{i,k}, k = 1,2,3 \qquad (5)$$

$$z_i \geq 0, i = 1,2,\cdots,N$$

Entre as restrições acima mencionadas, a primeira equação de restrição indica que os produtos ruins sofrem as restrições ambientais; a segunda mostra que o uso de fatores é restringido, quer dizer a quantidade de trabalho, capital e energia não podem ser maiores que o total real do produtor *i*; a terceira — z_i é maior que zero, indicando que se pressupõe rendimento constantes de escala para a função de produção ambiental.

Apêndice A.2: O modelo de decomposição da PTF verde

Segundo Fare et al. (1994), o índice de produtividade de Malmquist que engloba o modelo de output não esperado — a emissão de poluição — pode ser representado como:

$$M_0^t = \frac{D_0^t(x_{t+1}, y_{t+1}^b, y_{t+1}^g)}{D_0^t(x_t, y_t^b, y_t^g)} \qquad (6)$$

(6) mede a mudança de eficiência técnica entre o período t e $t + 1$ sob as condições técnicas do período t. Também pode ser definido o índice de produtividade de Malmquist que mede a mudança de eficiência técnica entre o período t e $t + 1$ sob as condições técnicas do período $t + 1$ como:

$$M_0^{t+1} = \frac{D_0^{t+1}(x_{t+1}, y_{t+1}^b, y_{t+1}^g)}{D_0^{t+1}(x_t, y_t^b, y_t^g)} \qquad (7)$$

A fim de evitar a aleatoriedade na escolha do sistema de referência técnica, pode-se medir o índice de Malmquist das alterações entre o período t e $t + 1$ como a média geométrica dos resultados de (6) e (7). Quando o índice é maior que 1, revela uma TFP crescente durante esse período.

$$M_0(x_{t+1}, y_{t+1}^b, y_{t+1}^g; x_t, y_t^b, y_t^g) = \left[\frac{D_0^t(x_{t+1}, y_{t+1}^b, y_{t+1}^g)}{D_0^t(x_t, y_t^b, y_t^g)} \bullet \frac{D_0^{t+1}(x_{t+1}, y_{t+1}^b, y_{t+1}^g)}{D_0^t(x_t, y_t^b, y_t^g)} \right]^{\frac{1}{2}}$$

$$= \frac{D_0^{t+1}(x_{t+1}, y_{t+1}^b, y_{t+1}^g)}{D_0^t(x_t, y_t^b, y_t^g)} \left[\frac{D_0^t(x_{t+1}, y_{t+1}^b, y_{t+1}^g)}{D_0^{t+1}(x_{t+1}, y_{t+1}^b, y_{t+1}^g)} \bullet \frac{D_0^t(x_t, y_t^b, y_t^g)}{D_0^{t+1}(x_t, y_t^b, y_t^g)} \right]^{\frac{1}{2}} = TEC \bullet TCP \qquad (8)$$

O índice de produtividade de Malmquist (8) pode ser decomposta em duas partes: de eficiência técnica (TEC) e progresso técnico (TCP). TEC representa a situação alternativa para cada unidade tomadora de decisão (DMU, em inglês), se aproximando da melhor fronteira prática entre o período t e o período $t + 1$, refletindo o aumento de produtividade provincial. TCP mede o movimento da fronteira tecnológica entre os dois períodos.

Com isso, este artigo decompõe a produtividade laboral de cada região da China em três partes: elevação de eficiência, avanço tecnológico e acumulação de fatores e estuda como as restrições de energia e do meio ambiente afetam a mudança da PTF, os efeitos de progresso tecnológico, da acumulação de fatores de produção e eficiência técnica.

Apêndice B: A construção do banco de dados provinciais

Este estudo abrange todo o país com exceção da região autônoma do Tibete, Taiwan e duas regiões administrativas especiais de Hong Kong e Macau. A fim de manter a consistência da definição estatística, coloca a municipalidade de Chongqing, na província de Sichuan, e a província de Hainan, na província de Guangdong, totalizando 28 províncias, municipalidades e regiões autônomas — doravante todos denominados como província. Utiliza dados de painel anuais, com o período de amostragem de 1995 a 2006. Considera no processo produtivo três fatores de produção necessários: estoque de capital, capital humano e energia; como produto desejado o PIB e o não desejado a emissão de poluentes.

1. Capital: são usados os resultados da última pesquisa sobre o estoque de capital das províncias chinesas do Haojie Shan (2008). Uma vez que os dados originais são expressos a preço constante de 1952, para garantir a consistência da definição estatística das variáveis, utilizamos o deflator da Formação de Capital Fixo para calcular o estoque de capital, tendo como período-base 1990.

2. Capital humano: devido à falta de dados estatísticos, e para manter a consistência estatística, tendo em conta a quantidade e a qualidade da força laboral, o estoque de capital humano é representado neste artigo pela média de anos de escolaridade e o número de pessoas empregadas. Dada a acessibilidade e uniformidade das informações, calcula-se a média de anos de escolaridade da população com idade de 6 anos ou mais sendo dividida por grau de escolaridade em cinco níveis: analfabeto ou semianalfabeto, ensino primário, ensino secundário júnior, ensino secundário sênior ou colégio técnico e superior. A população de todos os níveis, exceto o primeiro, inclui os alunos em escolas, graduados e os incompletos em estudo. Os períodos de educação para cada nível são respectivamente de 2, 6, 9, 12 e 16 anos. Entretanto, os valores da média de escolaridade provincial de 1995 a 2004 são da literatura do Xiumin Li (2007) e os valores de 2005 e 2006 são calculados com referência de seu método. Os dados originais são da Compilação de estatísticas de 55 anos da nova China, do Anuário estatístico da China e do Anuário estatístico da população da China.

3. Energia: o consumo energético exerce um impacto cada vez maior sobre o crescimento econômico. Portanto, o artigo inclui esse fator de produção na análise representado pelo gasto energético anual de cada província.

4. PIB: para este exercício, calculamos o PIB real a preços constantes de 1990.

5. Emissão de poluentes: como não há atualmente um indicador único que possa demonstrar precisamente as condições de poluição ambiental, e as opções mais usadas não conseguem expressar as pressões ambientais, é necessário integrar diversos indicadores relacionados à poluição ambiental, gerando um índice. Assim, toma-se como referência o índice de emissões de poluentes construído por Wanping Yang para definir a situação geral de emissões de poluentes de cada província em períodos diferentes.

Apêndice C: A decomposição verde do crescimento econômico

A tabela 1 mostra o índice médio anual de crescimento econômico e sua decomposição verde, como forma de identificar os fatores de motivação do crescimento econômico da China e avaliar seu modelo de crescimento e a questão do desenvolvimento sustentável.

Tabela 1

O índice médio anual de crescimento econômico e sua decomposição verde

		1995-96	1996-97	1997-98	1998-99	1999-00	2000-01	2001-02	2002-03	2003-04	2005-06	média
	GDP	10,908	10,882	10,836	10,748	1,1	11,243	11,181	11,386	11,584	11,499	11,162
	INC	10,472	10,435	10,509	10,534	1,064	10,941	10,971	11,221	11,343	1,143	10,903
Total	GTFP	10,563	10,405	10,327	10,159	10,293	10,337	1,018	10,166	1,027	1,007	10,271
	TCP	10,298	10,293	10,421	10,002	10,091	10,096	10,114	10,131	10,053	10,016	10,133
	TEC	10,265	10,118	0,9912	10,165	1,02	10,236	10,068	1,003	10,214	10,054	10,142
	GDP	10,847	10,998	10,945	10,927	11,183	11,492	11,273	11,484	11,502	11,489	11,245
	INC	10,385	10,267	10,303	10,276	10,396	10,654	10,695	10,806	10,946	10,977	10,621
Leste	GTFP	1,045	10,618	10,595	10,504	10,624	10,911	10,489	10,567	10,558	10,411	10,568
	TCP	10,362	10,677	10,769	10,443	10,356	10,725	10,425	10,487	10,369	10,341	10,494
	TEC	10,086	0,9946	0,9841	10,058	10,261	10,163	10,062	10,075	1,018	10,066	1,007
	GDP	11,124	10,887	10,684	10,539	10,925	10,699	11,084	11,274	11,645	1,138	11,065
	INC	10,293	10,305	10,347	10,431	10,593	10,642	10,922	11,059	11,031	11,365	10,771
Centro	GTFP	10,799	10,545	1,038	10,084	10,254	10,055	10,176	10,213	10,593	10,006	1,029
	TCP	10,338	10,236	10,399	10,072	10,051	0,9741	10,169	10,074	10,081	10,044	10,083
	TEC	1,045	1,032	0,9984	10,015	10,207	10,312	10,007	10,133	1,051	0,9966	10,213
	GDP	10,795	10,762	1,085	10,735	10,875	1,143	11,166	11,377	11,617	11,606	11,158
	INC	10,703	10,708	10,843	10,874	10,922	11,467	11,286	11,767	11,989	11,935	11,291
Oeste	GTFP	10,489	10,081	10,015	0,9875	0,9992	0,9988	0,9874	0,9727	0,9724	0,9779	0,996
	TCP	10,201	0,9954	10,091	0,9506	0,9858	0,9751	0,976	0,982	0,9715	0,967	0,9812
	TEC	10,295	10,128	0,9924	10,392	10,134	10,247	10,122	0,9902	10,012	1,011	10,156

Apêndice D. Identificando os mecanismos de transmissão das restrições energética e ambiental ao crescimento econômico

Nesta seção, usa-se o modelo Tobit para averiguar o mecanismo de transmissão das restrições do consumo energético e das emissões de poluentes sobre o crescimento econômico chinês, a nível nacional e regional. Com base na apresentação acima das variáveis, foi construído o modelo econométrico como se segue:

$$\Delta W_{j,t} = C+\beta_1 \Delta K_{j,t} + \beta_2 \Delta E_{j,t} + \beta_3 \Delta P_{j,t} \quad (9)$$

$$\Delta W_{j,t} = Max(0, \Delta W^*_{j,t})$$

o j subscrito representa a região e o t representa o ano. As variáveis explicadas $\Delta W_{j,t}$ são respectivamente ΔTEC_{jt} (o índice de crescimento de eficiência técnica da região j no ano t), ΔTPC_{jt} (o índice de crescimento de progresso técnico da região j no ano t) e ΔINC_{jt} (o índice de crescimento de entrada de fatores da região j no ano t); as variáveis explicativas são ΔK_{jt} (o índice de crescimento de estoque de capital da região j no ano t), ΔE_{jt} (o índice de crescimento de consumo total energético da região j no ano t) e ΔP_{jt} (o índice de crescimento do índice de emissão de poluentes da região j no ano t). Os resultados aparecem na tabela 2.

Referências

BIGSTEN, Arne; ANGANG Hu. Can China's growth be sustained? A productivity perspective. *World Development*, n. 4, p. 874-88, 2009.

BOQIANG, Lin; XIN, Yao; XIYING, Liu. Strategical restructure of China's energy. *China Social Sciences*, n. 1, 2010.

DALE, Jorgenson W.; STIROTH, Kevin J. Economic growth at the industry level. *American Economic Review* (Papers and Proceedings), n. 90, p. 161-67, 2000.

FARE et al. Productivity growth, technical progress, and efficiency change in industrialized countries. *American Economic Review*, n. 84, p. 66-83, 1994.

GROSSMAN, G.M.; KRUEGER, A.B. Environmental impacts of a North

American Free Trade Agreement. NBER Working Paper 3914, Cambridge M.A., 1991.

HAILU, A.; VEEMAN, T.S. Environmentally sensitive productivity analysis of the Canadian pulp and paper industry, 1959-94: input distance function approach. *Journal of Environmental Economics and Management*, n. 40, p. 251-74, 2000.

HONGCHUN, Zhou; XI, Ji. The evolution of China's environmental protection policy during three decades of reform and opening-up. *Journal of Nanjing University* (Edition of Philosophy, Human and Social Sciences), n. 1, 2009.

JINGHAI, Zheng; ANGANG, Hu. Empirical analysis of the changes in provincial productivity growth during China's reform period (1979-2001). *Quarterly Journal of Economics*, n. 4, 2005.

KUNMIN, Zhang. *Policies and actions on China's sustainable development*. Beijing: China Environmental Sciences Press, 2005.

WANPING, Yang. Dynamic comprehensive evaluation of Chinese provincial enviromental pollution and its influencing factors. *Journal of Economic Management*, n. 8, 2010.

XIAHAI, Wei; SHUPEI, Li. Regional economic differences, productivity decomposition and convergence analysis. *Journal of Financial and Economic Issues Studies*, n. 5, 2009.

XIANGSUN, Zhang; BINWEI, Gui. Analysis of China's total factor productivity: commentary and application of Malmquist. *Journal of Quantitative and Technical Economic Studies*, n. 3, 2009.

XIAOYAN, Zhou; CHUNLIANG, Gao; JUNPENG, Li. Empirical analysis of economic growth in Yangtze River Delta Region. *Journal of Quantitative and Technical Economic Studies*, n. 3, 2009.

XIUMIN, Li. Human capital structure and regional development: evidence from Chinese provincial areas. *Journal of Central China Normal University* (Edition of Humanities and Social Sciences), n. 6, 2007.

YANRUI, Wu. Productivity contribution to China's economic growth: a new evaluation. *Quarterly Journal of Economics*, n. 7, 2008.

YIFU, Lin Justin. Is China's growth real and sustainable? *Asian Perspective*, n. 3, p. 5-29, 2004.

ZHENG, Jinghai; BIGSTEN, Arne; HU, Angang. Can China's growth be sustained? A productivity perspective. *World Development*, n. 4, p. 874-88, 2009.

Tabela 2

Resultados do modelo Tobit do mecanismo de restrição dos fatores energético e ambiental ao crescimento econômico

	Variáveis	C	estatística Z	ΔK	Estatística a Z	ΔE	estatística Z	ΔP	estatística Z	Loglikelihood
Total	progresso técnico	11,006	12,2500***	-0,0033	-0,0443	-0,0807	-2,5855***	0,0037	-0,0788	482,32
	eficiência técnica	12,715	14,0027***	-0,0261	-0,3472	-0,1042	-3,3040***	-0,115	-2,4510**	479,04
	entrada de fatores	0,3227	3,2482***	0,223	2,7100***	0,4223	12,2381***	0,0609	-11,856	451,36
Leste	progresso técnico	1,079	9,4758***	0,0335	-0,3567	-0,0632	-1,8023*	0,0015	-0,0305	221,33
	Eficiência técnica	11,874	9,1229***	-0,1089	-10,141	-0,0378	-0,9417	-0,0175	-0,3203	206,62
	entrada de fatores	0,7538	6,1376***	0,0548	-0,5404	0,3054	8,0706***	-0,0807	-15,676	213,01
Centro	Progresso técnico	12,438	8,4291***	-0,1826	-15,850	-0,0591	-11,635	0,0309	-0,3434	157,89
	eficiência técnica	14,202	7,2382***	-0,1505	-0,9822	-0,2006	-2,9701***	-0,0182	-0,1518	132,82
	entrada de fatores	-0,0203	-0,1728	0,4751	5,1733***	0,4936	12,1931***	0,0445	-0,6198	177,85
Oeste	progresso técnico	0,912	7,0338***	0,1128	-10,606	-0,0915	-1,9576**	0,0419	-0,6022	175,42
	Eficiência técnica	12,507	8,2736***	0,1201	-0,9684	-0,1047	-1,9213*	-0,2517	-3,1016***	158,54
	entrada de fatores	0,3951	2,1680**	0,0846	-0,5663	0,4422	6,7304***	0,1491	-15,244	137,99

Nota: *, ** e *** representam, respectivamente, diferença significativa em nível de 10%, 5% e 1%.

Capítulo 11

"Armadilha" ou "muralha": os desafios enfrentados pela economia chinesa e suas escolhas estratégicas*

Liu Shijin**
Zhang Junkuo***
Hou Yongzhi****

Resumo

Este artigo sintetiza a experiência de mais de 30 economias que iniciaram seu processo de industrialização e hoje possuem uma população superior a 10 milhões, indicando semelhanças e diferenças entre elas. Com base na análise teórica e na comparação entre o lado positivo e o negativo da experiência internacional com a situação chinesa, chega-se à conclusão de que a probabilidade de a China cair na armadilha da renda média é menor enquanto a fase de rápido desenvolvimento da industrialização não terminar, evitando assim a experiência de países latino-americanos. Para a China, os desafios reais só passarão a emergir após a fase de rápido desenvolvimento. Esses desafios in-

---

* Tradução: Zhang Zhu e Hao Shuman. O capítulo é um dos resultados do projeto de pesquisa sobre a armadilha da renda média do Development Research Center (DRC) do Conselho de Estado da China. Gao Shiji, Yang Jianlong Chen Changsheng, Xuan Xiaowei, Xu Wei, Zhuo Xian, He Jianwu, Liu Yunzhong, Zhang Liping, Wang Xiaoming, Yuan Dongming, Fang Jin, Chen Jianpeng, Xu Shaoyuan, Wu Zhenyu e Chen Bo contribuíram com seus trabalhos de pesquisa preliminar, participação em debates e opiniões inspiradoras.

** Pesquisador e vice-diretor do Development Research Center (DRC) do Conselho de Estado da China.

*** Pesquisador e vice-diretor do Development Research Center (DRC) do Conselho de Estado da China.

**** Pesquisador e diretor do Departamento de Estudos Estratégicos de Desenvolvimento e Economia Regional do Development Research Center (DRC) do Conselho de Estado da China.

cluem a efetiva solução das contradições estruturais e dos riscos fiscais e financeiros acumulados, bem como a transformação do modelo de crescimento econômico motivado pelo custo baixo para outro impulsionado principalmente pela inovação, permitindo que o país atravesse com sucesso o limiar que o separa do grupo de países de alta renda.

1. Introdução

Em 2010, o PIB da China superou o do Japão, convertendo-se na segunda maior economia do mundo. Entretanto, o nível de renda *per capita* dos chineses ainda se alinha ao dos países de renda média. De acordo com a experiência internacional, um país pode enfrentar vários desafios na etapa em que alcança um nível de renda *per capita* média, tais como desaceleração do crescimento e agravamento de conflitos sociais. Alguns países caem na armadilha da renda média e têm seu desenvolvimento estagnado por um longo prazo. Sendo um grande país em desenvolvimento, a China dispõe de algumas condições que outros países de renda média não têm, e enfrenta desafios diferentes dos da maioria dos países em desenvolvimento. Mesmo apresentando características particulares, a China pode cair na armadilha da renda média, como aconteceu com países da América Latina? Como a China pode atravessar com sucesso sua fase de renda média para se transformar em uma sociedade moderna de alta renda? Tais questões são de interesse tanto dos diversos segmentos sociais do país como da comunidade internacional. Entender e responder corretamente a essas perguntas irá ajudar a China a elaborar e executar uma estratégia realista e prospectiva de desenvolvimento de longo prazo, eliminando, ou ao menos reduzindo, os desvios no caminho rumo ao grupo de países de alta renda, oferecendo a devida contribuição para a estabilidade e prosperidade da economia global.

Este artigo sintetiza a experiência de mais de 30 economias que iniciaram seu processo de industrialização e hoje possuem uma população superior a 10 milhões. Tais experiências foram sintetizadas a partir de uma série de dados históricos,[1] indicando as semelhanças e diferenças entre elas. Com base

1. Existem várias bases de dados disponíveis, tais como os dados de história econômica mundial de Maddison, estatísticas históricas da Palgrave, dados do *World Development Indicators* do Banco Mundial, dados do *World Economic Outlook* do FMI e dados das Contas

na análise teórica e na comparação entre o lado positivo e o negativo da experiência internacional com a situação chinesa, chega-se à conclusão de que a probabilidade de a China cair na armadilha da renda média é menor enquanto a fase de rápido desenvolvimento da industrialização não terminar, evitando a experiência de países latino-americanos. Para a China, os desafios reais só passarão a emergir após a fase de rápido desenvolvimento. Esses desafios incluem a efetiva solução das contradições estruturais e dos riscos fiscais e financeiros acumulados nesse período, bem como a transformação do modelo de crescimento econômico motivado pelo custo baixo para outro impulsionado principalmente pela inovação, permitindo que o país atravesse com sucesso o limiar que o separa do grupo de países de alta renda. Responder a esses desafios requer a transformação do modelo de desenvolvimento chinês.

2. "Armadilha" e "muralha": desafios heterogêneos enfrentados nos diferentes estágios de industrialização

Embora haja casos de nações que começaram cedo seu processo de industrialização e decolagem econômica, ao longo da história da economia global pode-se observar que não são muitos os países bem-sucedidos em lidar com os riscos e desafios da etapa da industrialização até chegar ao grupo de alta renda. Neste artigo, dividimos os países conforme a ordem de precedência na decolagem, a estratégia de desenvolvimento, o sistema econômico e o tipo e trajetória de desenvolvimento, chegando a cinco grupos: 1. Reino Unido, Estados Unidos e outros países pioneiros da Revolução Industrial, que têm desenvolvimento adiantado e sempre estão à frente na fronteira tecnológica; 2. países da América Latina e do Sudeste Asiático semelhantes aos latino-americanos, que no passado implementaram a política da substituição de importações, viveram o milagre econômico e logo caíram na armadilha da renda média; 3. países da ex-União Soviética e do Leste Europeu, que adotaram o sistema econômico

Nacionais da OCDE. Segundo a necessidade de comparar vários países e diferentes estágios de desenvolvimento, os dados devem cumprir ao menos dois requisitos. Primeiro, ser consistentes e ter duração suficientemente longa; segundo, tentar evitar as influências de taxa de câmbio, do preço e de outros fatores, assegurando a comparabilidade entre diferentes países. Apenas os dados de história econômica mundial de Maddison conseguem satisfazer ambas as condições (Maddison, 2003). Sua unidade de medida é GK dólares internacionais, medidos em valor de 1990. O dólar internacional não é uma moeda real, mas uma unidade virtual calculada seguindo critérios definidos.

de planejamento por um longo período, registraram um rápido crescimento, e depois também caíram na armadilha da renda média; 4. países europeus que possuem a vantagem do país retardatário (*latecomer advantage*) e conseguiram alcançar a fronteira tecnológica; 5. países ou regiões do Leste Asiático que usaram sua vantagem do retardatário e obtiveram progressos consideráveis no desenvolvimento motivado pela inovação. Por meio da análise dos distintos processos desses países pode-se compreender mais precisamente a essência e o conteúdo da "armadilha" e da "muralha".

2.1 Reino Unido, Estados Unidos e outros países pioneiros no desenvolvimento sempre estão à frente na fronteira tecnológica: têm crescimento econômico lento, mas já conquistaram o desenvolvimento sustentado de longo prazo

Esses países, pioneiros da Revolução Industrial, tomaram a dianteira em atravessar a "armadilha malthusiana" e chegaram ao crescimento econômico moderno, abrindo uma nova era de crescimento sustentado de renda *per capita*. Eles estão sempre à frente na fronteira tecnológica mundial. Essa condição não lhes permite simplesmente selecionar tecnologias maduras, previamente testadas. Por isso, demandam grande investimento de capital em atividades de inovação de alto risco, a fim de desenvolver novas tecnologias, criar novos produtos e criar novas indústrias de maneira contínua. Devido a atividades de inovação com custo técnico e comercial e recursos de alto risco, suas taxas de crescimento não são elevadas. No entanto, valendo-se de algumas grandes ondas de inovação, esses países alcançaram um crescimento sustentado relativamente estável. Embora afetados por ciclos econômicos e com oscilação no crescimento, esses países não experimentaram uma prolongada estagnação ou recessão, exceto no período das Grandes Guerras e da Depressão. Seu crescimento do PIB manteve-se em torno de 4% durante longo tempo. O crescimento sustentado de longo prazo fez com que atravessassem a fase da renda média de forma bem-sucedida, convertendo-se nos primeiros países de alta renda do mundo.

2.2 América Latina, países do Sudeste Asiático semelhantes aos latino-americanos e países da ex-União Soviética e do Leste Europeu: após um período de crescimento rápido, caíram na "armadilha da renda média"[2]

A característica típica observada nos países da América Latina e seus semelhantes do Sudeste Asiático é a vantagem do país retardatário. A maioria ainda conta com vastas terras férteis e riqueza de recursos minerais de alta qualidade. Com tais condições favoráveis, esses países registraram um rápido crescimento econômico por algum tempo. O milagre econômico latino-americano após a Segunda Guerra Mundial atraiu a atenção geral do mundo. Entretanto, no final da década de 1970, quando o PIB *per capita* variou entre 4 mil e 5 mil dólares internacionais, ainda distante do limiar das nações de alta renda, a industrialização desses países passou por um período crítico, a taxa de crescimento econômico reduziu-se drasticamente, e a maioria caiu na "armadilha da renda média" (figura 1).

Por exemplo, durante o período 1950-80, o crescimento médio anual do PIB do Brasil, da Argentina e do México foi, respectivamente, de 6,8%, 3,4% e 6,5%; nos 20 anos seguintes, de 1981 a 2000, essa taxa caiu, respectivamente, para 2,2%, 1,7% e 2,7%. Indonésia e Filipinas também tiveram uma experiência de rápido crescimento. No período 1970-80, o crescimento anual médio do PIB da Indonésia foi de 8% e o das Filipinas, 6,6%. Nos 10 anos seguintes, a taxa de crescimento anual da Indonésia caiu para 5,5%, e a das Filipinas, para 1,6%. Como esses países não realizaram a reforma fundamental do sistema agrário, fonte do legado histórico de grave desigualdade, um grande número

2. O conceito de "armadilha da renda média" surgiu em um artigo publicado pelo Banco Mundial em 2007 (Gill e Kharas, 2007). Como o relatório aponta, muitas economias conseguem chegar rapidamente à fase da renda média, mas são poucas as que conseguem atravessar essa fase, porque as instituições políticas e econômicas necessárias para fazer a transição para a alta renda exigem reformas muito complexas e exigentes, tanto em termos técnicos como políticos e sociais. Segundo o relatório, a razão fundamental pela qual certo país ou região consegue quebrar o ciclo de pobreza e decolar economicamente, mas acaba preso na "armadilha da renda média", reside nas diferenças entre as instituições relevantes para a decolagem econômica e as instituições necessárias para o avanço da renda média para a renda alta. Comparando as trajetórias de crescimento entre países que caíram na "armadilha da renda média" e os que conseguiram entrar na trajetória da alta renda, podemos verificar que os países bem-sucedidos possuem uma taxa de crescimento maior do que os países que falharam mesmo nos estágios iniciais da decolagem. Isso pode significar que a "armadilha da renda média" dos países latino-americanos pode estar associada a problemas em seu modelo de crescimento na transição para a renda média.

de sem-terra e de desempregados migrou para as cidades, e o percentual da população urbana atingiu um nível bem mais alto do que o de outros países no mesmo estágio de desenvolvimento. Esse desequilíbrio resultou no fenômeno da pobreza em áreas urbanas, formando a chamada "urbanização pobre".

Figura 1

Período em que países da América Latina e países semelhantes do Sudeste Asiático caíram na "armadilha da renda média"

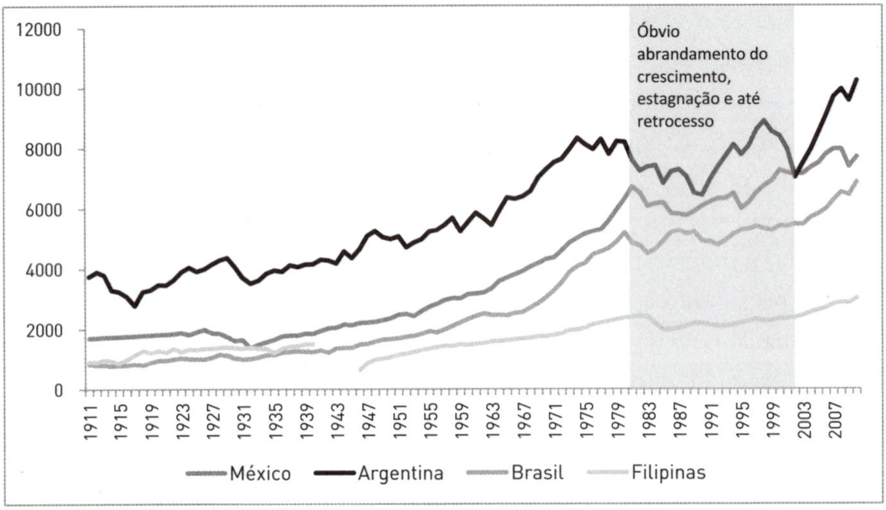

Fonte: Dados de Maddison (2010).

Valendo-se da vantagem do país retardatário e do sistema de mobilização dos recursos da economia planejada, a ex-União Soviética e os países do Leste Europeu alcançaram um rápido crescimento econômico na fase inicial da industrialização. No entanto, em meados da década de 1970, quando o PIB *per capita* da União Soviética atingiu a marca de 5 mil a 6 mil dólares internacionais, o crescimento econômico passou a sofrer fortes oscilações e um evidente declínio. Mais ou menos no mesmo período, países do Leste Europeu atingiam um PIB *per capita* de 4.300 a 5.800 dólares internacionais, entrando em seguida em uma etapa de estagnação econômica. No período de 1950 a 1975, a ex-União Soviética, a Hungria, a Romênia e a Polônia registraram um crescimento médio anual de, respectivamente, 4,8%, 4,1%, 6,5% e 4,6%, enquanto entre 1976 e 2000 essa média caiu para 0,6% (os dados da ex-União Soviética representam a soma dos ex-Estados-membros após sua desintegração), 0,7%, 0,6% e 1,5%, respectivamente (figura 2).

Figura 2

Período em que a ex-União Soviética e os países do Leste Europeu caíram na "armadilha da renda média"

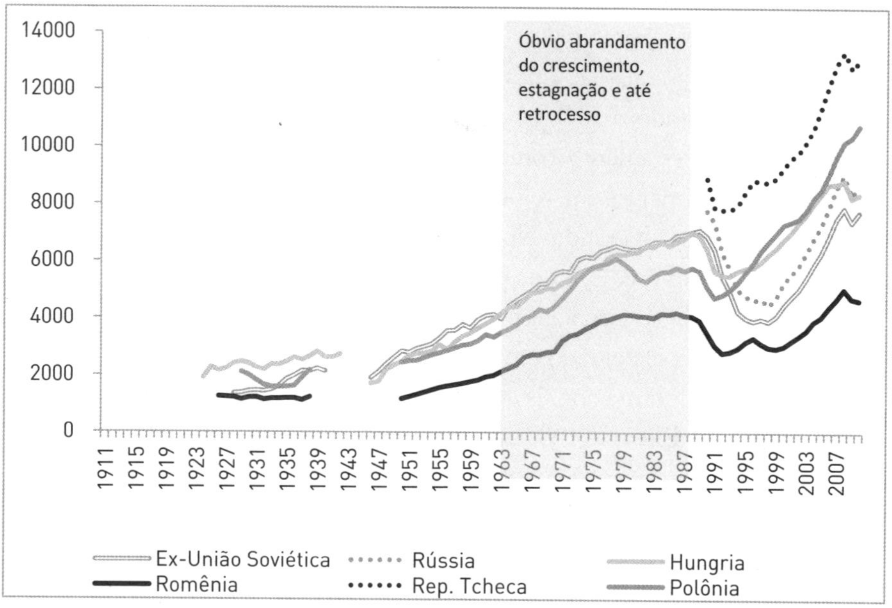

Fonte: Dados de Maddison (2010).

2.3 Países europeus com vantagem do país retardatário e países e regiões recém-industrializadas do Leste Asiático: após alcançarem a alta renda, transformaram-se em economias motivadas pela inovação e pelos serviços

Países europeus como Alemanha, França, Itália e Espanha, entre outros países capitalistas, já viveram seu processo de alcance da fronteira tecnológica. Especialmente no período de reconstrução após a Segunda Guerra, todos experimentaram rápido crescimento. Entre eles, o caso mais típico é a Alemanha, cujas características são: vantagem do retardatário, abundante capital humano e passagem por uma etapa de desenvolvimento rápido após a Segunda Guerra. A taxa de crescimento anual do PIB da Alemanha (Ocidental) no período de 1947 a 1969 era de 7,9%. Em 1969, após o PIB *per capita* alcançar 10.400 dólares internacionais, a taxa de crescimento econômico passou a declinar. De 1970 a 1979, a média anual de crescimento do PIB caiu para 3,1%, entrando na fase de crescimento médio e lento.

Após a década de 1950, Japão, República da Coreia, Cingapura, Hong Kong, Taiwan e outras economias asiáticas registraram um crescimento contínuo, entrando aos poucos para o grupo de alta renda. As características compartilhadas por esses países são aproveitar as vantagem do retardatário de imitar por baixo custo e a passagem, em cerca de 30 anos, por um rápido crescimento. Quando o PIB *per capita* atingiu o nível de 10 mil dólares internacionais, o crescimento começou a declinar. No entanto, após um novo período de crescimento em velocidade média, entraram de forma sustentável para o grupo de alta renda. No processo de transição do crescimento rápido para o crescimento médio, essas economias também se depararam com crises econômicas e sociais, superadas com muito esforço, mantendo um novo período de crescimento sustentado em velocidade média.

Estudiosos internacionais formularam o conceito de "muralha da alta renda" (Fatás e Mihov, 2009), utilizado para apontar o limiar da alta renda em relação à renda *per capita*, tendo como critério uma série de condições institucionais.[3] Tomamos o conceito de "muralha de alta renda" para descrever situações em que o PIB *per capita* alcança os 10 mil dólares internacionais, o que corresponde ao esgotamento da vantagem de país retardatário e ao término da industrialização e urbanização. Nesse ponto, a taxa de crescimento anual da economia cai significativamente, associada a uma série de dificuldades, contradições e desafios. Sob essas circunstâncias, somente através da correspondente transformação institucional e do reajuste de políticas para criar um novo modelo de crescimento é que o país se torna capaz de enfrentar com eficácia qualquer tipo de desafio e realizar um desenvolvimento sustentado de média velocidade. Caso contrário, o desenvolvimento retrocederá ou oscilará. Ou seja: os países que lograram uma transição bem-sucedida são os que conseguiram atravessar a "muralha da alta renda".

3. Em 2009, Fatás e Mihov criaram o conceito de "muralha da renda alta" (Fatás e Mihov, 2009). Os autores apresentaram um sistema de coordenadas cujo eixo horizontal é composto pelo PIB *per capita* e o eixo vertical por um indicador de qualidade institucional publicado pelo Banco Mundial em 2005 — um indicador que reflete a estabilidade política, eficácia do governo, segurança jurídica e corrupção de vários países. A "muralha da renda média" significa o patamar do PIB *per capita* entre 8 mil e 13 mil dólares internacionais. Segundo os valores dos indicadores, dividem-se os países em duas categorias. Os países com PIB *per capita* maior que 13 mil dólares internacionais possuem alta qualidade institucional, enquanto a maioria dos países com PIB menor que 8 mil dólares internacionais possui baixa qualidade institucional.

A análise mostra que a forma de crescimento e a trajetória dos países que caíram na "armadilha da renda média" são parecidas com a dos que atravessaram a "muralha da alta renda". Por exemplo, todos passaram por períodos de rápido crescimento, seguidos de desaceleração. Não é difícil concluir, no entanto, que a natureza dos dois tipos de queda de crescimento é bem diferente.

Em primeiro lugar, essas quedas ocorreram em diferentes fases. No caso das vítimas da "armadilha da renda média", o declínio de crescimento aconteceu quando o PIB *per capita* atingiu aproximadamente 4 mil a 7 mil dólares internacionais; já os que atravessaram a "muralha da alta renda" registraram declínio de crescimento numa fase em que o PIB *per capita* estava em cerca de 11 mil dólares internacionais.

Em segundo lugar, a natureza e as causas do declínio são diferentes. O declínio da taxa de crescimento ao cair na "armadilha da renda média" acontece no meio do período de industrialização, quando a vantagem do retardatário ainda não está esgotada; é um "recuo anormal". O principal motivo são as deficiências significativas na estrutura básica de industrialização desses países, impedindo a sustentabilidade do processo e interrompendo a etapa de rápido crescimento antes de sua conclusão. Já a queda resultante da travessia pela "muralha da alta renda" só acontece quando a vantagem do retardatário se esgotou e o desenvolvimento de alta velocidade está prestes a terminar, tratando-se de um "recuo natural" (figura 3).

A partir das últimas conclusões, podemos constatar que a queda na "armadilha da renda média" na fase de industrialização não é uma fatalidade e pode ser evitada pelos países em desenvolvimento com a criação de estratégias e políticas apropriadas. Já o declínio do crescimento econômico depois que os países com vantagem do retardatário ultrapassam a "muralha da alta renda" é normal e inevitável. A razão fundamental para isso é que, quando o nível de desenvolvimento dos países com vantagem do retardatário se aproxima do de países que se encontram na fronteira tecnológica, o espaço de imitação tecnológica a custo baixo se estreita e a velocidade do progresso tecnológico desacelera, fazendo com que a economia cresça gradualmente, aproximando-se do nível dos países desenvolvidos. No aspecto da demanda, por sua vez, o rápido avanço da urbanização e industrialização faz com que a demanda potencial da construção em grande escala fique quase esgotada. Somando a expansão do volume da economia, é necessária uma demanda ainda maior para manter o

Figura 3

Diferenças na queda da velocidade de crescimento entre economias que caíram na "armadilha da renda média" e as bem-sucedidas em sua trajetória

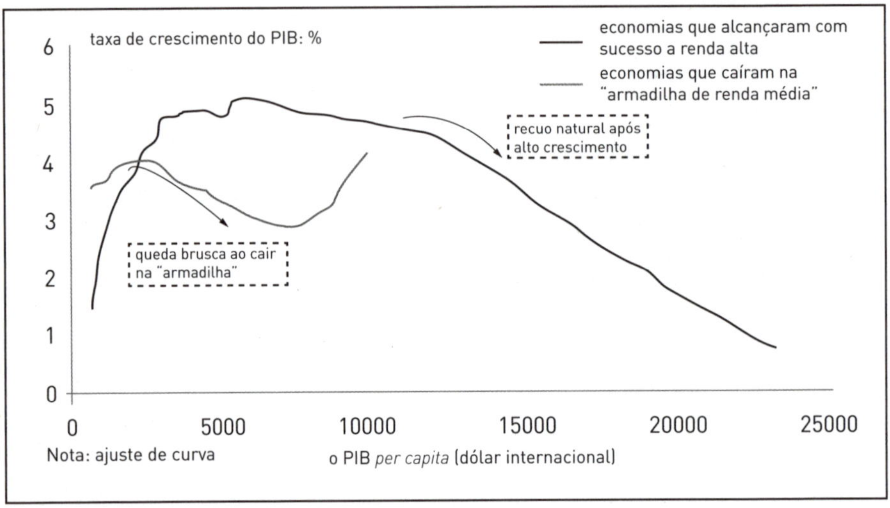

Fonte: Dados de Maddison (2010).

mesmo ritmo de crescimento; entretanto, é evidente que tal demanda acrescida não atenderá aos requisitos desse ritmo.

Também é preciso assinalar que o declínio após a queda na "armadilha" ou após o cruzamento da "muralha" é diferente da recessão e depressão no ciclo econômico. A recessão e a depressão ocorrem quando os fundamentos econômicos não registram mudanças essenciais; além disso, elas podem ser combatidas através de políticas contracíclicas. Já o declínio após a queda na "armadilha da renda média" resulta da presença de deficiências graves na estrutura industrial e não pode ser revertido com políticas contracíclicas. E o declínio resultante da travessia da "muralha de alta renda" acontece quando mudanças estruturais são observadas nos fundamentos econômicos; o uso de políticas contracíclicas nesse caso é igualmente ineficaz para retomar a alta velocidade anterior.

3. Sistema econômico e estratégia: o fator-chave para concluir a industrialização

Para um país, promover o processo de industrialização de forma bem-sucedida depende de uma série de fatores e da interação entre eles. Apresentamos aqui um "quadro de análise de seis fatores" sobre a industrialização que sumariza experiências dos países que entraram com sucesso na fase de alta renda e indica as lições dadas pelas nações que caíram na "armadilha da renda média".

3.1 "Quadro de análise de seis fatores" sobre a industrialização

Com base na literatura disponível, formulamos o "quadro de análise de seis fatores" para explicar o processo de industrialização, o qual inclui três elementos constituintes básicos e três elementos de impacto básico. Os três elementos constituintes básicos refletem a forma do processo de industrialização, enquanto os três elementos de impacto básico têm papel importante e até decisivo sobre a direção e o desempenho do processo de industrialização.

3.1.1 Os três elementos constituintes básicos da industrialização e sua inter-relação

Os três elementos constituintes básicos do processo de industrialização são a expansão constante do mercado; o contínuo reforço e constante liberação do potencial tecnológico; e a crescente taxa de acumulação do capital físico e humano. Esses elementos se estimulam e se aperfeiçoam em um processo de colaboração mútua, promovendo o desenvolvimento constante da industrialização.

Industrialização é o processo de expansão constante do mercado e da escalada (*upgrade*) estrutural do consumo interno, bem como do mercado de bens de investimento. Em um contexto de globalização econômica cada vez mais profunda, ela também implica a participação mais profunda na divisão internacional do trabalho e a disputa por uma fatia cada vez maior do mercado global.

A industrialização é o processo de progresso tecnológico, liberação do potencial tecnológico e constante melhoria de produtividade. É o processo por meio do qual a humanidade, pela exploração de conhecimentos e novas áreas tecnológicas, desenvolve novos produtos e técnicas constantemente para alcançar a modernização industrial. Com a criação ou absorção de novas tecnologias, melhora-se a qualidade do capital físico e do capital humano, contribuindo para a melhoria contínua da produtividade.

A industrialização é o processo de redução da distância entre o meio urbano e o rural, da participação cada vez maior do capital humano e do contínuo aumento da renda. Nesse processo, os setores modernos se expandem constantemente, enquanto a participação dos setores tradicionais cai gradualmente, demandando a reforma e atualização dos mesmos com base em modernas tecnologias e modos de produção. À medida que o nível de produção de toda a sociedade sobe, a participação do capital humano aumenta tanto em amplitude quanto em profundidade, bem como o nível de remuneração dos trabalhadores e do rendimento dos outros fatores da produção promovendo a expansão do mercado de consumo.

A industrialização bem-sucedida é o processo de equilíbrio dinâmico entre os três elementos citados. Em primeiro lugar, é necessário que o tamanho do mercado corresponda à dimensão industrial apoiada pela tecnologia dominante. Uma característica importante da industrialização é a economia de escala, que abrange a escala da produção e a do mercado. Se o tamanho do mercado não é suficientemente grande para acomodar a escala econômica resultante do desenvolvimento industrial e tecnológico, surgirá uma insuficiência de demanda.

Em segundo lugar, ela exige que a quantidade e a qualidade de capital humano se adaptem ao avanço tecnológico. Com o progresso da industrialização, os setores modernos que utilizam novas tecnologias surgem sucessivamente, enquanto os setores tradicionais, com a introdução de novas tecnologias, se reformam e se atualizam. Novos métodos de produção e de gestão se popularizam gradualmente em todas as áreas. A quantidade e qualidade de capital humano devem corresponder às exigências do progresso tecnológico e das mudanças no modo de produção; caso contrário, haverá carências na oferta de capital humano.

Por último, é necessário que o aumento da renda corresponda à expansão da demanda do mercado. A amplitude e a profundidade da participação do capital humano no processo de industrialização determinarão o nível de aumento da renda e sua distribuição. O aumento da renda é diretamente ligado à expansão da demanda de mercado. Se o aumento da renda não atinge o nível necessário à capacidade de expansão da demanda do mercado, este será insuficiente.

O sucesso da industrialização depende do equilíbrio desses três elementos em certo nível, durante um período de tempo razoavelmente longo. No processo de industrialização, as oscilações e frustrações muitas vezes indicam insuficiências entre os três elementos. Se essas insuficiências persistem e não são ajustadas, o processo da industrialização estaciona ou até retrocede.

3.1.2 Os três elementos de impacto básico e a sua função

As experiências presentes na história da industrialização indicam que o equilíbrio dinâmico dos três elementos constituintes é limitado pelos seguintes três elementos de impacto básico.

O primeiro são as condições iniciais de um país, que incluem população, localização, recursos minerais, ambiente ecológico e outras condições naturais, assim como sua base industrial, transporte e comunicação, ambiente internacional, educação e pesquisa científica, entre outras condições não naturais. Boas condições iniciais são favoráveis para o início e avanço da industrialização; contudo, não são imprescindíveis. Da mesma forma que a presença de todas essas condições não garante por si só o sucesso da industrialização. Alguns países com condições iniciais relativamente precárias remediaram as suas insuficiências valendo-se de sistemas econômicos, estratégias e políticas, conquistando sua industrialização. Já alguns países com melhores condições iniciais, devido ao atraso de seus sistemas econômicos ou falhas em estratégias e políticas, sofreram a chamada "maldição dos recursos naturais", em que o processo de industrialização não se iniciou, ou não pôde se desenvolver.

Em segundo lugar está a importância do sistema econômico, que inclui o sistema de proteção da propriedade, mecanismos de competição no mercado, estrutura administrativa do governo, entre outros. Uma proteção rigorosa e eficaz do direito à propriedade incentiva os fatores a participar em atividades de produção e inovação tecnológica. Um sistema de mercado competitivo desperta a vitalidade inovadora dos diversos atores, aumentando a produtividade do trabalho. Um mercado unificado oferece escala suficiente para o desenvolvimento industrial com base na tecnologia dominante. Um bom nível administrativo, a interação virtuosa entre o governo e o mercado, e a prestação de serviços públicos de acordo com as mudanças nos estágios de desenvolvimento podem promover uma expansão da capacidade do mercado, progresso tecnológico, acumulação de capital físico e humano e participação dos fatores produtivos nos setores modernos. Naturalmente, as diferentes fases de industrialização demandam diferentes requisitos ao sistema econômico (Gill e Kharas, 2007; Rodrik, 2007).

Por último estão as estratégias e políticas de desenvolvimento. Diferentes estratégias de desenvolvimento podem influenciar a formulação de políticas, bem como a capacidade do mercado, o avanço tecnológico e a acumulação e participação plena do capital humano. Por exemplo, a estratégia de substituição de importações protege a indústria nacional. Embora no início haja um efeito favorável ao seu desenvolvimento, sua aplicação não favorece a inovação tecnológica no longo prazo; ao contrário, estimula a formação de grupos de interesse, repelindo a entrada de capital humano nos setores modernos. Na estratégia orientada à exportação, mesmo que recebam certo subsídio, empresas nacionais vêm ganhando vigor para seu progresso tecnológico por meio da abertura à concorrência internacional. Consequentemente, essas empresas e o sistema industrial podem conquistar uma maior participação de mercado, fazendo com que o capital humano da sociedade participe de forma mais efetiva do processo da industrialização.

Os prós e contras de cada estratégia de crescimento não são absolutos. O ponto-chave reside na possibilidade de fazer ajustes e melhorias no tempo oportuno, de acordo com o ambiente e as condições internas e externas. Na fase inicial de industrialização, muitos países criaram estratégias para substituir importações; na fase de aprimoramento desse desenvolvimento, entretanto, alguns países passaram a executar uma estratégia orientada para a exportação, registrando um bom avanço da industrialização, enquanto outros mantiveram a estratégia de substituição de importações, criando entraves ao seu processo de industrialização.

Em suma, as diferenças no arranjo do sistema econômico e na escolha de estratégias de desenvolvimento, somadas à diferença das condições iniciais, influem no quadro integrado pelos três elementos básicos da industrialização: tamanho do mercado, potencial tecnológico e participação de capital físico e humano, definindo o desempenho industrial de cada país.

3.2 Experiências típicas dos países bem-sucedidos em seu processo de industrialização

3.2.1 Implementação de uma política de oferta competitiva, estímulo à inovação das empresas e melhoria da eficiência na alocação de recursos

A manutenção da competitividade na oferta é uma importante força no aumento da eficiência e na inovação tecnológica. Os países industrializados dão importância ao estabelecimento de um sistema empresarial competitivo, especialmente nos aspectos de proteção dos direitos de propriedade, acesso equitativo e regulação da concorrência, para incentivar a inovação e o empreendedorismo. Além disso, dão atenção ao mecanismo de preços na alocação de recursos e em orientar sua distribuição dos mesmos para os setores mais eficientes. Por exemplo, em 1623 o Reino Unido já tinha estabelecido o sistema de patentes para proteger a propriedade intelectual das novas invenções. Os Estados Unidos começaram a instituir o sistema de patentes logo após a Declaração da Independência, com a aprovação da Lei das Patentes em 1790. Para garantir a concorrência de mercado, em 1890 os Estados Unidos criaram a primeira lei antitruste (Sherman Antitrust Act), regulando a concorrência de mercado e defendendo o sistema empresarial competitivo.

3.2.2 Promover a unificação e a abertura do mercado, garantindo que as indústrias mais dinâmicas obtenham a escala econômica correspondente

Todos os países bem-sucedidos em seu processo de industrialização deram ênfase à expansão do mercado. No território nacional, o foco foi quebrar barreiras geográficas e restrições sociais e institucionais, priorizar o desenvolvimento de infraestrutura, e promover a movimentação dos recursos humanos para aprimorar a divisão setorial e unificar o mercado interno. Por exemplo, em 1707 o Reino Unido unificou o mercado interno e revogou tarifas aduaneiras entre Inglaterra e Escócia. Pela navegação fluvial de rios interiores e da cabotagem, no final do século XVIII e no início do século XIX formou-se uma grande rede de navegação ligando as principais zonas econômicas entre si, criando um mercado interno unificado e uma estrutura básica conectada ao mercado internacional. Outro exemplo é a grande importância do desenvolvimento ferroviário americano. Em 1888, a rede ferroviária dos Estados Unidos já registrava 26 mil milhas de extensão (cerca de 42 mil quilômetros) a mais do que toda a Europa. Graças ao grande desenvolvimento ferroviário, o custo do transporte caiu significativamente e regiões remotas foram integradas a um mercado doméstico unificado. Com isso, o país aumentou significativamente as oportunidades de comércio interno, promovendo uma grande expansão da escala empresarial.

De acordo com as mudanças dinâmicas das vantagens comparativas, esses países fortaleceram sua posição na divisão internacional de trabalho, fazendo com que seus recursos desempenhassem um papel vantajoso no mercado global. Vale destacar que no início de sua expansão econômica os países capitalistas desenvolvidos mantiveram um saldo positivo na conta-corrente e no comércio de mercadorias durante um longo período. Nos cem anos de 1870 a 1969, a balança comercial de mercadorias dos Estados Unidos registrou déficit em apenas cinco anos. E nos 70 anos compreendidos de 1900 até 1969, o país registrou déficit na balança comercial apenas em 1935. Frente a esses dados, fica evidente que a prospecção de mercados externos e a aposta vigorosa no comércio e no investimento internacionais são suportes importantes para o crescimento constante dos países desenvolvidos.

3.2.3 Dar importância ao acúmulo e plena participação de capital humano, promover a expansão dos setores modernos, alcançar a integração social eficaz no processo de modernização

Outra experiência significativa dos países desenvolvidos é a importância dada ao acúmulo de capital humano e à remoção das barreiras institucionais, permitindo sua livre participação no processo de modernização. Por exemplo, após a fundação dos Estados Unidos, o país incentivou a imigração por mais de cem anos, e após a Guerra Civil a escravidão foi abolida. A Alemanha foi pioneira na implementação da Lei da Educação Obrigatória. Ademais, esses países bem-sucedidos também trabalharam em defesa da mobilidade entre as camadas sociais, para evitar a excessiva disparidade de renda durante o processo de industrialização. Mais importante ainda é prevenir a consolidação da pobreza entre gerações. No processo de industrialização, o Reino Unido e os Estados Unidos também registraram uma fase de disparidade na distribuição de renda, mas devido a uma forte mobilidade social, suas sociedades em geral conseguiram manter grande dinamismo econômico.

3.2.4 Ajustar oportunamente a relação entre o governo e o mercado

Países e regiões bem-sucedidas da Ásia Oriental caracterizaram-se por maior participação do governo na alocação de recursos na fase de rápido crescimento da industrialização. À medida que o desenvolvimento avançava, o governo desempenhou um papel mais ativo em incentivar empresas à inovação, na melhora dos serviços públicos e na criação de um ambiente externo favorável. Ao mesmo tempo, o governo liberou gradualmente o controle, reduziu sua intervenção na economia, reformou o setor financeiro e simplificou seus órgãos. O papel do governo na economia ganhou mais flexibilidade e suas funções foram alteradas de forma adequada. O governo também teve um papel fundamental e decisivo na alocação de recursos, inovação tecnológica e modernização industrial, formando um modelo de crescimento motivado pela inovação. Essa é mais uma das valiosas experiências dos países que conseguiram cruzar a "muralha de alta renda".

3.3 Lições dos países que caíram na "armadilha da renda média"

3.3.1 Lições dos países latino-americanos: a rígida execução da estratégia de substituição de importações durante um longo período

O uso da estratégia de substituição de importações não é um fenômeno exclusivo dos países latino-americanos. Com exceção do Reino Unido, quase todos os países industrializados praticaram, até certo ponto, a estratégia de substituição de importações. No entanto, nenhum dos países bem-sucedidos limitou-se a essa estratégia para chegar à alta renda. As razões pelas quais os países latino-americanos caíram na "armadilha da renda média" são muitas, como um sistema de distribuição de terras extremamente irregular e a manutenção da desigualdade de renda. Porém, o principal motivo foi a execução rígida da estratégia de substituição de importações por um longo período.

A maior parte dos países latino-americanos tem um mercado doméstico restrito e indústrias protegidas que dificilmente conseguem ganhar escala. A execução da estratégia de substituição de importações resultou na falta de inovação nas indústrias nacionais. Uma indústria protegida raramente se expande e é incapaz de criar oportunidades de emprego suficientes no setor não agrícola, fazendo com que um grande número de trabalhadores fique retido durante muito tempo nos setores tradicionais, sem alternativas para aumentar sua renda de forma contínua. Isso afeta negativamente a demanda interna e a expansão do mercado. Devido à alta concentração de terras na mão de poucos, um grande número de moradores das áreas rurais é obrigado a migrar para as cidades, mas a falta de contato com a industrialização os deixa marginalizados.

A participação insuficiente da força de trabalho e o atraso da reforma agrária resultaram em grande disparidade de renda. Essa situação impediu que muitas pessoas compartilhassem dos frutos do desenvolvimento, provocando uma série de contradições e problemas sociais graves.

A estratégia de substituição de importações também implica uma grande importação de bens de capital, máquinas e equipamentos. No entanto, a exportação concentrada em produtos primários não garante divisas internacionais suficientes para atender a essa demanda. O país fica pressionado a tomar empréstimos exteriores, impactando a balança de pagamentos. Sob essa estratégia, as empresas registraram baixa taxa de retorno, o que por sua vez afetou negativamente a arrecadação do governo. Por sua vez, um governo deficitário tem capacidades reduzidas de controle macroeconômico. Com o aumento persistente das dívidas, a captação de empréstimos de longo prazo tornou-se cada vez mais difícil, obrigando os países latino-americanos a recorrer a empréstimos de curta duração, causando crescente instabilidade macroeconômica. Após a década de 1970, o ambiente econômico internacional mudou e houve um fluxo anormal de saída de capital de curto prazo, resultando na crise da dívida.

Em síntese, esses países alcançaram um rápido crescimento na fase inicial de industrialização valendo-se da vantagem do retardatário no âmbito tecnológico e da estratégia de substituição de importações. Na segunda metade do século XX, a região produziu outro curto milagre, mas a rigidez na implementação dessa estratégia minou as condições para um contínuo avanço da industrialização. Na década de 1980, quando o PIB *per capita* alcançou pouco mais de 4 mil dólares internacionais, esses países encalharam na crise da dívida e no desenvolvimento econômico estagnado por um longo prazo, caindo assim na "armadilha da renda média".

3.3.2 As lições da ex-União Soviética e dos países do Leste Europeu: a permanência prolongada de um sistema rígido de economia planejada

Contando com uma grande capacidade de mobilizar recursos em um sistema econômico planejado e com uma estratégia de premiar a acumulação e a indústria pesada — em detrimento do consumo e da indústria leve —, a antiga União Soviética e os países do Leste Europeu conquistaram uma rápida industrialização no curto prazo. Entretanto, esse resultado também implicou distorções das relações entre os vários setores econômicos, e essa acumulação de contradições acabou resultando em estagnação e até retrocesso.

Esses países dependeram de órgãos de planejamento para organizar a produção e o consumo, prejudicando a alocação de importantes fatores de produção. Sob esse tipo de sistema, a economia privada foi basicamente eliminada, dificultando o estabelecimento de um sistema empresarial competitivo; a regulação de mercado foi eliminada e o mecanismo de preços quase não funcionou na alocação de recursos. Sob esse regime de alocação unificada da produção, fornecimento, vendas e recursos humanos, financeiros e materiais, as empresas careciam de incentivos eficazes para melhorar sua gestão e investir em tecnologia. Também não havia canais de comunicação abertos entre chefes e subordinados. Tudo isso provocou ineficiências na alocação de recursos, baixa qualidade de crescimento econômico e grave distorção da estrutura econômica.

Esses países eram mais fechados e o tamanho do mercado, bastante limitado. As cooperações comerciais e econômicas eram concentradas entre os países-membros do Conselho para Assistência Econômica Mútua que, na verdade, não passavam de uma extensão do sistema planejado do mercado soviético. Devido à ausência de estímulos para a participação no mercado internacional, faltou às empresas e aos produtos uma competitividade verdadeira. Nesse caso, a economia foi fundamentalmente baseada na demanda doméstica e teve pouca relação com a economia mundial, com as mudanças no mercado internacional e os avanços tecnológicos. Por não dispor de informações de boa qualidade, o governo soviético não parou de investir em projetos obsoletos, levando a taxa de retorno do investimento a uma queda livre.

A participação inadequada do capital humano e a distorção excessiva da estrutura econômica criaram graves problemas nesses países. Restrições administrativas e a vigência do sistema de fazendas coletivas impediram a transferência de mão de obra para setores não agrícolas. Embora o produto industrial registrasse crescimento contínuo, graças ao desenvolvimento da indústria militar, os recursos e superávit destinados à agricultura e indústria leve foram coercivamente apropriados, o que resultou em um desenvolvimento desequilibrado entre uma indústria pesada excessiva e uma indústria leve insuficiente, gerando o agravamento do subemprego.

Em suma, a ex-União Soviética e os países do Leste Europeu tiraram proveito da capacidade de mobilização de recursos originada do sistema econômico planejado e alcançaram um crescimento rápido durante certo período. Entretanto, a permanência desse sistema planejado e do desequilíbrio setorial impediu a modificação da estrutura fundamental da economia. Quando o PIB *per capita* chegou a 6 mil dólares internacionais, a taxa de crescimento econômico reduziu-se significativamente, e esses países caíram na armadilha da renda média. Vale ressaltar que, em vez de acontecer após a transformação drástica do Leste Europeu, o declínio acentuado da taxa de crescimento teve lugar dentro do período em que a economia planejada e a hegemonia política e militar da União Soviética ainda predominavam. Isso indica que esse declínio pode ser explicado como um resultado do quadro institucional existente naquele momento.

4. Por volta de 2015, a taxa de crescimento da China entrará no intervalo de "recuo natural"

Ao observar as experiências históricas de crescimento econômico de vários países industrializados, utilizamos três métodos diferentes, mas mutuamente consistentes, para analisar o percurso de crescimento econômico da China e suas perspectivas. Estimamos que há grandes chances de a taxa de crescimento potencial econômico chinês se reduzir no intervalo entre 2013 e 2017, provavelmente por volta de 2015.

O primeiro método selecionado é o uso direto dos dados gerais da economia nacional, comparados com as experiências das economias do Japão, da

Coreia do Sul e da Alemanha, que foram bem-sucedidas em sua trajetória de convergência para a alta renda. Em 2010, o PIB *per capita* chinês chegou a 7.864 dólares internacionais.[4] Supondo que nos próximos anos o PIB da China consiga manter o mesmo ritmo de crescimento rápido dos últimos 30 anos, combinado com as previsões da ONU sobre crescimento populacional, o PIB *per capita* da China alcançará 11.608 dólares internacionais em 2016, nível em que as taxas de crescimento econômico dos países mencionados se reduziram. Após 2016, e seguindo as experiências dos países bem-sucedidos, se a taxa de crescimento potencial da China se reduzir em 30% em relação à média do período de rápido crescimento, então o crescimento do PIB cairá cerca de 3 pontos percentuais. Assim, segundo dados estatísticos oficiais da China, o crescimento do PIB está previsto em 9,7% para o 12º Plano Quinquenal e em 6,5% para o 13º Plano Quinquenal.

O segundo método é tratar cada província da China como uma economia independente, levando em consideração que a população da maioria das províncias chinesas é semelhante à de um país de grande ou médio porte. Com base nas experiências de desenvolvimento de vários países do mundo, prevê-se a taxa de crescimento econômico potencial em cada região administrativa em nível provincial e depois se somam os resultados, calculando a taxa de crescimento da economia nacional. Por exemplo, as três municipalidades de Pequim, Tianjin e Xangai são comparadas com Hong Kong e Cingapura; outras 22 províncias são comparadas com países como Japão, Coreia do Sul e Alemanha. São comparados aspectos como PIB *per capita*, estrutura industrial, nível de urbanização e especialização, dotação de recursos e nível de abertura. As seis províncias restantes, que não dispõem de condições naturais e geográficas adequadas para industrialização e urbanização, são comparadas com as experiências históricas de países que obtiveram um rápido desenvolvimento econômico, mas não conseguiram chegar à alta renda.

Tomando como base o PIB atual de cada província, supondo que estas mantenham a taxa média de crescimento dos últimos 30 anos, e levando em conta as respectivas previsões de crescimento populacional, pode-se verificar quando o PIB de cada província chegará à etapa em que os países com-

4. Em dólares internacionais de 1990. Devido à diferença dos métodos de compilação, precisamos fazer ajustes nos dados de crescimento do PIB divulgados pelo Instituto Nacional de Estatística da China, para obter dados comparáveis com a renda *per capita* em dólares internacionais de 1990 calculada por Maddison.

parados registraram desaceleração. Supondo que a taxa de crescimento do PIB de cada província se reduza em 30%, faz-se a soma total para calcular a expansão econômica do país. Os resultados mostram que aproximadamente em 2014 a taxa de crescimento potencial do PIB da China cairia para menos de 8% — sendo, em média, de 8,2% para o período do 12º Plano Quinquenal e de 7,3% para o do 13º Plano Quinquenal, segundo os dados estatísticos oficiais da China.[5]

O terceiro método é prever o momento de declínio da taxa de crescimento econômico chinesa por meio da pesquisa sobre a relação entre o consumo (ou produção) de produtos de grande volume e o PIB *per capita*, e verificar o resultado frente aos dois primeiros métodos. Os detalhes são: 1. Tomar como base cinco indicadores do consumo *per capita* em 2009: eletricidade (2.742 kWh/pessoa), posse de automóvel por mil pessoas (48,7/mil), produção acumulada de aço *per capita* (3,9 toneladas/pessoa), produção de automóveis *per capita* (10,3/mil), e produção anual de aço *per capita* (0,5 tonelada/pessoa). 2. Supondo que no futuro esses indicadores continuem a crescer na mesma taxa média registrada na última década, pode-se calcular o momento do declínio potencial do crescimento do PIB da China, quando os indicadores atingirem o ponto correspondente de recuo registrado no Japão, na Coreia do Sul e na Alemanha. 3. Ainda se supõe que a nossa taxa de crescimento potencial tenha o mesmo declínio de 30% de Japão, Coreia do Sul e Alemanha, o que significa uma redução em torno de 3 pontos percentuais no crescimento do PIB.

A análise desses três métodos mostra que, se a trajetória de crescimento econômico da China se aproximar do percurso dos países bem-sucedidos, é altamente provável que o crescimento potencial chinês se reduzirá durante o 12º Plano Quinquenal, e registrará um declínio óbvio no período do 13º Plano Quinquenal (tabela 1).

---

5. O primeiro e o segundo métodos registram resultados diferentes, tanto em termos da taxa de crescimento como de seu padrão de transição. O primeiro método implica uma desaceleração em etapas, enquanto o segundo caracteriza-se por uma redução gradual. Há duas razões para isso. A primeira razão é a diferença de cálculo. O primeiro método considera a China como uma economia completa, enquanto o segundo calcula as taxas de crescimento das várias províncias de forma independente, com certa compensação mútua, levando a um declínio mais suave. A segunda razão é usar diferentes grupos de países como referência. No primeiro caso, todas as províncias são comparadas com os países que alcançaram o nível de alta renda. No segundo método, devido às localizações e condições de recursos, algumas províncias são comparadas com países de crescimento mais baixo.

Tabela 1

As perspectivas de crescimento potencial, resultado de três tipos de estimativas

Método de cálculo		Taxa média anual de crescimento do PIB (%) 2001-05	2006-10	2011-15	2016-20	Ponto de inflexão de crescimento do PIB: Ano	o PIB (dólar internacional)
Estimativas baseadas em dados nacionais		9,8	11,2	9,7	6,5	2016	116 08
Estimativas baseadas em dados provinciais		9,8	11,2	8,2	7,3	2014	106 80
Estimativas em volume físico	Eletricidade	9,9	11,3	9,0	7,2	2013	985 3
	Posse de carro	9,10	11,4	9,4	7,0	2017	129 67
	Produção acumulada de ferro	9,11	11,5	8,2	7,3	2017	125 14
	Produção de carro	9,12	11,6	9,4	7,2	2017	123 20
	Produção de ferro	9,13	11,7	9,7	6,7	2013	101 45
Média		9,14	11,8	9,1	7,1		114 41

Fonte: Cálculo dos autores.

5. Cruzar a "muralha": os desafios reais enfrentados pela China

Com uma análise abrangente do percurso histórico e das perspectivas de industrialização da China, comparada com os exemplos de outros países, pode-se concluir que a China tem chance de ultrapassar com relativo sucesso a chamada "armadilha da renda média", que capturou países latino-americanos, a ex-União Soviética e países do Leste Europeu. Entretanto, o país deverá enfrentar sérios desafios para cruzar a "muralha" e entrar para a sociedade de alta renda. Essa é a situação peculiar da China, diferente não só da América Latina, da ex-União Soviética e dos países do Leste Europeu, como também da Alemanha, do Japão e da Coreia do Sul.

5.1 É menos provável que a China caia na "armadilha da renda média"

5.1.1 O PIB *per capita* da China já ultrapassou o nível em que os países da América Latina, a ex-União Soviética e o Leste Europeu experimentaram a "armadilha da renda média"

De acordo com a análise anterior e com o valor do dólar internacional de 1990, o PIB *per capita* chinês chegou a 7.864 dólares internacionais em 2010, superando os 4 mil dólares internacionais da América Latina e os 6 mil dólares internacionais dos países da ex-União Soviética e do Leste Europeu quando estes caíram na "armadilha da renda média". Conforme a tendência de crescimento atual, o PIB *per capita* da China chegará com sucesso aos 11 mil dólares internacionais até 2015. Foi nesse nível que os países bem-sucedidos conseguiram cruzar a "muralha" e entrar para o grupo de alta renda. Isso mostra que, na ausência de imprevistos, é pouco provável que a economia da China caia na "armadilha da renda média", como ocorreu com a América Latina e os países da ex-União Soviética (figura 4).

5.1.2 A China dispõe de condições favoráveis para atravessar a "armadilha da renda média", se comparada aos países malsucedidos

Em primeiro lugar, diferentemente dos países latino-americanos, a China implementou a abertura ao exterior e a estratégia orientada à exportação quando seu PIB *per capita* ainda era muito baixo.[6] Mesmo que tenha executado a política de substituição de importações antes da reforma e abertura, a China conseguiu realizar uma rápida mudança estratégica e orientar seu foco à exportação. Essa escolha ajudou a ampliar o mercado para os produtos chineses, levar a pressão da concorrência internacional às empresas locais, e introduzir uma vasta gama de tecnologias e experiências de gestão. Além disso, o elevado crescimento das exportações estimulou o processo de urbanização da China nas zonas costeiras.

Em segundo lugar, diferentemente dos países da ex-União Soviética e do Leste Europeu, a China iniciou a reforma de mercado quando ainda registrava baixo nível de desenvolvimento, a qual foi acompanhada pelo desenvolvimento rápido da industrialização.[7] Essa reforma proativa e positiva promoveu o crescimento da riqueza nacional e a distribuição eficiente do capital físico e humano, levando a um crescimento extraordinário nos últimos 30 anos.

6. A renda *per capita* da China era então significativamente mais baixa que a dos países latino-americanos quando estes caíram na "armadilha da renda média".
7. A renda *per capita* da China era então significativamente mais baixa que a da União Soviética e dos países do Leste Europeu quando estes caíram na "armadilha da renda média".

Figura 4

É menos provável que a China caia na "armadilha da renda média"

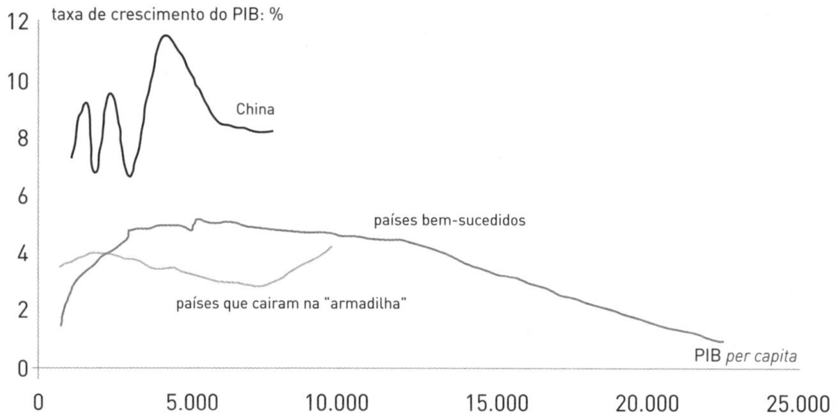

Nota: (1) ajuste de curva (2) a taxa de crescimento da China calculada de acordo com PPP de Maddison 1990 em dólares internacionais

Fonte: Dados de Maddison (2010).

Em terceiro lugar, o mercado chinês tem um espaço potencial enorme e uma boa configuração dos fatores de desenvolvimento. A população da China é a maior do mundo, superior inclusive ao total da população dos países de alta renda, 4,3 vezes a população dos Estados Unidos e 4,1 vezes a população dos países da zona do euro. Em certo sentido, pode-se dizer que a China é um mundo. Com tanta gente vivendo no sistema unificado e no ambiente de mercado, seu efeito em termos da economia de escala não pode ser comparado a nenhum outro país no mundo. Por meio da reforma e abertura, os produtos e fatores de produção conquistaram maior mobilidade, e o grau de integração do mercado aumentou. Vale ressaltar que o desenvolvimento interno desigual era uma deficiência, mas isso também implicou uma forte complementaridade entre a oferta de fatores de produção e o desenvolvimento industrial, aumentando o espaço de manobra e sustentabilidade. Em suma, a China tem condições vantajosas, melhores do que as da América Latina, dos países da ex-União Soviética e do Leste Europeu, e em certa medida até melhores que um mercado unificado regional formado por países.

No aspecto da oferta, a China também tem suas vantagens. Antes de tudo, a grande oferta de mão de obra da China é de baixo custo e registrou melhoria em seu nível de escolaridade e condições de saúde, além de ser diligente e disciplinada. Em segundo lugar, durante o período de economia planejada, a China estabeleceu um sistema relativamente completo da indústria e da economia nacional. Aspectos como design de produto, processo de fabricação e experiência de gestão acumulados nessa fase transbordaram para as empresas privadas. Após a reforma, as empresas estatais também melhoraram seu avanço tecnológico. Aliás, a tradição de poupança, tal qual em outros países bem-sucedidos, possibilitou a manutenção de uma alta taxa de poupança e a oferta contínua do capital físico para o processo de industrialização.

É particularmente importante destacar o regime político favorável à manutenção da estabilidade política e social, focado no equilíbrio da reforma, no desenvolvimento e na estabilidade. Após o início da reforma e abertura, o foco do Partido Comunista tem se concentrado na construção econômica, e o país inteiro tem demonstrado coesão, solidariedade e consenso em torno do desenvolvimento, unindo-se para criar sinergia e evitar a instabilidade social prolongada e divisão política que se viu em países que caíram na "armadilha da renda média".

5.2 Comparada aos países que cruzaram a "muralha da alta renda", a China enfrenta desafios mais sérios na transformação do modelo de desenvolvimento

É um fenômeno comum que a taxa de crescimento caia quando o PIB *per capita* atinja a alta renda e a vantagem do retardatário se esgote. O processo de crescimento econômico da China não deverá ser uma exceção. Por um lado, isso pode ser considerado um símbolo importante do sucesso chinês em atravessar o período de crescimento rápido. No entanto, apesar de o crescimento da China registrar um "declínio natural" semelhante ao de países bem-sucedidos em seu processo de transição, ainda pairam dúvidas se a China conseguirá manter um crescimento estável e contínuo em uma nova plataforma depois da queda. Será que o modelo de crescimento poderá ajustar-se a tempo, conforme as mudanças no ambiente? Esse é um ponto crítico.

Os países que alcançaram a alta renda com sucesso já passaram pelo período de "declínio natural" e ajustaram seu modelo de crescimento, construindo um novo modelo motivado pela inovação. Nas áreas mais inovadoras desses países, especialmente em indústrias de tecnologia intensiva, formou-se um ambiente no qual as grandes empresas privadas predominaram, pela concorrência de mercado; aumentou-se o grau de abertura nos setores de manufatura e de serviços, incentivando e protegendo a concorrência leal; estabeleceu-se um sistema de ensino acadêmico e profissional propício à inovação, bem como um sistema de pesquisa em ciência básica e tecnologia aplicada, entre outros fatores.

Após o período de crescimento rápido, os governos empenharam-se em incentivar as empresas a enfrentar a mudança do mercado com inovação continuada e buscando novos pilares de crescimento econômico. Por exemplo, frente à crise do petróleo, ao recuo da economia e a uma série de acidentes ambientais graves, o governo japonês esforçou-se em incentivar e orientar as empresas locais a desenvolver produtos de baixo consumo de energia e ecologicamente amigáveis, melhorando a eficiência do uso dos recursos e, ao mesmo tempo, desenvolvendo o setor automobilístico, que posteriormente se tornou o mais eficiente e competitivo do mundo. Por outro lado, a Alemanha persistiu em inovações em sua indústria tradicional, composta de muitas empresas centenárias e competitivas até hoje. No país, muitas pequenas e médias empresas de vários setores, chamadas de "campeões ocultos", detêm grande fatia de mercado e dispõem de tecnologias essenciais. Embora registre alto custo de mão de obra, até 1990 a Alemanha foi o segundo maior exportador mundial de vestuário. A Coreia do Sul, por sua vez, criou o Ministério da Economia do Conhecimento e a Secretaria da Indústria Cultural depois da crise financeira asiática de 1997. Também promulgou a Lei Especial para Criação de Empresas Inovadoras e a Lei de Promoção Cultural da Indústria, para promover os segmentos intensivos em conhecimento e transformar-se de país manufatureiro para um centro de inovação e design.

Comparado com os países anteriormente citados, o modelo de desenvolvimento da China demonstra algumas características singulares, entre elas:

- Competição regional liderada pelos governos locais. Como os demais países, a China tem adotado um regime de gestão descentralizada em vários escalões de governo. De acordo com o sistema de avaliação de desempenho de autoridades locais, seus recursos financeiros e oportunidades de ascensão na carreira estão intimamente relacionados com a escala de produção local. Os índices de crescimento econômico transformaram-se nos indicadores mais valorizados e mais quantificáveis para a seleção e nomeação de quadros, estimulando os governos a acelerar o crescimento econômico local. Por outro lado, todos os níveis de governo detêm considerável poder e influência sobre a alocação de recursos (tais como o poder de alocação dos recursos de terra e de reduzir o custo do investimento através do relaxamento da supervisão ambiental). Com a reforma e abertura, houve uma intensificação de movimento de produtos e recursos entre as regiões, colaborando com o sistema da divisão global do trabalho e a formação e expansão de um mercado interno unificado. Isso tem permitido às autoridades locais incentivarem o desenvolvimento econômico pela melhoria do ambiente de investimento e da atração de recursos externos. Pode-se observar que governos de qualquer nível desempenham o papel de competidores no mercado e concorrem entre si por recursos e promoções, situação chamada de "economia de competições locais", que é a principal característica da economia chinesa. Se por um lado esse sistema serve como propulsor do crescimento econômico chinês, ele também causa muitos problemas, tais como o crescimento extensivo e o aumento de riscos fiscais e financeiros.

- Destaca-se o papel do governo em concentrar os recursos disponíveis para realizar grandes projetos. No atual sistema, o governo tem poderes consideráveis, como controle direto e intervenção indireta sobre os recursos, e consegue mobilizar e utilizar rapidamente uma grande quantidade de recursos para alcançar certa meta estratégica. Esse mecanismo concentra uma única e peculiar vantagem: a rápida resposta em situações de emergência e na execução de grandes projetos. Entretanto, se essa prerrogativa for estendida de forma inadequada, ou for usada para fins indevidos, o resultado poderá ser negativo. Esse sistema ainda tem outro problema a resolver: o de melhorar a eficiência alocativa e sua adaptabilidade ao mercado.
- A economia estatal ainda exerce forte domínio sobre os setores básicos. Com o aprofundamento da reforma, a economia estatal retirou-se de muitas áreas e deu lugar à economia não pública e ao investimento estrangeiro, cuja produção atualmente excede o total da economia pública. Mas a economia estatal ainda domina setores como energia, infraestrutura e o setor financeiro, e até se fortalece em alguns outros segmentos. Em determinadas províncias, empresas estatais retomam sua liderança de mercado ou tornam-se acionistas dominantes, provocando o risco de retirada do setor privado. Nos últimos anos, a rentabilidade das grandes empresas estatais melhorou bastante, bem como sua estrutura de propriedade e gestão. É difícil, porém, identificar se esse êxito vem de uma condição monopolista ou de progressos substanciais na eficiência operacional. Ainda não se sabe em que medida es-

sas empresas estatais serão capazes de assumir a responsabilidade de inovar.

- É preciso elevar o nível de abertura do mercado e da concorrência. Desde a reforma e abertura, a China tem feito grandes progressos na abertura do mercado, que está ficando cada vez mais competitivo e ordenado. Entretanto, varias áreas ainda possuem restrições de acesso, entre as quais se destaca o setor de serviços. A concorrência ainda sofre interferências devido a diversos fatores injustificáveis. Em particular, algumas empresas tentam influenciar as políticas públicas a fim de proteger seus próprios interesses e consolidar seu monopólio. Ademais, algumas empresas que já possuem predominância no mercado usam seu poder para reprimir os seus concorrentes. Em geral, o mercado chinês vive uma fase de baixo nível de imparcialidade, e cabe à sociedade pagar o elevado custo dessas transações.
- A construção do sistema legal ainda não se adaptou às necessidades do desenvolvimento econômico. Após a reforma e abertura, a China tem promulgado ou modificado uma série de leis sobre o sistema de economia de mercado, tais como Lei de Sociedades, Disposições Gerais do Direito Civil, Lei Criminal, Lei de Contrato, Lei de Propriedade e Lei Antitruste. No entanto, o país ainda está longe da "economia de mercado de legalidade". É preciso aperfeiçoar o sistema legal, adaptável a uma economia aberta. A restrição e interferência do Poder Executivo nos assuntos jurídicos continuam sendo um grande problema, e o não cumprimento das leis ainda é bastante comum.
- Acumulação e posterior redução de riscos fiscais e financeiros. Nos últimos anos, o rápido crescimento econômico e os defeitos do mecanismo institucional suscitaram uma série de problemas, tais como o risco das modalidades de financiamento regionais, o risco dos empréstimos de longo prazo e o risco de bolha de ativos. O rápido crescimento pode ajudar para que esses riscos sejam reduzidos no período posterior de desenvolvimento. No entanto, se o crescimento econômico registrar um "recuo natural", não se pode excluir a possibilidade de a China aumentar sua exposição a esses riscos, causando um grande choque no funcionamento macroeconômico.
- A questão proeminente da meia-urbanização. Desde a reforma e abertura, um grande número de trabalhadores rurais tem se transferido a indústrias não agrícolas e às zonas urbanas. Entretanto, devido às restrições das políticas de terra, de segurança social e de migração populacional, a maioria desses migrantes não consegue se integrar verdadeiramente nas cidades. Essa

meia-urbanização não só restringe a melhora alocativa da força de trabalho e outros fatores produtivos como impede o crescimento do consumo e o aumento da qualidade do capital humano.

- Obstrução dos canais de ascensão social. Nos últimos anos, houve um aumento da possibilidade de escolhas pessoais, como na oferta de educação, alternativas de trabalho ou empreendimento autônomo, abrindo diversos canais para a realização pessoal. Mas os canais de ascensão social vertical ainda não são suficientemente fluidos, e muitas vezes a origem familiar e as relações sociais exercem uma influência indevida nas oportunidades de emprego e empreendedorismo. A disparidade observada entre as gerações de ricos e pobres indica que os interesses e segmentos sociais estão se solidificando. A manutenção desse quadro pode reprimir a dinâmica e a inovação da sociedade, ou até afetar diretamente a estabilidade social.

Em resumo, o modelo atual de desenvolvimento da China tem demonstrado eficácia no período de crescimento acelerado, e vantagens exclusivas em alguns aspectos. As mudanças estruturais que acompanham o declínio natural da expansão econômica indicam que os fatores que apoiaram a alta velocidade de crescimento econômico da China nos últimos 30 anos deverão ser reestruturados e recombinados. Se a China mantiver o mesmo modelo de desenvolvimento, deverá enfrentar dois desafios graves na etapa do "recuo natural". O primeiro são os vários problemas associados à ineficiência, antes encobertos pela alta liquidez e pelos benefícios da economia de escala. Muitos já começam a surgir, como o declínio da taxa de retorno empresarial e da receita fiscal, a contração do valor de ativos e a maior dificuldade na cobrança de créditos de longo prazo. Segundo, as dificuldades de expansão do mercado à medida que o processo de desenvolvimento avança. Problemas de falta de incentivos na oferta, lentidão na acumulação de capital humano, e obstrução de canais de acesso dos trabalhadores ao processo de modernização ficarão cada vez mais evidentes. Após a redução da vantagem de baixo custo, surgem dúvidas se a China conseguirá ou não criar uma nova vantagem competitiva baseada na inovação. Para a China, esses dois aspectos poderão dificultar o cruzamento da "muralha da alta renda".

6. A "reforma participativa e promocional" impulsiona um avanço substancial na transformação do modelo de desenvolvimento

6.1 A aproximação da "muralha" urge uma transformação do modelo de desenvolvimento econômico

Segundo as análises anteriores, a taxa de crescimento potencial da economia chinesa deverá registrar um "recuo natural" a partir de 2015. Após 30 anos de rápido crescimento, a economia do país deverá atingir o teto da expansão, e a transformação do modelo de desenvolvimento enfrentará um momento decisivo.

Na China, a transformação do modelo de desenvolvimento foi iniciada há cerca de 20 anos. Pessoas sempre perguntam: por que esse processo de transformação ainda não foi concluído? Além da inércia de estrutura, outro motivo básico reside na adaptação a esse modelo. Caso contrário, não poderíamos explicar o sucesso do crescimento chinês, que atraiu a atenção mundial. Na verdade, é muito difícil mudar um modelo de desenvolvimento bem-sucedido que garantiu um crescimento anual de 10%. Porém, na hipótese de que a desaceleração de crescimento não seja mais um fenômeno temporário, e que os fatores básicos que vêm sustentando o crescimento de alta velocidade sofram alterações importantes, demandando reestruturação, a transformação do modelo de crescimento será inevitável e obrigatória. A partir disso, podemos concluir que um modelo de desenvolvimento combina com um determinado período de desenvolvimento, ou seja, cada modelo de desenvolvimento tem sua periodicidade. Nesse sentido, chega-se a outra conclusão: a aproximação do momento de "recuo natural" da velocidade de crescimento é condição indispensável para que a transformação do modelo atual seja concretizada.

Tal condição coloca uma pressão direta no sentido da mudança do modelo, que se traduz em avanço substancial de sua transformação antes do recuo natural da taxa de crescimento. Para garantir o sucesso da transformação, são importantes a criação de um mecanismo para enfrentar os desafios e a clara definição dos principais problemas a resolver, juntamente com a proposta e implementação do *road-map* de transformação e seu cronograma. É pouco provável que a China caia na "armadilha da renda média", tal como aconteceu na América Latina, na ex-União Soviética e no Leste Europeu. Contudo, na hora de cruzar a "muralha" para se integrar às sociedades de renda alta, a China ainda enfrentará duas possibilidades.

A primeira é a de que, prevendo uma "janela temporal" de redução da taxa de crescimento, tome medidas eficientes e práticas para resolver problemas relevantes para essa mudança, dentro do prazo limitado. Nesse caso, forma-se uma nova força motriz de crescimento, ao mesmo tempo que se preveem e controlam os riscos, a fim de garantir um menor declínio percentual de crescimento — por exemplo, uma queda de 10% para 7% —, e evitar grandes oscilações. Nessa nova plataforma, busca-se um desenvolvimento de alta qualidade com estabilidade por um período de 10 anos ou mais. A experiência histórica dos países bem-sucedidos indica a viabilidade dessa perspectiva.

A segunda é abraçar uma estimativa demasiadamente otimista, de que "o alto crescimento da China vai perdurar por mais 30 anos", sem dar atenção ao possível declínio de crescimento, ou reconhecer a possibilidade de declínio sem considerá-la um grande problema, com a China passando, suavemente, a seguir um caminho de crescimento de velocidade média. Nesse caso, pode-se considerar que seria melhor deixar a resolução dos problemas observados para o futuro. O atual modelo de desenvolvimento está bastante vulnerável frente ao impacto proveniente da queda de taxa de crescimento. Tomemos como exemplo o período entre o segundo trimestre de 2008 e o primeiro trimestre de 2009. Enquanto a taxa de crescimento do PIB caiu de 10,7% para 6,5%, devido ao impacto da crise financeira mundial, a taxa de crescimento da arrecadação fiscal e lucros de empresas registrou uma queda brusca de, respectivamente, 31,4% e 21,4% no segundo trimestre de 2008 para -8,3% e -37,1%, com uma redução de 20 milhões de empregos não agrícolas. Nessa situação, caso o declínio da taxa de crescimento não fosse temporário, provavelmente o país chegaria a uma situação delicada devido à falta de preparo prévio, com o crescimento caindo pela metade, causando uma crise fiscal e financeira e instabilidade social. Nesse caso, seria difícil retomar a trajetória de crescimento sustentável durante um longo tempo.

A primeira possibilidade pode ser chamada de "transformação proativa", e a segunda, de "transformação passiva". A transformação passiva tem maior custo e maior probabilidade de fracassar. Obviamente, a China deveria procurar uma transformação proativa, evitando a passiva. Para isso, precisará definir as principais questões a resolver nessa transformação e as prioridades de reforma.

6.2 Problemas importantes que uma transformação de sucesso precisa resolver

A transformação bem-sucedida do modelo de desenvolvimento econômico chinês dependerá principalmente do controle e prevenção de riscos e da formação da nova força motriz de crescimento, em dois aspectos. Especificamente, devem ser resolvidos os seguintes problemas:

1. Durante o declínio da taxa de crescimento, pode-se realizar uma política preventiva com solução eficaz dos riscos financeiros acumulados durante o período de crescimento rápido? Há muito tempo, problemas de excesso de capacidade produtiva e riscos de inadimplência de crédito de caráter político têm sido diluídos pela alta liquidez criada pelo crescimento rápido e pela economia de escala. No entanto, ainda persistem os riscos resultantes de dívidas de governos regionais, da expansão do crédito bancário e da bolha de preços de ativos. De acordo com as experiências da América Latina, do Sudeste Asiático e até mesmo da Coreia do Sul, os riscos fiscais e financeiros são a causa direta da estagnação da economia. Eles também refletem as contradições inerentes ao atual modelo de desenvolvimento. Conseguir anular esses riscos com sucesso é o principal desafio da China ao cruzar a "muralha da alta renda".

2. As empresas podem se adaptar a um ambiente de menor taxa de crescimento e gradualmente mudar o modelo de atuação vigente durante o período de crescimento de alta velocidade? O rápido crescimento da China encobriu a falta de eficiência das empresas. Grandes empresas foram apoiadas por capital excessivo do setor financeiro, ganhando rentabilidade através da expansão de escala. Já as pequenas e médias empresas aproveitaram a circulação de capital no comércio de bens em busca de lucros.

A expansão da demanda, impulsionada pelo rápido crescimento, gera expectativas demasiadamente otimistas e desempenha um papel dominante nos lucros das empresas. Uma vez que o declínio de crescimento econômico fique evidente, as expectativas e o ânimo investidor de toda a sociedade deverão se inverter. As empresas enfrentarão uma dura prova em suas operações. Especialmente na fase inicial de recuo de crescimento, as expectativas da sociedade tendem a sofrer uma "inversão excessiva", criando um período muito delicado.

3. Os objetivos macroeconômicos podem se ajustar às baixas taxas de crescimento? Com a previsão de queda na taxa potencial de crescimento, os

objetivos macroeconômicos devem se adaptar a essa tendência, evitando a tentação de manter a meta de expansão tão rápida como antes. Caso contrário, o crescimento excederá a taxa potencial, produzindo investimento exagerado, excesso de capacidade produtiva, bolha de ativos e pressão inflacionária, entre outros problemas. Nesse caso, é preciso estudar e aprender a lição histórica do Japão que, ao tentar recuperar altas taxas de crescimento, manteve políticas expansivas após a década de 1980, obtendo como resultado bolhas de ativos e uma recessão prolongada da economia.

4. Pode-se formar um ambiente de mercado plenamente eficaz, sobre uma base competitiva que gere um alto número de grandes, médias e pequenas empresas inovadoras, cultivando negócios de competitividade internacional e intensivos em tecnologia? Para isso, falta a força motriz que impulsione a inovação nas empresas protegidas pelo alto crescimento e pela baixa concorrência. Pode-se ou não formar um ambiente de plena competição e incentivo eficaz, voltado à inovação? Pode-se ou não promover as empresas habituadas à acumulação de fatores para um modelo de desenvolvimento motivado pela inovação? Esses são desafios fundamentais para o país que deseje pular a "muralha de alta renda".

5. Os mercados podem ser abertos ainda mais, ampliando o acesso a setores de monopólio, principalmente os de serviços, dando espaço e estímulo para um *boom* desse setor? Atualmente, os setores de telecomunicações, ferroviário, de energia elétrica, petroquímico, financeiro, de educação e saúde, bem como o setor cultural ainda apresentam muitas restrições ao acesso, com a presença de monopólio. As barreiras excessivas observadas nesses setores impedem a inovação tecnológica e a concorrência de mercado e prejudicam o desenvolvimento da economia de escala, reduzindo oportunidades de trabalho, o empreendedorismo e o compartilhamento do êxito econômico com toda a sociedade. Uma importante diferença entre serviços e manufatura é que a maioria dos serviços tem maior grau de individualização e de atenção personalizada. Nesse sentido, o setor de serviços enfrenta mais exigências do que o setor manufatureiro quando se trata de iniciativa e dinâmica. Uma abertura insuficiente do mercado de serviços pode prejudicar seriamente o espaço e a motivação do setor na China.

6. Pode-se ou não, com base na integração das zonas urbanas e rurais, transformar mais rapidamente o migrante do campo em urbanizado, melhorando a alocação de terras de agricultores sob a premissa de garantia de di-

reitos e interesses? A questão "agricultura, meio rural e camponês" é central no processo de modernização e industrialização da China. A via fundamental para solucionar esse problema está na mudança da maioria dos camponeses para os setores não agrícolas e às cidades e vilas, e na modernização do modo de produção e de vida dos camponeses que permanecem nas áreas rurais. Para resolver as questões mais importantes da integração do desenvolvimento urbano e rural, as medidas são: eliminar a discriminação contra a identidade de migrantes, para que desfrutem dos mesmos serviços públicos; e melhorar a distribuição da terra dos agricultores, bem como de outros fatores de produção, sob a premissa de garantia de direitos e interesses legítimos dos mesmos, permitindo um maior compartilhamento da renda oriunda desses ativos. Isso não apenas colaboraria para o combate da desigualdade de renda e à promoção da harmonia social, como também ao acúmulo de capital humano e aumento de eficiência na utilização das terras.

7. Pode-se ou não, por meio da reforma e abertura, estabelecer um sistema de ensino superior e de pesquisa científica que se adapte às necessidades de construção de uma sociedade da inovação? O sistema dinâmico e inovador de ensino superior e pesquisa é um símbolo importante de um país moderno de alta renda, assim como um pilar básico de uma economia e sociedade inovadoras. O atual sistema de ensino superior e pesquisa da China ainda mantém uma tendência administrativa e burocrática que não se adapta às necessidades da sociedade da inovação. É preciso intensificar a reforma e abertura para que o país avance substancialmente nesse campo.

8. Pode-se ou não acelerar o aumento do grupo de renda média pela promoção do emprego, do empreendedorismo e da reforma do sistema de distribuição de renda? Normalmente, esse grupo é dotado de conhecimentos especializados ou formação técnica, tem uma renda estável e poder significativo de consumo e dá maior ênfase à formação pessoal e valores morais com responsabilidade social. Acelerar a ampliação desse grupo para a maioria da população pode ajudar, dessa forma, a promover inovação, aumentar a demanda doméstica, reduzir a disparidade de renda e garantir harmonia social. Entretanto, a falta de oportunidades de emprego e empreendimento, bem como o desequilíbrio do sistema de distribuição de renda, poderá limitar a realização desse objetivo.

9. Pode-se ou não construir um sistema financeiro moderno que se adapte às necessidades de desenvolvimento e inovação do novo estágio de desen-

volvimento, com um sistema de prevenção contra riscos? A melhoria da alocação de recursos e a dispersão de riscos são duas funções principais do sistema financeiro moderno. No sistema financeiro existente na China, o fluxo de recursos financeiros está voltado muito mais ao financiamento de infraestrutura e indústrias de base, desenvolvimento imobiliário, empresas de grande porte e plataformas de financiamento regional. Apesar da importância desses setores, o fluxo restante é insuficiente para o apoio a programas de empreendimento e inovação, especialmente os direcionados a pequenas e médias empresas. No longo prazo, se o sistema financeiro chinês não se adaptar ao rápido desenvolvimento da economia, a China enfrentará o problema de ineficiência e alto risco na alocação de recursos.

10. Consegue-se ou não transformar um governo voltado para o crescimento econômico em um voltado para os serviços públicos? O foco no crescimento foi decisivo para o crescimento econômico do país nos últimos 30 anos. Entretanto, quando a China entrar na nova etapa de inovação, ficarão evidentes as desvantagens trazidas pela antiga prática do governo, desfavorável à elevação da eficiência e à promoção de inovação. Por outro lado, a nova etapa de desenvolvimento exige que o governo desempenhe um papel preponderante na melhoria da provisão de serviços públicos e na elevação da qualidade de vida da população. Essa transição é um símbolo importante e natural da transformação das funções do governo.

6.3 Empenhar-se em impulsionar a "reforma participativa e promocional"

Resolver todos esses problemas da transição econômica depende basicamente de um avanço substancial nas áreas pertinentes. A escolha de prioridades de reforma depende da compreensão sobre essas questões e sua inter-relação. Se abandonarmos a superfície e observarmos a questão mais profundamente, poderemos encontrar um roteiro principal, que consiste na ampliação da participação social na industrialização e modernização.

Nesse estágio, dois problemas adicionais passam a preocupar a sociedade, relacionados direta ou indiretamente com as dificuldades na transição. O primeiro é a redução de disparidades na distribuição de renda; o segundo, estimular a inovação. Parecem dois problemas relativamente independentes entre si, mas ao serem analisados detidamente pode-se dizer que, de certo modo, fazem parte do mesmo problema. Embora a questão da disparidade social possa ser mitigada por meio de políticas de redistribuição, sua solução depende da distribuição primária. Em termos de habilidades inatas, seja do homem do campo ou do homem rural, não existe uma diferença tão grande quanto a disparidade de renda entre as pessoas. O principal motivo do aumento dessa disparidade social reside em fatores adquiridos, incluindo os implícitos no ambiente, no sistema econômico e nas políticas. A solução essencial para essas disparidades de renda é oferecer aos membros da sociedade, sobretudo aos que estão nas camadas inferiores, condições semelhantes de sobrevivência e de desenvolvimento, oportunidades iguais de educação, emprego, empreendedorismo e inovação. Em outras palavras, criar mais oportunidades de participação dos membros da sociedade no processo de modernização e industrialização. Quanto ao estímulo para a inovação, trata-se de pôr em jogo a iniciativa e a criatividade de todos. Uma sociedade que se aproveita da iniciativa e da criatividade será uma sociedade com rápido aumento de renda e menor disparidade em sua distribuição. As experiências do Japão e da Coreia do Sul, entre outros países bem-sucedidos nesse sentido, mostram que existe certa consistência interna entre a redução da disparidade de renda e o incentivo à inovação.

Por isso, para resolver problemas na transformação econômica, deve-se impulsionar a "reforma participativa e promocional", cujos pontos fundamentais são: melhorar a capacidade e as oportunidades de participação, aperfeiçoar as políticas e sistemas no sentido de incentivar a inovação, e criar um ambiente legal estável.

Antes de tudo, é preciso criar o maior número possível de oportunidades equitativas de emprego para toda a sociedade. Primeiro, é preciso eliminar o preconceito contra trabalhadores migrantes, criando condições que possibilitem, da forma mais ampla possível, que trabalhadores já empregados ou que residam por muito tempo na cidade junto com sua família venham a ser cidadãos plenos, usufruindo dos mesmos serviços de educação, saúde, habitação e previdência social oferecidos aos habitantes das cidades. Segundo, temos que dar mais importância à igualdade de oportunidades de trabalho, destruindo assim o nepotismo que em certa medida vigora na procura de emprego. É preciso estabelecer um mecanismo de recrutamento com transparência e abertura, interrompendo a situação em que o "guanxi" determina as oportunidades nos setores públicos. Terceiro, ampliar ainda mais a abertura de mercado, reduzir exigências de acesso, incentivar a criação de negócios autônomos e aperfeiçoar o sistema de apoio às pequenas e médias empresas. Promover ainda mais a execução do Parecer do Conselho de Estado sobre o apoio e incentivo ao desenvolvimento da economia não pública, promulgado em 2005, e conhecido como "36 pontos para setores não públicos". Estimular o investimento privado e adotar políticas de apoio ao desenvolvimento das empresas privadas, pequenas e médias a fim de criar mais postos de emprego. Aperfeiçoar as políticas de apoio para incentivar a criação de negócios próprios, aproveitando da melhor forma possível o efeito multiplicador de geração de novos empregos e o consequente efeito motivador à inovação.

Em segundo lugar, deve-se aperfeiçoar a provisão de bens públicos, proporcionando oportunidades de acumulação de capital humano. Para isso, deve-se primeiramente melhorar o sistema de saúde, aumentando a qualidade dessa oferta. Reformar a estrutura do serviço de saúde e assistência médica implicará uma alocação de recursos mais justa e aceitável e a mudança de orientação do serviço, direcionando seu foco à prevenção. Fortalecer a educação em saúde e valorizar modos de vida saudáveis a fim de melhorar a saúde da população. Também é preciso oferecer acesso universal à educação. Promover uma alocação mais equilibrada de recursos à educação básica, evitar a evasão escolar de crianças devido à pobreza, trabalhando na redução das diferenças de competência e capacidade que atravessam gerações. Também é preciso reforçar o ensino profissionalizante, especialmente a formação dos trabalhadores provenientes do campo. Promover a construção de centros de qualificação e de estágio, bem como a formação dos professores de tempo integral na área da educação profissional. Ainda, estimular a utilização de formas de qualificação como a cooperação entre faculdade e empresa, de modo a garantir trabalhadores qualificados de alto nível para indústrias em crescimento constante. Aperfeiçoar o mecanismo de subsídio governamental para o ensino profissionalizante, a fim de melhorar os resultados dessa formação principalmente entre trabalhadores provenientes do campo, para que consigam capacitar-se para desenvolver negócios próprios. E, por fim, adotar uma política adequada ao tratamento de grupos menos privilegiados. Incluir os pobres no sistema de previdência social, dando-lhes acesso a benefícios como habitação, saúde e aposentadoria. Oferecer ajuda às famílias pobres que possibilite o aumento de escolaridade e de habilidade profissional por meio do esforço pessoal, evitando assim a consolidação da pobreza.

Terceiro, estabelecer um sistema para incentivar o empreendedorismo e a inovação, oferecendo o máximo de oportunidades aos membros da sociedade. Para isso, temos que quebrar o monopólio e incentivar a concorrência. Por um lado, precisamos flexibilizar restrições, para apoiar e promover a concorrência justa e equitativa entre empresas privadas. Por outro, precisamos quebrar o monopólio administrativo, incentivando as empresas a aumentar sua vitalidade e produtividade, estimulando a concorrência pela inovação. Também devemos realizar a reforma do ensino superior e de instituições de pesquisa, conter a tendência à burocratização e transformar a dominância administrativa sobre a distribuição de fundos de pesquisa, recrutamento e promoção de pessoal, criando uma atmosfera mais democrática, justa e aberta na área de pesquisa e educação. Devemos ainda construir um sistema financeiro moderno de apoio à inovação, incentivando as instituições financeiras a acelerar o estabelecimento de um sistema profissional de gestão de crédito orientado à inovação, estabelecer um mecanismo de avaliação e incentivo e uma política regulatória diferenciada, e promover a inovação financeira na concessão de crédito, aceitando a propriedade intelectual como colateral, ampliando os canais de financiamento às atividades de inovação no mercado e mobilizando a função de financiamento do mercado de capitais nos diversos níveis. E, finalmente, temos que aprofundar a reforma sobre funções do governo e melhorar os serviços públicos, reduzindo o controle de acesso e os elos de aprovação, e melhorando os processos de trabalho. Ao mesmo tempo, temos que garantir a oferta eficaz de tecnologias-chave, construindo uma plataforma de intercâmbio de informações favorável à inovação e ao empreendedorismo, dando suporte aos empreendedores e inovadores quanto ao capital, à tecnologia, à mão de obra capacitada e outros fatores de produção.

Em quarto lugar, é preciso melhorar o ambiente legal e reforçar a proteção dos direitos de propriedade, especialmente dos direitos de propriedade intelectual. A proteção dos direitos de propriedade intelectual garantirá receitas estáveis, de acordo com a expectativa de empreendedores e inovadores e incentivará o investimento e a inovação. Temos que melhorar ainda mais o nosso sistema de direito civil e comercial, bem como o sistema de proteção aos direitos de propriedade intelectual, reforçando a fiscalização e eficiência no cumprimento da lei.

Referências

DONGMING, Yuan. Main experiences on how European medium developed countries dealt with "middle-income trap". Background report of State Council Development Research Centre, 2010.

FATÁS, A.; MIHOV, I., The 4 I's of economic growth. Working Paper, 2009.

GILL, I.; KHARAS, H. *An East Asian renaissance: ideas for economic growth*. World Bank Publications, 2007.

JIANPENG, Chen. Lessons of the economic development in former Soviet Union and Eastern European countries. Background report of State Council Development Research Centre, 2010.

JIN, Fang. International experiences on how fast-growing economies stepped over "middle-income trap" after World War Two. Background report of State Council Development Research Centre, 2010.

JUNKUO, Zhang; YONGZHI, Hou. Challenges to China's development and favorable conditions for stepping-over "middle-income trap". Background report of State Council Development Research Centre, 2010.

LIPING, Zhang. Anglo-American performance on issue of "middle-income trap". Background report of State Council Development Research Centre, 2010.

MADDISON, A. *The world economy: historical statistics*. Paris: OECD, 2003.

MITCHELL, B.R. *International historical statistics*. 6. ed. Palgrave MacMillan, 2007.

RODRIK, D. *One economics, many recipes: globalization, institutions, and economic growth*. Princeton University Press, 2007.

SHENG, Chen Chang; XIAOWEI, Xian. Generalization and summary of international experiences on "middle-income trap". Background report of State Council Development Research Centre, 2010.

SHIJI, Gao; ZHUOXIAN. The rising of "middle-income trap" issue and review of relevant literatures. Background report of State Council Development Research Centre, 2010.

SHIJIN, Liu; WEI, Xu; PEILIN, Liu. Estimation of the time window for the turning points of economic growth. Background report of State Council Development Research Centre, 2010.

WORLD BANK. *World development indicators*. 2010.

XIAOMING, Wang. Lesson from typical "middle-income trap" countries:

cases of four East-Asian countries. Background report of State Council Development Research Centre, 2010.

______. Lessons from typical "middle-income trap" countries: cases of Latin American countries. Background report of State Council Development Research Centre, 2010a.

YUNZHONG, Liu; JIANWU, He. Impact of China's economic slowdown on some economic indexes. Background report of State Council Development Research Centre, 2010.

Esta obra foi produzida nas
oficinas da Imos Gráfica e Editora na
cidade do Rio de Janeiro